社会科学基金重大项目『丝路审美文化中外互通问题研究』
编号：17ZDA272）阶段性研究成果

丝路审美文化研究（第二辑）

——『中欧丝路审美文化双边论坛』国际会议论文集

张 进／主编

蘭州大學出版社
LANZHOU UNIVERSITY PRESS

图书在版编目（CIP）数据

丝路审美文化研究. 第二辑，“中欧丝路审美文化双边论坛”国际会议论文集 / 张进主编. -- 兰州 : 兰州大学出版社，2024.5
ISBN 978-7-311-06658-1

Ⅰ. ①丝… Ⅱ. ①张… Ⅲ. ①丝绸之路－审美文化－研究 Ⅳ. ①K928.6

中国国家版本馆CIP数据核字(2024)第095317号

责任编辑　锁晓梅　武素珍
封面设计　汪如祥

书　　名　丝路审美文化研究(第二辑)
　　　　　——“中欧丝路审美文化双边论坛”国际会议论文集
作　　者　张　进　主编
出版发行　兰州大学出版社　(地址:兰州市天水南路222号　730000)
电　　话　0931-8912613(总编办公室)　0931-8617156(营销中心)
网　　址　http://press.lzu.edu.cn
电子信箱　press@lzu.edu.cn
印　　刷　西安日报社印务中心
开　　本　880 mm×1230 mm　1/16
印　　张　12.75
字　　数　381千
版　　次　2024年5月第1版
印　　次　2024年5月第1次印刷
书　　号　ISBN 978-7-311-06658-1
定　　价　48.00元

卷首语

随着“一带一路”建设的高质量推进，丝路沿线国家之间的互联互通从“硬联通”走向“软联通”，越来越密集，越来越深入，越来越高效；而审美文化在其中发挥的作用也更加重要，更加突出，也更见成效。丝绸之路作为中外互通的交通线、大舞台和“互联网”，多种文明和民族文化在这里交流互鉴、汇聚融合、共生共成，形成了富饶的审美文化资源宝库，成为中国自主知识生产的新场域和增长极。

丝路审美文化包括哪些内容，具有哪些特殊性呢？“丝路文化”是指与丝路相关联、缘丝路而生发、因丝路而“熔铸”的文化，而“丝路审美文化”则是特指其中在形态上介乎“道”与“器”、科技与道德之间的居间类型和特殊分支，它体现于物质的、图像的、文学的、行为（活态）的和创意的等领域的现象和产品之中，具有直抵人心、摇荡性情、润物无声和彰显“共通感”的审美属性特征，在民心相通、人文化成和丝路审美共同体建构中发挥着枢纽作用，它在本质上也是一种“生产力”。

丝绸之路是审美文化中外互通的交通线、大舞台和“互联网”，在这个广袤深邃的文化地理空间，多民族审美文化相互借鉴、汇聚融合，多种形式的审美文化彼此授受、共生共成，各种衍生和再生的审美文化产品交相授受、熔铸生发、互鉴共荣，形成了丝路物质审美文化、丝路图像审美文化、丝路文学审美文化、丝路活态审美文化和丝路创意审美文化等相互渗透相互作用的文化类型，其中凝聚着沿线人民丰富的审美经验和宝贵的交往智慧，是人类互联互通的典范。

丝路审美文化具有突出的“多元系统性”“差异共通性”“活态空间性”“熔铸生成性”“历史物质性”“事件流动性”“融通生产性”和“多模态共轭”等一系列属性特征。这些特征之间对话激荡、相需为用，使丝路审美文化凸显为一个具有范式意义的文化存在，为民族审美文化提出了“历史地理诗学”意义上的解释模式，也为人类命运共同体建设提供了经验智慧、历史材料和参照框架。

丝路审美文化与构建人类命运共同体之间存在怎样的关系呢？构建人类命运共同体，民心相通是根基，而审美文化互通则是民心相通的息壤和元空间。这个生产性场域持续不断地蕴蓄、熔铸和提升沿线人民的审美感官、审美趣味和审美理想，往复循环地生成、会通和调解着沿线人民的感性系统和审美共通感。这是一种包容“歧感”的共通感，也是一个“各美其美”与“美美与共”动态制衡的审美共同体。它是民心相通的锁钥，人文化成的津渡，也是人类命运共同体建构的枢纽。同时，人类命运共同体是丝路审美文化发展的价值轴线和终极追求。在当今时代，建设人类命运共同体的宏伟构想，有助于克服丝路审美文化研究中的

“汉学心态”“极端民族主义”和“宗教原教旨主义”等错误倾向，为丝路审美文化的大发展提出了根本宗旨和价值规范。

如何切实加强丝路审美文化之间的中外互通呢？丝路审美文化中外互通是一项复杂浩大的社会文化工程，只有把握好几组重要的辩证关系，才能使丝路审美文化的中外互通得到切实加强：一是在认识和总结丝路审美文化中外互通的历史经验和交往智慧方面，要把握好呈现历史、参与现实与启迪未来之间的辩证关系，从中华文化之“本来”“外来”与“未来”相融通的思想高度推动中外互通。二是在开展和实现“五通”的过程中，要把握好“民心相通”与“政策沟通”“设施联通”“贸易畅通”“资金融通”之间的系统性关联，认识“民心相通”作为根基的功能价值，强化丝路审美文化互通作为“生产力”要素的地位和作用。三是在中华优秀文化“走出去”的过程中，要把握好中华文化“外推”与“内聚”之间的辩证关系，“外推”只是手段，“内聚”升华才是目的，切实加强中国特色哲学社会科学话语体系在丝路审美文化中外互通过程中的“在场性”。四是在丝路沿线国家人文交流和审美文化互通的过程中，要把握好物质审美文化、图像审美文化、文学审美文化、活态审美文化和创意审美文化之间的系统关联，扩展丝路审美文化中外互通的内容、层面、维度和途径，实现中外互通的综合立体效应。五是在“一带一路”倡议下共建“共同体”的过程，要把握好“丝路审美共同体”与“人类命运共同体”之间的辩证关系，强调丝路审美共同体的基础性作用，加强人类命运共同体的价值引领功能。

我们旨在打造一个砥砺美学思想、会通丝路新知、整合人文群科、熔铸审美话语、提振丝路精神的学术平台，为跨文化、跨学科、跨语言、跨领域的丝路审美资源融通和熔铸营造一个论说场合，以“丝路审美共同体”的建构来辅翼“人类命运共同体”的建设工程。

本书的出版得到兰州大学中央高校基本科研业务项目“‘一带一路’审美文化创生再生机制研究”和兰州大学文学院的部分资助。

张　进

甲辰夏于兰州

目录

"社会转向"与关系美学/艺术

彭静莲（Ching Lin Pang）著　王红丽　窦　静译

【摘　要】当代艺术在很大程度上是与观众的某种关系和互动，它关注和呼吁一种美学和艺术的"社会转向"。它不仅质询中产阶级关于艺术的基本概念，而且指向合作艺术。它可以是关注交互性的社会介入艺术，也可以是试验共同体，强调共同体和实践行为。在这样的合作中，创造了一种微型的乌托邦，其目标是促使参与者行动，这意味着参与者在艺术作品中拥有了自己的声音。这种情境的建构，使得新的社会关系才有可能产生，进而有可能产生与参与者纠缠的新方式和新的社会现实。

【关键词】社会转向；关系美学；合作艺术

当代艺术在很大程度上是与观众的某种关系和互动，基于此，本文的目标是关注和呼唤一种美学和艺术的"社会转向"。这种"社会转向"开始于19世纪90年代，它质询了中产阶级关于艺术的基本概念，是针对中产阶级有关艺术批评的回应。本文将首先讨论何为合作艺术[1]，而后考察其历史语境，并以具体案例加以说明。

一、当代合作艺术

美学中的社会转向开始于19世纪90年代。这一时期，自由贸易和新自由主义兴起，产生了新的理解艺术的方式。艺术越来越聚焦于集体、合作和介入社会，特别是对社会进行划分。其中划分出一类群体，即社会中更为脆弱的群体，被新的经济转变和新自由主义忽视或遗忘，例如工薪阶层、移民、老人等。这类群体被一些艺术家关注，艺术家们不仅想要介入内部与他们一起工作，而且希望做这类群体希望他们做的事，比如介入公共空间和事件的发生过程。

一般而言，艺术作品是某种物质，即通常所言的绘画、雕塑，或者某件艺术家制作的对象，并且可以被展览。但在合作艺术中，合作者分享共同的视野，相同的哲学和理念。他们不制作任何有形的、可触摸的物质对象或商品，而是创造并组织活动和事件。这不是一个基于对象客体的艺术实践，而是一种新的艺术形式，一种新的社会现象。学术界往往以不同的概念术语指称这种社会转向，

1　Dan Sanker, *Collaborate: The Art of We*（Wiley: Jossey-Bass, 2012）, p. 1.

一些人称之为社会介入艺术（socially engaged art），关注两者之间的交互性，考虑艺术与当地社群的接触。一些人基于共同体的艺术（community-based art），将这种艺术形式与当地共同体联系起来，并称其为试验共同体（experimental communities）。他们关注的不是艺术，而是共同体及其实践。一些人称之为对话艺术（dialogic art），将艺术理解为艺术家之间，艺术家与观众之间以及观众与观众之间的对话。此时，艺术家们不再用所谓精英的角度看待事物，而是必须与观众进行交流。一些人称之为干涉主义艺术（interventionist art），通常指向艺术家组织的某种社会事件。干涉指的是在城市中介入，也就是说，艺术发生和表演的场地转向了街道、广场等公共空间。有时候它也被称为基于研究的艺术（research-based art），因为它需要一些概念。不过最常用的称谓是合作艺术，这表明艺术家需要基于一种平等的视角与观众对话和合作。合作艺术强调了合作，它不局限于美学艺术领域，在其他人文学科以及建筑学等学科中也非常普遍。

尼古拉斯·波瑞奥德（Nicolas Bourriaud）是著名的法国艺术家、艺术批评家、策展人，经常组织和参与艺术事件。他提倡关系美学，强调了艺术家与环境、观众之间的关系。关系美学指向一系列艺术实践，而这些艺术实践以整个人际关系及其社会背景为理论和出发点。这使得人际关系嵌入社会语境，此时，艺术实践也不再是以私人空间为出发点的实践，它包含了在社会语境中的人际关系。由此，艺术介入具体的社会之中，与真实的语境和观众产生联系。它开放了新的关系、新的社会现实，使互动发生得更为强烈，并使社会生活更有意义。另外，他提出了“微托邦”（microtopia）一词，相对于乌托邦来说，微托邦是一种美好未来的理想。它指向一个临时的空间和位置，这里有很多互动交流和愉悦（conviviality）。如果个人介入或纠缠进这一空间，将会产生被联系的感觉，并发展出一种互相的、持续的、和谐的关系。微托邦关注当下和现在，不是一种可以准确指出的物质，在某种程度上，它是无形的和暂时的。

虽然合作艺术有诸多不同的形式和名称，但是它有几个基本的关注点：第一是身体参与（physical involvement），第二是活力（activation），第三是身份（authorship），第四是共同体（community），第五是美学的或艺术的和伦理的关切（aesthetics and ethic concern）。具体来说，因为合作艺术是去减少艺术家和观众之间的距离，去创造两者之间的接近途径，所以身体参与很重要。而身体参与兴起的原因在于新的商业主义和新自由主义产生了人与人之间的疏远，很多人发现自己的生活与商业术语表征出来的美好生活存在断裂，他们开始参与其中以抵抗所谓的社会生活格式。格兰特·H. 凯斯特（Grant H. Kester）认为身体参与很重要，因为通过新自由主义的去机械化，我们会被简化为消费者共同体，成为隔绝的个体，构成一种原子化的虚假共同体。[1]此时，感知就会被废弃，人在景观中会变得迟钝。所以身体参与可以使人们去互动，进行人际交往，以抵抗商业主义社会生活的弊端。

活力源于思考，思考艺术家为什么想与观众一起工作？因为艺术家想要创造一种关系，并为观众赋予一种权力，给予他们以声音，否则没有人关注和考虑他们。艺术和美学领域的学者尝试去创造关系，创造注重表演的艺术作品。通过这些艺术作品给特定群体一种情境、声音或者“第三空间”。通过艺术作品，观众也成为表演的一部分，并拥有自己的身份。艺术家与观众共同创造（co-create）了艺术作品，并以建构的情境（constructed situation）或微托邦，促进参与者的行动。而这有可能开放并创造一种新的社会关系，进而创造某种社会现实。

作者身份不仅取决于艺术家，而且通常与我们对艺术家的看法相关。作者身份在西方艺术中变得重要是从文艺复兴时期的巴洛克艺术风格开始的，尤其是在19世纪的资产阶级艺术时期。就合作

1 Kester, Grant H, *The One and the Many: Contemporary Collaborative Art in a Global Context*（NC: Duke University Press, 2011）, p. 82.

艺术而言，艺术家的作者身份将被放弃或取消。这意味着艺术家在某种情况下与观众共享作者身份，或者更激进来说，艺术家只是艺术的促进者。正是如此，合作艺术推进了共享作者身份的概念，艺术家与观众之间更为平等。艺术家集体被视为通过提供情境或语境来创造具有表演性质的艺术作品，但这不是要占有他人，而是通过共同努力来完成艺术作品。他们被视为情境或语境的提供者，而不是内容的提供者，所以这可以构建一个积极的、和谐的和非等级的社会模型。

合作艺术也为理解共同体提供了新的视角和维度。通常而言，传统共同体往往被视为小规模的，成员之间拥有共同的血统、文化、语言等，是一种固定的共同体。而合作艺术创造的共同体不再被看作传统的共同体，它实际上是一个可以由不同人或群体组成的共同体，成员之间存在年龄、性别、阶层、教育、文化等差异。多样性或超级多样性（super-diversity）成为现实，他们彼此分享此时此刻的生活。由此，合作艺术的共同体建立了可能当下不存在的社会纽带和关系。

而且，合作艺术实际上包括一个深刻的伦理问题，即是否真的相信艺术家可以赋予人们某种权力？因为有些表演更像是社交活动而不是艺术作品，所以该如何评估艺术作品或艺术活动的质量呢？美学或道德是艺术事件质量的评价维度，在评价时需要考量概念密度（conceptual density）和艺术意义。一方面，如克莱尔（Bischop Claire）所言，美学或艺术的密度更重要，表演活动应该在艺术上表现得非常有力；另一方面，凯斯特认为艺术家与观众合作不应该只是一个事件，因为如果艺术介入不能暂时或永久地改变观众的情景或位置，那么它就不是一个艺术作品。我们会发现，合作艺术不是美学的，因为它不是制作美的东西或事物，它更趋向于某一事件触发了什么，会产生什么？同时，它也强调艺术的力量、强度和密度。所以，关于艺术和伦理的思考，不是非此即彼的。其重要点在于，如何把艺术项目具体化为社会活动，进而开放新的社会关系和产生社会现实。因为若实现了转化，那么艺术事件就是有意义的。

二、关系美学的历史语境

关系美学不是一种新现象，它是历史的存在。克莱尔 · 比肖普斯（Claier Bischops）回顾了在历史语境中这种合作艺术是如何与历史关联的。在他的区分中，中世纪是神圣艺术，18世纪（主要在法国）是宫廷艺术，而19世纪是资产阶级艺术。在艺术史的三种分期中，他研究了艺术的作用、艺术生产的目的和功能，以及艺术是如何被生产、接受的。

中世纪，艺术被视为一种崇拜对象，此时没有独立的艺术或艺术家。所有的艺术家都在教堂机构内工作，或受教堂委托进行工作。在某种意义上，中世纪艺术作品实际上是一种集体工艺。这一时期，不谈论艺术家，他们都是手工艺人。而且，艺术活动需要多人配合完成。比如要制作一个雕塑，通常由大师开始雕刻，然后由弟子完成。这类似于之前所言的合作艺术。就接受而言，艺术作品的功能都在宗教语境内。也就是说，艺术活动首先是宗教活动，观众需要来教堂观看和接触它们。所以，接受是一种基于艺术作品，形成的联合的、集体的神圣体验。总之，中世纪没有作者身份，生产和接受也都位于集体层面。

从文艺复兴开始，艺术家的名字变得重要，工艺品不再是匿名的。艺术作品也不再是被崇拜的对象，它背后往往有权力机构或非常有权势的地方商人、家族的支持，比如路易十四、意大利的麦迪逊家族。他们会委托艺术家制作艺术品来表征他们的权力和财富。在生产维度，生产者以个体身份出现，他们的才华被认可，此时期也出现了大批艺术家，如达·芬奇。但接受和欣赏仍旧是一种集体体验。

法国大革命意味着宫廷艺术的结束。自19世纪开始，一些人开始谈论欧洲的现代工业化和城市化，以及资产阶级的兴起。此时，艺术的生产和消费方式发生了变化，艺术的整个功能也发生了变化。艺术的功能是表征资产阶级的形象，他们正在借助艺术创造自己的身份认同。艺术生产延续了前一时期的方式，艺术家不是匿名的。艺术不再以集体方式被接受和欣赏，个体有权力、有行动力来欣赏艺术并形成自己的观点。因此，博物馆诞生于19世纪并不奇怪。再者，博物馆是民族国家建设的一种工具，因为国家博物馆可以展示民族国家的历史，有助于创造和介绍民族叙事。此时，艺术开始从地方的、具体化的共同体生活中撤退，撤退进了博物馆。艺术充当了一个机构，实际上它与社会和日常生活脱节，这趋向于一种资产阶级艺术。

在19世纪，资产阶级艺术完全是关于美学的，因此建立的机构和博物馆也带有高雅艺术（fine art）博物馆的标签。从某种意义上说，艺术必须非常复杂地适配于高雅艺术，必须达到美的理想，接近那种美的或追求完美的美学。先锋运动反对资产阶级艺术，要求艺术变得更加实用，强调艺术在日常生活中随着生活实践而共振，并把艺术带回给人们，将它置于街道和广场上。他们开始了一系列的表演，建立了一系列的展演来让城市的公众参与。

20世纪50年代出现了一个新的运动，被称为“机遇剧/偶发艺术”（Happenings），是一位美国视觉艺术家艾伦·卡普罗（Allan Kaprow）开创的艺术形式，以抗议美国的过度消费主义。另一种相似的运动是情境主义（Situationism）运动，情境主义者大多在1957年至1962年间活动，大部分是欧洲人，这场运动受到马克思主义理论的强烈影响，他们抗议资本主义对人的异化。在开展的各种介入活动中，有一种介入被居伊·德波（Guy Debord）[1]称为“la derive urbaine”，它表示一种体验行为，一种与城市社会的状况有关的试验。它有些类似城市漫游，是一种无计划的旅行。当漫游时，个人会注意到周围的情境，并被其纠缠，甚至会沉浸其中。而且从某种意义上说，它是对劳动者常规化、重复性生活的抗议和回应。它警示我们，人不应该麻木，人不是机器，必须通过充分利用自己的感官和感性来控制我们的生活。这与其他类型的关于在城市中行走的概念产生共鸣，例如街上漫步（flâner）。街上漫步者会精心打扮，他们走在街上，是为了看，也是为了被看。这种类型的策略正是一种艺术介入活动。

另一种运动是激浪派（fluxus group），它持续的时间是1958年至1978年。他们所做的就是把艺术带回日常生活，使艺术面向大众，供公众欣赏。激浪派作品的特征，通常借助幽默的方式来展现。另一个概念是游戏（playfullness），它强调以建设性的方式进行玩耍，可以学到很多东西。在游戏中，人很容易接受意外发现（serendipity）。意外发现指的是偶然相遇，也就是说，在没有计划和预约的情况下，遇到了某些事物并感到非常愉快。所以，你会通过放手而有意外发现。那么它是如何起作用的呢？意外发现并不仅仅是偶然的，发现的前提是你此前有所准备和行动。

所以，在不同的语境中，关系美学表现为不同的形式。它有着自己的发展历程，并呈现为不同的艺术风格和潮流。而合作和共享作者的概念，不仅出现在艺术中，而且出现在其他学科中。它是一种溢出的概念，意味着艺术家进入社会并与受访者进行合作。

三、安特卫普的合作艺术

在安特卫普的合作艺术中，“时代马戏”（Time Circus）极具代表性。其网址是www.timecircus.be，在这里可以了解到他们更多的信息。时代马戏的创作者非常喜欢建造，建造是他们的艺术观念。他们建造烧烤装置和饮水设施、图书馆、咖啡馆、餐厅、大篷车、卡车、舞台、办公室、酒店停车场、游泳池、市场、画廊、雕塑，甚至一艘陆船（landship），它不会在水面上移动。建造东西的可能性取决于可建造的场合，所以无论在陆地上还是在海洋里，是地上还是地下，他们都想尽办法进行建造。

1 〔法〕居伊·德波：《景观社会》，王昭凤译，南京大学出版社，2006，第17页。

这样的一种合作艺术，不仅意味着他们是建造的人，而且也表明他们建造的东西都有一种被称之为风格的审美基因，或者说一种审美谱系。他们的艺术标志总是基于相同的哲学和意识形态，即认为建造的东西总是为人服务的，也是为人而建的。这种艺术不仅是为了人而把人包容进来，而且在建造过程中就将人容纳了进来。他们建造的东西之所以存在，是因为总有作为生产者的观众参与其中，也有作为消费者和欣赏者的人存在于内。在某种层面上，可以说他们并没有真正制作作品，制作总是因观众而存在。因此，这种艺术并不是证明自己或者展示自我，而是常常在为公众服务。与此同时，它也会涉及伦理维度的问题。在建造时，他们常常回收旧材料，并认同和践行一种可持续发展的理念。制作作品的灵感既来自创作者，也来自观众。其目的是消除人们的焦虑，消除那些有关存在、社会、经济等问题带来的焦虑，以给予重新思考和生活的勇气。

另一个案例是福利（Welvaert）项目，该项目从安特卫普政府那里获得很多资金，持续时间为2012年至2014年。它是一个漂浮的城市蔬菜花园，建造在废弃的船舶起重机上。在这里，他们建造了一个菜园，并种植蔬菜；利用回收来的材料建造了树屋；还建造了一间厨房，并经营起了餐厅，甚至还养了鸡。人们可以去船上喝饮料、吃饭。这一花园与MAS博物馆（“Museum ann de Stroom”的缩写，意思是“建在河上的博物馆”）呼应，MAS博物馆是小河边的博物馆。它是一个极负盛名的现代博物馆，常常被用来做城市营销。破旧船体承载的蔬菜花园的背景中有很多现代建筑，两者（船体与现代建筑）之间的对比展示了时间序列（time series）是如何表征合作艺术的，福利项目正在将艺术带出博物馆。

与之类似的是仓库（Warehouse）项目。由于现代化和运营单位的扩大，一些地方遗留了很多失去功能的旧仓库。自20世纪90年代开始，由于优化（gentrification）政策和新自由主义的发展，很多仓库被重新定位。非常有名的案例是红星航线博物馆（Red Star Line Museum）。仓库项目的启动基于旧仓库的改建。由于人员的流动性和移民性质，有些仓库被改造成了一个移民博物馆。这种改造不仅把过去和现在联系了起来，而且让古老的仓库建筑焕发了新的生机和活力。另外，它们是全球大部分地区经济变化的重要表征，在转变为消费场所、博物馆、画廊、商店和其他东西的过程中，暗示了经济的某种变化。虽然创造者没有太多经济资本，常依靠政府财力生活，但是他们有能力建造一个共同体或者微托邦。

还有一个案例是路船，路船是一艘靠肌肉力量拉动的轮船。它不是机动的，而且很大。路船项目是一种试验，它从安特卫普出发，计划在人力拉动下去世界各地旅行。这一计划途经瑞士、法国、意大利、克罗地亚、波斯尼亚、罗马尼亚、希腊，然后在希腊的南端停留。参与者将这次旅程视为“朝圣”，并计划在途经的每个地方建造事物。当参与者与当地艺术家合作时，就演变出一种合作艺术。而且，路船也有一种隐喻，即集体一起缓慢移动并取得进步。参与者想建造一个梦幻般的陆船去旅行，在流动的生活中去接触更多的人，以促进交流，点燃激情，给彼此一种积极的能量。

参与者是玩游戏的人（homo ludens）[1]，虽然有计划和方向，但是它不是十分固定的。在途中有很多意料不到的发现。他们把内容留给了语境、机缘巧合、直觉以及人与人之间的化学反应。而且，依靠人力拉动的路船实际上建立了一种联系和纽带，因为他们需要一起工作。重要的是，这个项目是由男性和女性一起承担的，它没有性别歧视和偏见。作为一个流动的团体，他们在每次停留时，都试图创建一个微托邦。这一活动具有艺术性和戏剧性，因为他们还进行表演。

由此看来，合作艺术是关于与人一起工作，并且艺术作品不独立存在的。艺术作品或艺术活动是因为与观众互动才存在的，观众既是生产者又是消费者。在生产的过程中，合作非常重要，因此

1 Mcdonald, Peter, “Homo Ludens: A Renewed Reading”, *American Journal of Play*, 11, no. 2(2019): 247–267.

需要一种和谐的语境保持活动顺利进行。

参考文献

[1] DAN SANKER. Collaborate: The Art of We [M]. Wiley: Jossey-Bass, 2012.

[2] LUDWIG L K. Collaborative Art Journals and Shared Visions in Mixed Media [M]. Beverly MA: Quarry Books, 2009.

[3] SONDRA BACHARACH, JEREMY NEIL BOOTH, SIV B FJAERSTAD. Collaborative art in the twenty-first century[M]. New York: Routledge, Taylor & Francis Group, 2016.

[4] KESTER, GRANT H. The One and the Many: Contemporary Collaborative Art in a Global Context [M]. NC: Duke University Press, 2011.

[5] JAMES IRVINE. The Art Of Participation: 1950 to Now [M]. London: Thames and Hudson Ltd, 2009.

[6] GALANTUCCI, BRUNO. Experimental Semiotics: Studies on the Emergence and Evolution of Human Communication [M]. Amsterdam/Philadelphia: John Benjamins Publishing Company, 2012.

[7] GRANT H KESTER. Conversation pieces: community and communication in modern art [M]. Berkeley:University of California Press, 2004.

[8] SUZANNE LACY. Mapping the Terrain: New Genre Public Art [M]. Seattle: Bay Press, 1995.

[9] 居伊·德波.遭遇景观[M].张一兵,刘冰菁,主编.南京:南京大学出版社,2017.

[10] 居伊·德波.景观社会[M].王昭风,主编.南京:南京大学出版社,2006.

【作者简介】

彭静莲(Ching Lin Pang),博士,现任比利时安特卫普大学文学院应用语言学与翻译系主任、比利时(荷语)鲁汶大学跨文化、移民与少数族裔研究中心教授。2006年至今,在比利时(荷语)鲁汶大学任比利时荷语大区文化遗产咨询委员会副主席,国际都市人类学委比利时安特委员会委员,香港大学人类学中心荣誉委员(2010),清华大学华商研究中心学术委员(2010)、比利时(荷语)鲁汶大学-华东师范大学欧洲文化研究中心联合主任、佛教与跨文化研究云南部主任(2017至今)。从(荷语)鲁汶大学东方语言学与历史专业获得学士学位(1985)后,先后获得美国伯克利大学亚洲研究专业硕士学位(1988),比利时(荷语)鲁汶大学社会与文化人类学博士学位(1996)。研究兴趣包括移民/移动、跨文化、超多元化、都市边界、亚洲社会与文化中的时尚和艺术(尤其是中国与日本)、在欧洲的少数族裔(华人、苗族)等。

交叉路口的愉悦性：探索克里奥尔化、超级多样性、本真性与愉悦性之间的联结问题

彭静莲（Ching Lin Pang）著 窦 婧 王红丽译

【摘 要】当代艺术实践和城市环境中的“艺术介入”对生活的其他领域产生了重大影响，微观实践提供了非常具身的、非常合作的、非常真实的和非常美学的实践。在这些微观事件中，可以批判性地审查克里奥尔化、超级多样性、本真性和共同体的概念，促使思考概念的灵活性，并通过经验微观事件联系起当代性和艺术事件。

【关键词】交叉路口；克里奥尔化；超级多样性；本真性；共同体

在社会的变化与革新中，我们可以重思或者重构（reinvent）某些概念，本文探讨的概念是克里奥尔化（creolization）、超级多样性（super-diversity）、本真性（authenticity）。新时期，关注交叉路口的愉悦性，辨析愉悦性概念与其他概念之间的联系与区别，能够帮助我们理解合作艺术、关系美学与当代艺术。之所以探索这些概念，不仅是因为这些概念内涵复杂，需要进行具体的解释以及用特定现象加以说明，以便更好地理解；而且是因为从活态经验（lived experience）的角度将这些概念应用到特定的艺术实践中，可以帮助我们理解基于活态经验交互的丝路审美文化。

一、全球化背景下的文化研究概述

在研究某些艺术事件时，需要分析性的概念作为工具来理解艺术家实践的活态经验。人类学以及其他学科中，分析性的概念往往是不断变化的。自20世纪90年代之后，社会科学的研究者对文化流动与融合兴趣有加（preoccupation），对固定性、固定文化的研究多有批判。因此，对文化的理解有了别样通路。

比如霍米巴巴（Homi K. Bhabha）对文化混杂性（hybridity）[1]的开创性研究以及对第三空间的研究。其中，第三空间是现今学界常用的概念，指当各种文化相遇（meet/encounter）、融合（mix）时，呈现出来的不稳定空间。阿尔君·阿帕杜莱（Arjun Appadurai）在研究全球文化时，提出了5种景观理论[2]（5-scapes）：族群景观（enthoscape）、科技景观（technoscape）、观念景观（ideoscape）、经济景观（financescape）以及媒介景观（mediascape）。这些景观现象具有20世纪90年代的时代特点。

1 霍米巴巴在《文化的定位》（*The Location of Culture*）重点关注文化混杂性的研究。

2 详见1996年出版《消散的现代性：全球化的文化维度》（*Modernity at Large: Cultural Dimension of Globalization*）。

第三位学者是詹姆斯·克利福德（Jim Clifford），他对西方人类学提出了尖锐、激进的批评，西方人类学往往在史前文明时代的西方中心主义前提下研究少数族群部落，对此他尤为诟病。第四位学者是保罗·吉尔罗伊（Paul Jilroy），他曾提出"黑色大西洋"概念，来思考有关黑人历史、文化的观念，将种族问题引入了前现代的奴隶历史之中。在这种研究中，他非常关注文化相遇、流通以及融合。总之，20世纪90年代以来，世界经济结构的变化、科学技术的革命等一系列因素，促使文化流动、相遇、融合等现象成为人文学科关注的重点。

此外，随着1991年苏联解体、柏林墙倒塌、冷战，社会主义以及共产主义遭受重创，有些国家此时拥抱新自由主义。这意味着去管制化（deregulation），也意味着市场的私人化乃至金融的私人化。另外，南非种族隔离政策的失败（end of Apartheid）对世界种族问题研究影响巨大，它提供了对种族、少数族群等新的思考路径。再者，科学技术不断革新，特别是互联网和移动通信设备的快速发展，影响了人们如何想象世界与认识世界，也影响着具体的实践活动。国际旅行活动爆炸式增长，旅游业成为重要的经济产业。此时，国际环境相对和平，国家间交往日益频繁。

总之，随着科技的加速与全球政治经济结构的变化，出现了大量亟待解释的实践问题，如全球化背景下的物品流通、文化相遇与融合等。人文学科也极力关注这些时代议题和各种变化。全球化的生活境遇确确实实影响了人们如何看待世界，也影响了他们如何在这种世界背景下生活。对于学术界而言，需要新的概念去理解、分析和研究这些现象。

二、克里奥尔化、超级多样性、本真性的概念探讨

（一）克里奥尔化

克里奥尔化一词来自crioullo。crioullo的原初意思是指出生在非洲佛得角群岛（Cape Verde Islands）的葡萄牙人。后来，这个词指出生在美洲新大陆的欧洲人。而今，该词指出生于欧洲大陆之外的欧洲人并且他们脱离了其宗族与传统文化。由于殖民的缘故，这些人获得了新的身份，并且在殖民国家中被社会化。他们的生活方式、语言、风俗习惯等，都与传统的欧洲大陆不同。而且，因为与欧洲大陆相隔较远，他们对自由、权利义务、人性、生活方式等的理解也发生了相应的变化。

与欧洲人相比，这些出生在殖民地的人，对生活方式拥有更大范围的自由选择权。因此，他们与软决定（soft determination）以及创造性等概念紧密相关。后来，这些人又与连根拔起（uproot）和移位（displacement）等概念联结在一起。连根拔起、移位隐喻地表达了人与故乡的关系，突出了与原来身份、血脉等传统的不同。克里奥尔化一方面与连根拔起概念相关，强调了人的文化植根性被连根拔起，出现了身份的失落、主体的迷茫、道路的选择等一系列问题。另一方面，它与移位概念联系紧密，指人脱离原初的生长空间，被放置在另一个陌生空间。因此，克里奥尔化指那些居住在殖民地的人，他们脱离了自己原有的文化根性与地方性知识。殖民时期的种植园经济，涉及大量的黑奴以及签订合同的工人，他们处在殖民世界的最底层，遭受着非人的剥削与压榨。从非洲大量贩卖的黑奴被带到殖民地种植园中，他们不仅在种植园出力，而且被种植园的殖民经济形塑。克里奥尔化正是在殖民化的原初语境中生长出来的。

除了以上概念，克里奥尔化也涉及再适应（readjusting）、再地化（reterritorization）等概念。某种层面上，这些概念为发明创造以及新颖性（newness）提供了可能。这集中在文化克里奥尔化（culture creolization）方面，文化克里奥尔化常常发生在文化发明与创造的情境之中。爵士音乐就是一个典型的案例，它的一些流行音乐都与奴隶制相关。语言也是，因为不同语言接触时会出现新的语言，特别是在殖民时期。英语自19世纪变成全球性语言，非英语母语的人在学习英语时，"母语负迁移"原则就影响了克里奥尔化。最为明显的表现则是在语音层面，还有一些表现是在新词的创

造上。西方中心主义的思维模式，会使用污染（contamination）这个概念，表示语言被污染，变得不纯净。在文化研究中，这种说法以及背后支持这种说法的思维方式被严厉批判，而把语言接触看作正向积极的文化发展过程。宗教方面，人们在接触基督教的同时，当地的习俗也会参与到基督教的再地化过程中。如拉丁美洲的天主教义与西班牙和葡萄牙的天主教义就有些不同。食物也具有这种特征。总之，克里奥尔化这个概念牵连着苦难（suffering）与重压，是审视西方丑陋行径的一张名片，它揭示了剥削与暴力、反人类的奴隶制等。

克里奥尔式的社会身份是开放的、流动的而非固定的，他们重视身份建构以及维持的开放性。当身份趋于开放，就具有了流动性特征。这种中性的、借鉴式的文化身份为法语单词creolité所捕捉，该概念聚焦于流动性，强调创造性、融合性、多元性以及文化态度上的开放性。在拉丁美洲的殖民语境下，殖民文化意在吞没当地文化，从而达到殖民者的统治目的，但是地方文化仍能艰难地生存下来。因此，影响是相互的，殖民文化与当地文化呈现出了克里奥尔式现象。

（二）超级多样性

多样性（diversity）重视不同群体之间的多样性以及平等关系，该概念也常出现在文化研究中，用来描述十九世纪五六十年代国家之间的移民状况。“超级多样性”概念是沃特维克（Steven Vertovec）在2005年接受BBC采访时，为分析“伦敦地铁爆炸案”提出的概念。伦敦是一个超级多样性的城市，移民结构复杂，来源多样，价值观念殊异。沃特维克使用超级多样性概念，意指“多样性的多样性化”（diversification of diversity）。

超级多样性概念最初的使用语境是英国，因此，也就应用到伦敦大爆炸的解释之上。超级多样性有时也在非常具体的意义上被使用，特别是在人类学中，强调某个没有主导群体（majority group）的城市。伦敦就是这样一个城市，比利时也是。某个城市具备超级多样性特质，也就意味着欧洲人口在这个城市中的权重不足五成，这与欧洲的人口结构密度一致。另外，超级多样性概念在教育学中也具有重要意义，特别是外来学生不能很好地掌握当地语言、习俗之时。

（三）本真性

本真性[1]概念与城市语境相关，其具体案例有时代马戏等。从词源学上看，本真性概念既有英语词源，也有古希腊、古拉丁词源。但本文所言的本真性，被用来评价艺术作品或美学，它提供了一种新的范式。不同于美（beauty）的本真意义上的美学，也不是观念论的美学（idea of beauty）。这是一种对艺术或美学的非常不同的评价方式，它有四种讨论维度：客观本真性、后现代的“本真性”、建构主义本真性、城市本真性。

1.客观本真性

客观本真性（objective authenticity ）指一种准则，用来判断博物馆中客观物体的起源与出处，如判断某个古董的时代和出处。它也可以作为源头的替代表述，强调未被现代性所“污染”（contaminated）的原初本性。在食物文学（food literature）中，客观本真性是一种国家传统的地理符号表征，牵连着历史、国家利益和自我身份建构。如人们将食物与国家联系起来，与地区联系起来。

2.后现代的“本真性”

后现代的“本真性”（postmodern authenticity ）不同于客观本真性，特别是在艺术市场中。客观本真性的概念可以帮助理解艺术作品的出处与时间。而后现代的“本真性”要为超现实（hyper-reality）、

---

1 姆巴赫在《本真性：一个政治概念的文化史》(*Authenticity: the Cultural History of a Political Concept*)中讨论本真性问题。布尔斯廷在《图片：美国拟－事件指南》(The Image: A Guide to Pseudo-Events in America)中提出“拟－事件”(pseudo events)概念来讨论本真性。佐金对本真性的人的讨论可参见2009年出版的《裸体城市：本真城市的死亡与生命》(*Naked City: the Death and Life of Authentic Urban Places*)。

非本真性（inauthenticity）、人为之物（the contrived）、复制模仿（copy imitation）提供合法性辩护。例如，游客们明知道迪士尼主题公园的人物不是本真的，但还是非常享受这种旅游的乐趣。后现代的“本真性”出现的语境是文化的商业化以及20世纪80年代以来的全球化市场机制。

3.建构主义本真性

建构主义本真性（Constructivist authenticity）的最独特之处在于，从本质的本真性中脱离出来，而强调本真性是社会性建构的流动概念。脱离本质主义的思考方式，即挣脱固定的、不变的本真性的概念。与社会建构相关，本真性是一种过程。本真性被当作动词来对待，强调动态性，以及本真化的潜能与朝向，即某物去本真化。把本真性作为本真化（authentication）来理解，把本真性理解为一种经验。这种本真性不是对“逝去过往”的固定，而是关注当下的相互主义（mutualism），特别是在艺术家/音乐家与受众之间，二者都有本真化以及被本真化的潜能。

本真性的过程意味着并没有唯一的“权威者”（作者/创作者/艺术家）。在日常生活中，参与不同的事件，你并不是唯一一个参与、卷入本真化过程的人，但是不同的参与者去解释或者发展或者去表演本真性的角色，这种过程同样也是对他人的投射，这种情况发生于一定的语境和情境，特别是在音乐当中，可以区分出第一人称本真性（first person authenticity ）与第二人称本真性（second person authenticity）。第一人称本真性产生于这样一种时刻，音乐制作者（作曲家或演奏家）成功地将他对音乐的感知转换为与听众的无中介的直接交流。第二人称本真性指一种能够表达地方归属感（a place of belonging）、一种共同体意义（a sense of community）的能力，并且能够表达一种承认，以及形成一种新的个人身份。第二人称本真性更加强调听众，强调艺术演出在听众中间引发的经验，并且这些经验被激活，与他或她的情感轨迹产生共鸣。简言之，音乐是“让生活如其所是之物”。作为观众或听众，能够识别以及产生共鸣。同样，它是一种前语言的声响（pre-linguistic vocality）。第二人称本真性强调听众的共鸣，它也可以理解为创造了一个乌托邦，一个向前现代共同体社会的隐喻式逃离。在建构主义本真性下，音乐可以被定义为反映在一系列声学世界中的主观集合的意义，针对的是某些特定听众，强调的是与听众之间的共鸣。

这些音乐并不是为“美”而“美”，而是将音乐视作一种表达，一种交往。有时这些音乐吸引西方人并不是因为它是“妙乐”（melody），而是音乐之间的相互借鉴，揭示出的是个人性的情感并融合了某些文化。为何非洲音乐、美洲音乐能够吸引西方听众，可以解释为，音乐家们在非洲、美洲采风之后，他们创作出了糅合个人情感与当地文化等多种元素的、具有新的音乐合作模式的乐曲。这些都与相互性有关，与参与（engagement）有关，与相遇之后的本真性过程有关。

4.城市本真性

城市本真性（urban authenticity）概念借鉴于社会学家、城市研究专家佐金（Zukin）。她从文化视角出发，主要关注城市边界的变化。二十世纪七八十年代，纽约出现了往破旧场所或老旧建筑移居的现象。移居者赞扬老旧，因为老旧反映的是历史。老旧是价值来源而不是被抛弃的原因。佐金强调年轻人喜欢这些建筑，并移居其中。正因为他们，这些社区具有了活力和吸引力。许多公司借机买下这些建筑，改造成公寓，进行租赁和售卖。这个现象可以联系到审美资本（aesthetic capital）[1]上来，对文化研究领域的人而言，这些建筑的再次设计者可能是咖啡店老板、学者等人。佐金称这些人为时髦之人（hipsters），这个概念强调那些将文化视为资本的人。那些之前决定建筑本真性的人（authenticity of building）并没有做历史性的研究，比如详细展示房屋细节等，但是对他们而言，建筑环境具有一种本真性感觉（authenticity feel）。

1 〔法〕阿苏里:《审美资本主义:品味的工业化》,华东师范大学出版社,2013,第1页。

佐金想要超越二元对立，即传统与现代之间的对立，所以，她实际上结合了两种层面上的本真性。一方面，本真性是关于起源（origin）或历史根源的，就像第一种本真性即客观本真性。另一方面，本真性是创新的，意味着本真性是由年轻人在当下创造的，由艺术家或时髦人士创造的。所以，这是两种看待本真性的方式。一种是原始共同体的建构，另一种是某些人现在创造的东西。

三、愉悦性的美学分析

过去十年以来，乐与人处（conviviality）已成为流行语。流行语意味着每个人都使用它，你可以看到它无处不在，不仅在学术文章中，而且在媒体中，以至于有些人说最近十年，美学中出现了一个“愉悦性”（convivial）的转折。愉悦性（convivial）来自convivencia一词，con的意思是一起（together），vivencia的意思是生活或者活着。那么，convivencia的意思是生活在一起。愉悦性不仅意味着生活在一起，而且是以非常好的方式生活在一起。它可以是快乐的或如参加盛宴般的欢喜，也可以是处在喜庆的语境和真正节日中的愉快。现在它作为一个分析概念，被用作一种研究分析工具，强调在和平和轻松的情况下共同生活。这样人们可以在高度多样性的语境中一起生活。

从某种意义上说，愉悦性指的是日常活动的过程。也就是说，在日常生活中，人们如何在平凡的相遇中一起生活，如何试图在了解差异的情况下互相达成协议，因为不同的群体很难改变他们的身份和生活方式。而且，还有他们如何进行谈判或重新谈判以达成最低限度的共识。事实上，这是在非常多样化的街道、城市、社区中，寻找一种共同生活。或者说，最小的社会性（sociality）如何成为可能，且这意味着什么？愉悦性被视为个人之间的合作，而个人则被视为与他人相关的社会存在。因此，大多数时候，我们将愉悦性视为某个群体聚会的一种方式，它像是一种策略，一种介入，会产生一种群体归属感。所以想要做的就是，为创造愉悦性创造便利，让城市成为宜居之地。

如何创造愉悦性？可能是组织愉悦性的聚会。比如通过流行音乐创造愉悦性。另外，当代欧洲的某些城市局势紧张，有很多摩擦，因为不同的社会、族群生活在一起。所以，市政府经常制定政策和计划来应对城市的碎片化问题。如果人们没有互动，那么对其他文化的刻板印象和误解就会存在。愉悦性虽然不是一种可以用来对抗斗争或更多地消除种族主义偏见的东西，但至少从战略角度和短期角度来看，愉悦性聚会实际上可以开启一种对话。

在讨论城市本真性时，涉及了废弃的和老旧的场所。从美学的角度来看，它不再美丽，但它很有趣。因为废弃的火车站，晚上可以变成艺术中心。它为艺术家和居民保留了创作的空间，创作者可以申请艺术住所，并有自己的艺术工作室。而且，他们必须进行创作，必须与观众进行互动。这些艺术空间并不像艺术画廊，它更加破旧，甚至充满涂鸦。但这就是城市的本真性，它为愉悦性聚会提供了场所和语境。

位于布鲁塞尔的变废为宝（Recyclart）艺术中心，是一个集体空间，一部分建在火车站和礼拜堂之间废弃的地铁站上。这里聚集了很多艺术家，并开展了很多艺术活动。艺术中心有着不同的理念，但参与者每个人都应该能够了解其文化，文化应该低门槛，保持高度的多样性。所以，他们组织的活动，总是混合着新的和实验性的概念和尝试。有一年，他们建造了一种临时建筑，在那里放置植物，称之为植物诊所或者植物医院。他们的想法是，夏季大部分人都有度假计划，没有时间给植物浇水，植物就会死亡，他们开一家医院，你可以把植物寄存在这里，让他们照顾它们。他们还邀请过一位加拿大因纽特人喉咙歌手（throat singer），展示了地区音乐如何与国际观众进行互动。这意味着传统不应该被监禁在博物馆里，它应该被表演，被赋予活力。

实际上，这种新现代与传统之间的对立，工业城市与农村之间的对立，从前卫的角度来看，可以被暂停。文化是一种活态的事物，文化和艺术总是在发展，在转变。至少当代美学中的审美感性是你永远无法保留的，它总是在变。对传统的翻译是非常具有创新性和实验性的，翻译从来都不是原作的翻版，而是一种新的阐释。我们所称的新波希米亚美学（neo-bohemian）指的就是，既要关注所有的起源，也要关注新事物。现在需要被重新解释的事物，正在被赋予新的生命活力。这就解释了为什么这个艺术中心位于一个非常不寻常的空间，被嵌入在一个工人阶级的社区之中。它之所以有效是因为它将所有新事物与旧事物结合，包含了当地的艺术家居民或者不在这个艺术中心的居民，也邀请了来自世界其他地区的艺术家。这里也偏爱即兴创作，因为他们没有真正事先计划好所有事情，而为意外发现（serendipity）留出了空间。

总之，愉悦性是关于社会个体之间合作的，即那些真正想要参与的人。比如音乐节，它为一群人现场表演。它如此吸引人的原因在于，在那个特定的时刻，所有类型的等级制度都被暂停，性别、种族、社会水平的差异被暂停，尽管它是临时的。所以，我们可以说艺术音乐节与其他艺术介入一起构成了这个愉悦性的连续体，虽然并不是所有问题都解决了，如分歧和经济问题，但是在那一刻，参与者共同受到这种音乐的激励和推动，产生了这种合作效应。所以，参加音乐节实际上是一个非常具身的（physical）、非常合作的、非常真实的和非常美学的实践。甚至你可以说，它就像一个现代或后现代的仪式。

当代艺术实践和城市环境中的艺术介入确实对生活的其他领域产生了重大影响。作为人类学家，我们总是试图走中间道路，在系统理论和经验主义之间走一条务实的实用主义道路。所以，本文试图通过某些分析来理解经验事件。但这些概念也会改变，它们并没有真正被绑定到一个非常广泛的、通用的、封闭的框架中，它们不是那么宏伟而适用于所有事物的理论，更像是试图理解这些微观事件的流动概念。

参考文献

[1] HOMI K BHABHA. The Location of Culture [M]. NewYork: Routledge, 1994.

[2] 阿尔君·阿帕杜莱. 消散的现代性 [M]. 刘冉，译. 上海：上海三联书店，2012.

[3] UMBACH. Authenticity: The Cultural History of a Political Concept [M], NewYork: Springer International Publishing, 2018.

[4] DANIEL J Boorstin. The Image: A Guide to Pseudo-Events in America [M]. NewYork: Vintage, 1992.

[5] SHARON, ZUKIN. Naked City [M]. Oxford: Oxford University Press, 2009.

[6] SHARON ZUKIN, PHILIP KASINITZ, XIANGMING CHEN. Global Cities, Local Streets: Everyday Diversity from New York to Shanghai [M]. London: Taylor and Francis, 2015.

[7] 皮埃尔·布迪厄，华康德. 实践与反思：反思社会学导引 [M]. 李猛，李康，译. 北京：中央编译出版社，1998.

[8] 皮埃尔·布迪厄. 艺术的法则：文学场的生成和结构 [M]. 刘晖，译. 北京：中央编译出版社，2001.

[9] 阿苏里. 审美资本主义：品味的工业化 [M]. 上海：华东师范大学出版社，2013.

[10] PAUL JILROY. The Black Atlantic: Modernity and Double-Consciousness [M]. Cambridge: Harvard University Press, 1993.

[11] JAMES CLIFFORD. The Predicament of Culture [M]. Cambridge: Harvard University Press, 1988.

[12] 埃里克·霍布斯鲍姆，特伦斯·兰杰. 传统的发明 [M]. 顾杭，庞冠群，译. 南京：译林出版社，2022.

【作者简介】

彭静莲（Ching Lin Pang），博士，现任比利时安特卫普大学文学院应用语言学与翻译系主任、比利时（荷语）鲁汶大学跨文化、移民与少数族裔研究中心教授。2006年至今，在比利时（荷语）鲁汶大学任比利时荷语大区文化遗产咨询委员会副主席，国际都市人类学委比利时安特委员会委员，香港大学人类学中心荣誉委员（2010），清华大学华商研究中心学术委员（2010）、比利时（荷语）鲁汶大学-华东师范大学欧洲文化研究中心联合主任、佛教与跨文化研究云南部主任（2017至今）。从（荷语）鲁汶大学东方语言学与历史专业获得学士学位（1985）后，先后获得美国伯克利大学亚洲研究专业硕士学位（1988），比利时（荷语）鲁汶大学社会与文化人类学博士学位（1996）。研究兴趣包括移民/移动、跨文化、超多元化、都市边界、亚洲社会与文化中的时尚和艺术（尤其是中国与日本）、在欧洲的少数族裔（华人、苗族）等。

丝绸之路沿线狗鸟艺术研究

希瓦拉 （Sevara Djalilova）

【摘　要】有关动物的艺术作品是我们理解丝绸之路的重要切入点。在不同的艺术媒介中，狗鸟表现出既具有相似性又具有地方特色的美学特征。针对兼具狗和鸟两种要素的艺术对象来说，本文试图探寻该艺术形象形成的原因，以及它是如何在丝绸之路沿线国家中流传和发展的。重要的是，探寻狗鸟传说及其形象，如何和为何表征了人们的审美想象和联想，并试图以狗鸟为例，考察丝绸之路审美文化的连续性和相似性，从而挖掘丝绸之路审美共同体建设的可能性。

【关键词】狗鸟；萨珊王朝；丝绸之路；审美共同体

丝绸之路上，有关动物形象的艺术作品非常多，它是理解丝绸之路审美文化的重要衢路。在这些艺术作品中，狗鸟是非常独特的一种。它不仅兼具狗和鸟这两种动物的特征，而且在不同的艺术作品中关联着不同的艺术事件。虽然有关狗鸟的传说以及它的艺术功能不尽相同，但是它却是现存的、为数不多的、与古代伊朗神话传说相关的艺术形象，并在丝绸之路沿线国家流传。

一、狗鸟的书面文本历史

根据现有文献记载，狗鸟最早的信息出现《阿维斯塔》一书中，而后出现在《万迪达德》（*Vendidad*）和《亚什特》（*Yasht*）之中。但是该形象并未形成大范围的影响。直到6世纪末，巴列维的《心灵的判断》（*Menog-i-Khrad*）提供了一幅异常广阔的神话图景，图像化了有关狗鸟的相关传说。

在描述中，狗鸟住在可以治愈邪恶的树上，而且还有一只名叫卡姆罗什的鸟[1]总是在树附近盘旋。狗鸟可以携带树的种子，把治愈之力撒播世界。同时，伴随着种子的撒播，雨水也会降临大地。我们可以看到，狗鸟与其他类型的鸟，都象征着善良。书中把神树的种子称为伊什塔尔，认为它是给予地球生育力的代表。但这种生育力不仅是种子，而且也包含了雨水。只是这种生育力都要归功于作为媒介的狗鸟。

当我们聚焦于特定的对象，比如树时，它代表的是女神伊什塔尔的史前时代形象。它孕育了生命，并可以治愈邪恶。因此，伊什塔尔逐渐演变出了双性（夫妇）特质，如果我们站在树前，就像

1〔德〕"在鸟类中，卡姆罗什鸟是鸟类中的队长，他可以与华尼拉的所有鸟类相媲美。"

"站在提什塔尔-伊什塔尔夫妇面前"，它们几乎具有完整的形式，并象征着"海""星星""有益雨水的带来者""生育之源""云"等。而这些都是狗鸟带来的，因此，它逐渐地也具有了生命力和雨水等含义。

狗鸟神话传说形成的过程非常复杂，这也反映在萨珊王朝时期的《本达赫什》（*Bundakhishn*）之中。萨珊王朝时期的出版物中，关于狗鸟和动物的神话的形成过程反映在令人困惑、看似矛盾的故事中。当然，故事是根据以下几组动物创建的：第一组是公牛、母牛、公羊和绵羊；第二组是骆驼、猪、马、驴；第三组是在山上或水里生活的动物等等；第四组包括鸟类；第五是水生类，其中最大的是森（Sen），它具有三种性质（avenak），而纳特罗（Natro）是最小的。这五组动物共有282种类型。在这些区分中，还可以进一步分类，分为公羊5种，骆驼2种，牛15种，马8种，狗10种，麝香鼠8种等。其中，狗鸟属于第十类，与卡什夫（Karshift）、鹰、卡尔卡斯（Kahrkas）、乌鸦、阿尔达（Arda）、鹤等同类。另外，据说夜（Saba）被创造为三种（sartak）动物形式，即狗、鸟和麝香动物，因为夜像鸟一样飞，有像狗一样的牙齿，也像麝香动物一样生活在山洞里。

在《本达赫什》的其他部分，我们可以看到，作为狗鸟前身之一的森（Sen）与异世界的联系是："两生森，世界门口夜鸟之一。""两"意味着森存在两种本性（狗和鸟），而且散布在世界的每个角落（如阿拉伯人的灵鸟和安卡鸟）里。作为一种生物，森的特征在于其身体类似于狗和鸟，并且具有麝香动物的特征。《扎特·斯帕姆》（*Zat-sparam*）补充了《本达赫什》中所说的两种本性，认为："在鸟类中，有两种是由不同物种创造的：森穆尔夫（狗鸟）和蝙蝠，（它们）嘴里长着牙齿，并用母乳喂养它们的孩子。"另外，它还记载，"……所有的种子，在浩瀚的海洋中长成一棵树，各种各样的植物不断地从其中生长出来。狗鸟在其中拥有自己的住所，当它从树上飞下来时，它把干种子撒在水里，然后种子又随着雨水回到大地。种子长成一棵树，可以对抗衰老、复活死者、使活人永生。"这进一步细节化了狗鸟的文本记述。

如果我们考虑到《心灵的判断》是萨珊王朝末期撰写的，而《本达赫什》的相关撰写，或者更确切地说，其书面文本的巩固，是在阿拉伯人征服萨珊之后，那么，我们就得出了这样的结论：若狗鸟与宇宙的生死存亡有关，那么这可以和萨珊帝国的崩溃及之后的发展联系起来。此时期，一些地区的封建社会正在进入一个新的发展阶段，城市建设进程的加速、手工业的发展、贸易关系的扩大等，是狗鸟相关的宇宙观被改变的原因和背景。

狗鸟相关书面记载的另一个案例反映在10世纪伟大的波斯-塔吉克诗人哈基姆·阿波尔-卡西姆·菲尔多西·杜西（Abul-Qasim Ferdowsi Tusi）的波斯史诗《列王记》（Shahnoma）中，它给了我们一个完全不同的生物形象。"上帝赐给我一个儿子；我无知地把它扔掉了，不知道它的价值。狗鸟，高贵的鸟把他带走了。"此时，狗鸟与人类关系密切，只有在云层中保留了它的栖息地。

后来，新的狗鸟形象外观是基于旧的狗鸟形象的某一类元素发展起来的，这些元素在结合另一些鸟类特征的过程中，形成了新的形象。只是在书面文本中，它延续更多的是鸟的特征，而弱化，甚至取消了狗的元素特征。所以，基于书面文本，我们将逐渐失去狗鸟的痕迹。

二、狗鸟艺术的文本交互

据词源来看，狗鸟一词很值得深究。阿维斯塔语中狗鸟被称为"Saena-mereyo"；中古波斯语中狗鸟被称为"Senmurv"；乌兹别克民间传说中狗鸟被称为"Semurg"；塔吉克民间传说中狗鸟被称为"Simurg"；阿塞拜疆语民间传说中狗鸟被称为"Simurq"；库尔德民间传说中狗鸟被称为"Simir"；亚美尼亚民间传说中狗鸟被称为"Sinamahaw/Sinama"；巴什基尔民间传说中，狗鸟被称为"Samray"。它们在发音上具有一定的相似性。

《列王记》的英译者试图结合其原始含义来解释这个复杂的名称，认为其构成是：三（sih）+ 自然[ayina(avenak)]+鸟(murgh)=狗鸟(Simurgh)，也就是说，狗鸟是由三种不同的词语组成的综合体。《阿维斯塔》中该生物的属名即使与之不相同，但也在功能上与狗鸟（Saena）的存在形式对应。

《阿维斯塔》中的“狗”是spa，在巴列维语sak、库尔德语sa、亚美尼亚语shin中的意思都是狗，即森穆尔夫。在这种情况下，狗鸟（saena mereyo、sen-murv）及其所有发音变体都是单词鸟狗（Paskudj）的同义反复。这些词语虽然处在不同的语言环境中，但它们具有相同的意思，即鸟狗/狗鸟。而且，据目前所得资料而言，所有创造狗鸟形象的人，都使用了该生物的伊朗名字——狗鸟。尼古拉·雅科夫列维奇·马尔（Nikolay Yakovlevich Marr）对狗鸟进行了如下评论：“这个词的原始含义可以有多个，这取决于它流通和普遍的环境；为了确定这一真实意义，我们需要对高加索民间传说的相关资料进行专门的工作和比较研究。”

这种与生命起源相关的狗鸟形象，早在其外貌被艺术作品反映出来之前，特别是在被规范化之前，就已经形成了。甚至可以说，有关狗鸟的传说早于文本，而文本又早于艺术作品。在库尔德民间传说中，狗鸟保留了一些与先前记录相关的特征。根据故事讲述者的说法，狗鸟将英雄带出黑暗的世界。在亚美尼亚民间传说中，狗鸟也被译为希娜玛鸟（Sinama），故事展开与库尔德民间传说不尽相同。另外，我们还可以引用艾库尼·萨尔基斯·奥瓦内索维奇（Aykuni Sarkis Ovanesovich）记录的一个故事：年轻的王子忘记在黑、红、白公羊（象征三个天堂）的帮助下走出幽暗的地牢，进入光明。在经过一系列的冒险后，他得知唯一能带领他从黑暗之国走向光明之国的鸟是希娜玛鸟（狗鸟）。这种鸟每十年在树上产下雏鸟，有一只威夏普（一条蛇）会吃掉它的幼崽，但希娜玛鸟无法杀死这条蛇。王子帮助希娜玛鸟杀了威夏普，条件是要希娜玛鸟带他去光明之地。而希娜玛鸟的条件是，除了杀死蛇之外，还要带肉和酒。当快到达光明之地时，希娜玛鸟说需要这些肉和酒。王子却把自己的肉扔进了希娜玛鸟的嘴里。希娜玛鸟发现是人肉后就没有吃，而是把它藏在舌下，一到达光明之地就还给了王子，并把他治好了。这一故事展开的逻辑，与纸质文本的记述有相似点。它们都强调了狗鸟带来的治愈之力，以及与人之间的关系。

在更广泛的哺乳动物和鸟类的组合中，狗鸟是比较常见的，并与其他动物组合一起，被用来装饰艺术作品。萨珊王朝宫殿内一件富有特色的花瓶，其两侧就分别雕刻了狮鹫和狗鸟。在狗鸟的图像表达中，狗的原始形态被保留，张开的嘴、外露的牙齿等，都忠实地表现出文学文本中强调的状态。为了呈现出鸟的某些形态，往往在狗的背后添加翅膀。但我们并不能把狗鸟的图像视为其主要的或固定的形态，这只是艺术家在图像中追寻动物双重性表达的一种方式。

三、丝绸之路沿线国家的狗鸟

狗鸟在艺术中的形象，并没有被立即确立。部分原因也许是因为制作或雕刻的技术还未达到，不过随着时间的推移，它被最终呈现在萨珊时期的诸多艺术作品中。在这些艺术作品中，狗和鸟结合而成的艺术图像，得到了最鲜明的表达。萨珊时期之所以重要，并不只是因为大多数保存下来的狗鸟图像都属于该时期，而且因为《阿维斯塔》和《本达赫什》都属于萨珊王朝时期。也就是说，狗鸟的艺术形象在萨珊时期已经得到了发展和程式化。

艾尔米塔什博物馆中保存着两幅最古老的狗鸟图像，它们分别取自叶利扎维·托夫斯卡娅（Elizave Tovskaya）村附近出土的护身符，以及塞米布拉特四世墓葬中出土的护身符上。这些狗鸟形象呈现出了相似的特征，不过最能代表狗鸟艺术形象的当属萨珊银器圆盘。这种圆盘使用了特殊的工具和精巧的工艺，它与织物、木材和石头等艺术形式不同。圆盘上的狗鸟，往往是一只带有翅膀和尾巴的狗的形象，身体上长有细小的毛发或鳞片。这种圆盘工艺，强调了尾巴上毛片之间的层次感，它们有些类似于海鱼羽毛状、浓密的尾鳍。因此，它展示出了狗鸟的水属性。这种属性与宇宙中所谓的“中层天堂”联系起来——水。

在斯塔罗贝德斯卡（Starobedska）地区，以及其他一些古迹中也可以看到狗鸟形象。花园拱门——萨珊王朝时期著名的岩石浮雕（Toqi Boston）中，也有狗鸟，但相对于圆盘来说，它的形象被描述得更加清晰。在少数萨珊织物中，有一些深绿色背景的奢华丝绸，它也呈现出狗鸟的形象。与其他不太知名的萨珊织物图像相比，这种布料上狗鸟的身体及其特征与拜占庭狗鸟纺织图像密切相关。这证明了许多织物上的狗鸟图案，往往依赖于石头、金属等艺术作品形象。

伊斯坦布尔博物馆大理石浮雕中的狗鸟，据考察起源于小亚细亚，与纺织艺术图像的传统有关。它也是一条狗，脸短，鼻子末端有一个球形圆圈，还有一只可以直立的、孔雀似的尾巴，呈现出鸟类动物的某些特征。其特殊之处在于尾巴两侧的丝带，这些丝带是国王、贵族以及与皇室生活相关的动物和鸟类的常见装饰。格鲁吉亚阿顿神庙的浮雕，是由一位亚美尼亚建筑师于七世纪建造的，它也呈现出狗鸟的形象；斯托克利系列的棺材或骨雕上，也有狗鸟形象，并且配有相似的丝带。我们还在其他场合看到过狗鸟形象，有些被保存在欧洲的博物馆中（1931年在伦敦展览会上展出）。

四、结语

狗鸟是丝绸之路上哺乳动物和鸟类融合而成的一种艺术形象，它非常典型，并出现在口述、书面文本和诸多的艺术作品上。随着历史的发展，以及主流艺术审美趣味的调节，狗鸟形象本身也在发生变化。但是这一形象包含了丝绸之路沿线国家上，具有相似性的艺术问题，比如动物图像为何和如何经历了双重或多重的叠加？为什么一些叠加的动物形象被保留，而另一些被抛弃？与某一动物传说相关的口述文本，在什么样的审美要素刺激下演变成其他文本中的典型形式？等等。诸如此类的艺术形象，是我们窥探和理解幽暗深邃的丝绸之路审美文化，以及构建丝绸之路审美共同体的宝贵资源。

【参考文献】

[1] СОКОПОВА В С. Авеста [M]. Санкт-Петербург: Наука, 2005.

[2] JOSEPH H P. Avesta: Vendidat I [M]. New York: The Christian Literature Company, 1898.

[3] FERDINAND JUSTI. Der Bundehesh XXIV [M]. New York: Hildesheim, 1868.

[4] NERIOSENGH DHAVAL. The Book of the Mainyo-i-Khard: Prazand and Sanskrit Text, Roman characters [M]. London: Kessinger, 2010.

[5] МАРР Н Я. Сборник Яфета: Часть 5 [C]. Ленинград: Яфетовский институт АН СССР, 1927.

[6] REIMER VERLAG D. Archaeologische Mitteilungen aus Iran [M]. Teheran/Berlin: Deutsches Archäologisches Institut, 1982.

[7] БАНУ Ц Б, ЛАХУТ А, СТАРИКОВ А А. Фирдоуси Шахнаме I-II том: Издание подготовили [M]. Москва: Издательство академии наук СССР, 1957.

[8] ОРБЕЛИ Л А. Сасанидское искусство [J]. Восток, 1924(4): 139 - 158.

[9] МАРР Н Я. Азиатский сборник [C]. Петроград: Известия Академии Наук, 1918.

[10] WARNER A G, Warner E. The Shahnama of Firdausi I-1912 [M]. London: Kessinger Publishing Company, 2010.

【作者简介】

希瓦拉（Sevara Djalilova），乌兹别克斯坦，兰州大学文学院在读博士生，塔什干孔子学院汉语老师。

中国人与俄罗斯人眼中的彼此

阿列夫金娜·斯别兰斯卡娅（Speranskaia Alevtina）著　司俊琴　岳蓉媛译

【摘　要】本文介绍了两项关联实验的结果，这些实验是在两所大学——西伯利亚联邦大学（俄罗斯）和兰州大学（中国）的人文学科专业学生中进行的。带有民族名称所指的“俄罗斯人”和“中国人”构成了基本对立面，即“我们自己的—其他人/陌生人”的一部分，具有一定语言意义上的刺激作用。本文不仅致力于比较“他者/外国”的形象，而且还描述了俄罗斯和中国学生的自我特征。

【关键词】民族名；俄罗斯人；中国人；“我们—他者/陌生人”；相反性

本文着眼于对中国人与俄罗斯人民族概念的研究，中国人与俄罗斯人——这两个概念不仅源自其民族名称，更是在领土、政治以及经济上通过外交与文化关系相联系的国家名称。调查结果基于四类语料：俄罗斯人描述自己的语料、中国人的数据语料、中国人描述俄罗斯人的数据语料和中国人描述自己的语料。该研究假设：两组受访者的言语关联领域核心之间的相似性取决于他们对他民族和文化特征中的容忍程度。实验表明，自我认同的主要特征和基于“外界观点”的特征在两组受访者中是一致的。中国人民勤勉、礼貌；俄罗斯人则充满力量、勇气和仁慈。俄罗斯学生在反思“中国人”的集体形象时没有提到谦逊，尽管这是中国人自己认为最具特色的民族特征。对“他者（陌生人）”外观的描述对两个民族具有相同的参数，这些参数主要涉及身高、眼睛、肤色，还包含对彼此评估的数据。一般来说，对于参与问卷的两个民族而言，他者/陌生人的形象参差不齐，各具特色。

俄罗斯和中国学生根据相同的参照来描述“陌生人”的外表：身高，眼睛，肤色，但同时具有相反的评价向量：中国人评价俄罗斯人的外表是美丽的，负面的评价在俄罗斯人中盛行。对于俄罗斯受访者而言，一个重要标准是人口数量。在评估中国人时，俄罗斯学生谈到了中国人口众多，这与人口统计数据相关。然而，在回答“典型的俄罗斯人”时，俄罗斯学生也强调了他们具有相当的数量。本文将获得的语料数据与远东大学获得的语料数据进行了比较。数据显示，中国人在远东居民中的形象更加详细。与远东居民相比，在克拉斯诺亚尔斯克（Krasnoyarsk）城里学生的反应中，中国形象的负面特征更少。

任何“自己的”范畴之外的联系都基于某些参评标准而被划为“朋友”或“非朋友”。依据人类学与民族学的概念，划分出“自己的”与“他人的”两大对立概念。“自己的”与“他人的”范畴划分亦被作为民族文化固有印象的综合分类手段。在民族世界图景中，“自己的—他人的”这对范畴贯穿于从宇宙学表征（我们所处空间与外太空、人类和恶魔）到日常语用学（语言、传统仪式和生活方式差异）的各个层面。

每个民族都有其对现实理解与感知的方式，抑或称之为民族心志，即对民族、团体和个人理解与感受的固有印象集合。固有印象被诠释为对人及其行为的普遍性印象。民族固有印象是指某一民族对其他民族或其自身典型表征（主要在于心理特点和行为方面）的精简概括。它是否能揭示出全民族之特点呢？答案是肯定的。在这个问题上我们将依托于民族语言学、跨文化交际、语义学、语言与文化研究，以及心理语言学等学科领域的数据。

鉴别民族固有印象的方法主要有：（1）对箴言语料（谚语、俗语、成语、轶闻、谜语等）的解释。（2）俄罗斯民族称谓相连的惯用搭配，包括俄罗斯人的心灵，俄罗斯人勇猛、马虎的性格特征，以及俄罗斯的伏特加、奶酪等物品。（3）对关键词（概念）的研究，主要研究关键词在文化中的使用频率和重要程度。例如，“心灵”“命运”和“忧郁”最能反映俄罗斯人的心志；“忧郁”“侥幸”“勇猛”和“消遣”是民族心志的关键词。基础概念的范围有所扩大：善与恶、良心与罪孽、铭记与遗忘、自由与意志（俄罗斯人认为自由不应受意志之局限）、真理与真相（俄罗斯人倾向于客观，即追求真相）。（4）研究词汇的语义潜力，包括分析词汇的搭配能力，进行联想实验、心理语言学实验。例如：补全句子“真正的俄罗斯人是……”，“尽管他是俄罗斯人，但……”或诠释“俄罗斯人就是俄罗斯人”这一表述。

联想实验是现代语言学研究中一种十分普及的方法，广受普及的原因或许在于，这种方式能够标记母语使用者的语言意识在语义场中的当下定位。通过在语义场中标记出的“语义切片”，研究者便可着手于这些朴素世界图景中体现现实意义与概念的数据。在这种情况下，联想实验的结果可以同“当下关键词”研究做一比较，同样反映出对话者语义场中与所研究词汇语义相关的现实词义。联想实验的结果能够体现拥有潜在实现于自然语言中的词汇形态变化规则和语法功能单位的民族概念领域。

词汇使用频率是言语联想域的核心，反映着语言在人们头脑中的固有印象。由此可见，未体现于语言，便也不存在相关意识。有趣的是，目前研究的“刺激词汇”因选词因素不仅在于语言方面，还体现在超语言方面，而成为当前一种特殊的词汇。例如，近几年对军事话题的关注。

编汇联想词典是一项浩大工作。语言学家定期记录不同国家及地区的社会角色者的联想领域，确定其基本价值，观察其内涵及其变化，并观察某些概念间的实际语义联系的增加或丧失，或在评价的基础上提出联想数据库的语义标记。跨文化交际的难点在于意识形象内容的差异性。如何诠释“他人的”形象决定了由“排他性——对‘他人的’接受度”这一标准衡量其个人行为。

中国是俄罗斯东边的近邻。在此不赘述那些影响俄罗斯人判定的“典型中国人”，抑或影响中国人判定的“典型俄罗斯人”的历史信息。[1]对俄罗斯青年这一形象现今是如何理解、阐释的，同中国大学生对“俄罗斯人形象”与“中国人形象”这一问题是如何回答的？对这两个问题的回答做一比较，就会从中发现这些形象是否符合中国人与俄罗斯人的自我诠释及其偏差所在。

简要回顾一下当代中国与俄罗斯的学术成果，不难看出，研究人员对中俄比较，以及“中国人或华人”与“俄罗斯人”的形象研究颇有兴趣。首先，不得不提及黄天德之专著《自己的—他人

1 Karolina Koziol, “Representing ‘Russianness’ in the Chinese-Russian Borderland”, *Eurasian Geography and Economics* 61, no.1 (2020): 100-108.

的：俄罗斯人与中国人的语言意识（基于汉语和俄语资料）》。作者对500名汉语母语者进行了自由联想实验，刺激词为“本国的”和“外国的”。分析结果显示，中国人与俄罗斯人的自我认知不谋而合——中国人认为自己是伟大的民族，俄罗斯人亦是如此。而进一步的自我认知有所不同——俄罗斯人对自己的评价是信仰东正教、善良、诚挚；中国人对自身的认知则是智慧、饱经磨难、勤劳，以及历史悠久。

对于“自身的”一词，俄罗斯国家语料库中对应的高频词汇为：食品、历史和命运；而北京大学汉语语料库中的相应词汇为历史、关系和发展。对于“他人的”一词，俄语中对应的高频词为身体、词汇和思想；汉语中则是账户、声音和身体。对于俄罗斯人“自己的”一词，其核心层体现在房子、世界、城市、朋友、俄罗斯人、孩子、男友、兄弟、儿子和电话等词汇上；对中国人而言，其核心层体现在荣誉、地位、朋友、金钱、房子、父母、家庭、孩子和青春等词汇上。对于“他人的”一词，俄语使用者认为其核心领域体现在房子、世界、城市、物品、孩子、母亲和丈夫等词汇上；中国人则认为其体现在朋友、金钱、事务、工作、利益和爱人等词汇上。

“构建模型显示，中国与俄罗斯实验者对‘自己的—他人的’认知依赖于不同的认知特征序列：对俄罗斯人而言，其顺序是空间外—周围人—周围事物；而对中国人而言，其顺序是周围事物—周围人—空间外”。

在对“典型中国人”的评价（远东联邦大学进行的调研）中，两个因素有所刷新：创造能力和自我评定相符性。在“典型的俄罗斯人”这一问题上，中国学生则给出了力量与自信两大因素。

笔者向兰州大学外国语学院俄语系和西伯利亚联邦大学（远程）的学生布置了同样的任务：写一个简短的联想链。换言之，请学生回答“在你看来，什么是典型的俄罗斯人/中国人？”这一问题。受访者被分为两个研究小组，小组人数大致相等，其人数差约为30人。

一、俄罗斯人的民族概念

（一）中国人眼中的俄罗斯人

从中国学生处得到了31项反馈，即30多个词汇。在中国人看来，俄罗斯人首先是一个勇敢（16次反应）而好战（6次）的民族。需要指出的是，中国人普遍认为俄罗斯人强健有力、骁勇善战，笔者的中国同事亦是如此。与此同时，中国人强调“战斗民族”这一概念。

之后是一个可以归纳为“热情好客”语义群的联想圈：好客（10）、慷慨（8）等。善良（11）一词会因超语言因素而引发联想：调研由俄罗斯老师主持，中国悠久的礼节不允许出言不逊（正如笔者上文所言，联想实验存在弊端）。无论如何“善良”一词的联想都十分典型，尽管其诠释并不容易。

此外出现频率最高的特征是懒惰（7）、魁梧（7）和健谈（6）。对外表的描述则集中在容貌姣好（4）、男子俊俏（2）、女子美丽、眼睛漂亮（共计8）和皮肤白皙（4）等词汇上。或许还能总结出如下特征：嗜酒（4）和不修边幅（3）。剩余联想言语表征仅被重复2次，或被提及1次，因此联想的核心领域也止于此。以下特征被提及2次：积极、坚韧顽强、坚定果决、勇敢无畏、英勇、坚强（显然，特征集中在“不畏困难，勇于行动”类似的词）、有礼貌、严肃、谦虚、广泛使用“俄罗斯心灵”这一习语、淡漠，以及不惧寒冷。

还曾出现以下特点：勇敢无畏、大公无私、英勇、相信偶然、友好、激昂、有趣、坚强、好学、直率（在中国教育的背景下，出现这样的特点颇为有趣）、爱吃爱喝、健谈、诚挚、慈悲、团结、吃苦耐劳、智慧、博学、外向。笔者身在中国，并与中国学生交流，可以说从内部分析这一系列特征，进而认为这些对俄罗斯人的印象十分模糊，缺乏具象。中国学生在回答中使用的一些词汇立足于其传统习惯，尽可能避免对方尴尬，或避免发表负面评价。

而上述材料依然能够使我们明确评价的主导倾向，因为其中多次提及以下中国人对俄罗斯人的印象：勇敢、仁慈、诚挚、慷慨、善于交际和懒惰。由此可见，中国人对俄罗斯人的印象多集中在积极方面，仅指出一项缺点——懒惰。出现这一现象的原因可能在于，中国学生与俄罗斯人的交往经验不足，抑或有其他语言外的因素。

（二）俄罗斯人眼中的俄罗斯人

在俄罗斯学生的回答中，更多提到的是单一词汇（共计66个不同特征），表明其形象的分散性。出现频率最高的是：强健有力（6）、力量（3）、善良（5），这与中国人对俄罗斯人的印象也很相似。这些内涵构成了联想言语场的核心区域。其余印象则是许多不同的（自我）特征，其中一些可以归为一组。答语分组如下：

勇气：勇敢、无畏、坚韧、刚毅、英勇、势不可挡（2）、不屈不挠，以及俄罗斯人永不退缩。

言语行为：喧闹、健谈、爱说脏话、有话直说。

真诚慷慨：诚挚、好客（2）、慷慨（2）。

嗜酒：嗜饮、暴饮、狂饮、醉酒。

情绪化：情绪化、易冲动。

多重性：许多、众多、大量。

积极的品质特征如下：有同情心、坦率（2）、恭顺、注重心灵、友好（2）、爱国主义、谦虚、诚实、礼貌、快乐、忧郁。

负面品质：侵略、好战、懒惰、愚蠢、阴郁、压抑、邪恶（2）、不修边幅。

受访者指出了俄罗斯人的独特性：独特、特殊心志、“伟大人民”的复杂高远意义。

以上答案显示出俄罗斯人眼中俄罗斯人形象的驳杂性，缺乏明晰、稳定的形象。

在俄罗斯学生的回答中还有一组尚不能称之为自我评价的口头表述。这组词包括了民族学和地理学概念，其内容相当广泛：民族（3）、人民（2）、部族、国籍、俄罗斯公民、俄罗斯人、俄语使用者、讲俄语的人、俄罗斯、国家、俄罗斯世界、莫斯科、西伯利亚……可以说，俄罗斯学生着力定位的是“俄罗斯人”这一刺激词汇的“客观”参数。

二、中国人的民族概念

（一）俄罗斯人眼中的中国人

从俄罗斯学生对中国人印象的口头反应中，实验得到了73个不同的词组。回答中出现频率最高的是外貌描述：矮小（3）、纤瘦、窄眼（3）、亚洲外表、圆脸、黝黑、黄种人、黑发、微笑。其次是对中国人人口众多的表述，有许多（2）、人口众多、多人口、芸芸（3）、大量等11个典型词语。其中频率最高的词为：勤劳（6）、礼貌（5）、智慧（4）。然而，尚不能明确说，这些特征主导了对中国人的认知，因为还有30多个描述“典型中国人”的单一词组。其印象特征多样，很难有统一的印象图景：贫穷、单纯之人、语速快、难闻、杂事、鼻音重、实干、纪律严明、友好、坚韧顽强、关怀、封闭、复杂、聪明、有趣（2）、勤勉、领导性、强迫性、傲慢、非比寻常、难以理解（2）、经验丰富、爱国、恭顺、乐于助人、坚持不懈、友善、守时、健谈、复合、守法、传统、固执、狡猾。由此，可以说，无论外表还是数量，俄罗斯学生都对其东边邻国十分了解。当今俄罗斯高校青年对中国人的印象主要集中于勤劳、礼貌和智慧。

需要补充的是，除了“中国人形象”特征，学生还提出一些符合实验条件的现实情况：阿里快递、阿里巴巴、中国制造、东方（2）、香港、远方、邻居、香茗、茶叶、糖醋汁、面条、柑橘、劣质<商品>、京剧、共产主义、红色、文化（2）、沉思、最低纲领、时尚、汉字、许多工厂、技术。不难看出，上述回答反映出受访者对中国及其文化相关的一系列概念的把握。笔者认为，这些答案充分展示了中国现实，这不仅在俄罗斯，甚至在全球话语中都有所体现。

（二）中国人眼中的中国人

中国学生也回答"典型中国人"[1]这一问题。33名学生参与调研，中国学生给出了33个描述词汇。需要指出的是，中国学生的答案中有两个特征处于明显主导地位：谦虚（21）和勤奋（19）。俄罗斯学生对中国人第一个自我认知特征知之甚少，其原因在于交往不够，因为在直接接触中，中国人行为中的这一特征表现得淋漓尽致。俄罗斯受访者指出，勤奋是中国人的显著特点。从他们的视角来看，这种特质是中国人的主导特质，也是主要特质之一。其次是一些差异较大的自我印象特征：礼貌（5）、善良（5）、神秘（4）、积极（3）、好奇（3）、聪明（3）。有趣的是，聪明和礼貌并没有成为中国人自我形象的主要特征。其答案可能在于中国人致力于培养谦虚这一美德，因而聪明这一特征未得到彰显。至于礼貌，对于中国人的心志而言，谦虚和礼貌可以作为整体的一部分，即行为的谦虚包括礼貌。

以下自我特征被两次提及：好客、慷慨、友好、羞涩（显然，这一特征可以归到"谦虚"的词汇组）、保守、伪善、好奇、沉默、善于交际。其词汇范围不如俄罗斯人的自我描述广泛。中国受访者曾使用过的词汇有：友好、谨慎、善良、开朗、体贴、认真、有趣、坦率、勤奋、团结、严格、贪财、耐心、细心、节俭。

可以看到，中国学生对"典型中国人"的描述更加紧凑，只有15个词，而俄罗斯人使用的自我描述词汇是其两倍——32个词。回想一下，西伯利亚联邦大学的学生大约用40个词描述中国人的特征，那么或许可以说，俄罗斯人对民族概念这一问题的解答就是其言语联想的特点。尽管在《俄罗斯的中国留学生眼中的"典型中国人"和"典型俄罗斯人"的形象》一文中，作者指出"中国受访者以大量标志性词汇对其自身印象进行评价"。在这种情况下，其数量更多可以解释为对相关材料的熟悉程度更高。

调查显示，受访者在描述"外国人"时，其关注点主要在"外貌"（而不是文化、行为或语言，也不是心理描写）。显然，这是由于外貌特征更为明显，行为和性格只有在更为密切的接触和熟悉该国文化后，才能有所认知。此外，外貌主要着眼于"'外国人'与'本国人'有关键性差异的部分"。可以说，俄罗斯和中国的受访者都没有将一个民族名称与文化特性联系起来。

并不能说民族概念联想集中于对其他民族而言具有异国情调的生活词汇方面，比如食物。众所周知，生活在中国的俄罗斯人注意到了中国人爱吃辣这一特点。实验表明，这些特征在民族概念联想领域中并不占主导地位，而这些参数在其他领域中却有其意义。例如：在旅行笔记，抑或在"经验丰富之人的建议"中，等等。因此，关于"他人的"的知识现实意义化受到了语用学制约。

对中国人和俄罗斯人作为"外国人"和"本国人"形象的建模显示，自我认同主要特征与"外部观点"在受访者中是一致的：中国人和俄罗斯人对中国人的印象都是勤劳和礼貌；对俄罗斯人的印象都是有力量、勇气和仁慈。在回答关于典型中国人的问题时，只有谦虚这一中国人所珍视的特质没有被俄罗斯学生注意到。对"外国人"外貌的描述则基于相同参数——身高、眼睛、肤色，但二者评价却恰恰相反：中国人评价俄罗斯人的外貌是姣好美丽的，而俄罗斯人的回答则以负面评价词汇为主。

将我们的数据与中国数据进行比较后可以看出，中国人的形象在远东居民的描述中更为详尽，

1〔美〕明恩溥：《中国人的性格》，陶林．韩利利译，江苏文艺出版社，2018，第1页。

中国人形象的负面特征在克拉斯诺亚尔斯克城里的学生中较少出现。然而，我们并没有从俄罗斯欧洲部分的人口调查中获得相关数据。

参考文献

[1] АЛЕКСАНДРОВНА, ЩЕЛОКОВА АЛЕНА. Typical grammatical errors of Chinese students in Russian speech [J]. Concept/Koncept, 2019(9): 1-6.

[2] 黄天德. 俄罗斯记忆 [M]. 哈尔滨:东北林业大学出版社,2020.

[3] 赵秋野,黄天德. 中俄大学生“自己的/他人的”语言意识联想场折射出的语言哲学观 [J]. 外国语文,2015(5):65-76.

[4] 黄天德,马少芬. 中学俄语课堂的跨文化意识培养——以文化适应为视角 [J]. 中国俄语教学,2021(4):87-95.

[5] 赵秋野,黄天德. 从свой-чужой的语言内容和结构看俄罗斯人的语言哲学观 [J]. 外语学刊,2013(4):78-82.

[6] MARK GAMSA. The Chinese Translation of Russian Literature [M]. Leiden: Brill, 2008.

[7] 明恩溥. 中国人的性格 [M]. 陶林,韩利利,译. 南京:江苏文艺出版社,2018.

[8] 明恩溥. 话说中国人 [M]. 吴杉,译. 北京:新世界出版社, 2016.

[9] 张艳. 从Китай概念看俄罗斯人眼中的中国形象 [J]. 语言与文化研究,2023(1):165-170.

[10] 许华. 俄罗斯人眼中的国家形象 [J]. 俄罗斯学刊,2013(2):60-66.

【作者简介】

阿列夫金娜·斯别兰斯卡娅（Alevtina Speranskaia），兰州大学外国语学院外籍教师，西伯利亚联邦大学副教授。

Lapis Lazuli in the Silk Road Aesthetic Community

Togaeva Dilbar (Lan Ying)

【Absrtact】Lapis lazuli in the West, just as jade in China, has extremely rich cultural significance. On the basis of combing the origin, transportation mode and transmission route of lapis lazuli, this paper will elaborate the aesthetic significance of lapis lazuli in paintings, works of art, folklore and poetry, as well as the aesthetic medium attribute of lapis lazuli as a connection between the three ancient civilizations. Lapis lazuli is famous for its dark blue jewelry industry. The color depends on the internal content of lapis lazuli. The higher the composition, the brighter the stone, and the higher the market value.

【Keywords】lapis lazuli;Silk Road aesthetic community

Lapis lazuli is widely used, including many nationalities, from which we can see that there are many lapis lazuli. A gem variety loved by all ethnic groups. Lapis lazuward in Persian, lazurd in Arabic, rajavarta or rajavarta in Sanskrit, rajaward in Indian, azurro in Italian.[1] English: lazurite or lapis lazuli. In ancient China, it was called Qiu Lin, Jin Jing, Jin Yu, Qing Dai, etc. Buddhism, known as bark Nuli or Bi Liuli, is one of the witnesses of ancient Eastern and Western cultural exchanges. Statistics show that lapis lazuli was introduced into China from Afghanistan through the "Silk Road". It is usually produced in aggregates, with dense massive and granular structure. Lapis lazuli is one of the most impressive and beautiful minerals on earth. Lapis products from Egypt and other countries in the Middle East at least in the third millennium, but Egypt and other countries in the Middle East do not produce Lapis. It is proved that lapis lazuli was produced in Badakhshan mountains in northeastern Afghanistan and was mined as early as 7000 years ago.

The history, scarcity and color sense of lapis lazuli determine its noble value. The dark blue scenery is like the stars in the night sky. Zhang Hongzhao, a modern Chinese geologist, wrote in his book *Shiya*: "Lapis lazuli looks like the sky, or the gold filings are scattered, brilliant, and as beautiful as the stars in the sky." This color feature of lapis lazuli is destined to become a beautiful work in the jewelry industry. Since ancient

1 Zhang Hongzhao, *Shi Ya* (Tianjin: Baihua Literature and Art Publishing House, 2010), p. 46

times, it has been honored as a heavenly treasure and offered for sacrifice. The *Textual Research of the Qinghuidian* also reads: "Only lapis lazuli is used for the temple of heaven, amber is used for the temple of earth, coral is used for the altar of the sun, and turquoise is used for the temple of the moon." It can be seen that lapis lazuli was used by ancient emperors to worship the sky. In addition, the ancient royal nobility believed that celestite was profound and mysterious, just like angels guiding human beings into heaven. Therefore, later archaeologists often found lapis lazuli in their tombs.

Ⅰ. Ancient relics made of lapis lazuli

Long before the Silk Road came into being, there were extensive exchanges between the nationalities of the Western regions. Thousands of years ago, in the era of Sumerian civilization, there was a long road of lapis lazuli trade, connecting the vast region from the Pamir Plateau to the eastern Mediterranean.

From the perspective of art history, lapis lazuli is an important art resource, which is widely used as a raw material for gemstones and blue pigments in ancient murals. Many relics related to lapis lazuli have been unearthed in the ancient two rivers basin and Asia Minor, such as ancient Egypt and Mesopotamia.

Ancient civilizations of the world attached great importance to lapis lazuli. Ancient Egyptians believed that lapis lazuli was the incarnation of Osiris, the God of the underworld, symbolizing the meaning of life and death and eternal life. Pharaoh Tutankhamun's gold face is covered with lapis lazuli, which still shines brightly even after thousands of years.

In the 1920s, archaeologist Leonard Woolley excavated in the Sumerian city of Ur and found ancient Sumerian jewelry. He found a tomb of Queen Puabi 4500 years ago. The treasure in Puabi's tomb, similar to Tutankhamun's tomb, was not injured by robbers and was preserved in the University of Pennsylvania Museum and the British Museum. Unfortunately, due to the looting of the museum during the 2003 war, the part left in the Baghdad museum was lost. The ancient city of Ur in Sumer is located in modern Iraq, between Baghdad and the Persian Gulf, close to the Gulf.

There are the most blue and gold objects in the tomb of Puabi. As we all know, lapis lazuli is a gem never mined by Sumer and can only be transported from one place – the famous Badakhshan oil field in Afghanistan. It is now one of the poorest regions in the world with the highest maternal mortality rate. In the former Soviet Union, bluestone is also mined in the territory of Tajikistan, and in Gorno Badakhshan region, but it does not have such bright and rich colors, like Badakhshan in Afghanistan. Badashhan oil field is quite far away from Ur, and many jewelry and other items from lapis lazuli have been found in Ur ancient city. Both sides – regarding the military, trade and other links between these geographical regions, bluestone has been highly valued in Sumer, even in Sumer's artistic taste and aesthetics.

These ancient relics show that the civilization and handicraft making skills of ancient Egypt, Mesopotamia and other ancient countries had reached a very high level at that time. Jewelry, as an indispensable aspect for people to pursue and witness beauty, also reflects to a certain extent that a person's aesthetic consciousness is a spiral development process. As an aesthetic culture of gem jewelry, it is very necessary to study the durability and universality of application history and the material culture and aesthetic culture phenomena it produces among the people. The object of this article is not lapis lazuli itself, but its aesthetic and cultural significance.

Egypt's book of death describes in detail the importance of lapis lazuli in funeral ceremonies. Lapis lazuli amulet is used to protect the dead from evil spirits. Put the blue stone amulet on the dead. Lapis lazuli is regarded as the symbol of Osiris, which can decide whether a person can live forever. In the tomb of Pharaoh Tutankhamun, the gold mask is praised by archaeologists as "an incomparable rare treasure". This mask is inlaid with a large number of lapis lazuli, flashing the mysterious light of life cycle in the long river of history spanning 3300 years. Even though 3300 years have passed, the image of France' s Tutankhamun is still "alive", and it seems that lapis lazuli would allow him to "exist forever". In addition, it also implies power and wealth.

Ⅱ. Lapis lazuli in mural painting

"Lapis lazuli" means "bluestone". For thousands of years, the brilliant blue of lapis lazuli has attracted the attention of artists. Ancient Egyptians used it to make blue cosmetics. From ancient Greece and Rome to the Renaissance, painters ground lapis lazuli into powder, a blue pigment used in the sky and sea, to draw world-famous paintings.

Samarkand madrasa is lavishly decorated and diverse, with a large number of glazed tiles and bright carved mosaics. It is particularly noteworthy that the lintel of the entrance passage repeats the following composition on a fine colored background: a huge striped tiger chases a running female deer, and behind the tiger is a big sun with a face. This is the source of the name of the madrasa, Sherdar, "the one which have tigers".

In the paintings of saints in different periods, the robe of the virgin has a very symbolic color. The use is bright and calm blue, which is called lapis lazuli blue, also known as "Virgin Blue". This work has been highly praised by artists. They painted the blue clothes of heaven and the Virgin Mary, where it symbolizes purity.

In addition, on the murals of many grottoes and sites in Central Asia, and on the murals of Grottoes in Xinjiang and Dunhuang, there are many places where dark blue is used. In the ancient world, lapis lazuli was sold to Western countries as a gem and pigment, and its value was even above gold. Therefore, lapis lazuli became one of the important media for cultural exchanges among all ethnic groups. Most paintings of lapis lazuli show a very pure color of the sky. The main reason why it is endowed with strong religious connotation is that its color is gorgeous and pure. In Medieval and Renaissance paintings, we can see a large number of lapis lazuli pure blue figures in church decoration. We can also see lapis lazuli dye in the murals of Kizil Grottoes, the first stop for Buddhist art to be introduced into China.

From inscribed rings to carved sword handles, bowls, tiles, and illuminated Koran manuscripts, the versatility of this stone is also evident in Islamic tradition. In the medical tradition of Unani, it is considered to be an effective drug for the treatment of neurological and psychological disorders, especially depression. As pointed out by Joumana Medlej, an expert in the field of pigments, Islamic illuminators use ultramarine, a colored pigment originally made from lapis lazuli ground into powder, to highlight the most special manuscripts. The production of pigments from lapis lazuli requires a lot of manpower, so the cost is high. She added that the real ultramarine did not appear in Europe before the 12th century, but Arabs had known it for a long time. The initial description of the chromatic process comes from the Arabic alchemical text. Al Biruni, a great scientist in the 11th century, quoted the color of lapis lazuli after grinding in his masterpiece how to recognize gemstones, "So pleasant that no stone similar to it shows such a beautiful color."

Whether in Christian churches, Buddhist grottoes or Islamic schools, blue dyes made of lapis lazuli are used to varying degrees. It can be seen that lapis lazuli is closely related to religion and is a symbol of religious purification of the soul.

Ⅲ. "One stone more names"

1. Bukhara stone

Bukhara is the "Pearl" of the Great Silk Road, one of the oldest cities in Uzbekistan and Central Asia, and once the capital of Bukhara Khanate. Businessmen from India, China, Iran and other countries stayed there. Bukhara is still an oasis and an important scientific and cultural center on the silk road. For thousands of years, this city has made great contributions to the development of spiritual, cultural and religious values of world civilization and has become one of the holy places of Uzbekistan. Its majestic architectural monuments – minarets, mosques and madrasas, commercial domes and hospitals, houses, reservoirs, squares have witnessed the great history of Bukhara, dating back to 25 centuries.

Since the 1580s, Bukhara school is mainly famous for its two-dimensional, schematic composition and traditional treatment of landscape and architectural decoration. There are several reasons why lapis lazuli has the nickname of Bukhara stone.

The first is that in most cases, traders from Bukhara have done lapis lazuli trade. Bukhara merchants brought many lapis lazuli to Russia. As early as 1798, academician Severkin wrote, "The best lapis lazuli came from China and Persia; the Bukhara people took him to Orenburg; sometimes, the Bukhara mountains extending eastward from the Caspian Sea formed a pute or more block." In fact, the lapis lazuli from China, Persia and Uzbekistan were mined in the Pamir oil field in Afghanistan.

The second reason is that when we see the picture of blue stone, everything is clear. Only in Bukhara can you find blue buildings: it is sky blue, blue, turning dark blue at sunset, dome. This is a mysterious magic, with this extraordinary beautiful stone. The name lapis lazuli of "Bukhara stone" indicates that it comes from the East. [1]

2. Lazurite

Over the centuries, lapis lazuli has changed its name many times. In France, it is still known as chesillite (named after the town of chesillite, where these beautiful gemstones have been mined for a long time). In 1824, a French mineralogist named it lazurite. Many synonyms for this mineral are still in use today. Some people call it "bronze", "mountain blue", "copper blue" or "copper celestite".

3. Lazward

The name comes from the Arabic word lazward. The word azure comes from this word, which is another name of blue. For the ancient Romans, it was sapphire, suitable for the blue version of corundum or sapphire known to most people today.

Ⅳ. Ancient and contemporary significance of lapis lazuli

Ancient Egyptians especially liked blue stones. Dark blue is in sharp contrast to the monotonous desert hue. Because lapis lazuli is usually similar to the starry night sky, it is associated with heaven and supernatural phenomena. Priests often dye their clothes with lapis lazuli to consolidate their status as gods. Lapis lazuli is a symbol of power and wealth. In Egypt and Mesopotamia, only people with high status can wear lapis lazuli because of its sacred attribute.

1 М. И. Пыляев, Драгоценные камни, их свойства, местонахождение и употребление., издание третье, значительно дополненное (С–Петербург, изд. А.С.Суворина.1888), Страница. 67.

Since the discovery of lapis lazuli, lapis lazuli has various meanings and emotions, the most important of which may be its inner divinity. The fantastic color of stone, often like a starry night sky, undoubtedly aroused the image of the sky and led to a long-term relationship between stone and its use in religious ceremonies. The use of lapis lazuli as a religious ornament can be traced back to ancient times. One of the oldest myths is the Sumerian goddess of love, Inana, who entered the underworld wearing a lapis lazuli necklace. In Sumerian culture, lapis lazuli is said to carry the soul of God.

There is also sufficient evidence of its religious status in the ancient cultures of Egypt and Mesopotamia. Lapis lazuli is the main feature of the Egyptian goddess of truth. This attribution undoubtedly led to the contemporary interpretation of lapis lazuli as a stone of truth and clarity. Lapis lazuli was also found in the tombs of these elites. Since Egyptian rulers are usually regarded as gods, lapis lazuli is both a religious symbol and an imperial symbol, intended to show respect. Most notably, this stone was used to make Tutankhamun's funeral mask. Lapis lazuli is believed to protect the wearer's afterlife, and valuables buried in the tomb may be used as insurance.

The concept of lapis lazuli celestial attribute has followed it for centuries and finally entered Christian practice. Sky blue stones are often used to depict the clothes of saints and angels. It is also particularly relevant to the Virgin Mary. Lapis lazuli pigment is usually used in the design of the Virgin Mary robe, which can be seen in hundreds of classic works of art. The popularity of lapis lazuli also spread to the East. This stone has become an important part of many Asian religious ceremonies, especially Buddhism. Buddha statues are carved from lapis lazuli, which is used in artistic depiction. The Russian czars were also fascinated by this stone and used it to decorate their palaces.

Nowadays, lapis lazuli has less and less religious connotation and higher aesthetic value. Nevertheless, it is considered to be a metaphysical attribute and folk myth, which undoubtedly stems from its use in religious ceremonies in different cultures. In fact, in almost all cultures, this stone has been elevated to the sacred status, which proves the beauty and value of lapis lazuli.

Each color has many different meanings: emotion, psychology, etc. Blue means God and happiness. "blue blood", "blue dream", "blue happy bird", "blue plate" is a sequential concept. Blue, red and white can be seen in both Russian and French flags. Red belongs to the people, blue belongs to the elite, and white is God and religion.

The Russian flag, from top to bottom, is white, blue and red, symbolizes "orthodox – autocracy – nation".

French flag: blue, white and red. But the stripes are vertical, that is, there is no obvious difference between people, officials and priests, symbolizes "liberte – egalite – fraternite". But if we associate the French slogan with the national flag, we will find that the elite enjoy freedom, religious equality, and only fraternity remains among the people.

Epilogue

In a word, the origin of lapis lazuli and the areas where lapis lazuli is worshipped, artistically and aesthetically have a large span in space. Lapis lazuli, as an object, has spread from its origin in northern Afghanistan to ancient civilizations such as Sumer and ancient Egypt in the circulation of time and space. Although lapis lazuli is only a mineral stone in Afghanistan, it was processed into various works of art after being spread to Sumer through trade, thus giving lapis lazuli artistic and aesthetic value. In Egypt, lapis lazuli was used as an amulet, and the lapis lazuli amulet was placed on the dead to protect the dead from evil spirits. Because of the color of lapis lazuli, Egyptians believed that lapis lazuli was a gem from heaven, and used it as a medium to communicate with heaven, resulting in the worship of lapis lazuli in Egypt. It appears frequently in the legend of Gilgamesh, the lapis lazuli fairy tale written by French fairy tale writer Deonoy, *White Cat and Russian Poetry*. It is regarded as a thing of God and is expressed and imagined in many texts.

In addition, lapis lazuli has richer symbolic significance: whether in Christian churches or Buddhist grottoes, the blue dye made of lapis lazuli is used to varying degrees. It can be seen that lapis lazuli is closely related to religion, which is the symbol of religious purification of the soul; Lapis lazuli is a symbol of power and wealth. In Egypt and Mesopotamia, only people with high status can wear lapis lazuli because of its sacred attribute; Lapis lazuli is a symbol of peace and auspiciousness. Wearing lapis lazuli can bless official fortune and career success. Psychiatrists believe that lapis lazuli can bring spiritual sustenance to people, make people more optimistic and live a more smooth life; lapis lazuli is a symbol of health and longevity. Wearing lapis lazuli can reduce pain, strengthen the body, and protect the wearer's health and longevity. Lapis lazuli is not only a mineral stone. After it was spread from Afghanistan, it has generated different aesthetic meanings in the cultures of Mesopotamia, Egypt and many other countries, representing the connotation of different cultures. Lapis lazuli connects the three ancient civilizations and is an aesthetic medium for cultural exchanges.

I have to mention here that although lapis lazuli has done nothing, its existence is an event. It was developed and found in a passive state and then flowed around the world. It can be said that minerals and stones are produced in Afghanistan. In Egypt, Mesopotamia and Sumeria, material culture and aesthetic culture come out. Lapis lazuli has been given a meaning wherever it goes. Influenced by the local, it has also affected the local culture and even created some cultural phenomena. Lapis lazuli connects the three ancient civilizations. In addition to the circulation of trade, it also has the circulation of thought and spirit, including religion, folk culture and aesthetic culture. Although the ancients who made lapis lazuli died thousands of years ago, we try to talk with those who made them through their works, historical records and texts. But the question is whether we can guess the meaning they want to express in the process of making. Can we understand the ideas they left us through lapis lazuli works? As Ubinsky and Lotman said, it is emphasized that the past is not given to us in specific experience, so it needs to be declassified and rebuilt.

【References】

[1] JAGJEET L. India and Silk Roads [M]. London: H & C 2021.

[2] КОРШУН А А. Культуролог, руководитель студии средневековой книжной миниатюры и каллиграфии«Темпера»[EB/OL]. Санкт-Петербург. https://zelomi.ru/journal/pigmenty.2021.

[3] НОСОВА Н. ЛАЗУРИТ-КАМЕНЬ БОГОВ [J]. https://lah.ru/lazurit-kamen-bogov/.26.05.2018.

[4] ANDREW S. Lapis Lazuli from the Kiln: Glass and Glassmaking in the Late Bronze Age [M]. Leuven: Leuven University Press, cop. 2012.

[5] CATHERINE D C. Le Lapis Lazuli: Son Histoire, Ses Gisements, Ses Imitations [M]. Monaco: Le Rocher, 1989.

【About the Author】

Togaeva Dilbar, her Chinese name is Lan Ying (兰英), is a doctoral student majoring in

Literature and Art at the School of Literature and Art, Lanzhou University, Gansu Province, China. She holds a master's degree in Chinese International Education from the School of Literature of Lanzhou University and a bachelor's degree in Chinese Language from the School of International Cultural Exchange of Lanzhou University.

Togaeva Dilbar is a fourth-year Ph.D. student. Her research direction is Lapis Lazuli in the Silk Road Aesthetic Community.

琼鸟与丝路审美文化

次仁拉姆

【摘　要】琼鸟作为藏族本土鸟崇拜符号，在不同民族交往、交流、交融的历史叙事中成为彼此文化整合的表征。琼鸟形象以本土苯教文化为基础，吸收不同民族文化的养分加以融合，其后得到创造性发展。通过深入剖析琼鸟形象的历史演变，我们可以从中一窥文化交流的轨迹，并探讨其审美共同体的价值。

【关键词】琼鸟；神话研究；丝路审美

琼鸟是藏族人民所崇敬的百鸟之王，有关它的神话传说在民间家喻户晓，其在藏族文化中占有重要的位置，在藏传佛教塑像、雕塑以及壁画石刻中和其他神、佛的艺术形象一道成为展现藏族宗教文化和神话记忆的主要元素。近年来学界对琼鸟的分析研究主要有以下三个方向：一是宗教研究。西藏大学的更尔易西所撰写的《琼族源流及与之有关的神话研究》和同美的《神鸟、象雄与嘉绒》都从文献典籍、神话中整理搜集了大量关于琼鸟的形象，并认为在东南亚很多地区的迦楼罗崇拜之源头，很可能是青藏高原的古代象雄或苯教文明中的神鸟琼。经文中所描述的琼形象和名词由来，简单说明了古代文献中琼形象的呈现形式，并认为在东南亚很多地区的迦楼罗崇拜之源头很可能是青藏高原的古代象雄或苯教文明中的神鸟琼。扎巴的《藏族雍仲符号原型探究》认为鸟类发展幻化形成了雍仲符号形象，后来逐渐形成琼鸟的符号形象。曾穷石《“大鹏鸟卵生”神话：嘉绒藏族的历史记忆》和邓廷良《琼鸟与牦牛羌——兼谈图腾变迁的另一面》通过解读嘉绒地藏区的“大鹏鸟卵生”神话和与嘉绒藏族的历史脉络结合，提出“琼”图腾的族群认同功用和牦牛羌[1]之间的族属关系。二是艺术研究。如李永宪的《西藏原始艺术》和张亚莎的《西藏美术史》《西藏的岩画》，及论文《古象雄的“鸟图腾”与西藏的“鸟葬”》《西藏岩画中的“鸟图形”》，都从西藏古代岩画中寻找琼鸟形象，并猜测可能与苯教文化密切相关。普拉富拉·库马尔·莫汉蒂（*Prafulla Kumar Mohanty*）的《印度奥里萨邦的迦楼罗图像学研究》（*Garuda Images of Orissa-An Iconographic Study*），这篇论文通过图像学的研究方法对迦楼罗形象发展的三个阶段进行了梳理和叙述。尕藏索巴的《浅谈藏族岩画艺术中的琼信仰》中认为狩猎现场的鸟图像为早期西藏地区的琼崇拜现象，标志着民众希望在狩

1 牦牛羌：古羌人的一支，以畜养良种牦牛而著称，是古代及文史书中对纳西族的称谓。

猎中得到琼的庇佑，而并不是用来辅助狩猎的鹰形象。三是个案研究。郭萍的《松潘地区苯教大鹏鸟形象的多元化背景》就对松潘地区的大鹏鸟形象的形成背景进行了分析，通过宗教学、民族学的研究方式分别讲述了不同文化视野下的大鹏鸟形象。辛元戎、祁文汝、董思明的论文《土族神鹏文化的考察与分析》一文中提到，土族将大鹏鸟也称之为琼鸟，是受到了藏传佛教文化的影响。卢永林、卢红娟的《信仰的更迭：从"大鹏鸟"到"凤凰山神"——陇南宕昌山居藏族山神信仰异名化现象解析》一文，通过分析甘肃省陇南市宕昌县山居藏族信仰的"凤凰"山神，认为当地藏族村落乡民所信奉的"凤凰山神"，其原型是藏族古老的苯教文化中的"大鹏鸟"。"凤凰"山神是信仰异名化的现象。朱佳琪的《跨文化交融视野下纳西族"都盘修曲"艺术变迁研究》中提到，"都盘修曲"是纳西族东巴文化中重要的组成部分，其艺术的起源与形式，受到印度文化中的迦楼罗及藏族民间文化中琼鸟的影响，认为纳西族的"都盘修曲"形象是"藏羌彝走廊"上文明迁移和文化交融的典型例证，也是当代语境变迁下传统民间艺术活态存续的成功案例。目前这些研究成果都从不同视角对琼鸟进行了深入分析和研究，但缺乏以丝路审美文化为阐释视角，以琼鸟为切入点，通过多元文化的交流熔铸，探索新途径的研究。

一、多重解释：不同文化视野下的鸟崇拜

(一) 印度文化视野下的金翅鸟

金翅鸟，梵语，鸟名。最早诞生于印度神话之中，是印度教中的神鸟之王。根据印度《往世书》中记载的传说：金翅鸟是迦叶佛和毗那达的儿子。毗那达用了五百年的时间孵化其"出生"的蛋。一破壳而出，金翅鸟那令人生畏的形象就遮蔽了天日。它拍打双翅震撼的大地，甚至众生也错把其金身发出的让人难以忍受的光芒当成了火神阿耆尼发出的光芒。[1]金翅鸟在印度神话中有诸多称谓，分别被称作偷甘露（Amrtahavana）、空中之主（Gaganesvara）、鸟王（Khagesvara），或者杀蛇（Nagantaka）。在辞典中，被称作迦楼罗、妙翅鸟等。金翅鸟的形象在印度文化中具有丰富的多样性，印度教中有超过300种金翅鸟的形象。这些形象在不同的地区、不同的信仰群体中都有所体现，由此可见，金翅鸟的形象深入人心。

(二) 汉文化视野下的大鹏鸟

大鹏鸟，最早出现于中国神话传说中，为巨型的神鸟，常有鲲、鹏两种变化形态。根据古籍记载，"鹏"字即"凤"的古字。"凤飞，群鸟从以万数，故以朋为朋党字。"[2]由此推断，大鹏和凤凰最初都是鸟图腾崇拜，后来逐渐演变，拥有了各自独特的形象。关于鹏鸟的最早记载见于《庄子》。庄周在《庄子·逍遥游》云："北冥有鱼，其名为鲲。鲲之大，不知其几千里也。化而为鸟，其名为鹏。鹏之背，不知其几千里也。怒而飞，其翼若垂天之云"，"水击三千里，抟扶摇而上者九万里。""绝云气，负青天，然后图南"。[3]除此以外，诸如"腾飞万里，只争朝夕"等雄壮气概和奋发向前的精神寓意也是中华民族精神的重要组成部分。

(三) 苯教文化视野下的琼鸟

在佛教未进入藏地之前，藏文化有自己的琼鸟崇拜。在历史上，琼鸟被记载为姓氏、祖源、战神等，特别是在民间苯教文献《夏当》中，琼鸟就被描述为斯巴战神的形象。仇仁前在其博士论文《白龙江流域民间苯教文献研究》中就以《甘肃宕昌藏族家藏古藏文苯教文献》中所收录的琼鸟相关文献，进行录文与校勘、汉译和解析，阐述了从在民间仪式中是如何从不同方向迎请琼鸟战神、消

1 〔英〕罗伯特·比尔:《藏传佛教象征符号与器物图解》,向红茄译,中国藏学出版社,1995,第99页。

2 〔清〕郭庆潘:《庄子集释·卷1》(上),中华书局,2012,第3页。

3 〔清〕郭庆潘:《庄子集释·卷1》(上),中华书局,2012,第3页。

灭敌人、保护施主和祭拜者的。在《后汉书·南蛮西南夷列传》中所记载的碉楼——“邛笼”，其实际含义为琼鸟，石硕教授2006年在山南调查碉楼分布时收集的民族志材料可佐证。[1]由此可见，碉楼的产生也与原始斯巴苯教文化中的琼鸟崇拜有密切关系。在纳西族东巴教中的“修曲”藏文“夏琼”的音译，其形象也与苯教琼鸟如出一辙。因此东巴教研究专家杨福泉认为：“东巴教和达巴教中的这个神鸟与苯教里的金翅大鹏鸟是同源的文本。”[2]

二、历史叙事：琼鸟形象演变

根据早期的苯教历史文献和藏北的一些岩画石刻中可以发现，琼鸟的形象出现得非常早。石兴邦在《中国原始文化论集——纪念尹达八十诞辰》中就以《我国东方沿海和东南地区古代文化中鸟类图像与鸟祖崇拜的有关问题》中提出鸟崇拜的四个分类，分别是：对鸟好奇；对某种鸟类的崇拜；图腾崇拜；鸟崇拜延续至宗教所用。根据图像、文本、考古材料等，笔者试图解析历史叙事之中琼鸟的形象演变，且将其分为以下四个方面。

（一）鸟崇拜的起源

远古时期的西藏美术不断被考古学家在西藏地区发现。诸多旧石器时代、新石器时代、青铜器时代遗址中现存的早期艺术中，如昌都卡若遗址、拉萨曲贡遗址等，都可以发现琼鸟的崇拜起源。藏北岩画中前期的鸟时常以和普通的高原动物随意组合的形象展现，此时的鸟具有超自然的属性，可能是当时氏族部落的鸟崇拜反映，也与这一时期宗教还未系统化和条理化相关。从岩画中的随意组合可以看出，人们的宗教思维比较零乱。到了鸟崇拜时期，自然鸟的形象发生较大改变，鸟形象往往与雍仲符号、日月符号或者是树木图像等具有某种固定含义的形象而组合，由此也可以明显地反映出琼鸟符号化趋势，琼鸟也成为日后藏族文化符号中的一个重要组成部分。

（二）琼鸟图腾时代

图腾时代，即一种原始的社会形态，部落民众将特定的事物或生物视为神圣，将其形象作为信仰的象征，用来凝聚人心、强化族群认同。在部落初创时期，琼鸟符号演变为琼鸟图腾，琼鸟被赋予创世神话中的重要角色，在部落信仰体系中的地位愈发稳固。作为部族的保护神，它也象征着部族的尊严与权威。部族民众对自然界的敬畏与崇拜，也将琼鸟形象与大自然联系在一起，使其成为自然力量的化身。诸如《苯教史纲要》中提到的“普贤菩萨为了教化众生，变幻为一个神鸟，叫作琼，降落在象雄一个叫卡佑的地方。这个琼鸟产了三枚卵，从中孵化出普贤之三个化身即身之化身拉琼噶尔布、言之化身鲁琼洪姜和心之化身弥琼木波。象雄王下令迎请弥琼木波并请求他作为这个王国的上师。”[3]在苯教古籍文献中记载：“五个夜晚之后，这枚宝贵的卵蛋开封了，从中生出了琼鸟。琼鸟形象奇特，身子白如海螺，头部如金刚，长着白色双翼，上唇如铁钩，下唇如利钩，上齿白如雪山，下齿硬如水晶石，左眼明如太阳，右眼圆如月亮，头上长着一对利角（bya ru），腰弯如彩虹，羽毛闪闪发光，尾翎金光灿灿，鸟爪如兵器一样锋利。于是，叶辛旺佐给这只鸟取名为雄神白琼（pho lha dung khyung），并将它誉为守护天界神树之顶、征服魔王、诛灭黑鹞、守护“夏当”顶部之鸟。”[4]《世间库源》中的神话故事讲道：两枚“宇宙卵，一枚发光，一枚发暗，分别生成了人界与非人界，光明界与黑暗界”[5]。在这些创世神话中，琼鸟均在场。

---

1 石硕：《“邛笼”解读》，《民族研究》2010年第6期。

2 杨福泉：《东巴教通论》，中华书局，2011，第589页。

3 才让太、顿珠拉杰：《苯教史纲要》，中国藏学出版社，2012，第1页。

4 羊本才让：《古藏文“夏当”文献中的“叶安之战”：神话与仪式》，《民族文学研究》2022年第6期。

5〔意〕南卡诺布：《苯教与西藏神话的起源“仲”“德乌”和“苯”》，向红笳、才让太译，中国藏学出版社，2014，第281页。

琼鸟崇拜的起源与发展，与早期的斯巴苯教紧密相连。苯教与象雄之间的联系更为紧密，根据部分学者推测，苯教的发源地或许就是象雄。而琼不仅是象雄地区的部落图腾，还代表着该地区一个古老家族的姓氏。摩尔根发现，美洲各地印第安人所有的氏族没有以人名命名的，都以某种动物或无生物即图腾命名[1]，严复在1913年也发现我国各个少数民族就是以图腾作为本民族的徽帜，并认为这是不同族众加以区别的标志。[2]“凡嘉戎（绒）土司之门额俱雕有大鹏式之琼鸟。其形状为鸟首、人身、兽爪、额有二角，鸟啄，背张二翼，矗立欲飞。此鸟本为西藏佛教徒所崇拜，作为神鸟，常供养于神坛。然供奉最虔者则为嘉戎（绒）。吾常于涂禹山土署见一木雕琼鸟高三尺余，在一屋中供养，视同祖宗。梭磨、松岗、党坝、绰斯甲等官廨亦有之。其他土署，多所焚毁，旧址不可复制。想原时皆有供设也。”[3]从民族学家马长寿在嘉绒地区的田野调查资料中，可以清晰地判断出嘉绒的琼式部落也有对琼鸟的祖先崇拜。琼鸟，作为一种神秘而神圣的图腾，自古以来便在部落信仰体系中占据着举足轻重的地位。从对琼鸟的信仰程度与琼鸟形象的演变过程中，也可看出部落信仰体系的发展与变迁。这个阶段琼鸟的图像特征很明显已演变为头上生角、鸟首人身。

（三）佛教传入、佛苯融合

然而，随着历史的发展，部族信仰体系逐渐发生了变化。由于外部文化的影响，佛教自7世纪传入藏地以来，与本土信仰苯教发生交融，形成了独特的宗教文化。在此过程中，神话传说中的琼鸟形象也经历了显著的演变，原本象征着祥瑞与幸福的琼鸟形象在佛教传入后，逐渐与佛教信仰相结合，成为佛教护法神鸟，增添了佛法弘扬、邪恶降伏的职能。佛苯神祇形象的交融是琼鸟形象演变的关键。佛教中的观音菩萨，其化身之一即为鸟身，与苯教中鸟形的神祇相结合，形成了具有双重视角的琼鸟形象。此外，佛教教义中的“金刚怒目、菩萨低眉”也在一定程度上影响了琼鸟的形象塑造。金刚怒目代表着威严和力量，而菩萨低眉则象征着慈悲和温柔。这两种截然不同的特质在琼鸟形象上得到了和谐的统一，使其呈现出兼具威严与慈悲的特质。这种形象的变化并非偶然，而是在佛教与苯教交融的基础上，宗教信仰、文化传统和地域特色共同作用的结果。这种结合不仅仅是两种宗教形象的简单叠加，而且是在相互交融中产生了一种全新的、具有独特内涵的琼鸟形象。在格萨尔史诗中其形态是最复杂的，有“具力大鹏”，也有“马头明王”，有“风马昌盛战神”，有“格萨尔王”的祖先神，也有转世的“十三战神”，即神的化身。此阶段的琼鸟图像特征除了头生角、鸟首人身外，更增添了武器并开始融入其他猛兽的局部特点如狮面、虎獠牙、马耳等，以强化战神的威力。公元633—842年，通过丝绸之路的文化传播，青藏高原受到印度佛教的影响，琼鸟形象随之发生变化，直接以战神的样态示人，以喙衔蛇，背光与头冠并具，足踏敌人立于莲花座之上。[4]不难从形象的演变中直观地分析出此时的琼鸟崇拜早已受到佛教迦楼罗形象的影响。

佛教传入后，与当地文化交融，宗教信仰交互渗透，由此对琼鸟形象的塑造同样产生影响。一方面，佛教文化的传入促进了不同文化之间的交流，使得琼鸟这一原本具有神秘色彩的鸟得到了更多的关注。琼鸟形象人像化、本土化的意义更加符合民众的审美心理，用人间形象描绘佛国世界，增强其亲和力，扩大佛教传播与发展。另一方面，佛教作为一种信仰体系，改变了人们对自然界的认知和解释方式，使得琼鸟成为佛教信仰的一部分，赋予了它新的象征意义，琼鸟形象因此在社会文化领域得到了更为广泛的传播和认同。

1〔美〕路易斯·亨利·摩尔根:《古代社会》,杨东莼译,商务印书馆,2012,第83页。

2〔美〕爱德华·甄克思:《社会通论》,严复译,商务印书馆,2014,第4页。

3 马长寿:《嘉戎民族社会史》,《民族学研究集刊》1945年第4期。

4 张亚莎:《藏传佛教“佛鹏”源流考——青藏高原Khyung图形的演变脉络》,载刘成有,学愚:《全球化下的佛教与民族——第三届两岸四地佛教学术研讨会论文集》,光明日报出版社,2011,第420页。

（四）护法神兼地方守护神

佛教对青藏高原的文化、艺术、建筑等领域也产生了不同程度的影响。佛教艺术沿丝绸之路在中国新疆、河西走廊和中原地区广泛传播发展。以敦煌莫高窟为例，这一被誉为“东方艺术宝库”的遗址，其壁画、雕塑等艺术作品，无论在题材、风格还是技法上，都充满了浓厚的藏族佛教文化特色。在敦煌石窟中，就有34个窟中存有金翅鸟图像，共计36身。其中，金翅鸟造像出现洞窟数量最多的时期当属唐朝，贯穿唐朝发展始末所造洞窟就有20个存有金翅鸟造像。在171窟的金翅鸟人像化，通过头冠和背光来强化其形象。琼鸟的象征地位在佛教发展过程中不断提高。清代以后，琼鸟演变为护法神，其形象经历了从神秘到庄严，从单一到丰富，从原始图腾文化到宗教信仰的演变。随着佛教在青藏高原的兴盛，琼鸟形象逐渐与佛教信仰相结合，成为佛教护法神的一员。在这个过程中，琼鸟的形象不仅吸收了佛教艺术的元素，如狮子、火焰等，还融入了我国民间信仰中的吉祥物，如龙、凤等。这使得琼鸟的形象更加丰富多元，而琼鸟形象演变背后也反映了古代哲学家对宇宙、生命、道德等哲学观念的探讨。从最初的神秘主义到后来的宗教信仰，琼鸟形象始终承载着一种正义、勇敢、智慧的品质。这恰恰体现了古代哲学家们追求和谐共生、捍卫道德底线的价值观。因此，琼鸟作为护法神，在这一时期的形象演变，不仅是宗教信仰的变迁，更是哲学思想的传承与发展。同样，琼鸟作为一种承载者，也见证了不同宗教文化的交融与传承发展。这个阶段，琼鸟担任护法神，且一般位于佛、菩萨背光顶部。

琼鸟后来从佛背光中独立出来，成为具有特殊能量的地方守护神，特别是在安多藏区与康区佛教影响较为薄弱的地区地方，都出现了琼鸟形象的演变和更迭。琼鸟信仰呈现双重性的特点，以陇南市宕昌为例，当地所信仰的“凤凰”既是本地山神，即地方保护神；又是天神，是地方神灵系统中神格最高的神。它居于天界，栖于梧桐，法力无边，具有极强的代表性。作为原始苯教古代文化的标志——“夏”（bya）——在现代白龙江上游地区群众的日常生活中更是被赋予了有民族特色的丰富文化内涵，以“夏当”为主的各种民俗活动不仅祈求诸神保佑，也成为群众的日常生活习俗。

三、琼鸟与丝路审美意向的交融共生

（一）琼鸟在丝路文化中的交汇与熔铸

印度佛教在丝绸之路的传播过程中，无论是在时间上，还是在地域上，都不是分割孤立的，随着年代的更换、地域间的交流交往，与世界各国文化相互交融，相互借鉴，不仅在造型上受到外域，如印度、尼泊尔等国文化的影响，更是与本土文化嵌合，形成了独具本土特色的藏传佛教文化。以琼鸟意象为例，经过西域到敦煌再达青藏高原，随着佛教与藏地文化的交融，琼鸟和金翅鸟的形态与意象逐步融合，逐渐形成带有藏地特色的佛教护法神形象。

除了印度佛教影响成因外，中原汉文化自唐与吐蕃和亲传入藏地，而后在元明的政治加强管控下，汉藏文化广泛交往交流。特别是在一些佛教绘画、雕塑中出现汉族文化的母题，其中以北京居庸关云台雕刻最具代表性。拱券顶部中心雕刻着大鹏金翅鸟，鸟首人身，头戴宝冠，上身裸露，双肩和胸部有蛇饰，两翼及双手张开呈欲飞状，鸟形腿爪、双爪分别踩踏左右龙女足部，与元至元十七年（1280年）西藏萨迦南寺大经堂中供奉的铜镏金释迦牟尼佛像背光顶部大鹏金翅鸟造型相类。云台浮雕金翅鸟双翼上方有一对圆形雕塑，左侧内雕有一兔，右侧雕有三足乌鸦，分别代表月亮和太阳，为典型的汉族文化母题。这种样式正是明清时期汉藏佛教艺术开始融合的象征。

印度神话中源远流长的金翅鸟和蛇的斗争故事，随着佛教文化的发展而更错综复杂。从原本势不两立的仇敌，变为朝夕相处的听法同伴。苯教研究专家阿旺嘉措认为：在早期民间苯教中，琼鸟与龙或蛇（水神）之间并非敌对关系，而是夫妻关系，琼鸟是“山神之鸟”，“山神是男性的代表，龙神是女性的代表，男人祭祀山神，女人祭祀水神（龙）”。从山神和水神的关系来分析，在藏族的早期传统文化中，琼鸟和蛇这两种神灵的象征物为相互依存的关系，后来佛教和“大鹏鸟”相关文化信息的输入，使这种观念受到了冲击，人们产生了琼鸟是蛇的克星的文化印象。

宗教艺术发展离不开思想变革式的驱动。思想变革不仅仅涉及物质文化交流，还涉及精神状态文化交流，两者的规律有着本质的区别。季羡林指出，物质文化交流更加容易，比如动物、植被、矿藏、科技的开发和使用，只要满足了日常生活的需求，就能够迅速地传播“拿来”，从而使人们感觉到这些都是自己的东西。物质文化交换是真实且不经意的。而相对比而言，精神文化交换更隐蔽，更复杂。季羡林认为，只有经历了冲突、吸引、改变、整合和同化五个重要阶段，两种不同的社会文化才有可能实现交换。

金翅鸟作为印度文化中的神鸟，随同佛教传入中国，在不同文化背景的滋养下，形成了不同类型的金翅鸟形象。琼鸟形象变迁所受文化因素主要源自印度文化中的金翅鸟和汉传文化中的大鹏鸟，敦煌地区、中原地区的佛教文化和传统儒家文化碰撞融合，西域的佛教文化则实现了希腊文化、波斯文化等多元文化的融合，而藏传佛教也融入当地文化，这与丝绸之路的作用是密不可分的。

（二）多模态：琼鸟与多元文化交融实证

丝路审美文化和丝路审美共同体具有“多模态性”（multimodality），既是“固态”的、文本的，也是活态的、非文本的；既具有当下的物质性，也具有历史的物质性；既作为事件而流通，也作为知识而融通。[1]

琼鸟形象与审美意向的内在联系，旨在探讨这一形象与丝路审美意向之间的交融共生关系。首先，从琼鸟形象的起源与发展来看，它与丝路审美意向的内在联系得以显现。琼鸟作为一种神话传说中的巨鸟，自古以来便与丝绸之路密切相关。在古代文献中，琼鸟被描述为能翱翔于天空、畅游于大海的神奇生物，它所带来的吉利、祥瑞之意，正与丝绸之路所带来的文化交流、经济繁荣相契合。其次，琼鸟形象在艺术作品中的呈现，进一步彰显了丝路审美意象的独特魅力。在绘画、雕塑、诗歌等艺术作品中，琼鸟形象既具有民族特色，又富有时代气息。艺术家们通过丰富的艺术手法，将琼鸟形象与丝路审美意象有机结合，展现了丝绸之路上丰富多彩的文化风貌。此外，琼鸟形象在当代文化语境中的传承与创新，也为丝路审美意象注入了新的活力。在当下的民族手工艺制品中，琼鸟形象不仅承载着传统审美观念，更体现了当代审美追求。在这种传承与创新中，琼鸟形象与丝路审美意象的内在联系得以延续和发展。琼鸟形象与丝路审美意象的交融共生，既表现在其起源与发展上，又体现在艺术作品的呈现及当代文化的传承与创新上。深入研究这一内在联系，对于我们理解原始文化、发掘当代审美价值是具有重要的理论意义和实践价值的。

琼鸟形象与丝路审美意象的交融共生在历史、文化、艺术等多个层面均有具体表现。首先，在历史层面，琼鸟作为古代丝绸之路上的重要文化符号，寓意着吉祥和幸福。丝路审美意象则强调文化交流、融合与和谐，这两种元素在历史长河中相互渗透、交融，形成了独特的文化景观。从古埃及、古希腊、古印度，到我国古代文化，都有其身影。例如，在我国古代神话传说中，神鸟被视为祥瑞之兆，有美好、吉祥之寓意。而在古希腊神话中，神鸟则是太阳神赫利俄斯的信使，象征着光明与智慧。这种跨越地域、民族、宗教的共识，彰显了神鸟形象的多元文化交融特质。其次，在文化层面，琼鸟形象与丝路审美意象的交融共生体现在文学作品、民间传说和艺术创作等方面。此外，在唐卡、雕塑、绘画等艺术作品中，琼鸟与丝路审美意象的交融也得到了生动体现。再者，在艺术层面，琼鸟形象与丝路审美意象的交融共生表现在传统工艺、建筑、音乐、舞蹈等方面。例如，藏

1 张进、徐韬、蒲睿：《通向丝路审美共同体》，知识产权出版社，2022，第9页。

族传统祭祀舞蹈羌姆就需要演员在表演过程中佩戴琼鸟形象的立体面具，彰显了独特的审美韵味。在建筑工艺领域，嘉绒藏族的碉楼建筑中均能发现蕴含其中的琼鸟元素。以绘画艺术为例，古代藏地艺术家们将琼鸟与花鸟、人物等元素相结合，创作出大量具有高度艺术价值的作品。这些作品既体现了我国少数民族传统审美中对和谐、自然的追求，也揭示了琼鸟形象在地域审美中的重要作用。同时，通过对琼鸟形象的刻画，艺术家们展示了对生活、爱情、信仰等主题的深入挖掘，琼鸟形象成为地域审美意象的载体。

综上所述，琼鸟形象与丝路审美意象的交融共生在历史、文化、艺术等多个层面都有具体表现。这种交融共生不仅丰富了我国传统文化的内涵，也为世界文化的多样性和交流互鉴提供了有力支撑。在新时代背景下，进一步挖掘琼鸟与丝路审美意象的交融共生，对于推动文化创新、弘扬丝路精神具有重要意义。

（三）琼鸟与丝路审美意象交融共生的当代价值

琼鸟，作为一种独特的文化形象，自古以来就在我国的文学、艺术作品中占据一席之地。它象征着美好、高贵和神秘，成为人们向往的一种精神境界。丝绸之路作为古代东西方交流的重要通道，不仅带来了物质文化的交融，也促进了精神文化的互动。在这种背景下，琼鸟形象与丝路审美意象的交融共生便显得尤为有意义。当代社会，全球化的趋势使得文化交流日益频繁，人们对美的追求也越来越多元化。在这种背景下，深入研究琼鸟形象与丝路审美意象的交融共生，对于我们挖掘传统文化内涵、提升民族文化自信、推动文化创新具有重要意义。首先，从历史文化的角度来看，琼鸟形象与丝路审美意象的交融共生反映了我国古代人民对美好事物的追求以及对和谐共生理念的秉持。这种独特的审美意象在当代仍有很大的价值，可以为人们提供一种精神寄托，引导人们关注生活中的美好，追求更高层次的精神境界。其次，从文化产业发展的角度来看，琼鸟形象与丝路审美意象的交融共生为传统文化的创新提供了丰富的素材。挖掘、传承、创新这一文化符号，可以打造出具有民族特色的文化产品，为提升我国文化软实力、世界文化的多样性发展做出贡献。最后，在个体审美教育方面，琼鸟形象与丝路审美意象的交融共生有助于培养人们的审美素养。随着这一独特的丝路审美文化的传承与弘扬，人们可在忙碌的生活中学会欣赏美、感悟美，从而提高生活质量，实现全面发展。总之，琼鸟形象与丝路审美意象的交融共生在当代具有丰富的价值内涵。通过对这一文化现象的深入研究，我们可以更好地挖掘传统文化资源，推动文化创新，提升民族文化自信，为构建和谐美好的社会贡献力量。

四、结语

琼鸟形象演变过程并非静态的，印度佛教艺术以写实手法塑造金翅鸟形象，其形制流传到藏地，当地民众以他们对佛教及其艺术的认识与理解、吸收与消化，在本土琼鸟崇拜的基础上创造出符合时代潮流的琼鸟审美意象，推陈出新地创造出适应于藏地民众审美心理的形象。

不同民族间审美文化的交流与融通是实现民族艺术理念与表现风格更新衍变的重要途径。跨族际的审美意象交融共生既可通过语言文字进行抽象的表达，也可通过琼鸟形象加以具象呈现。从民族志的角度分析，琼鸟形象可作为民族生活历史记忆以及个体生命世界观审美叙事的表征，在表征不同民族某些相似审美经验的同时，还传递着彼此对于真、善、美等道德观念多元一体的认知标准。就此而言，琼鸟形象又在不同民族交往、交流、交融的历史叙事中成为彼此文化整合的表征。

参考文献

[1] 才让. 藏传佛教信仰与民俗[M]. 上海：上海古籍出版社，2017.

［2］李亦园．宗教与神话［M］．桂林：广西师范大学出版社，2004.

［3］田兆元．中华创世神话六讲［M］．上海：上海交通大学出版社，2018.

［4］王明柯．羌在汉藏之间［M］．北京：中华书局，2008.

［5］杨庆垫．中国社会中的宗教［M］．范丽珠，等译．上海：上海人民出版社，2006.

［6］爱弥尔·涂尔干．宗教生活的基本形式［M］．渠东，汲喆，译．北京：商务印刷馆，2000.

［7］比尔．藏传佛教象征佛号与器物图解［M］．向红茄，译．北京：中国藏学出版社，1995.

［8］夏建中．文化人类学理论流派［M］．北京：中国人民大学出版社，1997.

［9］张进，徐韬，蒲睿．通向丝路审美共同体［M］．北京：知识产权出版社，2022.

［10］张进．文学的融通与熔铸［M］．北京：科学出版社，2020.

［11］张进．物性诗学导论［M］．北京：人民出版社，2020.

［12］杨福泉．东巴教通论［M］．北京：中华书局，2011.

［13］PAGEL U, CHRISTOPH B. Bon: Tibet's ancient religion［J］. Bulletin of the School of Oriental and African Studies, 2003, 66(2): 278-279.

［14］张进．活态文化转向与少数民族审美文化研究［J］．中南民族大学学报，2009，29（6）：133-137.

［15］王建新．人类学视野中的民族宗教研究方法论探析［J］．民族研究，2009，（03）：23-31.

［16］张进．论丝路审美文化的属性特征及其范式论意义［J］．思想战线，2019，45（04）：140-147.

［17］刘进宝．"丝绸之路"概念的形成及其在中国的传播［J］．中国社会科学，2018，（11）：181-202.

［18］SHINOHARA, KOICHI. Animals in Medieval Chinese Biographies of Buddhist Monks［J］. Religions, 2019, 10(6): 348.

［19］BEROUNSKY, DANIEL. Bird Offerings in the Old Tibetan Myths of the Nyen Collection［J］. Archiv Orientalni, 2016, (84): 527-529.

［20］张云．西藏苯教与北方萨满的比较研究［J］．西北民族学院学报，1988，（4）：52-59.

［21］阿旺嘉措，洲塔．浅谈白龙江上游民间苯教经典中反映的文化信息［J］．宗教学研究，2013（3）：189-193.

【作者简介】

次仁拉姆，兰州大学文学院博士生，研究方向为文艺学、民族学，已发表论文《迭部县下迭藏族女性服饰传承现状及保护》等，参与出版学术著作《迭部非物质文化遗产学术研讨会论文集》等。

空间理论视域下皮影戏丝路审美意义的流变生成

崔亚莉

【摘　要】20世纪70年代悄然兴起的空间转向，突破了线性的时间束缚，使得共时性、同存性成为当代学界的焦点论域。中国皮影戏在丝路空间旅行中于物理空间、精神空间、活态空间中流传，跨文化地被接受、改写、新生，解域文化边界，丝路审美意义持续生成，是异质文化交流交往、融通互鉴的活态文化表征。

【关键词】皮影戏；活态文化；物理空间；精神空间；活态空间

丝绸之路将沿线的欧亚大陆连成一个整体，从而也成为多文化互动共通的审美文化场域。在此，多文化、多民族、多地域在感知的、构想的、活态的空间融通互鉴。中国民间活态皮影戏在生动地表征了中华民族源远流长的农耕文化的同时，亦在空间旅行中表现出其作为丝路审美文化融通媒介的跨文化属性。亨利·列斐伏尔（Henri Lefebvre）的三元空间辩证法、米歇尔·福柯（Michel Foucault）的另类空间、爱德华·W.索亚（Edward W. Soja）的第三空间、戴维·哈维（David Aarvey）的时空压缩等给予了空间转向（spatial turn）以有力的理论支持，使得一直以来被遮蔽的空间凸显，给予了活态文化以新的论域。皮影戏源于中国，顾颉刚断言影戏必为中国固有无疑。这一主张同时得到了国外学者的认可，土耳其的皮影表演艺术家在纪录片《欧洲列国传》中说“皮影戏的祖先在中国”[1]。自元代起，抑或更早，皮影戏沿丝路流播至印度、泰国、波斯、土耳其、埃及、希腊、法国、英国、德国、美国等国，在丝路旅行中皮影戏不断地解域地方性，消解文化边界，新生性不断地绽出。

一、物理空间——皮影戏的丝路流播

皮影戏是中国走出国门、进入世界舞台的最早的戏剧形式。[2]地方性知识或民族知识是一种地理划界，文化化域的结果。随着人员的流动、文化交往的深入、媒介形式的日益丰富，这种被划定的文化边界逐渐消失。多元文化并存使得差异性显现，传播国文化经接受地在地化（localization）[3]改

1 整理自CCTV 10纪录片:《走进地中海·欧洲列国志·土耳其的卡拉格兹》。

2 徐小蛮:《中国图像文化史》,中国摄影出版社,2016,第35页。

3 在人类学视野下,“在地化”是与“全球化”相辅相成的概念。全球化的视角解释人类社会文化的同质化和趋同性，而在地化则是把外来的文化吸收到本土文化当中进行重新阐释,通过文化再生产和文化认同的重新建构来阐释人类社会文化的异质化和趋异性。

造吸收，在既有文化意义消减的同时生成了新的文化意涵，推动了民族文化全球化，增强了民族文化的生命力。作为中华文明“小传统”[1]活态文化符码，皮影戏兼具了表演的、具身的活态文化素质，在物理空间的流播中以感知体验、具身互动不断地加深与接受地文化的交流。

列斐伏尔的三元空间辩证法主张空间同时是物理的、精神的和活态的，物理空间、精神空间和活态空间是一个连贯的空间生产过程，进行着不间断的空间生产，空间本身成为生产对象。皮影戏的流播必然伴随着其剧场物理空间的挪移。13世纪初皮影戏流播至中亚细亚，文化语境的变化使皮影戏剧场重构，皮影戏迅速与当地文化融合。CCTV纪录片《海上丝绸之路——融合共生》记述了中国皮影戏与哇扬戏融合生成了哇扬影戏。哇扬影戏与中国皮影戏同宗有异：中国皮影戏艺人在幕布后方通过光源照射形成剪影来表演，女性缺席；哇扬影戏艺人则在前台盘腿面向幕布而坐进行演出，女性伴唱在场。中国皮影戏是娱人娱神的民间活动，哇扬影戏则是拜佛祭祖仪式的一部分。中国皮影一般采用驴皮或牛皮进行雕刻，造型和风格独具特色，无尊卑之分，表演者是农人兼艺人；哇扬影人的头型“尖长而可怕”[2]，以白为主，形体介于二到三尺之间，男性影人的尺寸大于女性影人，尊贵者的体形高于卑微者，哇扬影戏的表演者被称为“达伦”，由“巫者”的意思转化而来。[3]哇扬影戏与佛教关联甚密，在皮影造型、演出形式方面进行了佛教文化的过滤和改造，增强了哇扬影戏的佛教教化功能。瑞典戏剧评论家玛格丽特·索瑞森（Margaret Sorenson）在《欧洲木偶戏浅谈》中提到西亚传统的皮影戏与中国皮影戏一脉相承，木偶是皮影的翻版。波斯的历史学家雷士丹丁（Rashideddin）记载了成吉思汗之子继承大业时曾遣戏班去波斯演出皮影戏，波斯随即出现了与中国皮影戏同质的“契丹戏”。18世纪中叶皮影戏传入了欧洲各国。1767年在中国传教的法国神父居·阿罗德（Du Holde）被皮影的雕刻艺术所吸引，随后又对皮影戏产生了浓厚的兴趣，便将皮影戏引入法国。法国人借鉴了中国皮影的制作方法，皮影戏的演出形式，创造了“法兰西灯影”。1781年歌德在32岁生日当天用迈宁根公爵格奥尔格从巴黎带回来的中国皮影，演出了中国风格的皮影戏《米涅华的诞生、生平和业绩》，并以此招待来自魏玛宫廷的宾客。中国皮影在德国被广泛接受，目前为止德国至少有近百家国家和私人博物馆收藏着中国皮影。更有甚者，部分德国人以能够表演中国皮影戏为荣。[4]1776年皮影戏又间接地传入英国伦敦，被称为“中国影灯”。20世纪初美国皮影戏的发展颇有起色，华东师范大学民俗学研究所教授李明洁花了近半年时间远赴美国，采访到大量的一手资料，撰写了文章《中国皮影在美国：一段值得铭记的百年流传奇迹》，清晰地梳理了中国皮影在美国的流播。中国皮影最早是由精通汉语的德裔美国犹太人、东方学家贝特霍德·劳费尔（Berthold Laufer）博士带到美国的。美国先后成立了“红门”“悦龙皮影剧团”和“中国戏剧工作坊”，使得中国皮影戏在20世纪的美国被接受、改写、传承，深得美国民众喜爱。

丝路让深蕴于中国民间的皮影戏跨文化、跨民族、跨国界地在多重空间中旅行，尤其在地中海地区的土耳其、希腊、埃及的流播过程中与它们本土文化形成了复杂的交叠、缠绕，空间间性尤其明显。CCTV3《文化大百科》对土耳其皮影戏进行了专题报道，CCTV10纪录片《走进地中海·欧洲

1 美国人类学家罗伯特·雷德菲尔德（Robert Redfield）在《乡民社会与文化》一书中提出，较复杂的文明中存在着“大传统”（Great Tradition）和“小传统”（Little Tradition）。大传统指的是社会上层、精英或主流文化传统，而小传统则是指存在于乡民中的文化传统。大传统主要依赖于典籍记忆，尤其是文学经典所构造的记忆与想象而存在、延续。小传统主要以民俗、民间文化活动等“非物质”性的、活的文化形态流传和延续。小传统主要以民俗、民间文化活动等“非物质”性的、活的文化形态流传和延续。

2 陈达：《浪迹十年》，商务出版社，1946，第33页。

3 参见余我：《认识中国艺术之美》，国家出版社，1993，第107页。

4 崔永平：《略论中国皮影戏艺术》，《文艺研究》1993年第3期。

列国志·土耳其的卡拉格兹》对土耳其皮影戏进行了实地考察。土耳其吸收了中国皮影戏的演出形式，发展为本国影戏，创造了符合土耳其民族风格的人物形象，最著名的是“卡拉格兹”（Karagoz）和“哈吉瓦特”（Hacivat）。土耳其人很喜欢“卡拉格兹”，因此土耳其皮影戏被称为“卡拉格兹”。土耳其在对中国皮影戏进行在地化改造的过程中，呈现出主体文化与他者文化之间的互融，突出了主要人物之间的对话，在不同空间、各个阶层中展演，成为土耳其人日常实践并体验着的活态文化。传说苏丹巴亚兹德一世下令建造大清真寺时，雇用了哈吉瓦特和卡拉格兹，两人在工作中经常开玩笑，表演滑稽可笑的节目，影响了其他人的工作，致使清真寺的建造工程进展缓慢，苏丹非常生气，下令杀死了两人。后来苏丹对自己的行为感到后悔，其亲信谢赫·库什特西知道后，请求苏丹以哈吉瓦特和卡拉格兹为原型用骆驼皮做成皮影。从此，卡拉格兹和哈吉瓦特成为土耳其皮影戏中必不可少的两个角色，土耳其的每部皮影戏中都有这两个人物。卡拉格兹代表的是没文化、头脑简单、心直口快的善良的角色。而哈吉瓦特则是工于心计、狡诈善变的家伙。“小人物”卡拉格兹和“大人物”哈吉瓦特在最初为长约244厘米、宽约183厘米，后来在长约91厘米、宽约76厘米的白布后、灯光下，讲述着土耳其的民间故事和传统习俗，抨击着社会的不良现象，娱乐着每一个欣赏他们的人。[1]土耳其皮影戏在奥斯曼帝国时期达到了顶峰，同时推动并复兴了埃及皮影戏的发展。据说埃及在11世纪就已经有了人物皮影戏，12世纪埃及法蒂玛王朝皮影戏是一种体面而精致的娱乐活动。13世纪之后，埃及历史学家伊本·伊亚斯（Ibn Iyas）多次提到皮影戏，并说明在1438—1453年之间苏丹下令烧毁了所有皮影，禁止虔诚的穆斯林观看皮影戏表演，使得埃及的皮影戏渐趋衰落。1517年，奥斯曼帝国苏丹塞利姆一世征服埃及后在开罗观看过一场皮影戏，卡拉格兹也在此后日渐兴盛起来，成为奥斯曼帝国中心宫廷娱乐文化的一部分，并逐渐传播到奥斯曼帝国征服的其他领土。“卡拉格兹”传入希腊时恰逢希腊的东正教颁布对戏剧的禁令。希腊人借卡拉格兹表演类似的场景，只是将两个主要角色的名字改为卡拉吉奥齐斯（Karagiozis）和哈齐亚瓦蒂斯（Hatziavatis）。希腊皮影戏在一个长约610厘米、宽约300厘米的白色屏幕上展演，白色屏幕隔在观众和表演者中间。屏幕从后面被照亮，向坐在黑暗中的观众展示了一个灯火通明的“舞台”。土耳其人汲养于中国皮影戏创造了卡拉格兹，希腊人将卡拉格兹改写为卡拉吉奥齐斯，如此往复叠加生成。早期的卡拉吉奥齐斯几乎是卡拉格兹的希腊语版本，直到19世纪后期，卡拉吉奥齐斯才发展成为一种独立的艺术形式。米马罗斯和莫拉斯等希腊皮影戏大师，不仅创造了新的角色，扩展了剧目，还通过自己的独特方式赋予卡拉吉奥齐斯以希腊身份。埃维尼奥斯·斯帕萨里斯继续了这种改写创造，为希腊皮影剧院带来了重大创新。[2]中国皮影戏流播至土耳其产生了卡拉格兹，在卡拉格兹的影响下又产生了希腊的国粹卡拉吉奥齐斯，处于低迷并渐趋衰落中的埃及皮影戏因吸纳了卡拉格兹而重获新生，在间性关系中互鉴生成，交叠影响。

皮影戏源于中国民间，是中华文明的小传统，经丝绸之路而远播至世界各地，尤其是在和中国文化有着较大异质性、差异性的土耳其、埃及和希腊，皮影戏解域民族文化边界，在空间间性中层叠影响，交织生成，互鉴融通，不断地进行着物理空间的生产，是丝路审美文化融通的媒介，有效促进了异文化之间的对话交流。

二、精神空间——皮影戏的丝路审美融通

列斐伏尔的精神空间是主观的，概念化的精神建构和想象的空间，通过语言、话语、文本、意

1 整理自CCTV 10纪录片:《走进地中海·欧洲列国志·土耳其的卡拉格兹》。

2 翻译综述自Thornton B Edwards,“An Appreciation of Evyenios Spatharis, 1924 - 2009,”*Folk life:journal of ethnological studies*, (2010):70–74.

识形态等支配空间生产，是艺术的空间。皮影戏是中国最早产生的戏剧形式之一，以脚本为基础，借助语言、音乐、皮影等形式达到叙事目的的口头表演艺术，想象并建构着精神空间。理查德·鲍曼在《故事、表演和事件：口头叙事的语境研究》中主张表演是一种口头语言交流使用模式，一种言说的方式，支配着口头传承的语言艺术。而在《作为表演的口头艺术》中鲍曼同样是"以表演为中心的方法"考察了口头艺术和口头文学。"以表演为中心的（performance-centered）理念，要求通过表演自身来研究口头艺术。……而表演在本质上可被视为和界定为一种交流的方式（a mode of communication）。"[1]显然，表演者在作为一种口头语言交流模式的表演中，对观众承担着展示（display）自己交流能力的责任（communication competence）。这种交流能力必须以包含着社会认可的知识和才能的说话方式展开。皮影戏的表演要求观众的身体在场，精神参与，同时要求表演者承担起与观众互动交流的责任。由于皮影戏特殊的表演模式和表演诉求，其表演空间充斥着表演者和受众的精神共鸣以及对想象世界的共建，使得皮影戏在流播中能够更为有效地在地化为接受国本土文化的一部分，更高程度地实现丝路审美融通。

中国皮影戏的表演者是农人兼艺人的乡民，早期的"腹本"或"吃本"依靠艺人的记忆而保存，由师傅口耳相传给徒弟。这一口头表演艺术的本质被土耳其皮影戏吸收，土耳其的卡拉格兹也没有文字剧本，表演内容仅凭表演者对押韵对联的记忆和即兴表演的天赋完成。[2]而希腊卡拉吉奥兹人则是通过做年长的卡拉吉奥兹人的助手来学习皮影戏的，希腊皮影戏的传统是从一代卡拉吉奥兹人口耳相传到下一代。[3]记忆将表演活动转化为创造和再造社会化自我的承载手段，成为个人身份进入集体的载体。按照埃里克·哈弗洛克（Eric A. Havelock）的构想，个人记忆是由许多提示激活的，在面对面的表演里，在一种记诵的经验中，声觉、视觉、叙事、情景或环境的提示激活了个人的记忆。声音的流泻不是断续分离的，个人的体验不会独立于讲故事的声音、讲故事者的举止和体姿，也不会脱离讲故事的物质环境。[4]在以口语为媒介的时期，皮影戏剧本虽然仅凭表演者的记忆进行保存，但也并非将口传身授而来的剧本一字不落地复制记忆，只是铭记其程式而已。帕里-洛德的口头程式理论解释了皮影戏的表演者何以能进行具有一定长度的表演，又如何能够在表演的同时进行即兴创作。米尔曼·帕里（Millman Parry）将程式界定为"一种经常使用的表达方式，在相同的步格条件下，用以传达一个基本的观念"。[5]即在口头表演艺术中屡次重复的用词是表演者快速地即兴创作的需求，也是其与受众有效互动的需求。阿尔伯特·贝茨·洛德（Albert B. Lord）对该定义进行了补充："程式是思想与吟诵的诗行相结合的产物。"[6]指出了表演者所运用的程式在具有思想自由的同时也受到诗行的限制。作为口头表演艺术的皮影戏既受到表演程式的规约，又具有即兴表演的自由空间，其间的张力就是皮影戏在不失传统的同时不断新生的构想空间。皮影戏以自身程式化的表演模式建构了其表演空间，并在与异文化对话中不断地生产精神空间。中国皮影戏的表演包含开场、主场、终场三部分。开场俗称"踩场"，由第一个出场的角色通过引子、吟诗、道白等形式概括介绍本场戏的情节，以提示观众。踩场后，表演正式展开，主场则是完成故事叙事，终场是故事的结局。

1〔美〕理查德·鲍曼:《作为表演的口头艺术》,杨利慧、安德明译,广西师范大学出版社,2008,第8页。

2 翻译综述自 Smith, James,"Karagöz and Hacivat: Projections of Subversion and Conformance,"*Asian Theatre Journal* 21(2):187-193.

3 翻译综述自 Loring M. Danforth,"Tradition and Change in Greek Shadow Theater," *The Journal of American Folklore*,(Jul. - Sep.1983):281-309.

4〔美〕林文刚编:《媒介环境学:思想沿革与多维视野》,何道宽译,北京大学出版社,2007,第267页。

5〔美〕约翰·迈尔斯·弗里:《口头诗学——帕里-洛德理论》,朝戈金译,社会科学文献出版社,2000,第57页。

6〔美〕阿尔伯特·贝茨·洛德:《故事歌手》,尹虎彬译,中华书局,2004,第42页。

整个表演过程中人物的上、下场，都有对子、道白等固定程式。每种类型的戏剧人物，其上诗、对子、道白都是程式化的语言风格，也就是所谓的"官话"。例如，皇帝上场时的对子："门前珊瑚树，殿后卧龙床。"入座四句诗："金龙盘玉柱，凤凰叩九霄。文武安天下，江山社稷牢。"皮影戏多用方言表演，在符合程式化要求的同时，艺人往往即兴表演。如在喜剧表演中加词，以渲染气氛，加强演出效果。"涤良裤子尼龙袜，穿罩起来给谁夸?"就是为了适应表演语境的变化而进行的即兴表演，说明当地群众的物质生活水平有了提高。卡拉格兹的表演中"哈亚西（Hayalci）"[1]同时进行表演、歌唱、配音等表演活动，是一人剧团，承袭了中国传统皮影戏的"一驴驮"。土耳其卡拉格兹的表演由序幕、开场、会话场景、组曲和尾声组成。其中，序幕和尾声是固定程序，开场、会话场景和组曲是卡拉格兹的正式演出部分，会话部分给了表演者充分的即兴叙述的空间，可以根据表演语境的不同即兴表演。皮影戏的表演程式基本保持不变，以土耳其语进行表演，增加了对话的比重，尤其突出了"黑眼睛"卡拉格兹的正面形象。希腊皮影戏一般持续表演几个小时，有10或15分钟的序幕，其中包含相当标准的歌曲、笑话等。在短暂的中场休息之后，序幕在对主要表演进行介绍时结束。表演期间卡拉吉奥兹人利用一名或多名助手来固定或移动出现在舞台上的次要角色。除了负责表演的可视性方面，每个表演者必须能够呈现所有角色的不同声音和腔调。任一角色的独特特征都是以特定的外形、声音、腔调、歌曲、笑话和手势来标识。[2]希腊皮影戏较多承袭了卡拉格兹的表演模式，只是将两个主要人物做了本土化的替换。在相当长的一段时间内，希腊皮影戏都是卡拉格兹的希腊语版本。在丝路流播的过程中，皮影戏作为口头表演艺术的程式、陈词套语、主题、典型场景、故事范型等传统因素始终在场。但为了满足不同文化群体的审美要求，皮影戏进行了在地化的改写，与接受地文化融合新生。

作为口头表演艺术，皮影戏对参与性与在场感的要求极高，表演者和观众之间的即时互动对皮影戏创造和传播具有决定性的影响，即兴叙述、即兴表演是表演者与在场观众互动的必然结果。在场受众的参与度越高，对表演者即兴创作、即兴表演能力的要求就越高，从而增强了表演本身超越历史表演的可能性。约翰·迈尔斯弗里（John Miles Foley）在《口头诗学——帕里-洛德理论》中论及"口头史诗传播的过程中，是艺人演唱的文本和文本以外的语境，共同创造了史诗的意义。听众和艺人的互动作用，是在共时态里发生的。艺人与听众共同生活在特定的传统中，共享着特定的知识，以使传播能够顺利地完成。"[3]口头艺术的每一次展演都是一次再创造，即兴表演本身就是对外来文化的改编、改写，勾连着创作。没有表演的口述文本并不是真正意义上的口头艺术，它只是一次表演的文字记录，完全不能等同于表演中的创作，以口语为媒介的艺术是一群人的共舞，而以文字为媒介的艺术则是一个人的独舞 。埃及皮影戏的抄本在传承的过程中常常会因为抄写人员对文本的误读而有不同的版本。奥斯曼帝国和近代早期的埃及皮影戏大多保存在歌本、歌集或一般选集中，抄本的结构极为精简，幸存的手稿中对话是缺失的，对话很可能是在皮影戏表演中的即兴叙述。埃及皮影戏很少以书面形式记录，这也许是因为皮影戏口头表演的惯例。埃及皮影戏以诗歌讲述故事，表演者以带有诗歌的大纲记忆故事内容，在表演过程中即兴对话。这样，在保持基本故事情节不变的情况下，大量的新元素，诸如充满喜剧性的戏谑和荒谬的闹剧等被即兴地纳入了传统程式。[4]抄本

---

1 土耳其的皮影艺人被称作"哈亚西"。

2 翻译综述自 Loring M. Danforth, "Tradition and Change in Greek Shadow Theater," *The Journal of American Folklore* 381 (Jul. -Sep., 1983): 281-309.

3 〔美〕约翰·迈尔斯·弗里:《口头诗学——帕里-洛德理论》,朝戈金译,社会科学文献出版社,2000,第20页。

4 翻译综述自 Li Guo, "The Monk's Daughter and Her Suitor: An Egyptian Shadow Play of Interfaith Romance and Insanity," *Journal of the American Oriental Society*, Vol. 137, No. 4 (October-December 2017): 785-804.

只是埃及皮影戏程式化的文字记录，并非完整的以文字为媒介的皮影戏文本。由口语媒介过渡到文字媒介，意味着皮影戏传播媒介的变化，依照布卢斯·格龙贝克的观点，这种变革势必引起人心理和文化的变异。在文字媒介环境中，缺失了创作者兼表演者与受众即时而深入的互动，表演者无法得到受众的即时回应，表演者与观众、观众与观众之间相隔离。鲜活生动的在场受众转换为个体读者，其语境完全不同于集体在场的参与。将一连串的文字符号置于读者的感知系统，读者会因为"通感机制"[1]而将视觉转换为其他感知，文字符号也就转变为其他的感知方式。但读者无法给予创作者即时的回应，随时参与到创作中去，在场感缺失了。皮影戏特定的开场音乐响起，人们闻声而来，或坐或立，具身参与皮影戏的即兴表演。常看戏的观众熟悉戏的内容，又看过不同表演者的表演，自然会有所品评。表演者的即兴表演给了观众品鉴的空间，在一演众评中显现出口语交流的参与性和在场感。《红灯记》在数次表演中表演者和观众都对赵兰英的烈女身份产生了强烈的情感认同，这种认同又反过来影响表演本身，表演者、观众和戏中的人物构成了"三位一体"。希腊皮影戏中的卡拉吉奥齐斯并非固化的人物，表演语境的变化会让这个人物分化在各种情境中，他可以是面包师、渔夫、教师、导游、宇航员等，呈现出纷繁复杂的卡拉吉奥齐斯。[2]在遵从表演程式，具有基本的叙事单元和组合结构的同时，有着极强的"交互性"和"参与性"。皮影戏跨民族、跨文化的流播在"交互性"和"参与性"的基础上实现丝路审美融通。

三、活态空间——皮影戏的丝路审美新生性

列斐伏尔在《空间生产》中阐明活态空间是活生生的或亲历的，和日常生活体验密切相关的活态空间，即活态空间是一个被充分体验着的空间，强调身体在场，能够勾连过去与未来，使人置身其中，亲身经历的空间。活态空间兼容了感知的、想象的生活空间，由经验、情感、事件和政治选择构成生活世界，是流动的、动态的空间。皮影戏兼具表演性、即兴性、具身性，是活态文化的表征，因表演语境的不同而具有审美新生性。新生性（emergent quality）由彼得·麦克林（Peter Mclfugh）提出，戴尔·海姆斯（Dell Hymes）在其著作中强调了新生性的重要性。理查德·鲍曼（Richard Bauman）又在《作为表演的口头艺术》中强调了"新生性"对于表演研究的必要性，表演具有新生性的维度，不会有两次完全相同的表演。指出"新生性为理解作为一个社区普遍文化体系的表演语境（the context of performance）中特定表演的独特性（unique）提供了途径。"[3]鲍曼对表演的本质进行了重新界定，即口头传统是特定情境中的一种交流方式，表演行为是情境性行为，在相关语境中发生，同时传达着和该语境相关的意义。没有完全相同的表演，任何已经结束的表演都不可能被重构，表演具有新生性。表演的新生性源于其特殊语境，并与个人能力及参与者的目的相互作用。在完全创新和绝对固定不变的文本两极之间存在着新生的文本结构，需要在经验性的表演中被发现。表演者为适应特定语境而构建与之更为契合的表演模式，使得既存文本发生变化，聚焦新生性结构。口头表演具有即兴性，在其展演的过程中，原有的表演意图被即兴性不断改写，本色的表演意味着对传统的继承和凝聚，有新意的、陌生的表演则是新生性的。作为表演的口头艺术的皮影戏，在丝绸之路流播的过程中将中国传统、接受地实践和新生性联结起来，在活态空间中呈现出丝路审美新生性。

1 麦克卢汉认为人类具有"通感机制"。所谓通感机制，指的是人类感官之间的互动，大脑可以把一种感知转换成为另一种感知。这个转换过程是复杂的，是各种感官之间的互动。

2 翻译综述自 Loring M. Danforth, "Tradition and Change in Greek Shadow Theater," *The Journal of American Folklore* 381 (Jul–Sep. 1983): 281–309.

3 〔美〕理查德·鲍曼：《作为表演的口头艺术》，杨利慧、安德明译，广西师范大学出版社，2008，第41页。

活态文化让日常生活中那些常识性的、被人们的日常生活所经验的活态的东西，被当作文化体系的组成部分。活态文化是地方性知识、实践性知识和环境性知识，并非固定的文本，而是一种叙事的活态文化现象，是一个事件，具有身体性、表演性、环境性、实践性和始源性。皮影戏集口传文学、民间音乐、民间美术，民俗活动为一体，是一种活态文化现象，亦是一种表演事件。"事件（event）"是一个内涵复杂的理论术语，不同谱系的思想家对其给出了不同的解释。从词源上考察，在思想层面《剑桥哲学辞典》和《牛津哲学字典》对事件的解释均围绕"改变""发生"与"转折"展开。[1]流动性是事件的本质属性，不同文化之间通过空间的流转而彼此借鉴，对文化进行重新塑形。因而事件具有创造性，在历时性和共时性维度上不断地创造、生成新的事件。在《从文本到事件——兼论"世界文学"的事件性》一文中张进教授指出，"'社会能量'与'事件'一币两面：事件是社会能量显形的场所，而社会能量则是事件背后的推动力量。"[2]并强调，"在戏剧表演中，借助并通过舞台而流通的社会能量并非单一连贯的整体系统，而是局部的、零散的和彼此冲突的。各种要素之间交叠、分离和重组，相互对立。特定的社会实践被舞台放大，另外的则被缩小、提升和疏散。因此，对戏剧文本的阐释，最终就必须落实到那些独特的、活态的、具体的社会能量。这种能量才是基础性的，它生产出了产生它的那个社会。"[3]中国皮影戏在表演中借助于"亮子"[4]，在艺人的操演中让祈愿求福、忠君爱国、伦理孝道、忠贞自由的爱情等有着传统教化功能的社会能量得以流通，以教化民众善恶终有报。皮影戏剧场中流通着局部的、零散的、彼此冲突的社会能量，彼此之间相互交叠又冲突对立、彼此分离又重新组合，并非单一连贯的整体系统。口头表演艺术皮影戏在表演过程中，观众对表演时时品评，表演者和观众之间即时互动，社会能量流动，参与者的经验得以升华。希腊喜剧类皮影戏的幽默感源自卡拉吉奥齐斯，他聪明有余，但没有受过教育，无一技之长，擅施诡计。正是这个人物贫穷而丑陋，忍受着饥饿和频繁的殴打、侮辱，让观众在喜剧幽默的氛围中体悟人生百态，升华生活经验。沃尔特·翁（Walter J. Ong）主张"口语词在任何时候都是一件事，是时间里的流动事件。"[5]即在口语媒介环境中，借助于口语词进行展演的皮影戏是在时间里发生的流动的表演事件。事件总是以某种方式关联着创作者（或表演者）、读者（观众）、事件的引发者（或事件的承受者）等主体。这种关联却不只是"记述性"（constative）的，也是"述行性"（performative）的。在表演事件结构中参与者、表演者和观众是基本要素，此外还包括由一系列文化主题以及伦理的社会互动性的组织原则所构成的场景、行为顺序、表演的基本规则因素。这些因素相互作用，支配着表演实践。[6]土耳其的卡拉格兹是土耳其的民间故事和传统习俗展演的场域，人物设置简单，故事情节在卡拉格兹和哈吉瓦特嬉笑怒骂的对话中推进，抨击社会恶相，使观众在精神愉悦的同时，接受道德教化。事件的发生必须牵涉表演，而表演则是标明了某一特定的事件是否有效的范例，皮影戏作为表演的口头艺术，是一种具有创造性的文化表演事件。皮影戏的表演在特殊语境中发生，与包括表演者和观众在内的参与者发生交互影响，在即兴表演的创新和绝对固定不变的程式之间生成新生性。可见，在活态空间（lived space）中，时间穿越、织入空间，而这种"异质化"的穿越进程是通过由物性空间到神性空间的穿透，其中的活态经验借助身体的参与，将这种体

1 刘阳：《事件思想史》，华东师范大学出版社，2021，第4-5页。

2 张进、张丹旸：《从文本到事件——兼论"世界文学"的事件性》，《文化与诗学》2017年第1期。

3 张进、张丹旸：《从文本到事件——兼论"世界文学"的事件性》，《文化与诗学》2017年第1期。

4 影戏演出的屏幕，俗称亮子，由亮档子和白纸或白纱制成，演出艺人称其为神的脸面。亮子长宽不定，一般长约180厘米，宽约80厘米。

5〔美〕沃尔特·翁：《口语文化与书面文化》，何道宽译，北京大学出版社，2008，第56页。

6〔美〕理查德·鲍曼：《作为表演的口头艺术》，杨利慧、安德明译，广西师范大学出版社，2008，第33页。

验再度赋予空间，使得空间成为体验的审美场域，从而实现了从外部物理空间的物性互鉴到感觉的、幻想的、情感的内部空间的共通。皮影戏作为中国民间活态文化的表征，在不断流转生成的活态空间中以行动的、表演的、具身的等样态的活态体验促进了人类文化的对话交流。

四、结语

皮影戏源于中国，在空间旅行中经由丝绸之路流播至他异物理空间，被感知、接受、改写、创新，不断发生流变，尤其在土耳其、希腊和埃及等国家更是交叠互鉴，空间间性尤其明显。同时皮影戏在程式化规约和即兴表演的张力中生产精神空间，在差异性文化语境中被在地化地构想、想象，跨文化地实现着丝路审美融通。在活态空间中，皮影戏作为口头表演事件的活态文化，以差异性、异质性的活态体验勾连身体在场性、即兴性，不断生成丝路审美新生性。中国皮影戏在丝路流播中实现了从外部物理空间穿透至内部空间的审美融通，于物理空间、精神空间、活态空间三重空间的流变中不断改写其丝路审美意义，熔铸生成丝路审美共同体。

参考文献

[1] HENRI LEFEBVRE. The Production of Space [M]. Translated by Donald Nicholson-Smith. MA: Blackwell Publishing, 1991.

[2] 理查德·鲍曼. 作为表演的口头艺术 [M]. 杨利慧,安德明,译. 桂林:广西师范大学出版社,2008.

[3] 约翰·迈尔斯·弗里. 口头诗学——帕里-洛德理论 [M]. 朝戈金,译. 北京:社会科学文献出版社,2000.

[4] 沃尔特·翁. 口语文化与书面文化:词语的技术化 [M]. 何道宽,译. 北京:北京大学出版社,2008.

[5] 阿尔伯特·贝茨·洛德. 故事歌手 [M]. 尹虎彬,译. 北京:中华书局,2004.

[6] 赵建新. 中国影戏溯源 [J]. 兰州大学学报,1995(1):138-142.

[7] 高小康. 非遗美学:传承、创意与互享 [J]. 社会科学辑刊,2019(1):177-185.

[8] 张进,张丹旸. 从文本到事件——兼论"世界文学"的事件性 [J]. 文化与诗学,2017(1):225-244.

【作者简介】

崔亚莉，兰州大学文学院博士生，研究方向为文艺理论与批评，已发表论文《节日在丝路流迁中审美意义的再生——以腊八节为例》等。

论作为美学表征的《庄子·内篇》的动物形象

范诗云

【摘　要】《庄子》是先秦诸子中出现动物形象最多的一部书，动物在庄子的美学体系中占据关键位置。《内篇》中的动物形象性质各异，包括失性的动物、全性的动物、实存的动物、虚构的动物、与人发生接触的动物、未与人发生接触的动物等。其中与庄子美学关联最为密切的是全性的动物。性是道与自然在万物中的显现，全性的动物能够存其本性，与道契合，通过物化的方式以天合天，彰显自然。庄子通过丰富的动物形象，以寓言的方式指涉人的本真存在，由此构建了丰富而宏阔的美学体系。

【关键词】动物；性；自然；道；《庄子·内篇》

《庄子》是先秦诸子书中出现动物数量最多的一部书，动物形象在庄子的世界中占据重要位置，庄子通过动物形象构建了宏阔的美学体系。丰富的动物形象也以寓言的方式指涉人的本真存在。本文试考察《庄子·内篇》中的动物形象与自然和性之间的关系，并经由此，关联庄子如何搭建其美学的核心要素。

当前学界对于《庄子》中动物形象的研究，其研究路径多集中于伦理学和文学性层面，以美学为研究路径的成果较少。以伦理学为研究路径的成果多考察庄子对动物的态度。此外，也有一部分成果通过阐发《庄子》文本探讨动物权利。这类成果多以《庄子》为对象阐释动物权利，未厘清庄子的原意。以文学性为研究路径的成果，多关注《庄子》寓言中的动物意象或是动物寓言的文学意义以及阐明的哲理。此类成果或仅对《庄子》动物形象做简要分类与分析，或仅将动物当作《庄子》寓言中的一类，未做进一步分析。现有成果或未厘清庄子的原意，明显是对庄子的强制阐释；或未对动物做更深入的分析，未进入美学层面；或是尝试从哲学的视角分析动物，以天人合一概念取代对《庄子》动物形象的分析。本文将对《庄子》中的动物形象做更细致的分类，分析《庄子》全性动物中物化以及合天的动物形象如何透射到道的化神，从而成为庄子哲学有机的一部分，来说明庄子如何把动物当作其美学表征。

一、自然、性与动物

《庄子》中的动物形象和人之间关系最为密切，且《庄子》多寓言，“寓言十九”（《杂篇·寓言》），选择动物"藉外论之"就成为《庄子》中常用的叙述方法。

《庄子》内篇中出现的动物形象丰富多样，共计75次。从种类上看，有实存的动物65次，虚构的动物10次。实存的动物例如《逍遥游》中的蜩与学鸠、朝菌、蟪蛄、狸狌、斄牛、鼠等，《齐物论》中的狙、鳅、猨猴、麋鹿、蛆、鸱、蝴蝶等，《养生主》中的牛、泽雉等，《人间世》中的螳螂、虎、马等，《德充符》中的㹠等，《大宗师》中的鸡、鸮、马等，《应帝王》中的虎豹、猨狙、鸟、鼷鼠等；虚构的动物如《逍遥游》中的鲲鹏，《人间世》的凤等。[1]

从动物和人的关系看，或与人接触，有51次；或未与人接触，有24次。前者如《齐物论》中被饲养的狙、入梦的蝴蝶，《养生主》中被解的牛，《人间世》中被圈养的虎和马，《大宗师》中的鸡、鸮、马。后者如《逍遥游》中的鲲、鹏和蜩、学鸠，《齐物论》中的鳝、猨猴、麋鹿、蛆、鸱、鼠等，《养生主》中十步一啄、百步一饮的泽雉。

但更关键的是从性的角度来看待动物形象，此时动物作为自然运行的一个状态而成为庄子美学的一个表征。性是道与自然在万物中的显现，全性的动物能够存其本性，与道契合，通过物化的方式以天合天，彰显自然。《庄子·内篇》中出现失性的动物共计7次，全性的动物共计68次。其中全性但困于本性的动物7次，物化的动物7次，合天的动物54次。

性，在庄子看来，指事物的自然属性。最早谈论《庄子》中性的概念的是西晋哲学家郭象，他提出"性分"说，强调"分"的概念。在为《齐物论》末章的"周与蝴蝶，则必有分矣"做注时他写道："夫觉梦之分，无异于死生之辨也。今所以自喻适志，由其分定，非由无分也。"[2]

在注《逍遥游》时他也多处论述到"性分"的观点：

> 鲲鹏之实，吾所未详也。夫庄子之大意，在乎逍遥游放，无为而自得，故极小大之致，以明性分之适。[3]

郭象认为"逍遥游放"在于"无为而自得，故极小大之致，以明性分之适"，然而"性分"说和《庄子》中所言的"性"有很大区别。[4]《庄子》中的性和道相联系，在《外篇·天地》中，庄子对性与道的关系做了详细阐述：

> 泰初有无，无有无名；一之所起，有一而未形。物得以生，谓之德；未形者有分，且然无间，谓之命；留动而生物，物成生理，谓之形；形体保神，各有仪则，谓之性。性修反德，德至同于初。同乃虚，虚乃大。[5]

庄子认为"无"便是"道"，"性"就是"形""神"结合，构成万物其内在的规范。"性"内在于事物之中，而其上与"道""德""命"等相融贯。[6]"性修反德，德至同于初"，"物"的"性"反

1 郭庆藩：《庄子集释》，中华书局，2013，第43页。成玄英《疏》云："斄牛，犹牦牛也，出西南夷。其形甚大，山中远望，如天际之云。薮泽之中，逍遥养性，跳梁投鼠，不及野狸。亦犹庄子之言，不狎流俗，可以理国治身，且长且久者也。"斄牛被解释为牦牛，但庄子原义应异于成玄英《疏》："今夫斄牛，其大若垂天之云。"可见斄牛体积庞大，不似现实中的动物。

2 郭庆藩：《庄子集释》，中华书局，2013，第107页。

3 郭庆藩：《庄子集释》，中华书局，2013，第3页。

4 郭象认为"性"是万物固有的，"言性各有分，故知者守知以待终，而愚者抱愚以至死，岂有能中易其性者也！"（《齐物论》注）这种本性不可更改，"天性所受，各有本分，不可逃，亦不可加。"（《养生主》注）"郭象只强调了'天性'的无可增益，而没有论及'天性'可否减损。也就是说，万物虽然不能逾越其固有的本性，但完全有可能不去充分地实现其自性……万物的本性在其'一受成形'以后，就贯穿其存在的始终，而没有中途改易的可能。"（见杨立华：《郭象〈庄子注〉研究》，北京大学出版社，2010，第120页）。

5 郭庆藩：《庄子集释》，中华书局，2013，第382页。

6 陈引驰：《庄子讲义》，中华书局，2021，第108页。

过来可以再回溯到“德”乃至“初”，这个“初”即《田子方》中老聃所言的“物之初”。[1]“所谓‘物之初’，即‘未始有物’的‘道的境界’。”[2]因此，“物”的“性”源自“道”，而又可以追溯回“道”，从而构成了“以天合天”的理论基础。

道在万物之上，而万物莫不是其自然的显现。唯有在道的高度上“以道观之”，才能回归出万物的本性，达到自然的境界。道或自然在《齐物论》中被庄子形象地称为“气”，庄子对此有精彩的描述：

> 夫大块噫气，其名为风。是唯无作，作则万窍怒呺。而独不闻之翏翏乎？山林之畏佳，大木百围之窍穴，似鼻，似口，似耳，似枅，似圈，似臼，似洼者，似污者；激者、謞者、叱者、吸者、叫者、譹者、宎者，咬者，前者唱于，而随者唱喁。泠风则小和，飘风则大和，厉风济则众窍为虚。[3]

气是流动的，因而道无所不在。自然在万物身上的显现是不相同的，体现为各自的本性。但万物又有一致性，即“众窍为虚”。“虚”就是万窍的共性，“唯道集虚”（《内篇·人间世》），因此“道通为一”（《内篇·齐物论》）。但不是所有的动物都可以通达于道，有些动物存其本性而与道契合，有些则没有；有些动物与人发生接触因此失性，有些则没有和人发生接触。全性和失性的动物之间重要的区别在于只有前者才有通向自然的潜能。本文将以动物的失性与全性作为切入视角，对《庄子·内篇》中的动物形象做一分析。

二、失性的动物

失性的动物指丧失本性的动物，《庄子·内篇》中出现的失性的动物形象或为人引证，或与人直接接触。在人们“以己观之”的视角下，动物被一个固定的视角观照，于动物而言，失性并非出于其自己的选择，而是被外在的力所强迫的结果。失性的动物和人直接接触，进而被“人化”“人为”的改造。比如《养生主》中被肢解的牛，庖丁“目无全牛”，此时的牛已不再是全性的。庖丁将全性的牛分解开来，使其不再具备原有的属性。动物被强加以人的意志，自然是远离自然而失性的。尽管人在万物中是一个特殊的存在，但究其根本，人不过是风吹万窍所发出的其中一种声音，只是自然运行中的一个阶段，因此人不可代天而为。《外篇·至乐》中海鸟之死就是因为这样的缘故：

> 昔者海鸟止于鲁郊，鲁侯御而觞之于庙，奏《九韶》以为乐，具太牢以为膳。鸟乃眩视忧悲，不敢食一脔，不敢饮一杯，三日而死。此以己养养鸟也，非以鸟养养鸟也。[4]

鲁侯用极高的礼制待遇来供奉神鸟，然而鸟却被吓死。这是因为“非以鸟养养鸟”，而用人为的方式“养”鸟，规格越高，离鸟的本性越远。

在《庄子》中或以动物指涉人。如《齐物论》中的狙，不知朝三暮四、朝四暮三实则一致。现象中相对的差异性最终会“道通为一”，但被人类圈养而失性的动物则看不到“一”。庄子以狙指涉人，意在批评那些辩论者们相互攻伐，而道就被是非的争论而隐藏起来。同样执着的还有《人间世》中自不量力以臂挡车的螳螂。挡车的行为超出本性界限，其结果必然是悲剧的。像螳螂这样“知其不可为而为之”的行为，正是孔子和早期儒家的行事法则，但庄子对此持否定态度，他认为要避免做超越本性之外的事。他在《养生主》说：“依乎天理，因其固然。”万物应当顺应天道赋予的本性，

1 孔子见老聃，老聃新沐，方将被发而干，慹然似非人。孔子便而待之。少焉见，曰：“丘也眩与？其信然与？向者先生形体掘若槁木，似遗物离人而立于独也。”老聃曰：“吾游心于物之初。”（《外篇·田子方》）。

2 陈引驰：《庄子精读》，复旦大学出版社，2016，第120页。

3 郭庆藩：《庄子集释》，中华书局，2013，第47页。

4 郭庆藩：《庄子集释》，中华书局，2013，第551-552页。

即应顺其自然。

失性的动物多因与人发生接触而失性，它们是人为关照的结果。以动物“以己观之”下的动物形象由于没有体现本性，因此无法和自然发生进一步的关联。

三、全性的动物

（一）全性但困于本性的动物

与人直接发生接触的动物并不必然失性，如《人间世》中被圈养的虎。人们顺应老虎的本性饲养它，但人虎之间的关系非常紧张，呈对立状态，二者相处得非常小心。《养生主》中在未被解之前作为一个对象的牛，同样保全本性，而在被解后才失性。

《内篇》中还有很多不和人类发生接触的动物，这类动物多是全性的。如《养生主》中的泽雉，在没有外在人为的情况下，它“十步一啄，百步一饮，不蕲畜乎樊中”。虚构的动物同样大多是全性的，如《逍遥游》中的鲲鹏“水击三千里，抟扶摇而上者九万里”就顺应本性。尽管此类全性的动物比失性的动物的境况要好，但是它们之间却没有交流。物与物之间依然存在不理解，彼此都无法获得逍遥。[1]这类动物形象所体现的就有如《逍遥游》里宋荣子的境界：

> 且举世而誉之而不加劝，举世而非之而不加沮，定乎内外之分，辩乎荣辱之境，斯已矣。彼其于世，未数数然也。虽然，犹有未树也。[2]

全性但困于自身本性的除了动物外，也有人。宋荣子虽能守全本性不为外物动摇，但也仅站在“我”的立场上。他强调内外的分别，困于物我之间的对立，因而“犹有未树也”。在“物”的世界里，万物各有差异，不同的物种有不同的视角和立场。《齐物论》中庄子用人、泥鳅、猨猴的生存环境对比来说明没有共同的“正处”；用人、麋鹿、蜈蚣、猫头鹰的饮食喜好对比来说明没有共同的“正味”；用人、鱼、鸟、麋鹿的审美偏好对比来说明没有共同的“正色”。它们都是全性的动物，但“物无非彼，物无非是。自彼则不见，自知则知之”，“物”皆知“彼”所是，而不了解“此”所是。它们的知是从自己的“物性”出发的，尽管各自都有合理性，但是同时也有局限性。庄子用一系列的对比来说明事物之间存有差异和相对，万物各有所持，若都以我为“是”，则万物都不离“是非”二字。

这类全性的动物陷入“以物观之”的视角中，一方面保全自己的本性，但另一方面也受到本性的限制。譬如蜩与学鸠认为鲲鹏不必翱翔，因此困于“小大之辩”中。蜩与学鸠站在自己本性的立场上嘲笑大鹏，固然守全本性，但也拒绝物物之间的沟通与理解。鲲鹏虽大，也是如此。正是因为鹏蜩“皆不知所以然而自然耳”，因此郭象认为“二虫谓鹏蜩也”。

庄子说：“一受其成形，不亡以待尽。与物相刃相靡，其行进如驰，而莫之能止，不亦悲乎！”（《内篇·齐物论》）在物的世界里万物各有其性，“鸱鸺夜撮蚤，察毫末，昼出瞋目而不见丘山，言殊性也。”（《外篇·秋水》）而一味地立足本性只能陷入永无止境的比较漩涡中，无法解脱，因此不能将“我”的观点和视角作为万物的标准。于庄子而言，“以物观之”不是自然。自然需像气一样流动，因此不应躲避或对抗其他主体，而是在和他物的交流之中相互转化从而体现自然。万物需要彼此沟通融合成为一个整体，需要全性的动物间进行“物化”。

（二）物化的动物

纵观《庄子》全文，其中有多处提到“物化”，但含义各异。一种是“生死之化”，如《天道》中“知天乐者，其生也天行，其死也物化”；一种是身体与物体之间界限的消失，如《知北游》中的

1“天下多得一察焉以自好。譬如耳目鼻口，皆有所明，不能相同。”（《杂篇·天下》）

2 郭庆藩：《庄子集释》，中华书局，2013，第18页。

"与物化者，一不化者也"，人与物的界限在气化流行中消失；一种是"万物的转化"，如《齐物论》中的"庄周梦蝶"，《大宗师》中的鸡、鸮、马。[1]若站在道的角度看待这三种物化，"化"是万物从气或道的一个状态转化为气或道的另一个状态。"以道观之"，三种"物化"具有一致性。

万物不能独立存在，物和物之间必然发生联系。若是"以己观之"，就会失性；若是"以物观之"，可以保全本性，但彼此之间无法沟通，而以成见、成心相待。能够合天的动物首先是全性的，但若仅仅守全本性，彼此的关系会陷入紧张。对立的状态无法通"一"，彼此之间处于一种静止状态。然而道和自然的运行似"气"的流动，不会附着于某一形象。在庄子看来"贵贱有时，未可以为常也"（《外篇·秋水》）。"变"是不可抵抗的，"无动而不变，无时而不移"。（《外篇·秋水》）

庄子在《内篇》开篇的《逍遥游》中便阐明了变化的重要性。《逍遥游》的旨归自然在逍遥二字，逍遥就是"无所待"的至人、神人和圣人的境界："若夫乘天地之正，而御六气之辩，以游无穷者，彼且恶乎待哉！故曰：至人无己，神人无功，圣人无名。"（《内篇·逍遥游》）

郭象《注》言："天地以万物为体，而万物必以自然为正，自然者，不为而自然者也。……故乘天地之正者，即是顺万物之性也；御六气之辩者，即是游变化之涂也。"郭庆藩案："辩，变也。"[2]要达到逍遥的境界，一是要全性，"乘天地之正"，"顺万物之性"。二是要"御六气之辩"，"游变化之涂也"。"变"正是道的显现，要在无穷的变化中把握没有形状的道。

面对无时无刻不在发生的"变"，庄子认为应当"无拘而志，与道大蹇"（《外篇·秋水》）。不要拘于本己的偏执阻碍大道运行，这就是庄子在《逍遥游》强调的"无己"。达到至人、神人和圣人的境界的关键就在于"无己"，正如徐复观先生所言："庄子的'无己'，让自己的精神，从形骸中突破出来，而上升到自己与万物相通的根源之地。"[3]"无己"并非没有自我的存在，而是挣脱自我的局限，在更高的道的层面与万物相融合。万物要如何在"变"中"无己"并维持全性呢？面对时刻存在的"变"，庄子用"化"来应对。"庄子侧重从事物相对相形的视角破解人们对特定事物对象的凝定固执的看法"。[4]《大宗师》中言："万化而未始有极也。""大化"无穷无尽，似气一般流动。天籁的气也是流动的、运动的、富于变化的，因此关键在于物化。[5]这在《齐物论》著名的"庄周梦蝶"的寓言中得到了解答：

> 昔者庄周梦为胡蝶，栩栩然胡蝶也。自喻适志与！不知周也。俄然觉，则蘧蘧然周也。不知周之梦为胡蝶与？胡蝶之梦为周与？周与胡蝶则必有分矣。此之谓物化。[6]

郭象注曰：

> 夫时不暂停，而今不遂存，故昨日之梦，于今化矣。死生之变，岂异于此，而劳心于其间哉！……而愚者窃窃然自以为知生之可乐，死之可苦，未闻物化之谓也。[7]

郭象将"物化"解释为"生死之化"。杨立华认为成玄英《疏》的观点和郭象类同，但他注意到成玄英《疏》中的一个区分："而庄生晖明镜以照烛，（汎）上善以遨游，故能托梦觉于死生，寄自

1 陈鼓应:《庄子今注今译》,商务印书馆,2016,第110页。
2 郭庆藩:《庄子集释》,中华书局,2013,第22页。
3 徐复观:《中国人性论史·先秦篇》,上海三联书店,2001,第352页。
4 陈引驰:《庄子讲义》,中华书局,2021,第89页。
5 仲尼曰:"古之人,外化而内不化,今之人,内化而外不化。与物化者,一不化者也。安化安不化,安与之相靡,必与之莫多。"(《外篇·知北游》)
6 郭庆藩:《庄子集释》,中华书局,2013,第106页。
7 郭庆藩:《庄子集释》,中华书局,2013,第107页。

他于物化。”[1]成玄英点明“物化”之说关注的主要是“自他”的问题，每一生存境域都从另外的物境转化而来。“自”的境域必从“他”的境域而来，这才是“物化”的宗旨所在。[2]杨立华认为“物化”是“万物的转化”。陈引驰认为“物化”是破分别的利器，“物化”之旨，在消解特定立场的偏执，及与天地万物一体。[3]在“天地与我并生，而万物与我为一”的状况下，人与物获得在气的流行中的相互转化，这样“物化”就使万物“道通为一”。[4]物化的动物，既保全了本性，又彼此沟通理解。[5]如《大宗师》中和子舆共生的鸡、鸮、马：“……浸假而化予之左臂以为鸡，予因以求时夜；浸假而化予之右臂以为弹，予因以求鸮炙；浸假而化予之尻以为轮，以神为马，予因以乘之，岂更驾哉！……”子舆不背弃大化而安化，因而“安时而处顺，哀乐不能入也”[6]。

尽管子舆“曲偻发背，上有五管，颐隐于齐，肩高于顶，句赘指天”，但他顺应大化而安于化，若左臂为鸡则用来报晓；若右臂为弹弓则用来打斑鸠；若尻骨为车轮，精神化为马，就乘它出行，因而“哀乐不能入也”。在物化的整体过程里，动物形象融入人的成分，人与动物在道的大化流行中相融未分，都是道大化流行的结果。

通过分析前两种全性动物，我们可以看到：两个全性动物之间必然发生联系，但是如何联系是有差异的。二者或为对立关系，或可走出彼此的成心与局限，照之于天，从而走向道。

（三）照之于天的动物

在庄子看来，人们应当关照事物本然的状态，“照之于天”：

> 物无非彼，物无非是。自彼则不见，自知则知之。故曰彼出于是，是亦因彼。彼是方生之说也。虽然，方生方死，方死方生；方可方不可，方不可方可；因是因非，因非因是。是以圣人不由而照之于天，亦因是也。[7]

此处的“天”指的是“自然”，庄子认为人应当走近“未始有物”的“道”的世界，回到本初的自然状态。相因而旋转的情形下，是非判断永无定准。“因是因非，因非因是”，各人由于角度、标准的不同以及所持的角度、标准本身的变动，因而产生价值判断的无穷相对性。所以庄子认为圣人是不走是是非非的路子，因天道给予的本性自然，“照之于天”。

---

1 郭庆藩：《〈庄子〉集释》，中华书局，2013，第106页。

2 杨立华：《〈庄子〉哲学研究》，北京大学出版社，2020，第129页。

3 陈引驰：《〈庄子〉讲义》，中华书局，2021，第239页。

4 憨山：《〈庄子·内篇〉注》，崇文书局，2015，第57页。“物化者，万物化而为一也。万物混化而为一，则了无人我是非之辩，则物论不齐而自齐也。”

5 物化是一个审美移情的活动，它不要求二者的边界完全消融（事实上也做不到完全消融），而是在美学的意义上将主体的情感投射到外物身上，从而产生移情同感或融合交感的作用。《外篇·秋水》篇中有一个著名的“庄子观鱼于濠梁之上”的故事，庄子和惠子分歧的核心在于人是否可以知道鱼的感情。惠子所用的是逻辑学的方法，杨国荣在《庄子的思想世界》中认为：“从逻辑上看，这种质疑包含两个方面：其一，庄子与“鱼”属不同的“类”，因而无法了解“鱼”的感受；其二，特定境域中的“鱼”和庄子属不同的个体，作为不同的个体，两者如何能相互理解？”。（页160）从认识论以及逻辑学的角度而言，庄子确实无法认识鱼，惠子的辩论是有道理的，但辩论本身对于庄子而言没有价值。若依照惠子而言，那么世间万物之间就不存在联系，相互不能理解。断绝万物之间的联系，虽然各自都保全本性，但却成为一个个孤零零的个体。因此陈引驰在《〈庄子〉讲义》中说：“世间不仅是现实，世间不仅有逻辑。庄子展示的是一个通达天地自然，与万物沟通无碍的心灵。”（页28）和惠子不同，庄子是从审美的角度出发，通过移情和共同感受到鱼的情感，这样就为物与物之间的相互理解提供了内在依据。继而因为彼此之间是可以互相沟通和感受的，所以也为“道通为一”的实现保留了可能性。

6 郭庆藩：《庄子集释》，中华书局，2013，第237页。

7 郭庆藩：《庄子集释》，中华书局，2013，第64-65页。

不仅人可能够“照之于天”，与人接触的动物也能够如此。《养生主》中的牛在与庖丁接触的过程中“照之于天”，庖丁最初“解牛之时，所见无非全牛者”，此时的牛是全性的；“三年之后，未尝见全牛也”，用刀所解开的牛被分成各个部分，已然失去作为牛的属性，此时的牛是失性的。但是，最终和庖丁“以神遇而不以目视，官知止而神欲行”的牛，是“合天”的。庄子这样描述解牛“合天”的过程：“依乎天理，批大郤，导大窾，因其固然，技经肯綮之未尝，而况大軱乎！”“郤”同隙，间也。“窾”，空也。[1]庖丁“砉然向然，奏刀騞然，莫不中音”。牛的筋骨间仍有“间隙”存在，而作为主体的庖丁对此了然于心。由于他的刀在这些空隙间游走，不着于两端，因此牛对于他就构不成限制，庖丁也就“无所待”。这就是逍遥，因而牛就为逍遥提供了一个场所。庄子在《逍遥游》中说的“无何有之乡”正是另一个逍遥的场所：

> 庄子曰：“子独不见狸狌乎？……今子有大树，患其无用，何不树之于无何有之乡，广莫之野，彷徨乎无为其侧，逍遥乎寝卧其下；不夭斤斧，物无害者，无所可用，安所困苦哉！”[2]

逍遥在与大树的间隙中得以完成，庄子与大樗，庖丁之刀与牛在无待的状态下同归于逍遥，两组寓言中由于牛游于“无何有之乡”因此同质且同构，牛也就成了道的象征。道在物外，庖丁“因其”牛之“固然”，“以道观”牛。他摆脱主体的成见，因而最终和牛神遇而合天。若非如此，而如“族庖”“折也”，恐怕也需“月更刀”。

如何照之于天，庄子给出“莫若以明”的方法：

> 是亦彼也，彼亦是也。彼亦一是非，此亦一是非，果且有彼是乎哉，果且无彼是乎哉？彼是莫得其偶，谓之道枢。枢始得其环中，以应无穷。是亦一无穷，非亦一无穷也。故曰莫若以明。[3]

“以明”就是“使以此明彼，以彼明此，则必恍然于已往各自的障蔽，而此障蔽也就不解而自解了。”[4]一切事物都固有其“所然”，都固有其“所可”，物的“成”与“毁”都主要出自各自主观的立场和成见，但如果在“道”的整体中看待万物的本性，“齐物我”，就会明白虽然它们“恢诡谲怪”，然而最终会“道通为一”。“莫若以明”为人与动物提供了本真性的存在状态，“天地虽大，其化均也；万物虽多，其治一也。”（《外篇·天地》）在主观的局限性被克服后，人与动物都可以进入“天地与我并生，而万物与我为一”的境界中逍遥。万物“未始有封”，因而都可以全性，并如人与牛在其筋骨的间隙中获得逍遥和自由。

四、结语

动物形象在《庄子》寓言中占据重要地位，庄子描述种类繁多的动物形象，其意也在寓言人的本真性存在，他将动物和人共同当作美学表征，纳入其哲学体系中。动物的本性合天而与自然关联，自然在《齐物论》的开篇得到阐明，庄子认为自然就似风一般运动流行，吹过万窍而形成不同的声音。万窍指万物，而不同的声音也就是各自不同的本性。《庄子》内篇中的动物形象，按照和道与自然的接近程度可以划分为失性的、全性的，失性的动物指丧失本性的动物，多因与人发生接触；全性的动物指能够保全本性的动物。全性的动物下还可以继续划分为全性但是困于本性的动物、物化

1 钟泰：《〈庄子〉发微》，上海古籍出版社，2002，第69页。
2 郭庆藩：《〈庄子〉集释》，中华书局，2013，第41–42页。
3 郭庆藩：《〈庄子〉集释》，中华书局，2013，第65页。
4 张默生：《〈庄子〉新释》，齐鲁书社，1993，第106页。

的动物以及最终基本合天的动物。从外部来看，它们之间的分别在于是否全性，是否可以“化”等，这四类动物依次距离道越来越近。在庄子看来，他肯定的是后两种动物：物化的动物以及最终基本合天的动物，因为它们可以体现自然。而前两者有明显的缺陷，以至于不能通向他所向往的“道”的世界。

失性的动物大多与人类发生接触。动物就自身而言是要求全性的，而外力的介入迫使动物丧失本性而与人类的性类同，从而使得它们失性。全性的动物要比失性的动物距离道更近，但若拘泥于自己的本性也就停滞于单一物的表象。“以物观物”，它们在保全本性的同时也产生偏见和成心，而不能大化流行自然无法与万物为一。为了随自然的大化流行，就需要全性的动物做到“无己”。庄子的意旨不是要求万物消去自己的本性，而是肯定本性，在此基础上认识到万物的本性仅是气或道的一个状态。“以道观之”，万物莫不是道的显现，从而进入“天地与我并生，而万物与我为一”的境界。这样彼此之间就便能“物化”，万物形体间的变化正是参与了自然的大化流行的一个过程。

比前三种境界更高的动物是合天的动物。这种动物依循天理，彰显天道，“以天合天”，是自然的显现。这样庄子就将动物形象这一美学表征有机融合到其哲学体系中，并通过丰富的动物形象完成了他的美学书写。

参考文献

[1] 陈鼓应.《庄子》浅说 [M]. 北京:中华书局,2020.

[2] 陈鼓应.《庄子》今注今译 [M]. 北京:商务印书馆,2020.

[3] 陈鼓应. 庄子的开放心灵与价值重估——庄子新论 [M]. 北京:中华书局,2016.

[4] 陈引驰.《庄子》精读 [M]. 上海:复旦大学出版社,2016.

[5] 陈引驰.《庄子》讲义 [M]. 北京:中华书局,2021.

[6] 冯友兰. 中国哲学简史 [M]. 北京:生活·读书·新知三联书店,2009.

[7] 郭庆藩.《庄子》集释 [M]. 北京:中华书局,2013.

[8] 郭勇健. 庄子哲学新解 [M]. 北京:社会科学文献出版社,2018.

[9] 憨山.《庄子·内篇》注 [M]. 武汉:崇文书局,2015.

[10] 牟宗三. 才性与玄理 [M]. 桂林:广西师范大学出版社,2006.

[11] 牟宗三. 中国哲学十九讲 [M]. 上海:上海古籍出版社,2005.

[12] 汤一介. 郭象与魏晋玄学 [M]. 北京:北京大学出版社,2000.

[13] 徐复观. 中国人性论史·先秦篇 [M]. 上海:上海三联书店,2001.

[14] 萧无陂. 自然的观念 [M]. 长沙:湖南人民出版社,2010.

[15] 杨国荣. 庄子的思想世界 [M]. 北京:生活·读书·新知三联书店,2017.

[16] 杨立华. 中国哲学十五讲 [M]. 北京:北京大学出版社,2019.

[17] 杨立华. 庄子哲学研究 [M]. 北京:北京大学出版社,2020.

[18] 杨立华. 郭象《庄子注》研究 [M]. 北京:北京大学出版社,2010.

[19] 张岱年. 中国哲学大纲 [M]. 北京:中国社会科学出版社,1982.

[20] 张默生.《庄子》新释 [M]. 济南:齐鲁书社,1993.

[21] 钟泰.《庄子》发微 [M]. 上海:上海古籍出版社,2022.

[22] 方旭东."庄子蔽于天而不知人"新议——基于当代动物权利论争的背景 [J]. 深圳大学学报(人文社会科学版),2014(01):66-71.

[23] 张家成. 试析《庄子》中的"马"的意象 [J]. 哲学研究,2003,(01):38-43+74.

[24] 张洪兴.《庄子》形象体系论 [J]. 船山学刊,2010,(01):102-104.
[25] 季璇. 先秦动物寓言研究 [D]. 广西师范大学,2016.
[26] 张玉.《庄子》寓言研究 [D]. 山东大学,2014.
[27] 刘丽华. 论《庄子》中动物意象的价值蕴涵 [J]. 学术交流,2011,(12):177-179.
[28] 魏义霞. 庄子的动物情结与天人合一思想 [J]. 鄱阳湖学刊,2012,(01):46-52.

【作者简介】

范诗云，兰州大学文学院文艺学方向硕士研究生，研究方向为当代美学。

丝路题材纪录片海报中的图像符码与视觉隐喻研究

韩　薇

【摘　要】丝路题材纪录片海报作为电影内涵的视觉载体，表达出各国对于“丝路”母题的精神提炼。海报中的图像、光影、色调、造型等视觉元素的图像隐喻，以及海报微缩、碎片、杂糅的呈现方式将意识形态植入媒介宣传当中，以隐蔽的价值观传递改变大众意识与审美认知，折射出全球化时代各国复杂的政治诉求。

【关键词】纪录片；海报；丝绸之路；图像符码；视觉隐喻

海报，作为电影物料中必不可少的环节和视觉作品的先行者，从最初提供简报信息的电影工业附属品发展到如今自成一体的视觉符号，见证了电影艺术的百年历程，也逐步成长为集电影美学、设计美学、传播美学等诸多艺术魅力于一身的独特艺术载体。世界各国的历史、人文、科技、艺术、自然风光、典型人物几乎都能在衍生于不同人文背景与拍摄主题的电影海报上觅得踪迹。除了介绍影片内容之外，海报能使观众对影片主题与审美理念产生“顿悟”之感。通过高度浓缩的视觉语言，海报能够涵盖影片从创作主体的艺术思维到影片诞生的文化背景等一切审美个性；通过对电影本质的挖掘，海报可对影片作出更深层次的诠释；通过视觉化的信息传达，海报可完成文化传播与反向输出的功能。尤其是相似母题的电影作品，观众通过海报可窥见不同国家、不同地域、不同文化对共同主体的差异性解读。

在电影庞大的家族中，纪录片是各国电影诞生之初的艺术先驱，其本身以现实生活为素材，以表现真相为本质，以阐释社会为价值的特质，这使得纪录片具备了民族与世界共存的多元格局文化品格。而在纪录片众多的选题中，丝绸之路作为东西方经济文化交流的桥梁，由于其横跨欧亚大陆众多国家疆域的特殊地理位置，以及在东西方文明进程尤其是现代全球经济一体化与人类命运共同体构建中扮演的文化使者角色，得到众多纪录片创作者的关注，也成为摄影镜头持续多年经久不衰的捕捉对象。习近平总书记在2013年秋提出的共建“一带一路”的合作倡议，再次激发了“丝绸之路”相关题材纪录片的创作热潮，各国媒体纷纷将镜头对准了这条古今文明交汇通道的前世今生，主题涉及陆路、海路、草原之路、茶马古道等多条通道，以及沿这些通道所展开的不同种族、不同信仰、不同文化背景下的人类文明交流进程。

本文选取世界各国具有影响力的官方媒体（如CCTV，ARTE，BBC，NHK等）拍摄的部分具有代表性的丝绸之路相关题材纪录片作品进行分析，通过梳理海报中所包含的图形、文字、色彩、版式、创意等图像符码，考察各国媒体围绕“丝绸之路”这个共同母题所采取的差异性叙述视角，以及通过视觉隐喻所折射出的政治意图。

一、图像符码：丝路文化的表征

在丝路题材的纪录片海报中，骆驼、大漠、帆船、马匹、丝绸、瓷器、地理版图以及中国元素都是频繁出现的视觉符码，而它们指向一个共同的表征——丝路。这些具象的文化符号不仅浓缩了古丝绸之路的历史图景，亦包含了草原丝路、海上丝路、西南丝路等不同的路线规划与意义解读。

（一）运输工具

中国的地理环境决定了北方丝路的运输工具主要为耐旱的骆驼与马匹，南方丝路的崇山峻岭和雨林灌丛催生了“马帮运输”，而海上丝路的运行无疑需船只辅助。凭借这些工具的运载，中西方商品与文化得以跨越戈壁与汪洋，获得双向馈赠与交流，构筑链接欧亚的文明大道与中西融通的文化盛景。因此，这些交通运输工具成为丝绸之路最醒目的文化符号，频繁出现在海报设计当中。

美国拍摄的《丝绸之路：昨天 今天 明天》（2017）的海报选用了沙漠上缓行的驼队，用漫漫黄沙和黑色的驼队剪影形成强对比效果，营造出历史沧桑与古道孤寂的意境和氛围。德国拍摄的《中国新丝绸之路》（NDR[1]，2016）海报上半幅用了水墨风的驼队剪影，缥缈晕染的墨迹仿佛扬起的尘沙，下半幅则是金黄沙丘上绵延数里的沙漠驼队写实摄影，古今结合，虚实相宜。日本NHK[2]与中国合拍过几部丝路题材纪录片，中日双方在海报设计上均采用了驼队剪影，如《丝绸之路系列一》（1980）、《丝绸之路系列二》（1983）、《新丝绸之路》（NHK，2005）、《新丝绸之路》（CCTV，2005）等，大光比的剪影效果更易凸显逆光行进中的驼队造型。韩国拍摄的《茶马古道》（KBS[3]，2016）海报展示了驼负着茶、盐、粮食的马群正在翻越茫茫雪山。日本NHK在1988年拍摄的《海上丝绸之路》虽然只展现了船上一角的风帆，但以蓝天为背景也能感受到扬帆起航的壮阔。由国家地理、五洲传媒和IFA[4]影业联合出品的3集系列纪录片《21世纪海上丝绸之路》（2017）海报，则采用郑和下西洋时乘坐的大型帆船为主图。我国拍摄的《海上丝绸之路》（2016）则以手绘帆船与海面作为主图，以沿途线路和港口船只作为副图，以此来凸显海上丝路。

（二）路线图

我国拍摄的《茶叶之路》（CCTV，2012）在海报中呈现了南起福建武夷山，一路向北，途经我国江西、湖北、河南、山西、河北、内蒙古等省区，然后穿越蒙古国，最终达到俄罗斯圣彼得堡的万里茶道。法国拍摄的15集系列纪录片《丝绸之路——从威尼斯到西安》（ARTE[5]，2017）以白色线条勾勒出节目组自西向东从意大利威尼斯出发，途经土耳其、伊朗、乌兹别克斯坦、塔吉克斯坦最后抵达中国的路线图，中国部分经塔克拉玛干沙漠走过河西走廊，凸显了喀什、敦煌、兰州、西安等几处古丝绸之路陆上区域的地理节点。整个设计以地中海部分作为路线起点，用色鲜艳明亮。美国拍摄的《开创者X：丝路崛起》（2016）海报用土黄色的立体加粗线条描绘了当代“丝绸之路经

1 NDR（Nord Deutscher Rundfunk）北德意志广播电台，一家公立电台，成立于1956年，位于汉堡市。

2 NHK（Nippon Hoso KyoKai）日本放送协会，日本的公共媒体机构，是日本第一家覆盖全国的广播电台及电视台，1926年，由名古屋、大阪、东京三地的广播局正式整合而成。

3 KBS（Korean Broadcasting System）韩国放送公社，中文译名韩国广播公司，为大韩民国最早的公营电视台与广播电台。

4 IFA（Idependent Filmmaking Assit）独立制片协助机构，是一个“NPO”非营利组织。旨在帮助个人、团队、公司做专业的电影拍摄制作。

5 ARTE（Association Relative à la Télévision Européenne）是一个由法国与德国合资建立的公共电视台，创建于1992年，总部位于法国斯特拉斯堡和德国巴登-巴登。

济带"示意图，并对沿途重点城市的标志性建筑添加了浅色调的水印图示，如西安兵马俑、古罗马竞技场等。这些历史遗迹既有古丝绸之路的风采，又是当代文明的象征，体现出古今流通中西合璧之意。探索频道的《纪实：探索频道之茶马古道》用白色细线条勾勒了茶马古道的地形图，并在重要的节点城市做了打点标识。

（三）典型器物

丝绸、瓷器、茶叶、兵马俑……都是曾经在丝绸之路上扮演过重要角色的流通商品或文化代言。《21世纪海上丝绸之路》（2017）海报右侧是黑色草书的"丝"字，一方面用这种较为抽象的笔法凸显丝绸之路的核心概念，另一方面也与背景中的水面和路线图融为一体，通过笔墨浓淡的变化营造出由远及近的行进感，以颇具中国特色的水墨风格营造富有感染力的画面效果。

英国拍摄的《从六件瓷器认识中国》（BBC[1]，2013）完美复制了传统英国海报"拼文案"的极简风格，整体海报以黑色为背景，白色镂空字体用瓷器最经典的青花图案进行填充，既突出瓷器主题，又用青花不规则的图案使画面产生自然的阴影变化，增加空间透视感。

CCTV与BBC、ZDF[2]、ARTE联合摄制《艺术中国》（2014）选取了兵马俑、柱目铜面具等节目内容呼应海报上的德文内容："穿越艺术史"。美国国家地理频道打造的《寰行中国》系列纪录片海报中也出现了诸如皮影雕刻、楼兰美酒、木偶戏等传统技艺，以及鄂温克族生活的白雪皑皑的大兴安岭等场景。

（四）中国元素

祥云、龙纹、中国红也是频繁出现在各国海报设计中的元素。如BBC制作的《中国新年：全球最大庆典》海报选择中国红为主色调，上下留白，文字图样都聚集在中间部分，体现出热闹欢聚之感。背景选择古典中国结的窗框纹样营造家的氛围，再加上庆祝新年的烟花爆竹以及倒置的"福"字，凸显春节的喜庆。

中俄合拍的《这里是中国》（2017）海报设计采用近几年较流行的高饱和度配色，构图左右对称，大量留白，书法、祥云、龙纹、印章无不彰显中国风的设计思路。构图一分为二，下半幅主图为天坛祈年殿和紫禁城的青砖红墙，墙外隐约可见景山白塔、鸟巢、国家大剧院、央视大楼、长城箭楼等代表性建筑。上半画幅大面积留白，用暗色几何云纹打底，另有祥云印章点缀。

由浙江农林大学汉语国际推广茶文化传播基地、美国肯尼索州立大学孔子学院联合美国佐治亚州公共电视台共同制作的《中国茶：东方的万能药》（2016）海报主色调为中国红，用中式古典回字边框围成圆形，既迎合中国传统文化讲求圆满完美的思想，又似不同文明在宇宙轮回中循环往复。中间的茶壶和茶壶周边的花纹样式均不似中式云龙纹等图案笔画粗细相仿圆润，海报选用了较为繁复，装饰感更强的欧式花纹，恰似中间的茶壶造型，也与中式传统茶具不同，显出异族风情，似有中西合璧之意。

纵观海报中涉及的元素可以看出，首先各国对于丝绸之路所指代的地域及途经线路基本达成一致认知，主要指北方陆路，南方茶马古道和海上丝路三条路线。

其次，虽然有部分海报采用了中国元素的点缀，但完全没有提及中国作为丝路东方起点的历史意义。相反，无论是路线图还是各种元素的抓取，都能看出各国海报设计所秉持的观念是丝绸之路一词，它所指代的不仅仅是从中国至罗马长达几个世纪的丝绸贸易，而是伴随贸易、外交、征战与迁徙逐渐构成的欧亚大陆宗教传播、商品交易以及思想交流与文明碰撞的重要渠道，且该渠道并未

1 BBC（British Broadcasting Corporation）英国广播公司，成立于1922年，总部位于英国伦敦，1936年开始提供电视服务，是世界上第一家电视台，也是世界最大的新闻媒体。

2 ZDF（Zweites Deutsches Fernsehen）德国电视二台，一个公共电视台，也是欧洲最大的电视台之一。

伴随全球化时代的到来而消亡，反而延伸到了更为广阔的地域，成为世界文明融合的象征。因此，海报设计更侧重于表现丝路的多元、开放与交流意义，而非中国在此间所扮演的角色。

另外，在古丝绸之路的图景中，呈现出的并非形如长龙、气势浩大的商旅驼队，更多是零落的旅人或几匹夕阳下的驼影，呈现出孤寂寥落之感，也许正如耶鲁大学韩森教授的《丝绸之路新史》一书中提出的观点：丝绸之路并非一条有明确标志、商旅往来不断、横跨欧亚的笔直大道，相反，丝绸之路是一系列变动不居的小路和无标志的足迹，“丝路贸易大多只是涓涓细流”，“有上百头牲畜的长途商队在史料中很少被提及，一般只有国家间互派使团时才会出现”。

二、视觉隐喻：政治生态的修辞

用海报中的视觉造型元素来凸显影片内涵，只是图像符码与丝路文化的表象连通，而运用光影、色调、构图等造型元素建构的视觉画面则具有隐喻的修辞功能。设计者往往通过对视觉元素的选择、组织和呈现来控制这些元素的对比效果，以关注人类情感共通的文化产品和海报的软性传播手法来掩盖其隐蔽性的文化帝国逻辑，达到政治修辞目的。

（一）采用光影滤镜丑化中国环境

“阴间滤镜”是BBC常用的套路之一，在原本鲜艳明亮的画面上添加一层阴暗灰白的滤镜以营造压抑病态的氛围，达到视觉丑化的效果，这一点在海报设计上尤为突出。如《发现中国：美食之旅》（BBC，2012）的海报，作为以美食为主题的纪录片，通常会采用高饱和度的明亮色调去展示美食的质地以激发人们的食欲，即使画面想表现的重点是旅程，也可以用比较柔和的光影来营造轻松愉悦的氛围。但在BBC的这款海报上，我们可以看到整体色调暗沉，右侧街区背景添加了昏黄的滤镜，营造出一种陈旧感，左侧背景使用了深蓝和深红的对比色制造视觉冲击，中心人物则采用顶光照明制造“骷髅”效果，女性颧骨高耸，男性神态萎靡，整个画面不但丑化人物，还由于强烈的对比给人一种恐怖感，与“美食+旅行”的和谐温馨氛围大相径庭。

由于《美丽中国》（BBC，2008）授权超过25个国家播放，因此不同国家的海报略有差异。BBC版和德语版、法语版海报主色调都偏蓝绿，突出大自然的锦绣风光，但在海报边缘处却有红褐色似血迹般的模糊线条使画面脏化，不知是何用意。

英国拍摄的《中国新丝绸之路》（BBC，2017）背景处是连绵的群山，半明半暗，寸草不生，有一种荒漠苍凉之感。貌似写实的画面背后却暗含隐喻之意，与新丝绸之路想要传达的全新理念，以及新丝路上繁荣的商旅穿梭似乎背道而驰。《丝绸之路》（BBC，2016）海报采用摄影图片展现“沙漠+雄关”的组合，夕阳余晖下的老人背影映衬出丝路的漫漫长途。历史笼罩下的盛景衬托出人类的渺小，昏黄的色调营造出历史的沧桑，与远山峰顶的阴影使用同一色系。

光影滤镜是海报情绪建构中的惯用手法。因为不同滤镜下的色彩具有不同的心理效应，能使受众获得不同的心理感受和情感联想，从而达到隐喻的表意功能。海报中暗沉的滤镜、脏化的布景、丑化人物的打光方式和刻意展示出的丝路寂寥之感，无一不是对中国社会环境与丝路境遇的隐喻。通过捕捉具有意指性的中国社会环境图片并进行加工，建构貌似“真实”的生活图景来混淆视听，对中国社会实际发展状况的蓬勃生机进行弱化，营造出消极负面的情绪来实现其政治修辞目的，达到与“一带一路”所宣传的丝路精神背道而驰的负面效应。

（二）采用意指构图隐喻国家形象

法国拍摄的《镜头下的中国》（ARTE，2013）采用背景式构图，一位中年男子手抱婴儿面对云雾缭绕的祖国山河，传递出前途漫漫未可知的迷茫感。下面两张图片，左边是摄影师视角下的黑白影像，一个手拿香烟表情凝重的男子近照；右边则是摄影师正在拍摄半裸上身的女子的工作照。整个画面无论图片内容还是影调选取都传递出一种消极负面之感。

意指化的构图不仅仅是简单的内容传达，实则隐喻着复杂的国际政治关系，在直观的画面构图中显示着抽象的意识形态差异。鉴于多元化的政治、经济与文化诉求，西方媒体在海报设计中用貌似具象却与中国实际存在巨大反差的社会图景隐喻地表达了对于中国社会的刻板印象与西式解读。无论是吸烟的男子还是半裸的女性，都是在利用视觉符号的隐喻功能，巧妙地建构海报的符号体系。貌似直观地呈现纪录片内容，实则是利用符号间接、婉转又具有互文表意功能的特性隐喻复杂的政治意图。“符号因为要携带意义，迫使接受者对物的感知‘片面化’，使感知成为意义的‘简写式’承载”[1]。海报就是以如此隐蔽的方式、高度凝练的内容和含蓄的画面语言引导受众在潜移默化间接受传播者的政治意图，获得超越审美之外的政治认知。

（三）采用残缺版图隐喻政治生态

BBC制作的《驾车看中国 第一季》（2012）海报正中打底的中国版图缺少了台湾部分。引用残缺的中国版图是BBC以往纪录片惯用的伎俩。《发现中国美食之旅：成都篇》（BBC，2012）中缺少了浙江部分；《重返湖北》（BBC，2021）中藏南地区、钓鱼岛、赤尾屿、南海诸岛和台湾岛通通没有；另外还有一些版图虽标注了台湾部分，却和中国版图其他地区使用不同颜色以浑水摸鱼。例如《中国人要来了》（BBC，2011）和《中国的秘密》（BBC，2015），以及韩国拍摄的《超级中国》（KBS，2015）几部纪录片的海报都对中国版图上的关键位置进行了模糊处理。

虽然“丝路”是大家普遍关注的母题，但由于政治立场的差异，导致各国拍摄的丝路题材纪录片导演视角、关注对象、叙事手法和价值观念都有巨大差异，对于中国在丝绸之路中所扮演的角色也评价不易，褒贬均有。所以从海报的设计理念中可以看出，其中使用的元素不只是对影片内容的凝练，也不仅是对丝绸之路的简单介绍，更是借助不同的视觉元素与政治隐喻来建构符合宣传者意图的中国形象。如果说，“20世纪‘冷战’结束以前，东西方政治社会格局主要体现在军事霸权、经济霸权与文化霸权的对抗与确立上。”[2]，那么，到如今的新媒体时代，正如萨义德（Edward Said）所说：“20世纪末，新电子技术对独立的威胁可能大于殖民主义本身……新媒体比所有过去的西方技术都表现出更大的渗入‘目标’文化的能力。其结果可以是巨大的混乱和近日发展中的社会矛盾的激化。”[3]随着全球网络资本主义的形成，西方国家的媒介集团进一步拓展全球文化传播规模。经济与文化联合打造的视觉工业使图像传媒成为全球政治、文化、经济交流的重要渠道，也使图像霸权成为当代跨国文化交流中的突出问题。西方强势文化在以经济为主导的跨国文化交流活动中占据先导地位，得以在全球文化等级的排序中获得舆论宣传的优先权，借文化交流途径使复杂的意识形态之争借视觉文化的对抗而呈现。近年来，随着中国提出“一带一路”与“人类命运共同体”等倡议，西方媒介迅速调整其意识形态的渗透方式，利用国际话语权优势和社会制度的刻板偏见，在丝路题材的纪录片当中不乏打着“真实”旗帜而聚焦“中国经济威胁论”，“中国生态威胁论”“中国文明威胁论”等敌对话语的出现。同时，为打造抑华的政治格局，在海报设计上堂而皇之地使用残缺版图妄图篡改历史，这些敏感问题可以迅速形成争议性话题，并成为当代视觉文化跨国传播的争论场域，由此验证萨义德所说的视觉传播具有更强的文化渗透力，并将激化社会矛盾。因此，在后全球化时代，中国应当时刻警惕跨文化传播的隐形霸权影响，抵御文化帝国主义的冲击。随着中国经济的进步和自我意识的觉醒，中国在尝试重构国际传播体系的过程中应注意当代视觉文化传播存在挪用、拼贴、隐喻和意义再阐释等独特的文化语境与潜在的话语空间。在复杂的全球视觉文化传播格局和

1 赵毅衡：《符号学》，南京大学出版社，2011，第23页。

2 〔法〕阿芒·马特拉：《世界传播与文化霸权：思想与战略的历史》，陈卫星译，中央编译出版社，2001，第85-86页。

3 〔美〕爱德华·W-萨义德：《文化与帝国主义》，李琨译，生活·读书·新知三联书店，2003，第416页。

中国和平崛起的语境下，如何促进中国视觉文化生态的发展进而对西方强势文化进行逆传播，将是中国文化走向全球的关键基础，而伴随“一带一路”所展开的文化开放与多元化格局，将为中国文化的全球传播奠定广阔的空间。

三、结语

海报作为一种直观的视觉形象，能够在不知不觉中传递信息灌输理念。暗淡的背景、阴沉的光线、冲突的配色、扭曲的版图、特定的视角、象征的元素、刻意的场景、偏见的形象，哪怕每一个元素都是所谓客观真实的再现，当它们被别有用心地组合在一起，也会形成断章取义的刻意表述，恰好符合了部分西方观众心理预期的刻板印象，而再次描黑了原本的真相。所以我们需要意识到信息时代图像霸权在文化、新闻、政治传播中的有利地位，及时辨析图像背后所隐藏的文化霸权意图，利用图像的传播属性在国际范围内构建自身的话语权与文化输出体系。

参考文献

[1] 爱德华·赫尔曼，罗伯特·麦克切斯尼. 全球媒体：全球资本主义的新传教士 [M]. 甄春亮，等译. 天津：天津人民出版社，2001.

[2] 爱德华· W-萨义德. 文化与帝国主义 [M]. 李琨，译. 北京：生活·读书·新知三联书店，2003.

[3] 束定芳. 隐喻学研究 [M]. 上海：上海外语教育出版社，2000.

[4] 王亦高，潘俊鑫. 浅谈媒介、文化与现代性的复杂关系——再议汤林森《文化帝国主义》一书 [J]. 东南传播，2018：52-55.

[5] 姜飞. 跨文化传播研究的思想地图与中国国际传播规划的转向 [J]，暨南学报（哲学社会科学版），2016：83-95.

[6] 李怀亮. “后全球化时代”的国际文化传播 [J]. 现代传播，2017：13-17.

【作者简介】

韩薇，西安电子科技大学讲师，兰州大学文学院博士生，主要从事影视美学，传媒理论研究。已发表论文《丝路影像的审美共同体建构》《印度电影“贫民窟”之“赋比兴”演绎》等，主持2023年度陕西省社科基金青年专项。

【基金项目】

“一带一路”视域下丝路题材纪录片研究（项目号：2023QN0049）；2021年度西安市社科基金项目：“一带一路”纪录片对西安建设国家级中心城市的动能开发（项目号：YS19）。

论丝路审美共通感的跨文化历史生成

李明辉

【摘　要】丝路审美文化互通的问题可以高度精炼为丝路审美"共通感"的问题。康德采用"去质存形"的形式主义方式把"共通感"论证为审美对象合乎审美主体的心智比例。伽达默尔补充了"共通感"的历史文化生成维度，但"美学并入阐释学"带来了审美判断相对主义的风险。哈贝马斯与阿佩尔采用话语分析方法批判"前见"的意识形态特征。作为"活态知识"的"共通感"与把握"活态文化"的"感觉结构"建立关联，"感觉结构"对"共通感"概念进行补充论证，成为把握丝路审美文化横向交往与审美共通的有力工具。

【关键词】审美共通感；跨文化；情感结构；横向交往

在面对丝路沿线文化相遇的诸多复杂文艺审美现象时，审美意义"同"与"通"的疑难成为核心问题。理论层面上的审美"共通感"能够高度精炼这一问题。当今，丝路审美文化已然是一种生活方式，衣食住行方方面面都体现出丝路审美交往的历史事实。物的表征意义的增衍与脱落、人作为主体在全球范围内的流动，语言、传统、习惯、风俗的熔铸再生以及对社会现实关系的回应与建构，都体现出"日常世界主义"[1]的特征。这一现实要求不断地活化着"共通感"在丝路审美文化实践问题中的潜能，既要在审美通变中避免不可知论与相对主义疑难，还要避免脱离具体实际内容的康德式的形式主义，"同""通"的内在结构需要学理地澄清。伽达默尔论证了"共通感"历史教化的生成维度，并且在"实践智慧"问题上接通了"情感结构"概念，为"共通感"提供了一条跨文化历史生成的理论进路。

一、共通感的现代性转化

全球化时代，跨文化成为一种生活方式，研究跨文化的意义生产活动及其机制是一项重要的解释学任务。主体与文化处于一种"阐连"（articulation）关系当中。作为主体的人不仅在某种文化之

1 凯特·富兰克林(Kate Franklin)在其2021年发表的著作《日常世界主义：在中世纪的亚美尼亚体验丝绸之路》(*Everyday Cosmopolitanisms: Living the Silk Road in Medieval Armenia*)一书中使用了"Everyday Cosmopolitanisms"这个概念来描述丝绸之路的世界主义特征。

中，汲养于特定语言、传统、风俗意义的滋润，而且也在不断的交往互动中影响文化本身的构成。阐连概念涉及文化的意义流通与熔铸生成，是对文化间交往关系与意义生产机制的“深描”武器之一。在主体层面，阐连概念侧重于表达，在意义层面，阐连概念关涉一种临时性的具有稳定性的联结结构[1]，人在这张意义之网上理解自身与世界。审美互通在这个层面上其实就是审美意义的相互理解，美学的“共通感”概念家族则成为解决这个问题的有效资源，“共通感”的前世今生，以及在经历现代性转化之后的利弊得失需要通过比较分析而被重新改造。

根据伽达默尔对“共通感”思想的梳理，“共通感”概念经历了一个从“具体生活”到抽象概念的历史演变过程，指涉前现代“共同体”的具体存在感抽象为审美形式的共通感。在维柯的指认中，共通感是通过生活的共同性而获得的一种对于合理事物和公共福利的感觉。源自共同的生活实践并且在共同体内部形成一种普遍的感知能力，感知的对象则是共同体对“合理事物”以及维护共同体持续存在的“公共福利”。共通感在这个意义上可以看作一种“民心”的感知判断，集中体现出共同体内部集体的感觉以及集体的共识，并且来自对生活实践的切身体会。“共通感”在维柯的问题语境中承担着为非科学的“知识”立法的重任，将目光投向古希腊罗马的修辞术，想要从“雄辩”[2]与真理的古代遗产中反驳“我思”作为第一性地基的哲学知识论。阿伦特将其概括为反对笛卡尔“内省”造成的“共通感”的缺失的一种努力。[3] 人的行为受实践智慧与理论知识的影响。人居于具体的、偶然性的情境所做出的判断常常呈现出实践智慧，经验性的识别能力与具体的实践生活相关，并非“熟读天下书就能做尽天下事”。维柯提倡共通感的目的就在于为人文科学寻找非科学方法论的依据。理论知识经过对具体对象与问题的抽象化，达成一种较为稳定的、具有普遍性的认识，往往是一种用规则来指导实践的形态。实践智慧与理论知识的二分疑难以及可能偏激一方的问题需要解决，特别是要为从特殊性出发寻找一种普遍性的论题需要新的论证与支撑。

康德的鉴赏判断则是这种反思性判断的代表。共通感与反思性判断的深刻关联在康德的论证路径中有两种理解方式：一种是康德从知识的普遍可传达性推论出一种“共同情感”；另一种是启蒙的形式主义思路，用普通人类知性来解释鉴赏力批判。

在《判断力批判》的第21节：知识必须具有可被普遍传达的品性。怀疑论深陷联想修辞的泥沼，因果律被解构为主观游戏。康德极力证明的核心在于主体是知识奠基之处，对主体知性能力的分析则成为知识可普遍传达的原则：经由五官感知的对象，在想象力的作用下呈现为感性材料，继而想象力对时间予以均匀切割，借助于“图式”的中介作用，知性把杂多感性材料统一于概念。在这一过程中，表象与诸认知能力相称的那个状态，也即表象合乎知性能力自由嬉戏的那个比例也是普遍可传达的。“诸认识能力的这种相称根据被给予的客体的不同而有不同的比例”，而为了激活这种相称，需要情感的规定，情感的这种普遍可传达性又以一个预设的共通感为前提[4]。

可见，知识的普遍传达当中也存在一种情感的普遍可传达性，这种情感在康德看来是一种智性

---

1 张进：《活态文化与物性的诗学》，人民出版社，2014，第59-60页。

2 维柯旨在返回古罗马作家理解的“共通感”概念，坚持自身政治和社会生活传统的价值和意义，呼喊“共通感”的具体的社会历史之维。伽达默尔支持维柯返回人文主义传统以反对“共通感”概念的抽象化倾向，也支持沙夫茨伯里将“共通感”与人文主义的政治-传统相联系。他将“共通感”指认为不是某种“共同的”东西，而是所有人都有足够的“共通感觉”，于此指望表现出“共同的意向”，也即公民道德的团结一致以及对共同利益的关系。并且，“共通感”处在历史辩证之中，在教化的“偏离”和“复归”的辩证过程当中培养“共通感”，洪汉鼎概括为“教化实际上就是一种普遍的共同的感觉，教化的过程就是对共通感的培养和造就”。详见伽达默尔《真理与方法》，洪汉鼎译，上海译文出版社，2004，第26页。

3 汉娜·阿伦特：《人的境况》，王寅丽译，上海人民出版社，2009，第222-226页。

4 康德：《判断力批判》，邓晓芒译，人民出版社，2017，第58页。

的情感或智性的愉悦。客体能够客观地合乎主体的知性能力，达到一种“客观合目的性”的状态，知性活动中本身就有情感因素。延续这种思路，康德在《判断力批判》第22节讨论鉴赏判断的愉悦，“宣称某物为美的一切判断中，我们不允许任何人有别的意见”，判断建立在共同的情感之上，而非概念或私人情感[1]。

鉴赏判断的反思性特征及其愉悦与知识的规定性判断及其情感不同，这也是康德美学的革命之处以及形式主义的理解得以可能的地方。鉴赏判断反思到的是不关乎对象存有的知性能力的自由游戏，这种愉悦感是一种“主观”合乎主体知性能力的目的性，反思到的是主体表象能力。“我们把在表象状态中作为质料，也就是感觉的东西尽可能地去掉，而只注意自己的表象或自己的表象状态的形式的特性。”[2]去质存形得以可能在于人类知性能力本身的准则之中：从摆脱迷信而勇敢地使用自己的理性的“自己思维”，到站在普遍的立场而具有的“扩展性思维”方式，再到结合前两者而回返自身而完成“自我同一性”要求的“一贯的思维”。扩展性思维方式是判断力的准则，在这个意义上，康德才说鉴赏有更多的权利被称为共通感，也即“普通知性拥有扩展性的思维方式和一种对于可传达的表象的感受性。”[3]

“共通感”服务的论证环节是“模态契机”。模态契机处理或然性、现实性、必然性的关系。康德认为，判断的内容关涉“量”“质”“关系”契机，而模态契机“对判断的内容毫无贡献，而只是关涉到系词在与一般思维相关时的值”[4]，意味着模态契机并不服务于所给予表象规定性的说明任务，而是旨在说明该表象与人的知性的关系。模态契机分析鉴赏判断的必然性维度，共通感作为共同情感的规定被先验地设定，综合地回答了审美判断得以可能的问题。

然而，“共通感”在《判断力批判》中却也有模糊之处，有些地方语焉不详。康德自己也承认解决审美判断的问题自己做了让步，“然而我希望，即使在这里，解决一个如此纠缠着自然的问题的这种巨大困难，可以用来为我在解决这问题时有些不能完全避免的模糊性做出辩解”。[5]根据盖伊和阿里森的研究，康德“共通感”概念有三种不同理解向度。[6]在《判断力批判》第21节，共通感通过知识的可传达性论证而被预设出来，这种逻辑的共通感与审美共通感既有联系也有区别，不过为了寻找二者都有的情感“共性”，康德还是选择从知识角度论证共通感。共通感此处被理解为一种先验原则或设定，是一种理念的定位，超越于知性又指导知性。[7]在第20节，共通感又可以是一种感觉，即愉悦感。“即有一个共通感（但我们不是把它理解为外部感觉。而是理解为处在我们认识能力自由游戏的结果）”[8]。知性能力的自由游戏产生了一种感觉，这种愉悦感被指认为共通感。在第41节，共通感既非先天原则也非一种感觉，而是一种官能（faculty）、一种评判能力。[9]在第四契机的结尾部

1 康德：《判断力批判》，邓晓芒译，人民出版社，2017，第59页。

2 康德：《判断力批判》，邓晓芒译，人民出版社，2017，第104页。

3 周黄正蜜：《康德共通感问题研究》，商务印书馆，2018，第37页。

4 康德：《纯粹理性批判》，邓晓芒译，人民出版社，2004，第68页。

5 康德：《判断力批判》，邓晓芒译，人民出版社，2017，序言第3页。

6 Paul Guyer, *Kant and the Claims of Taste* (New York: Cambridge University Press, 1997), p. 249.

7 Henry E. Allison, Kant's Theory of Taste: A Reading of the Critique of Aesthetic Judgement (NewYork: Cambridge University Press, 2001), p. 153.

8 康德：《判断力批判》，邓晓芒译，人民出版社，2017，第58页。

9 维尔纳·普鲁哈尔翻译的《判断力批判》英译本在第40节第二段使用“power”，详见 Immanuel Kant, *Critique of Judgment*, trans.by Werner S.Pluhar (Indiana: Hacket Publishing Company, 1987), p.160. 詹姆斯格瑞德的英译本使用的是“faculty”概念。详见 Immanuel Kant, *Critique of Judgment*, trans.by James Creed Meredith (New York: Oxford University Press, 2007), p. 123.

分，康德用一个选择性问句来表达他对共通感的理解，可以分为两种方式：一是将共通感看作经验之可能性的构成性原则；二是将其看作更高的理性之下的调节性原则。周黄正蜜接续康德的思考，认为共通感在情感是否愉快这一问题上是建构性的，而在鉴赏判断的普遍性要求方面则是调节性的。换言之，共通感在主体内是建构性的，在主体间则是调节性的。[1]

二、"活态知识"：共通感与"感觉结构"的联结

伽达默尔在利用"共通感"概念时，利用的是古希腊对实践智慧与理论知识的原初二分法，以反驳这种二分法并从实践智慧当中提取出精神科学的立法基础。他认可维柯"生活的共同性"造就"共通感"，这种感性不是一个原则的问题或任何概念性的争论，而是属于智慧、细微差别的领域，需要不断地适应和开放任务，共通感是一种活态知识（living knowledge）。[2]活态知识是活态文化的典型，诉诸直接性、实践性以及现实行动。在英文语境中，活态文化有"living culture"与"lived culture"。[3]丹尼斯·施密特（Dennis J. Schmidt）在指认"共通感"是活态知识时使用"living"，而在威廉斯的文化研究中，活态文化是"lived culture"。共通感被当作一种活态知识，基于实践与前反思与前概念，对应的正是活态文化的相关研究，其中处理文化共同体内部以及共同体外部之间的"感觉结构"概念与"共通感"在此处得以联结，可以被利用为跨文化的丝路审美互通的解释工具。

威廉斯的"感觉结构"概念是指某一时期某一特定文化共同体内部，人们相互理解与交往沟通得以可能的经验结构，以非范畴化或概念化而被把握，并且文学和艺术是把握这种结构的首选。这种结构被看作经验领域内的一种"文化假设"[4]，在历时角度上处理文化间关系，是分析特定时期特定共同体情感相通的轴心理论武器。时间线索内部的文化共同体有两个层面：过去的文化与当下实践中涌动的文化。二者在文化继承与断裂的角度上是一种"选择"与"被选择"的关系。"感觉结构"所要捕捉的正是为特定群体在特定时空中日常体验的文化，这种活的（lived）文化或实践被称为活态文化（lived culture[5]）。

"感觉结构"基于历史传统的连续性，以文化社会学的视野分析经验结构的相互关系。威廉斯例举维多利亚时代的现实主义文学对社会不合理现象的揭露，艺术性的手法表达出当时人的普遍生活状况，人们体验到的恐惧和羞耻以"感觉"的方式影响人们对世界的认知，而这种集体性的"感觉"经过后期的概念化和理论化的表达，取代了前期的感觉性的表达。其中的机制并非文学反映论的机械模式，而是以一种"中介"的关系影响现实社会关系的重新构造，社会经验结构也被重新编码，文学艺术的物质性能量就体现于此。其间的机制是创造一种新的"语义形象"。文学艺术作品的"语义形象"扮演一种中介的构型功能，之于作家和读者，是对特殊性感觉的申认；之于当时的社会惯例和形式，是一种艺术化的例证。这种看法出自对文化研究核心问题的推论。"规划"与"构成"的联通问题，表现为拒绝给予艺术优先权，避免走向完全的艺术自律甚至"为艺术而艺术"，防止脱离社会生产的倾向；也表现为拒绝给予社会优先权，有可能走向"经济决定论"的机械论证，忽视审美艺术的中介作用而参与社会现实关系的建设与重构。[6]审美艺术的"中介"位置兼具社会性内容和

1 周黄正蜜：《康德共通感问题研究》，商务印书馆，2018，第117页。

2 Theodore George, Gert-Jan van der Heiden, *The Gadamerian Mind* (London and New York: Routledge, 2022), p. 43.

3 张进：《活态文化与物性的诗学》，人民出版社，2014，第22页。

4 威廉斯：《马克思主义与文学》，王尔勃等译，河南大学出版社，2008，第142页。

5 斯道雷：《文化理论与大众文化导论》，常江译，北京大学出版社，2010，第2页。

6 威廉斯：《现代主义的政治》，阎嘉译，商务印书馆，2002，第215-216页。

个人的审美情感，感觉结构既是对社会结构的一种确证，也是对前概念化的经验内容的表达，是特定时期内文化共同体成员在审美艺术上得以相互理解和交往沟通的深层次原因。

“感觉结构”与实践智慧相关，在这个意义上能够联通反思性的审美判断。与已经沉淀出来的，已经是可见性的，并且是形式化的社会意义构型相区别的，流动溶解中的社会经验就是感觉结构。“这是一种现时在场的，处于活跃着的、正相互关联着的连续性之中的实践意识”。[1]个人在具体情境中对现实生活的情况的判断体现为实践智慧，这种智慧自亚里士多德传统以来被提炼为“从特殊到普遍”的学理问题。“感觉结构”是经验的个人性和社会性的双重表达，其中核心的矛盾是社会结构与主观感受之间的矛盾。在美学领域，对应着反思性的审美判断。缘情于审美对象，发起于主体的主观愉悦，却要完成判断的普遍性，凭借于什么以及如何。康德“共通感”的先验性方式，脱去社会历史内容而在单一理性主体内解决主体间的问题。而“感觉结构”本身就针对特定的活态文化，作为一种内在肌理的情感相通的结构而为特定时代特定共同体成员所拥有。这种来源于反思性判断的实践意识，以一种非概念化的方式达到情感的共通与艺术形象的共通理解。

实践意识鲜活地存在于日常生活之中，它处在“解释”与“经验”的张力关系之中。解释得以凭借的依据与理由已经是明确概念意识化的产物，这些产物往往与凝固不变的形式和单位紧密相连。经验则一直处在生成与流变之中，经验的主观性、偶然性以及迷惑性等早已为柏拉图所论证过，理性的稳定的逻各斯形成的知识才不会被当为“意见”。变易、偶然、流动与稳定、必然、僵化的对抗在人的身上体现出的紧张感、压力、摩擦感以及不适感，等等，都是这个张力关系的表征。实践意识在“从特殊到普遍”的反思性判断过程中，经历如此这般的考量，并且能够在前于理性统一的情况下，制造一种相通的团结感，区别于理性契约或重叠共识建立的共同体，更加倾向于一种滕尼斯意义上的关联情感纽带的共同体。

“感觉结构”用“结构”一词当作构成部分，并不是结构主义的理解方式。寻找一劳永逸的稳定不流通的结构，以消除主体在结构中的影响为代价。也不是后结构主义那般警惕整体性和总体性叙事，重视碎片化、差异化的先在与优先。

感觉结构在文化共同体内部的变化肇始于与社会结构的互动关系，威廉斯极力论证的核心要点在于“文化”具有唯物主义的性质，能够影响社会进程和共同体成员的心理结构。感觉结构的变化体现在感知到社会中一些新兴性的或预兴性的东西，这些东西还没有被分类和定义以及概念合理化。这些事物被特定共同体感知到而影响共同体的物质实践活动，因为一旦对这些感知上的“新事物”进行理解或范畴化，就会牵动现有的社会结构，而现有的社会结构之间的关系变化又催生着新事物。“感觉结构”与社会结构处于有机的互动影响关系之中，前者是透视后者的窗口，后者也是前者生成的土壤。

威廉斯所创制的“感觉结构”分析方法在跨文化语境下需要进一步改造，在威廉斯文化研究的意义上跨文化交往如何可能则变为关键议题[2]。感觉结构把握的是活态文化，注重历时性角度上“过去”与“现在”的区分与联系，感觉结构可以说是在历史性的文化共同体内部的理解结构。在跨文化的背景下，包含物质、风俗、习惯等在内的生活方式的跨域与交往，“感觉结构”需要关照空间上的相互遭遇的文化之间所形成的“新事物”，从文化共同体内部向外审视而达成文化间大循环的目的。此外，“感觉结构”的感受主体在跨文化的视域下也不一样。威廉斯强调日常生活的男男女女，

---

1 威廉斯:《马克思主义与文学》,王尔勃等译,河南大学出版社,2008,第141页。

2 Christina Bratt Paulston, Scott F. Kiesling, and Elizabeth S. Rangel, *The Handbook of Intercultural Discourse and Communication* (Oxford: Blackwell Publishing Ltd, 2012), p. 4.

特别是工人阶级[1]是活态文化的持有者，感觉结构在他们之间意味着理解与情感的互通。文化间的交往非常复杂，文化共同体内部的主体需要扩展至横向的文化共同体之间的主体。威廉斯批评利维斯所理解的精英化以及文化区隔功能仍然有效，不过扩展至横向的文化交往则又出新貌。

三、结语

围绕在审美共通感概念周边的丝路审美文化互通问题是一个"元"问题，对这个问题的界定、分析与阐释呈现出不同的方法路径。以伽达默尔为代表的阐释学对"共通感"概念的改造提供了"共通感"历史文化生成的重要向度，以威廉斯为代表的文化唯物主义研究对"实践知识"的强调提供了"共通感"与社会结构相关联的重要向度。此外，以朗西埃为代表的"歧感共同体"提供了一种思考"歧感"与"共通感"的理论方案，偏于智识阶序的纵向结构的"歧感"需要在丝路审美文化互通的论证中转变为"横向熔铸"的共通感。这些理论概念与向度在不断丰富"共通感"内涵的同时也被转化为理解丝路审美共通感的理论资源，同时作为基础概念为丝路审美共同体的建构提供关键依据。

参考文献

[1] 阿佩尔. 哲学的改造 [M]. 孙周兴，等译. 上海：上海译文出版社，2005.

[2] 狄尔泰. 历史理性批判手稿 [M]. 陈锋，译. 上海：上海译文出版社，2012.

[3] 约斯·德·穆尔. 有限性的悲剧 [M]. 吕和应，译. 上海：上海三联书店，2016.

[4] 哈贝马斯. 后形而上学思想 [M]. 曹卫东，等译. 南京：译林出版社，2012.

[5] 哈贝马斯. 认识与兴趣 [M]. 郭官义，等译. 上海：学林出版社，1999.

[6] 潘德荣. 西方诠释学史 [M]. 北京：北京大学出版社，2013.

[7] 阿佩尔. 哲学的改造 [M]. 孙周兴，等译. 上海：上海译文出版社，2005.

[8] 托多罗夫. 共同的生活 [M]. 林泉喜，译. 上海：华东师范大学出版社，2017.

[9] 西塞罗. 论演说家 [M]. 王焕生，译. 北京：中国政法大学出版社，2003.

[10] 怀特海. 自然的概念 [M]. 张桂权，译. 北京：中国城市出版社，2001.

[11] 维科. 新科学 [M]. 朱光潜，译. 北京：人民文学出版社，1986 .

[12] 康德. 判断力批判 [M]. 邓晓芒，译. 北京：人民出版社，2017.

[13] 周黄正蜜. 康德共通感问题研究 [M]. 北京：商务印书馆，2018.

[14] 威廉斯. 马克思主义与文学 [M]. 王尔勃，等译. 郑州：河南大学出版社，2008.

[15] 威廉斯.《现代主义的政治》[M]. 阎嘉，译. 北京：商务印书馆，2002.

[16] 威廉斯.《文化与社会》[M]. 高晓玲，译. 长春：吉林出版集团有限责任公司，2011.

[17] 威廉斯.《漫长的革命》[M]. 倪伟译，上海：上海人民出版社，2013.

[18] DIETER, HENRICH. Aesthetic Judgment and the Moral Image of the World: Studies in Kant [M]. Stanford: Stanford University Press, 1992.

[19] CHARLTON PAYNE, Lucas Thorpe. Kant and the Concept of Community [M]. New York: University of Rochester Press, 2011.

[20] JÜRGEN HABERMAS. The Theory of Communicative Action. Volume 1. Reason and the Rationalization of Society [M]. Trans by Thomas McCarthy. Boston: Beacon Press, 1984.

[21] THEODORE GEORGE, GERT-JAN VAN DER HEIDEN. The Gadamerian Mind [M]. London and

1 汪明安：《文化研究关键词》，江苏人民出版社，2007，第244页。

New York: Routledge, 2022.

[22] CHRISTINA BRATT PAULSTON, SCOTT F. KIESLING, ELIZABETH S. RANGEL. The Handbook of Intercultural Discourse and Communication [M]. Oxford: Blackwell Publishing Ltd, 2012.

【作者简介】

李明辉，兰州大学文学院在读博士研究生，文艺美学研究方向。已发表论文《文学的融通与熔铸：文学研究的新范式》以及《〈世界主义：观念的使用〉：丝路审美文化研究的新视野》等。

论方东美生命美学的时空之思

刘 畅

【摘 要】时空之思是方东美生命美学思想的核心。在中西比较的视域下，他以时空为基点，重释中国哲学和艺术。时间川流不息，催发生命的流动与创进（creative advance）；空间冲虚中和，衍生心灵化的艺术空间；时空的美学价值统汇于美善交融的艺术之境。由时间与空间的统合一体，方东美发掘了中国现代美学的生命意识，建构了中国现代生命美学体系。

【关键词】方东美；时间；空间；生命；艺术

中国现代美学的建构进程由王国维开启，梁启超、蔡元培等先哲筚路蓝缕，至20世纪30年代蔚为大观。其中，时间和空间作为奠基性的哲学概念和基本动力贯穿中国现代美学的建构。方东美的美学体系独树一帜，时空是其核心概念，通过时空之思，他构建了独特的美学体系。现有研究成果或分析方东美对中国、古希腊和近代西欧不同时空观的比较，或追溯方东美时空观的儒道释来源。总体来看，都将时间、空间作为方东美美学体系中的普通范畴，而忽略了方东美时空观的哲学渊源，对方东美的美学思想中时间与空间的复杂关系、多重层次及其推动中国现代美学建构的独特贡献等问题，仍未深入探讨。这正是本文的出发点。

一、方东美时空观核心特质的西方哲学渊源

方东美借助西方哲学资源重释中国哲学和艺术，意在撷取中西文化的精华，创构理想的生命精神。在阐释时空观念时，方东美受柏格森（Henri Bergson）生命哲学和怀特海（Alfred North Whitehead）机体主义哲学影响尤深，他创造性地吸纳了柏格森与怀特海关于宇宙、生命、价值等问题的思考。柏格森和怀特海共同指认了时空与生命的和谐统一、流动创进（creative advance）之态，这构成了方东美时空观核心特质的西方哲学来源。在《中国人生哲学》中，他鲜明地指出柏格森和怀特海的时空观与中国文化异曲同工："在有些地方，我还有意地选用了一些句子，近似柏格森、摩根与怀特海的用语，因为如果他们更进一步接触中国文明，将会发现他们对于宇宙的盎然生意，实有相同的见解。"[1] 正是在引用并改造二人哲学概念的基础上，方东美生成了以机体主义为思维模式、以

1 方东美:《中国人生哲学》,中华书局,2012,第81页。

生命为本体、以时空为架构、以价值为旨归的生命美学，进而对中国哲学的精神特质进行了现代转换。

柏格森认为生命的本质是时间性的，时间的状态是绵延的。我们的意识状态相互渗透、不断流动，每一瞬间并无分割，而是构成了有机统一的整体，这样的状态就是绵延。"呈现在我们意识中的绵延与运动，其真正本质在于他们总在川流不息。"[1] 意识状态具有多样性，它们持续变化、永不重复。因此，绵延的时间具有动力的特征，不断向前，使我们在生命活动中获得自由。"过去的时间迎割现在，现在的流光飞刺将来。所谓迎割与飞刺都是表显不断的创造、活现的自由。宇宙'真相纯是不息的生长、无已的创造'。"[2] 柏格森的绵延观可以说是方东美时间观念的核心来源，时间之流淌指引了生命的行进。

方东美对生命与时间的贯通的论说，受启发于柏格森的绵延时间观。柏格森区分时间为日常意义的科学时间和绵延的真实时间，后者是生命的本质，不可分割，不可量化。方东美由此阐发了生命与时空的互联状态。"博格森（柏格森，Bergson）常把生命譬作雪球，不断地向前飞滚，加添它的容量，增进它的动力。生命乃是一种持续的创造，拓展的动作。"[3] 方东美认为，柏格森的生命观是生命和时空共同创进、行进不止的历程。同时，方东美反思柏格森只注重时间的心灵向度的缺陷，摒弃了柏格森外在物质和内在精神的对立，以时间统合物质与精神，将绵延观中的流动与创进特质改造为时间的基底。

在描述时空整体特质时，方东美则受到怀特海机体主义哲学的影响。"形而上学范畴不是对显而易见的东西所作的独断性陈述，而是对各种终极性的普遍原理所作的试探性的系统陈述。"[4] 怀特海采用形而上学的思考方式，把宇宙看作一个有机互联的整体。他认为，物质科学往往只重视宇宙静态的构造而忽略动态的发展，故而将宇宙的演化视为缺乏创进的过程。宇宙中的物质运动虽然遵循抽象的数理定律，却也充溢着个性精神，呈现着个体与环境的互相适应。因此，怀特海把物质与精神视为有机统一的整体，它们的运动构成了一个永不停息的创进过程。

方东美把时空视为和谐的整体："宇宙本身无处不表露新奇的事实，我们如借用怀德海的妙语，便可以说伟大的自然就是一个'创进'……大自然乃是时空和合的，创进无穷的变异。同理，人生之实质是突进的，意志随时随地表显飞扬的活动、自由的创造。"[5] 他将时空的运动描述为一个创进流变的过程，在时空中安身立命的生命本质也是充满动力、自由飞扬的。故而，方东美也就在怀特海机体主义哲学的基础上，将时空和生命统摄为和谐互通的存在状态，时空的本质是流动创进的，生命的实相亦是在创进中获得舒展和自由，这便是一种价值境界。

在综合柏格森与怀特海哲学的基础上，方东美将儒、道、释作为中国哲学的有机系统，从精神维度开掘和发现宇宙生命的美善之境。时空是其分析哲学和艺术的内部规律、勾画民族生命情调、定位人生价值的重要工具。

二、时间动力学与普遍生命流行的境界

"天地四方曰'宇'，往古来今曰'宙'。"[6]方东美也以宇宙描述时空，他的宇宙观即是时空观。他认为空间和时间并非仅仅是机械物体存在的场合："物质表现精神的意义，精神灌注物质的核心，

1 〔法〕柏格森:《时间与自由意志》,吴士栋译,商务印书馆,1958,第89页。

2 方东美:《科学哲学与人生》,中华书局,2013,第144页。

3 方东美:《科学哲学与人生》,中华书局,2013,第141页。

4 〔英〕怀特海:《过程与实在》,杨富斌译,中国城市出版社,2003,第13页。

5 方东美:《科学哲学与人生》,中华书局,2013,第132页。

6 尸佼:《尸子译注》,汪继培辑,朱海雷撰,上海古籍出版社,2006,第47页。

精神与物质合在一起，如水乳交融，共同维持宇宙和人类的生命。”[1] 方东美认为，宇宙同时包含着物质与精神，时空是物质与精神浩然同流的境界。方东美尤其看重时空与生命的互联状态以及时空的动力特质。他提出了“普遍生命”这一涵摄天人、物我的本体性概念，将时空的性质落脚于生命。在“普遍生命”这一本体概念的基础上，时空处在不断的流动和创进过程中，从而推动生命包孕着活力与希望。时空之所以是普遍生命的变化流行，是因为流动的时间在推动。时间引领着空间，时空才彰显出普遍生命的创进特质，这就是“时间动力学”。在《中国形上学之宇宙与个人》中，他集中阐发说：“盖时间之为物，语其本质，则在于变易；语其法式，则后先递承、赓续不绝；语其效能，则绵延不尽，垂诸久远而蕲向无穷。”[2]时间本身是一个动力系统，没有边界，永远指向无穷无尽、永不停息的未来，时间的本质在于变化更新，其基本法是绵延。

以时间动力系统为基点，方东美对儒、道、释的精神特质进行现代转换。他认为，原始儒家是尚时的“时际人”，原始道家是尚虚的“太空人”，佛家则是“兼时、空而并遣”，即交替忘怀的时空人。原始儒家以时间观念为其思想底色，他们透视时间的流动过程而洞察人生的真相和世界的真理，时间也使得一切价值在创进，因此，从孔子、孟子到荀子都可以称之为“时际人”。正是因为把握了时间的秘密，儒家的精神才能够得以持存，这使得儒家注重发展的持续性和创造性。儒家思想的精义在于《周易》，其中包孕着最为原初与扼要的时间观念。方东美认为《周易》囊括天、地和人运行的基本法则，《周易》的卦爻辞揭示了时间之变，时间的本质就在于通变，而这正构造了普遍生命生生不息的特质。

更进一步，方东美创造性地提出时间是回旋的进程，不是线性的结构，它吐故纳新、绵延赓续，因而普遍生命能够在动态的过程中不断积累和创造，而时间也成为方东美时空系统中的动力和先导。他比较中国、古希腊和近代西欧三种文化形态，凸显了时间的先导作用。

他认为希腊人的宇宙观是物格化的，即想象宇宙为实体，上下四方，空间有限，时间永恒。方东美提出希腊人把时间化为空间的体系，以空间化的现在统摄过去、现在和未来，一切都化为空间的影像，这使得希腊空间观念先行，时间意识淡薄，时空的焦点在于当下，而不能承载化育、创进之效。方东美将近代西欧的时空观描述为一种机械的感知模式，对于宇宙的求索盖过了对人性与价值的追寻。时空的无限与抽象使人错失了生命的安顿感，导致人的价值失落。这种机械的时空观带来了灵肉二分的矛盾，方东美认为，这也正是近代西欧文化的缺陷。

通过对比三种文化传统中的时空观，方东美突出了中国时空观之特色与优势。在他看来，古希腊和近代西欧的时空观都以空间为先导，而了解时间之重要恰恰是智慧之门。他批判西方传统由于忽视时间之重要性而造成的生命缺憾。时间和空间在西方文化中是机械的认知对象，但在中国哲学中，时空不是工具，而是参与了普遍生命的流动与创化。

方东美将时空和生命结合在一起的美学创构，是中国现代美学成熟的标志，也是二十世纪三十年代中国美学家们的共同致思路径。与方东美的学术经历和研究志趣相似，宗白华的时空观念也与方东美交相辉映。宗白华用时空连通生命本体，在《形上学——中西哲学之比较》中，宗白华认为《周易》中的卦象代表了中国的形上学之道，革卦“治历明时”，是中国的时间生命之象；鼎卦“正位凝命”，是空间之象。生生之谓易，代表了生命的流动与更新；革去故而鼎取新，蕴含着生命的化育与创进。由此，宗白华就将生命与时空嵌合在一起，并指认了时空的流动与创进特质。进而，宗白华在比较的视域下点明了中国哲学中时空的形态：“中国哲学既非‘几何空间’之哲学，亦非‘纯

1 方东美:《中国人生哲学》,中华书局,2012,第19页。

2 方东美:《生生之德》,中华书局,2013,第241页。

粹时间'(柏格森)之哲学，乃'四时自成岁'之历律哲学也。"[1] 时间和空间不能分而论之，两者合为一体，如同四时之序、四方之律，时空体现着节奏感与生命感。这样，宗白华借助《周易》创立了时空一体、节奏和谐的美学体系。宗白华清晰地描绘了时空的关系与形态："时间的节奏（一岁十二月二十四节）率领着空间方位（东、南、西、北等）以构成我们的宇宙。"[2] 时间率领空间下的时空一体也就成为宗白华美学思想的核心。

方、宗二人皆以生命为美学本体，借助时空描绘生命的活力。他们都摒弃了机械与抽象的时空观，将时空视为生命有机体，突出了时间的作用。只是宗白华鲜明地指认了时间率领空间、时空一体的形态，彰显了生命的节奏与和谐；方东美则落脚于生命的流行与自由，将时空合一之势隐含在艺术和价值的分析之中。他们经由时空之思达成的诸多共识，代表了现代中国美学的最高水平。

三、冲虚中和系统与诗意的心灵空间

方东美把时空视为物质与精神交融的生命系统，物质指向了实在形体，精神指向了虚空之用。因此，他从形体与功用两个层面界定时空。他认为，中国的时空就其形体而言是一种有限的存在。对时间而言，从古至今，按照邵康节的"世、运、会、元"来看，不过数十万年。虽然行至无尽，指向邈远，但终究可以用限度去把握。从空间来看，中国人常用"四野""穹庐""四海""八荒"等具体有形的范围来设想宇宙，可见空间也可以在限度中得以把握。"纵有执著（着）形质者，亦且就其体以寻绎其用"[3]，因而，中国的时空观虽划定了有限的时空，但却表现了无穷的功用。

方东美在时空形体与效用的层面偏重于描述空间，而把时间作为一种动力的先导隐含在空间之中。他认为中国哲人思考空间，从不以物化的机械角度开场，方东美引用老子之言："三十辐共一毂，当其无，有车之用。埏埴以为器，当其无，有器之用。凿户牖以为室，当其无，有室之用。"[4] 他指出空间的形体有限却不受"沾滞"，而是化实为虚，方显其妙用无穷。"得其环中，以应无穷"[5]，这样的空间观圆融贯通，理解、把握和体验宇宙全体，才能持存这种平和畅通之道。这就使得冲虚中和的空间升华为一种文化符号，道家正是此空间观念和文化符号的代表。他称道家为"太空人"，着重发掘道家精神中的空间向度，区别于有形的物质空间，冲虚中和的空间体现为诗意的心灵空间或自由悠然的精神空间："道家游心太虚、骋情入幻；振翮冲霄、横绝苍冥，直造乎'寥天一'之高处，而洒脱太清，洗尽尘凡。"[6] 道家思想中空间的势用表现为精神的自由超脱，摆脱形体的限制，在无尽空间中飞腾自如，进而提升至天人合一的高度。这种空间感不受尘世"沾滞"，超脱于尘世的愚昧、妄念，达至清明圆融、悠然自得的精神境界。由冲虚中和提升至缥缈超脱的空间观成为中国审美经验的基点之一，直接形塑了方东美对中国美学中空间经验的理解。

方东美以文学空间为例对中国人之空间予以阐释。"中国人之空间，意绪之化境也，心情之灵府也，如空中音、相中色、水中月、镜中相，形有尽而意无穷，故论中国人之空间，须于诗意词心中求之，始极其妙。"[7] 方东美认为，中国文学承载了中国人无穷意蕴与不尽思绪的心灵空间，这一心灵空间似幻似真，只有在诗词意境中追寻，方能得其机妙。

"诗意词"中蕴含的心灵空间以及空灵的意境如何生成，空间又如何形塑了审美经验？方东美借

1 宗白华:《宗白华全集》(第1卷),安徽教育出版社,1994,第611页。

2 宗白华:《美学散步》,上海人民出版社,1981,第107页。

3 方东美:《生生之德》,中华书局,2013,第103页。

4 王弼注:《老子〈道德经〉注》,楼宇烈校释,中华书局,2011,第29页。

5 郭庆藩撰:《〈庄子〉集释》,王孝鱼点校,中华书局,1985,第66页。

6 方东美:《生生之德》,中华书局,2013,第246页。

7 方东美:《生生之德》,中华书局,2013,第104-105页。

由欧阳修和周邦彦的词进行了精当的阐发。在《生命情调与美感》一文中，方东美说："中国人托身空间，天与多情，万绪萦心，笙歌散梦，其意趣妙如欧阳永叔所云"[1]，紧接着他选取周邦彦的《霜叶飞·大石》以及欧阳修的《踏莎行》《采桑子》《瑞鹧鸪》四首词，通过灵妙的构思和设想，清晰地描述了心灵空间的五层境界的营造。

"楚王台上一神仙，眼色相看意已传；见了又休还似梦，坐来虽近远如天。"[2]第一层，梦中进入天境，主体在意绪的笼罩之下，有形空间的远近之分扣合了心灵空间的贴近与疏离。"近水平波，其境至湫隘也，词人对之，遂觉：行云却在行舟下，空水澄鲜，俯仰留（流）连，疑是湖中别有天。"[3]第二层，现实之境至湫隘处，诗人却像是乘舟行于湖面之上，心灵畅游于苍茫天宇下，摆脱了现实空间的束缚。"候馆溪桥，其境至易遮断也，词人临之，便感：离愁渐远渐无穷，迢迢不断如春水。"[4]第三层，现实之境居于前路的断绝之处，现实的窒碍空间构造了诗人心灵愁绪之邈远空间。"危阑坐倚，其地至局促也，词人居之，乃想：平芜尽处是春山，行人更在春山外。"[5]第四层，境至局促，诗人凭高望远，没有受困于局促的现实空间，在心灵中勾勒广阔的远方。"关山极目，其程至易尽也，词人眺之，转叹：迢递望极关山，波穿千里。度日如岁难到。"[6]第五层，行程将尽，诗人把眼光望向了远山，实体空间的终结带给心灵空间无限的扩展与想象。

经由以上五种境界，在方东美笔下诗人的心灵空间呈现为现实空间的拔升与超越。诗人所行、所至、所居的空间，从近到狭，从局促到畅豁，实体的空间虽然局促，但是诗人在狭隘之地伸展心灵空间，以想象扩展空间经验，情感与空间水乳交融，心灵在空间中具显，空间依心灵而飞跃。

方东美在《中国人生哲学》中总结了中国艺术的通性。他认为，"玄学性""象征性"以及"表现"的方法，三者均指向了艺术所蕴含的生命活力、盎然生气以及巧妙神思等心灵特质。"艺术和宇宙生命一样，都是要在生生不息中展现创造机趣。"[7]在他看来，生命的灿然活力依靠艺术神思才能得到充分施展，艺术需要心灵的钩深致远，而心灵能够在有形的空间中创造无形的境界，这种化实为虚的空间观念接洽古今，是现代中国审美经验重塑的基本动力。

从空间的角度发掘审美经验以建构中国现代美学体系的努力，是中国现代美学家们的共同选择。宗白华和方东美尤为相契。所不同者，宗白华发掘舞蹈、诗歌、绘画、书法等中国传统艺术几乎所有领域的空间经验，他认为，每一种艺术都代表一种空间感型。宗白华深入分析了中国绘画中的空间感："'三远法'所构的空间不复是几何学的科学性的透视空间，而是诗意的创造性的艺术空间。趋向着音乐境界，渗透了时间节奏。它的构成不依据算学，而依据动力学。"[8]流动的时间节奏引领了中国绘画中俯仰往还、远近取予的空间观照法，构造了中国诗歌空间的审美特质。

在时间引领空间、时空一体的形态下，方东美和宗白华均以空间为基点系统提炼中国艺术中的审美经验，把空间感看作中国文化的表征。方东美将中国的空间归化为冲虚中和的系统，形质有限而势用无穷。审美主体破除现实空间的窒碍，伸展心灵空间，生成了含蕴无穷的美学意境。宗白华则把空间视为一个节奏和谐的生命系统。对比宗白华在视点的推移中归纳空间艺术的观法，方东美

1 方东美:《生生之德》,中华书局,2013,第104页。
2 方东美:《生生之德》,中华书局,2013,第104页。
3 方东美:《生生之德》,中华书局,2013,第104页。
4 方东美:《生生之德》,中华书局,2013,第104页。
5 方东美:《生生之德》,中华书局,2013,第104页。
6 方东美:《生生之德》,中华书局,2013,第104页。
7 方东美:《中国人生哲学》,中华书局,2012,第204页。
8 宗白华:《美学散步》,上海人民出版社,1981,第109页。

更强调从体用不二的角度描述艺术中的心灵空间，这为中国现代美学提供了充满中国文化精神的审美经验。

四、价值境界与美善互生的艺术之境

在怀特海机体主义哲学的影响下，方东美将其生命哲学构建为一个圆融贯通的形上学系统。“机体主义的宗旨是要表达一种内在一致的宇宙论”[1]，怀特海反对物质与精神分离的二元论，将宇宙建立在一种系统、整体、持续、创进的过程中，时空的内部有机互联、充满生意。方东美借用机体主义的思维模式，把儒、道、释三家视为一个有机整体，统合艺术经验，从精神维度抒发和谐宇宙中普遍生命的美善价值。这一有机体延展为方东美的价值论，在价值论中时空合为一体，时间和空间各自包蕴和生发其生命特质。

在《中国形上学中之宇宙与个人》中，方东美对中国哲学的机体主义特质进行了阐发：“机体主义旨在：统摄万有，包举万象，而一以贯之。”[2]方东美在中西文化比较的视域下，坚定以生命哲学统摄宇宙的价值，认为统会贯通是中国哲学的核心特质，物质、精神、生命、时空、道德、艺术等都能交织为一个和谐系统，并最终汇聚到价值领域，这是中国文化使命的归宿。他在《人生哲学讲义》中指出，中国先哲从价值的根源说明宇宙时空的秩序，道器合一的中国文化特质使得中国的时空价值统合为美善相融的艺术之境：“一切至善至美的价值理想，尽管可以随生命之流行而得着实现，我们的宇宙是道德的园地，亦即是艺术的意境。”[3]时空不仅是生命流行的场所，更是一种价值境界，蕴含着德性与美感。因此，方东美借助类比式的描述赋予合为一体的时空以道德价值和审美价值，从而使哲学和艺术相互渗透，并在艺术中完成了美和善的融合互生。

方东美首先厘定善与美的关系。美和善是相辅相成、交融互摄的，但善是美的基础：“宇宙假使没有丰富的生命充塞其间，则宇宙即将断灭，那里（哪里）还有美之可言，而生命，假使没有玄德，敝则新、生而不有、为而不恃、长而不宰、功成而弗居，则生命本身即将‘裂、歇、竭、蹶’，哪里更还有美可见。”[4] 正是生命使得时空获得了丰富的意义和活力，生命本身无法与美善分离，而在美与善的关系中，善具有率领的作用。生命只有在善的底色衬托与美的境界提升下才能臻于完整。善美的价值恰恰与时空的特质巧妙呼应。

善的价值在时间的参赞化育中完成，这正是儒家“时际人”精神的要义。方东美认为，“忠恕”观是儒家道德价值的一贯标准，“忠恕”意为推己及人，个体从自身的生命体验出发体悟他人的生命，从而使人与人、物与物的生命都能够旁类贯通、浃化同流。这正是儒家“时际人”的道德人格对时间价值的指认，而道德与美的价值则在诗意的心灵空间内得以彰显。道家的“太空人”精神特质形塑了中国艺术中的空间性审美经验，艺术对普遍生命存在状态的构思源于其化实为虚的精神特质：“他们能将有限的体质点化成无穷的势用，透过空灵的神思而令人顿感真力弥满，万象在旁，充满了生香活意。”[5] 在方东美看来，中国艺术重在表现普遍生命充满活力、怡然自得的精神境界。这样，经由道家的审美人格，方东美同样完成了对中国美学空间的价值指认。

方东美将美善互通的生命状态称之为理想人格，他融会贯通儒、道、释三家，生成了超越形上学体系，并将其指认为中国哲学的理想结构，亦即超越现实实体，臻于整一精神的境界。方东美晚

1〔英〕怀特海：《过程与实在》，杨富斌译，中国城市出版社，2003，第235页。

2 方东美：《生生之德》，中华书局，2013，第236页。

3 方东美：《中国人生哲学》，中华书局，2012，第23页。

4 方东美：《中国人生哲学》，中华书局，2012，第197页。

5 方东美：《中国人生哲学》，中华书局，2012，第211页。

年在《诗与生命》演讲中，用诗歌表达对生命的礼赞。他依此描述了儒、道、释三家所代表的生机、超拔、解脱的心灵形态，儒、道、释三家的精神特质濡染了中国诗人的生命境界和艺术创作，三者之交融恰恰构造了真正的理想人格。由此而形成了人格的“上下双回向”，上下回向正是理想人格在时空中的提升与回返，个体生命既有精神的升腾与超脱，又不离安身立命之人生之本。由此，时空价值就深深切入道德境界和审美领域，成为生命伦理人格与审美人格臻至艺术之境的基本动力。

将时空的运动落脚于生命的舒展与点化是方东美同时代美学家的共同选择。尤其是宗白华以“艺境”统合时空价值思路，与方东美同出一辙。“以宇宙人生的具体为对象，赏玩它的色相、秩序、节奏、和谐，借以窥见自我的最深心灵的反映；化实景而为虚境，创形象以为象征，使人类最高的心灵具体化、肉身化，这就是‘艺术境界’。艺术境界主于美。”[1]人的生命历程是一个充满着时空节奏的系统，艺境便是生命精神与自然风物相互敞开的境地，内在的心灵在这种艺境中具显，时空的价值也在心灵的涵养中生成并彰显。

宗白华把道、舞、空白视为艺境的特质，三者指向了时空一体形态下生命的深度、节奏与空灵。艺境中的道、舞、空白与宇宙生命的节奏和活力深深嵌合在一起，最终指向人内在心灵的品格。艺境净化、深化且连通了心灵和时空，时空合一的节奏与动感构造了意味无穷的艺境，更表现了每一个生命个体心灵的自由与和谐。而这，便是宗白华与方东美共同的时空价值观旨归。

合而观之，方、宗二人都注重时空中生命的精神层面，无论人格抑或心灵，须在广阔的艺术境界中得到涵养与生长。20世纪40年代以来，美学家们孜孜以求民族精神重建的各种方案，以应对前所未有的民族危机，从时空审美经验出发，统合中国艺术以重建中国人的价值系统，不仅是方东美等美学家从精神层面应对民族危机的方案，也是他站在普遍人性的立场上对价值失落困境的解答，更成为中国美学建构的核心环节。

五、结语

在20世纪上半叶中国美学的最初建立过程中，时空是内潜其下的基本动力，也成为方东美等中国美学的建构者们共同的致思途径。方东美在中西比较的视域下，以时空为枢纽重释中国哲学和艺术。他将时空视作充满活力的生命系统，时间的流淌带来动力，空间之感型提供艺术观法，时空承载着生命情调和精神品格，时空的价值坐落于美善融通的领域，表现为涵摄儒、道、释精神的理想人格。

从时空出发，方东美等清晰且系统地论证中国美学的特征、动力、价值归属，以时空为核心构建了中国艺术的分析体系。与方东美同时的诸位美学家，如宗白华，他们的核心观念呼应、共通，为我们呈现了20世纪上半叶中国美学对时空的基本观点，并且借助时空通向对于哲学、艺术、美、善等领域的思考与建构。他们独特的致思路径在于不依傍中西文化中的一家一派，而是撷取并改造，创构且融通，最终建立了时空合一的艺术之境，生成了具有中国品格的美学体系，这展示中国美学现代建构可能的哲学深度，深刻影响了中国美学现代学科的发展进程。

参考文献

［1］尸佼．尸子译注［M］．汪继培，辑，朱海雷，撰，上海：上海古籍出版社，2006.

［2］王弼．老子道德经注［M］．楼宇烈，校释，北京：中华书局，2011.

［3］郭庆藩．《庄子》集释［M］．王孝鱼，点校，北京：中华书局，1985.

［4］方东美．方东美先生演讲集［M］．北京：中华书局，2013.

1 宗白华：《美学散步》，上海人民出版社，1981，第70页。

[5] 方东美. 原始儒家道家哲学 [M]. 北京:中华书局,2012.
[6] 方东美. 人生哲学讲义 [M]. 北京:中华书局,2013.
[7] 方东美. 中国人生哲学 [M]. 北京:中华书局,2012.
[8] 方东美. 科学哲学与人生 [M]. 北京:中华书局,2013.
[9] 方东美. 生生之德 [M]. 北京:中华书局,2013.
[10] 宗白华. 美学散步 [M]. 上海:上海人民出版社,1981.
[11] 宗白华. 宗白华全集:第一卷 [M]. 合肥:安徽教育出版社,1994.
[12] 柏格森. 时间与自由意志 [M]. 吴士栋,译. 北京:商务印书馆,2021.
[13] 怀特海. 过程与实在 [M]. 杨富斌,译. 北京:中国城市出版社,2003.

【作者简介】

刘畅，兰州大学文学院硕士生，研究方向为中国美学。主持甘肃省2023年优秀研究生“创新之星”项目“时空意识与中国现代美学共同体的建构研究”(2023CXZX-005)。

【基金项目】

甘肃省2023年优秀研究生“创新之星”项目“时空意识与中国现代美学共同体的建构研究”(2023CXZX-005)

物如何述行：元青花瓷的丝路行动

牟 欢

【摘 要】言语的述行性可扩展到图像、物质。物的物质性包括物理物质性、社会物质性、历史物质性，既可以“说”，也可以“做”。在丝路审美文化体系中，元青花瓷作为独特的物质行动者积极发挥了物质的述行性，成为多元的丝路审美文化范畴中物质及意义的熔铸、感知、生成的重要部分，也是构建丝路审美世界图景的重要资源。

【关键词】元青花瓷；物质性；述行性

“丝路美学”是一种“跨文化美学”。[1]青花瓷作为中国文化的重要表征之一，具备多重审美维度，并缘丝路生发多重意义，本文拟在多元系统论视域下审视和关注元青花瓷作为一种物质如何在丝路上“以物述行”，在“述”和“行”的过程中完成跨文化的往复行动，形塑了丝路审美文化中的重要环节。

一、物如何行事

20世纪60年代以来，人们重新思考“物”，重构了人与物、物与物、物与非物、人性与物性之间的关系图景。重视物在社会文化变迁过程中的“命运”流转与物的生命历程对社会的影响，换句话说，“社会建构物”和“物构成社会”是双向互动、双向交织的。人与物之间存在共生、互构关系。这种方式为物质文化研究开辟了新的路径，也为丝路审美文化研究提供了新的方法论。[2]“以物行事”是对英国语言哲学家奥斯汀（J. L. Austin）的言语行为理论“以言行事”的扩展，言语行为理论重视语言的自然、实际、日常的用法，认为说话本身就是人的一种行为，说话就是做事。物如何行事，也就是一种“物性就是行动性”的方法。

（一）从言语述行到图像述行

奥斯汀认为语言分为描述句（constative）和述行句（performative）[3]两类，他更看重从行为做事

1 张进等:《通向丝路审美共同体》,知识产权出版社,2022,第6页。

2 张进、王垚:《物的社会生命与物质文化研究方法论》,《浙江工商大学学报》2017年第3期。

3 “performative”有诸多译法,但是“述行性”同时兼顾“述”(说)和“行”(做事),切近奥斯汀的原意,所以除了引用其他翻译外,本文均使用“述行”的译法。

的角度对语言进行研究。奥斯汀后来提出“说些什么就是做些什么，或者说些什么当中我们做些什么，以及甚至经由说些什么我们做些什么，究竟有多少种意思。”[1]其实这就是把“单纯的思考某事”与“说出某事”对照，“说”的时候就是在“做事”。约翰·塞尔（J. R. Searle）指出做陈述和许诺、打赌、警告一样，都是完成以言行事的行为。[2]奥斯汀将其分为三类：话语行为（locutionary act）指说话人说出某个具有意义的语句，以言意指事实或事态；话语施事行为（illocutionary act）指以话语施事的力量说出某个语句，比如提问、命令。话语施效行为（illocutionary force），经由说些什么而达到某种效果的行为，使相信、使惊奇、使误导。可以看出，在综合会通的基础上，述行性将被“物性论”的语言观念斩断了的语言与外物的关系再度被建立起来，但它又避免将语言与它所描述的对象或表达的思想直接等同起来。[3]

在希利斯·米勒（J. Hillis Miller）等人的推动下，述行性概念从语言哲学扩展到文学理论研究，完成理论旅行。途中，米勒提出图像作为符号也具有述行的特性，历史上的图像在人类社会中产生崇拜与信仰，成为权力塑造意识形态的方式。图像化时代，图像则带来消费行为，这与解构批评家们将书写签名、绘画颜色等非语言对象作为述行主体有关。图像具有述行性的根据在于图像本身是作为符号性存在的。文字产生之前的“图腾”可用于区别族群、得到神秘力量护持，具有巫术性质。[4]比如，图像时代的封面人物受人追捧、标识人气，监控图像指证真相……这都是图像的物质性在积极述行，其实所有的物质性都具有述行功能。

（二）物质性如何述行

述行性也可以扩展到物质维度，物质既能描述现实，也能施为、施效于人或非人。在新物质主义看来，物具有积极的能动性。简·贝内特（Jane Bennett）提出，“它们本身引起了人们的注意，因为它们的存在溢出了与人类相关的意义、习惯或计划……事物展示了它的“物力”（thing-power）：它发出呼唤。”[5]物的能动性就表现在其“物力”的呼唤中。物与人纠缠，几乎已经达到了物、人不分的境况。“20世纪以来文艺文化领域不同于传统物质观念的物质性批评可以看出三种不同的物质性观念：物理物质性、文化物质性和历史物质性。”[6]在述行性的论域中，首先，述行性赋能元青花瓷的物理物质性（自然物质性），其物理物质性具有真实性身份，成为可以独立述行的主体。其次，物质的社会物质性摆脱了物理物质性带来的“被决定”的惰性命运。二者彼此构成，共同凸显了物的物质性。最后，物理物质性与社会物质性携手同行，事物的物质性获得了更广阔的活动时空，也更具有抗拒性，向时空敞开，为自己增添“未完成”的维度，其述行的物质性也“创造”了它所指的事态的物质性。

话语的描述性和述行性之间存在着生产性空间。物质既能表达审美内容，也能以自身物质性述行，因其独特物性而勾连耦合或拒逆排斥，形成不均质的网络，产生新实体。一方面进行物质施事行为，形成某种物质性结果。另一方面，以这种结果的物质性继续与外部物质世界往复互动，从而形成物质施效行为。各事物在丝绸之路上旅行、运作，成就各自的传记。这些事物也是丝路审美文

1 〔英〕J. L. 奥斯汀:《如何以言行事》,杨玉成等译,商务印书馆,2012,第81页。

2 〔美〕约翰·塞尔:《对以言行事行为的分类》,载涂纪亮主编《语言哲学名著选辑》,三联书店,1988,第232页。

3 张进:《文学理论通论》,人民出版社,2014,第85页。

4 段德宁:《施为性:从语言到图像》,《中南大学学报》2015年第4期。

5 Jane Bennett, *Vibrant Matter: A Political Ecology of Things* (Durham: Duke University Press, 2010), p. 4.

6 张进:《物性诗学导论》,人民出版社,2020,第131页。

化在“器”“道”之间互联互通，形成“第三空间”的重要行动者[1]。元青花作为行动者，在丝路审美场景中不断述行，它的述行性超出了其记述功能，与各种物质事物重新纠缠，生发新的物质与意义。

二、元青花瓷中的物理物质性如何述行

青花瓷作为“人工物”，其物质媒介的自然物质性或物理物质性作为最基础的载体，发挥着最直接的决定性作用，又和丝路审美文化的多元系统性紧密相关，诸多因素协同述行，产生了元青花瓷，元青花瓷不只是施事结果，它反身投入协作系统积极施效，成为更活跃的行动者——这正是元青花瓷在多元系统中“以物述行”完成交流会通的模式。瓷器质料在述行的过程中作为主体存在，具有独立的物质性和真实价值。

（一）胎料

中国唐及五代时期的瓷器主要以瓷石作为胎体。在宋元交替的时期，瓷石和高岭土混合的新配方被大规模采用。据考证，真品元青花无论大小精粗，其胎体都使用瓷石加高岭土的二元配方。“胎中氧化铝含量增加，可做大件瓷胎而不变形，而且胎体普遍比较厚重。”[2]胎体烧造技术的改良为元青花的大规模制作、外销创造了基础条件。胎体厚重，适宜长途运输，造型厚实，典型的大盘、大罐大量出现。甚至是碎瓷片也因其质料坚硬被印第安人打磨为箭头，在与人类交往中发挥了积极的作用。

《阿拉伯波斯突厥人东方文献辑注》中对比印度与中国瓷器，指出：“这里（印度）制造陶瓷器皿……声称是中国货，其实不然。因为中国的黏土比这里的黏土要坚实得多，耐火性也好……故临[3]瓷器呈黑色，而来自中国的瓷器无论透明与否均为白色或其他彩色。”[4]中国瓷器受欢迎，被仿造，但其胎料的特殊物性使得这种仿造容易被识破，也就非常容易区分真伪，这就是在质料层面的物质性之述行。

（二）钴料

元青花瓷是一种釉下施彩的瓷器，所谓“彩”，即氧化钴。钴料分为进口类和国产类，进口类钴料在明清以来的文献中被称为“苏麻离青”（又作苏泥麻青、苏渤泥清或苏泥渤青等），其伴生矿物中的锰低铁高，呈色浓厚青丽，在施彩较浓处常见明显凹陷，有铁锈色金属结晶。最早对“苏麻离青”进行记录的是1589年的《窥天外乘》，后来的研究者中有的认为宣德青花料是以“南洋苏门答腊的苏泥和槟榔屿的渤青”合成的。也有人认为是波斯卡山（Kasha）所产的砷钴矿，但不能明确。也有人曾提出苏麻泥为英语 smalt （氧化钴蓝玻璃） 的音译。[5]曾有中国学者亲身前往波斯地区考察，最终得出的结论较为令人信服：“关于中国人叫‘苏麻尼青’的外来钴料……在德黑兰以南大约400公里的地方，有个小村庄，叫“Ghamsar”，属于卡尚市。这个小村庄的先人在古代发现了闪着银

1 “行动者”源自“行动者网络理论”(ANT)，以布鲁诺·拉图尔和约翰·劳出版的《行动者网络理论及其后》(Actor-Network Theory and After)为标志，作为反驳二元论的概念，行动者包括人与非人，动物、植物、人工物都在特定的语境中充当行动者。借助这一概念，拉图尔意在消灭人与物之间的断裂和对立，这种对物质力量的承认能够帮助我们避开语言表征的牢笼。

2 罗学正:《元青花的真赝对比研究》，载黄云鹏:《元青花研究 景德镇元青花国际学术研讨会论文集》，上海辞书出版社，2006，第127页。

3 故临，今印度喀拉拉邦的奎隆，位于印度西南海岸。

4 雅库特:《阿布-杜拉夫·米萨尔·本·麦哈黑尔说学记》，载〔法〕费瑯:《阿拉伯波斯突厥人东方文献辑注》，中华书局，1989，第246页。

5 陈逸民、陈莺:《元代青花瓷器的呈色奥秘》，上海大学出版社，2010，第12页。

色光芒的石头，当地人叫'穆罕默德兰'，即现在学名叫'钴'的矿物。提炼后经火焙烧成蓝色，用以装饰清真寺。由于太神奇了，当地人用伊斯兰圣人的名字'Soleimani'（苏来麻尼）称呼它，即中国人称之为的'苏麻尼青'"[1]初步检测认定与元青花瓷使用的钴料成分一致。[2]氧化钴的呈色能力强，发色幽艳鲜亮，售价昂贵，因而其在丝绸之路上往复行动，甚而产生了"来料加工"的陶瓷商业模式，当然，这与丝路审美中人类对蓝色的不约而同的偏好有极大的联系。

对蓝色的推崇和喜爱，展现了丝路上不同物质环境中人民的心意相通的部分，这是丝路审美文化往复生发的基石。"中国钟爱的青花瓷起源于西亚。从中国开始，蓝色和白色进入了日本和整个亚洲，然后来到了欧洲。"[3]公元前6世纪，巴比伦人就将蓝色绘制在陶器上，后来波斯人在这里生活，继承了对蓝色的喜爱。[4]佛教艺术中，佛发称为"绀琉璃发"，为蓝色或蓝黑色。据分析，这应该是受到美索不达米亚和希腊等文化的影响，与青金石的传播和使用相关，也涉及古代特殊的社会习俗和色彩认知。[5]

波斯陶匠的钴料易得难用，它会在釉上发散而模糊。但正是物与物之间的不成功的"协商"促成中国瓷与伊斯兰图案前所未有的密切接触。南宋末年，景德镇开始为青白瓷实验新配方；西南亚在进口宋瓷刺激之下也创发出全新釉料，并探讨某些极具创意的装饰技巧。然后，东西两地相遇相合，创造出青花瓷的果实[6]——这正是元青花瓷中的物理物质性述行的结果，细腻坚硬的胎质和明艳幽丽的蓝色使青花瓷打破了对世界的钝化感知，要求人注意到其非均质的物理特性，唤醒敏感鲜活的感知。

三、元青花瓷的社会物质性述行

从钴料的述行可看出，物理物质性和社会物质性是紧密相关、不可分割的。元青花瓷"与波斯绘画作品那种表现主题一览无余、直露浅近的作风一脉相承，而与当时中国绘画崇尚简逸、讲究含蓄、重视主观意兴的抒发，把形似放在次要地位的风格恰好形成鲜明的对照。"[7]学者指出元青花瓷几乎专为中东市场制作，烧造过程中可能有穆斯林商人参与青花瓷的设计。而元朝统治者的文化也在纹样生产过程中发挥着重要作用。纹饰是一种物质，是可视化的符号，是审美、宗教、社会、族群机制的审美实践结果，它述行于各类其物质性得以表达的事物表面，甚至使得这些器物成为神圣物、艺术品、价值不菲的商品……纹饰的物质性在丝路上旅行、改写，不断生产新的物质与意义。

（一）纹饰、装饰方式

元青花瓷成熟的时期也正是波斯细密画书籍插图艺术勃兴的时期，因此元青花装饰图案与波斯细密画中的装饰图案很可能相互影响。元政府设立了专门负责瓷器图样绘制的画局，在元朝东西大交流的时代，这些由画局绘制的图样是较为容易流传的，因此很可能元朝画局的图样与伊儿汗王朝细密画的蓝本之间有交互影响。[8]在伊斯兰教的教义中，禁止偶像崇拜。因此，在信奉伊斯兰教的国家和地区，植物纹饰盛行。有学者认为，元青花瓷的缠枝纹基本骨骼是绵延的S形，营造出无穷无

1 许明：《土耳其、伊朗馆藏元青花考察亲历记》，上海人民出版社，2012，第52页。

2 许明：《土耳其、伊朗馆藏元青花考察亲历记》，上海人民出版社，2012，第68页。

3 Museum of Fine Arts, Boston, Blue: *Cobalt to Cerulean in Art and Culture* (Chronicle Books, 2015), p. 17.

4 Museum of Fine Arts, Boston, Blue: *Cobalt to Cerulean in Art and Culture* (Chronicle Books, 2015), p. 88.

5 郑燕燕：《从地中海到印度河：蓝色佛发的渊源及传播》，《文艺研究》2021年第6期。

6 〔美〕罗伯特·芬雷：《青花瓷的故事：中国瓷的时代》，郑明萱译，海南出版社，2015，第173页。

7 陈克伦：《元青花与伊斯兰文化》，载上海博物馆：《青花的世纪：元青花与元代的历史、艺术、考古》，北京大学出版社，2013，第77页。

8 阳融寒：《14世纪波斯细密画插图本中的元青花图案》，《国际汉学》2022年增刊。

尽的视觉效果，可掩饰被装饰物的原有质地，使观者避开认识物质本身，忽略装饰覆盖下的物体结构、形状等，幻化出沉潜入境的精神体验，表现穆斯林追求静化的果实，无始无终，与缠枝纹的骨骼运行规律不谋而合。[1]也有学者认为，这些元青花瓷的构图思想充分体现了伊斯兰装饰艺术中精确严密的数学知识。[2]在丝路审美文化的交流中，伴随着喜爱、误解和挪用，这些图案以不同形态传遍各地，常见的缠枝纹前身是希腊和罗马的玫瑰饰、棕榈饰和藤蔓饰，可见于公元前13年—公元前9年罗马的“和平祭坛”。3世纪时，中国新疆楼兰建筑物的木梁上，也有类似图案装饰。[3]这种缠枝纹饰不仅作为施事力量成为宗教的象征性表达，也在丝绸之路上不断蔓延，积极施效于其周遭之人或物。

典型装饰方法有“开光”“云肩”两种，都能独立辟出装饰空间。“开光”犹如建筑物开窗见光，故名之。云头纹、菱花纹、壶门纹（也称为变形莲瓣纹）都是典型的边框纹样。这种手法在宋代出现，应是模仿唐代金银器的装饰，间接承继了唐与波斯交流互融的成果。[4]云肩“制如四垂云”，是元代服饰的典型装饰，常用于立式器物肩部，或大盘中心。据考证，开光也受到中亚、西亚地区的波斯萨珊银器和清真寺建筑装饰元素的影响。[5]“开光”和“云肩”作为丝路审美文化中不断形成的独特的装饰手法，穿行于不同质料的器物装饰中，以自身的物质性述行了中国与波斯在丝路上的交融与互动。所有的装饰纹样在发挥其符号性连接能指和所指的同时，还对其周边物质施行其自身的物质性，或记录事物的存在与交流，或在纹饰图样嬗变转化的过程中呈现不同文化间的互动，或启迪使用者的哲思。

（二）器型

蒙元时代的大规模交流使得东西方陶匠交流增加，新式器型迭出。元青花瓷多向外销，因为在土耳其、伊朗、阿拉伯等地发现的元青花瓷数量远远大于国内发现的数量。大盘、扁壶（香客瓶）、高脚杯（碗）器座等器型大多在元代的青花瓷中出现。

大盘是信奉伊斯兰教的国家和地区常见的元青花瓷器皿，菱花口的大盘口径多在45厘米以上，最大的达到71厘米，圆口盘的开口基本在40厘米左右。大盘和大碗在土耳其、印度、伊朗等地收藏较多，我国境内并不多。大碗的器型早在9世纪的中东地区就很常见，与伊斯兰地区的陶制、金银制大碗联系紧密。有学者将元青花大盘与14世纪上半叶的埃及、叙利亚嵌银铜盘进行对比，认为二者器型相似。此类大型器皿较多用于盛放食物和饮品，有时也用于装饰建筑物，常见于宫殿、庙宇、陵墓等建筑物上。与当时当地金属器皿用途一样，可能仿造了中东器皿和国内器皿。[6]这种大型碗盘主要“是为了满足穆斯林饮食习惯的需要而特别生产的，不过也有学者认为不能排除元代蒙古人喜用大器的风俗的影响。[7]”在托普卡比宫博物馆藏的15世纪波斯手抄本图书中就有民众围坐，中间一个大型青花器皿的景象。扁壶是元代特有的器型，规模形制比较统一，高40厘米左右，多为方

1 万剑：《“真主虚拟”说影响下的元青花瓷缠枝纹装饰艺术特色》，《中国陶瓷》2014年第11期。

2 陈克伦：《元青花与伊斯兰文化》，载上海博物馆：《青花的世纪：元青花与元代的历史、艺术、考古》，北京大学出版社，2013，第77页。

3 甘雪莉：《中国外销瓷》，东方出版中心，2008，第19-20页。

4 施茜：《西域之风——从元青花瓷器纹饰“开光”看中亚、西亚文化对中原的影响》，《中国陶瓷》2006年第9期。

5 李仲谋：《元代景德镇窑青花瓷器的艺术特色》，载上海博物馆：《青花的世纪：元青花与元代的历史、艺术、考古》，北京大学出版社，2013，第59页。

6 霍吉淑：《元代青花瓷：大英博物馆与大维德基金会藏品》，载《幽蓝神采 2012上海元青花国际学术研讨会论文集 第1辑》，上海古籍出版社，2015，第382页。

7 李仲谋：《元代景德镇窑青花瓷器的艺术特色》，载上海博物馆：《青花的世纪：元青花与元代的历史、艺术、考古》，北京大学出版社，2013，第52页。

形，扁腹圆肩，左右两肩各有双系（两两成对），有筒形小口，浅圈足。传世的扁壶数量不多，且都在国外，学者推测其为随身携带的盛器，四系穿绳系于马匹或骆驼上。[1]还有另外一种香客瓶扁壶，长颈收束，双肩没有系耳，在研究者看来，这是跨欧亚文化接触而生的作品，是几个世纪以来长距离互动与多传统交融之下，极具代表性的高潮顶点，带有全球意义的指涉。[2]高足杯、碗上半部分一般是不同形状的碗形，下半部分是高足，足底外撇。上下分别制作，再粘为一体。据研究者指出，高足杯大多为酒器，也有可能作为寺庙供器，向佛、菩萨等供奉物品，或是用作高僧大德和上层贵族等的茶碗。[3]

元青花瓷消费场合和通路具有多元性，据研究，两路器形各有偏重，中东地区以大盘、瓶为大宗，中国虽亦以瓶、罐居多，但亦见碗、盘、杯类，大盘极少见，而常见于中国国内特别是内蒙古自治区的高足杯则基本不见于西亚伊斯兰地区。很明显，元青花瓷的器型分布也勾勒出了不同地域、民族、文化的使用习惯以及元代青花瓷的贸易、交流范围。

四、元青花瓷的历史物质性如何述行

元青花瓷成为中国的文化象征，传达审美体验，言说自己的物质生命传记，并以行动者的身份勾连起早年欧亚大陆恢宏历史中的诸多因子。元青花瓷作为中华审美文化的重要符号，其物质性一方面指向朴素的物质网络，另一方面，这个物质性本身又会引发和产生各种物质性的指涉、价值或相关体系。从元青花瓷的历史物质性的述行来分析看待其丝路审美历程，它变成方法论，不再囿于自身的时空，与其他文化语言、历史物质、旁证引文交织，为自身的述行增加了开放性、多样性和变换性。以元青花瓷述行展开的丝路商业贸易和现代相关学术研究为抓手，可探讨其历史物质性述行的方式和手段。

（一）元青花瓷的贸易及收藏

蒙古人在13世纪崛起后，迅速完成了横跨欧亚大陆的庞大帝国系统，东西方的互相影响比以前更广泛深入，中国与阿拉伯的贸易受到大力推动，陆上贸易路线从巴格达直抵北京，海路从波斯湾到邻近茶叶和瓷器产地福建的泉州。当时中国文明比较先进，有不少物品可供应世界，瓷器只是许多出口商品中的一种。

学者指出："当15世纪晚期土耳其君主苏丹开始收集中国瓷器时，将青花瓷与伊斯兰王室相联系的传统已持续了一百多年，并被广泛描绘在伊斯兰细密画中。"[4]此时期正是元青花瓷兴起之时。目前的传世元青花瓷主要是土耳其的托普卡比博物馆、伊朗德黑兰的国家博物馆藏品。其中托普卡比宫的收藏，无论从数量上还是质量上来看，在全世界都是首屈一指的。据《岛夷志略》[5]记载，当时中国输出"贸易之货"中有"青白花瓷""青白花器""青白花碗""青白碗"等，就是青花瓷器。国外发现的元青花瓷器很多，在蒙古国、日本、印度尼西亚、菲律宾、新加坡、马来西亚、文莱、柬埔寨、泰国、印度、巴林王国、阿联酋、叙利亚、乌兹别克斯坦、埃及、苏丹、肯尼亚、坦桑尼亚等许多国家都出土过元青花瓷器产品，绝大多数是残片。但发现遗址之多，分布范围之广，实在

1 陈克伦:《元青花与伊斯兰文化》,载上海博物馆编《青花的世纪:元青花与元代的历史、艺术、考古》,北京大学出版社,2013,第74页。

2〔美〕罗伯特·芬雷:《青花瓷的故事:中国瓷的时代》,郑明萱译,海南出版社,2015,第4–5页。

3 李仲谋:《元代景德镇窑青花瓷器的艺术特色》,载上海博物馆编《青花的世纪:元青花与元代的历史、艺术、考古》,北京大学出版社,2013,第52–54页。

4〔美〕沃尔特·丹尼:《中国青花瓷题材的伊斯兰青花陶器》,赵琳译,陈淳校,《南方文物》2010年第1期。

5《岛夷志略》,历史地理游记,是元代航海家汪大渊1339年第二次远航回国以后根据自身经历所著《岛夷志》的节略本,反映了元代后期中西海上交通史。

是始料不及的。[1]通过史料记载、考古发掘、沉船打捞、传世藏品分析等多种方式的综合考证，得出元青花瓷是丝路贸易中重要的行动者的结论。

如今的元青花瓷已经不再是贸易商品了，但在文玩拍卖行业还保有其商品属性。2005年7月12日伦敦佳士德举行的"中国陶瓷、工艺精品及外销工艺品"拍卖会上，元青花"鬼谷子下山"纹罐拍出折合人民币约2.3亿的高价，创下了当时中国艺术品在世界上的最高拍卖纪录，在国内外收藏界引起了强烈的震动，凸显了青花瓷器的艺术魅力，使原本就非常红火的元青花瓷的讨论和研究更为瞩目。

（二）元青花瓷的学术研究

除了常见的经济贸易、文化交互，近百年来，对元青花瓷的研究也呈现出一种丝路审美的融通性来。论及青花瓷，大部分人都会认为是明清时期的重要产品，但是青花瓷在唐代就已经出现，在元代已经有了颇为成熟的生产模式，元青花瓷出现于十四世纪的元代，其烧造高峰应该是在元代后期的后至元和至正时期（6—28年）。但是元代各类文献对青花瓷几无记载，人们误认其为明代产品。而元代典籍中记载的祭器、礼器使用情况，均以金银器和其他宝石制品为主，"在来华西方人士的描述中，帝王周围充斥的是金银宝器，也不曾提及瓷器。"[2]

关于元青花瓷的研究在20世纪上半叶才开始，国内外学者共同将元青花瓷的行动轨迹、述行方式、艺术特征等内容勾勒出来，这种由元青花瓷组织起来的学术研究讨论走出了元青花瓷本体的活动时空，将学术立场、话语权力、历史旁证等物质性内容引入自身场域，在新的历史时期产生新的文化意义。20世纪20年代末期，罗伯特·霍布森（Robert L. Hobson）根据"大维德瓶"[3]发表了《明代以前的青花瓷器：一对元代纪年瓷瓶》一文。1949年，白江信三等人在为一件青花瓷盘进行断代时重新审视"大维德瓶"，但未得出对元青花瓷有意义的结论。1950年，美国的约翰·A.波普（John Anthony Pople）对伊朗国家考古博物馆以及土耳其托普卡比博物馆的瓷器藏品进行考察，以"大维德瓶"为标准器，分辨出一批风格相同的瓷器，命名为"十四世纪青花瓷器"，对元青花瓷的研究才真正开始。20世纪50年代之后，欧美和日本的学者纷纷以著述和举办展览的形式开展元青花瓷研究。国内的研究起步较晚，1959年，冯先铭开始对元青花瓷器的特点进行介绍，二十世纪六七十年代，主要以考古发掘的实物为元青花瓷研究的重心。20世纪80年代，研究者们对元青花瓷从烧造原因、组织体制、质料分析、烧造年代、消费模式、文化影响等维度展开研究，研究队伍庞大，研究成果丰硕，研讨活动活跃。[4]2001年，中国一众陶瓷专家前往土耳其的托普卡帕宫考察馆藏的四十多件元代青花瓷器，许明认为其中一只有鱼藻纹样的罐子，"如果不是放在托普卡帕宫的库房里，而且已放了几百年。我相信不少人会把它当作北京潘家园市场的高仿品。托普卡帕宫里的元青花还有一个让教科书哑口无言的证据：不少青花瓷器底部竟然没有火石红，这也是大跌不少中国资器专家的眼镜的。"[5]可以看出，元青花瓷器依旧保留着自己的深度，研究者必须积极与其互动，尊重瓷器的物质主体性，方能逐渐探知其真实存在的状态。这些活动、论述、展览都是一种述行活动，既言说了元青花瓷现存的基本状况，也建构、修正、巩固了元青花瓷的形象，围绕元青花瓷的事、人、

1 陆明华：《乾元精粹　幽蓝神采——走进元青花》，载上海博物馆：《青花的世纪：元青花与元代的历史、艺术、考古》，北京大学出版社，2013，第10-11页。

2 尚刚：《元代工艺美术史》，辽宁教育出版社，1999，第167页。

3 这对瓶子是"元至正十一年青花云龙纹象耳瓶"，其收藏者是珀西瓦尔·大维德爵士，俗称"大维德花瓶"（David Vases）。

4 李仲谋：《元青花研究综述》，载上海博物馆：《青花的世纪：元青花与元代的历史、艺术、考古》，北京大学出版社，2013。

5 许明：《土耳其、伊朗馆藏元青花考察亲历记》，上海人民出版社，2012，第10页。

物也都在这些学术研究、学术交流活动中渐次清晰，成为丝路审美文化这一多元系统中与“外部”紧密关联的一环。

五、结语：元青花在多元系统内以物行事

在多元系统视角下对青花瓷的物质生命进行考察，是对丝路审美文化的构成要素和表现形态的深描，是对丝路审美文化的结构系统和运行机制的凸显，与物性诗学、物性美学的追求一致。“物质性”这一概念具有强大的潜力，它与不同的社会文化、历史传统形成的多元系统缠绵悱恻，亲密互动。至元十五年（1278年），元廷在景德镇设“浮梁瓷局”，元青花由“浮梁瓷局”烧造，并由官方的“画局”设计。这种生产体制亦是元青花瓷的物质性表现，或可进一步对其进行考察，继续探索元青花瓷的物质性述行性。

青花瓷也因元代的漫漫八千公里欧亚大陆交通网路的畅通而抵达了远方，正如流行歌曲《青花瓷》所吟“你的美一缕飘散，去到我去不了的地方”，将元青花瓷看作行动者，它通过丝绸之路在世界各地旅行、述行，产生了新的物质和意义层面的生成、交融、互通。对其“以物行事”留下的痕迹和方式进行考察，可对由丝路审美文化多元系统下各民族、各地域、各文化系统、各物质形式的纠缠互鉴、熔铸衍生的情况进行重构和认识。

参考文献

[1] 张进，徐韬，蒲睿．通向丝路审美共同体［M］．北京：知识产权出版社，2022.

[2] 张进，王垚．物的社会生命与物质文化研究方法论［J］．浙江工商大学学报，2017(3)：42-48.

[3] J. L. 奥斯汀．如何以言行事［M］．杨玉成，等译．北京：商务印书馆，2012.

[4] 约翰·塞尔．对以言行事行为的分类［J］．涂纪亮，编．语言哲学名著选辑．北京：生活·读书·新知三联书店，1988：215-243.

[5] 张进．文学理论通论［J］．北京：人民出版社，2014.

[6] 段德宁．施为性．从语言到图像［J］．中南大学学报，2015(4)：182-187.

[7] BENNETT, JANE. Vibrant Matter: A Political Ecology of Things [M]. Durham: Duke University Press, 2010.

[8] 张进．物性诗学导论［M］．北京：人民出版社，2020.

[9] 罗学正．元青花的真赝对比研究［J］．黄云鹏主编．元青花研究——景德镇元青花国际学术研讨会论文集［C］．上海：上海辞书出版社，2006：126-132.

[10] 费琅．阿拉伯波斯突厥人东方文献辑注［M］．北京：中华书局，1989.

[11] 陈逸民，陈莺．元代青花瓷器的呈色奥秘［M］．上海：上海大学出版社，2010.

[12] 许明．土耳其、伊朗馆藏元青花考察亲历记［M］．上海：上海人民出版社，2012.

[13] BOSTON MUSEUM OF FINE ARTS. Blue: Cobalt to Cerulean in Art and Culture, Chronicle Books, 2015: 17, 88.

[14] 郑燕燕．从地中海到印度河：蓝色佛发的渊源及传播［J］．文艺研究，2021(6)：138-152.

[15] 罗伯特·芬雷．青花瓷的故事：中国瓷的时代［M］．郑明萱，译．海口：海南出版社，2015.

[16] 阳融寒．14世纪波斯细密画插图本中的元青花图案［J］．国际汉学，2022(增刊)：18-24+124.

[17] 万剑．“真主虚拟”说影响下的元青花瓷缠枝纹装饰艺术特色［J］．中国陶瓷，2014(11)：95-98+101.

[18] 甘雪莉．中国外销瓷［M］．上海：东方出版中心，2008.

[19] 施茜.西域之风——从元青花瓷器纹饰"开光"看中亚、西亚文化对中原的影响[J].中国陶瓷,2006(9):47-49.

[20] 霍吉淑.元代青花瓷:大英博物馆与大维德基金会藏品[C]//上海博物馆.幽蓝神采——2012上海元青花国际学术研讨会论文集(第1辑).上海:上海古籍出版社,2015:381-390.

[21] 沃尔特·丹尼.中国青花瓷题材的伊斯兰青花陶器[J].赵琳,译.陈淳,校.南方文物,2010(1):118-123.

[22] 尚刚.元代工艺美术史[M].沈阳:辽宁教育出版社,1999.

[23] 陆明华.乾元精粹　幽蓝神采——走进元青花[C]//上海博物馆.青花的世纪:元青花与元代的历史、艺术、考古.北京:北京大学出版社,2013:5-41.

[24] 李仲谋.元代景德镇窑青花瓷器的艺术特色[C]//上海博物馆.青花的世纪:元青花与元代的历史、艺术、考古.北京:北京大学出版社,2013:42-69.

[25] 陈克伦.元青花与伊斯兰文化[C]//上海博物馆.青花的世纪:元青花与元代的历史、艺术、考古.北京:北京大学出版社,2013:70-81.

[26] 李仲谋.元青花研究综述[C]//上海博物馆.青花的世纪:元青花与元代的历史、艺术、考古.北京:北京大学出版社,2013:124-137.

[27] 朱裕平.元代青花瓷[M].上海:文汇出版社,2000.

[28] 陈昌全.玉壶春瓶考[J].文物鉴定与鉴赏,2010(11):49-53.

[29] 陈尧成,郭演仪,陈虹.中国元代青花钴料来源探讨[J].中国陶瓷,1993(5):57-62.

[30] 陈尧成,郭演仪,张志刚.宋、元时代的青花瓷器[J].考古,1980(6):544-548+588.

[31] 汪庆正.中国陶瓷研究[M].上海:上海人民出版社,2008.

[32] 黄云鹏,黄滨,黄青.元青花探究与工艺再现[M].南昌:江西美术出版社,2017.

[33] 李家治,等.中国古代陶瓷科学技术成就[M].上海:上海科学技术出版社,1985.

【作者简介】

牟欢，兰州大学文学院博士生，阿坝师范学院文学与历史学院讲师，研究方向为文学理论与批评。

论敦煌艺术体制与审美文化认同

王红丽

【摘　要】20世纪前后，西方艺术体制遭遇先锋派的冲击，面临着终结，大批"艺术工作者"凭借本国资本支撑在世界范围内搜寻疗救之法。西方艺术界表现出对原始社会艺术活动的兴趣，中国西北地区，尤其是敦煌成为被掠夺的对象，具有异国情调的艺术品不断涌入西方考古学和人类学博物馆、图书馆等组织机构。敦煌艺术品流散于世界，在为西方艺术体制提供营养的过程中，也亟待建设或复兴敦煌艺术体制，使敦煌艺术成为一种融入社会意图和历史文化活动的体制，激发其体制治理效用以促成审美文化认同。

【关键词】艺术体制；敦煌艺术体制；审美文化认同

20世纪，西方艺术有着艺术终结的恐慌，传统艺术体制的终结让艺术失去了归属，试图建构的艺术体制还未得到普遍的认同。艺术界表现出对原始的、非理性的和本能的东西的追求，尤其是现代主义艺术，暗示了从精神上治愈西方现代性疾病的可能性。[1]那些持续涌入西方考古学和人类学博物馆的、具有异国情调的艺术品见证了西方艺术对原始社会艺术活动的兴趣，和西方从艺术角度探寻治愈之法的努力。另外，作为某一时期艺术概念、思想的艺术体制，如敦煌学、敦煌艺术等理论观念，往往被置入东方学或汉学研究中，这种西方视角的研究，会有意无意地淡化中国的国家整合力量和同一性。敦煌艺术体制通过参考社会体制来定义或以艺术体制理论来阐明敦煌艺术的本质[2]，认为敦煌艺术与体制相关或者嵌入在一个体制背景中，体制授予艺术品资格并赋予艺术品一种特殊的、形而上的、观念上的美学特征。而且，敦煌艺术经过特定历史阶段艺术观念和实践的累积，形成了一种艺术理论氛围和艺术惯例，逐渐体制化为系统的知识结构并拥有了区分、辨别能力，这不仅建构艺术品资格，而且引导和规定了创作、理解和欣赏敦煌艺术品的方式。

1〔英〕奥斯汀·哈灵顿:《艺术与社会理论:美学中的社会学论争》,周计武、周雪娉译,南京大学出版社,2010,第44页。

2 此路径综合利用了西方艺术体制理论概念,从丹托(Arthur Danto)、迪基(George Dickie)、卡罗尔(Noel Carroll)、贝克(Howard Becker)、布迪厄(Pierre Bourdieu)、比格尔(Peter Burger)等人的艺术体制概念中吸收核心成分,破除体制概念中较强的西方意识形态性,建构起敦煌艺术体制研究策略。

一、西方艺术体制的终结与疗救

20世纪以来的审美革命引发了艺术界的阵痛，先锋派艺术通过其特殊的艺术表现手法和艺术品改造了人们感知世界的方式，艺术成为革命的先导。[1]基于模仿、再现的艺术体制已经不足以解释艺术现实，艺术体制自身需要变革和重建。但是当本国的艺术资源不足以支撑体制变革时，西方列强将视角投放于世界范围，在原有的或新组建的艺术体制的授权下，把世界变成了争夺艺术资源的场域。敦煌是丝路文化资源交织的空间，不仅是一个地缘概念，还是一个充满合作和竞争的艺术场域。西方列强掠夺的敦煌艺术品或艺术资源，经过原有艺术体制的授权，在特定的时空下经由艺术分配和消费成为一种艺术资本[2]，丰富着西方艺术体制的建设。

据统计，仅从1876年到1928年间到达中国西北地区的探险队就有42个之多。[3]自藏经洞被发现以来，以莫高窟为核心的敦煌艺术是争夺的主要对象。西方掠夺者首先做的是辨认出哪些文物具有价值，这种评判藏经洞文物的观念，是基于他们所在的西方理论氛围而言的。实际上，这转变了问题的方向，即从“哪些文物具有价值”转向了盗宝实践活动中对艺术品的“辨别”上。“这里的调整所依赖的定向利用了实践，或者更适当地说，把艺术实践作为鉴别那些将被当成艺术的对象（和表演）的主要手段。粗略地说，一个对象（或表演）是否将被视为一部艺术作品有赖于能否以正确的方式把它放到艺术演变的传统中去。也就是说，一个对象（或表演）是否被辨别为艺术是内在于实践或艺术实践的问题。”[4]简单理解，一件藏经洞文物的价值是看它是否可以成为西方艺术理论观念或西方建构起的东方理论氛围和艺术实践的一部分，而且这种艺术观念已经具身到行动者，决定了其挑选行为和艺术甄别方式。

伯希和践行了这一艺术观念，他是国际汉学或东方学教育体系培养出的汉学家，有着深厚的汉学研究功底，是法国汉学/中国学以及东方学权威沙畹的追随者，也是法兰西远东学院的首批成员。当时“在整个19世纪，法兰西学院是法国唯一研究中国历史、文学、语言和文明的学术机构，到20世纪，它在这些领域发挥了领导作用”[5]。学院体制的教育使伯希和成为体制化的专业人才，并决定了他的行为实践方式。而且此次抢掠是在法国金石和古文字科学院以及亚细亚学会组织的“法国考察团”名义下进行的，这个机构授予了活动的合法性和价值。组织机构内的体制约定，如以书信形式作出报告、定期汇报考古发现等，也影响了被授权人的行动。伯希和曾对藏经洞进行了3个星期的挑选，基本上将石室遗书检查了一遍，并以书信形式报告给“中亚与远东历史、考古、语言、民俗考察国际协会”法国分会会长塞纳（后来这些书信编为《甘肃发现的中世纪书库》一文）。[6]他对石窟位置、形制、洞顶和壁画/画像颜色，佛经或变文中的摘录及用不同文字刻写的题识都有介绍，可以说他是首位对敦煌石窟做全面记录和描述的人。

---

1 〔斯洛文尼亚〕阿列西·艾尔雅维奇：《审美革命与20世纪先锋运动》，胡漫译，东方出版中心，2021，第1页。

2 艺术资本是一种新的资本形态，布迪厄认为资本是一种铭写在客体或主体的结构中的力量，是一种强调社会世界的内在规律的原则。资本必须与场相联，资本是一种权力形式，为场的动态发展提供动力。（〔法〕皮埃尔·布迪厄：《文化资本与社会资本》，载〔法〕皮埃尔·布迪厄：《文化资本与社会炼金术：布尔迪厄访谈录》，包亚明译，上海人民出版社，1997，第189–211页。）将文化资本用于不同文化间的权力关系的跨文化研究时，可以轻易联想到殖民扩张的历史。基于此，敦煌艺术资本是一种场域内或艺术体制内的结构性力量，是具有生产和再生产性的资源，包括有形或无形的艺术形式。

3 〔英〕珍妮特·米斯基：《斯坦因：考古与探险》，中译本穆舜英所作序言，新疆美术摄影出版社，1992，第1页。

4 〔美〕诺埃尔·卡罗尔：《超越美学：哲学论文集》，李媛媛译，商务印书馆，2006，第100页。

5 〔法〕谢和耐：《二战以来法兰西学院的中国学研究》，《中国史研究动态》1995年第3期。

6 刘进宝：《敦煌文物流散记》，甘肃人民出版社，2000，第109页。

日本的考察是基于多种社会体制的综合作用进行的，派出的是曾在英国留学的大谷光瑞组建的考察团，不仅有英国留学的学科背景和教育机制，而且背后是京都西本愿寺的传承传统（大谷光瑞是西本愿寺法主明如上人的嗣子）以及一千万信徒的信仰与施舍，这次考察是宗教体制或信仰体制的进一步推动。这些有形的或无形的资源，成为其宗教体制变革和发展的养料，也创建了新的文物收藏、摆放规格。沙皇俄国劫掠敦煌遗书的代表人物是鄂登堡，他是俄国汉学家瓦西里耶夫院士的门徒，毕业于彼得堡大学东方系，1900年任沙俄科学院院士，1916年任亚洲博物馆馆长，1917年在克伦斯基的临时政府任教育部长。[1]他受到专业的教育培养，也经历了不同的体制机构熏陶，某些成文或不成文的艺术规则、惯例等因素已经成为一种潜意识。而且对敦煌的劫掠活动是在"俄国委员会"[2]的授权和主持下进行的，该委员会是所谓研究中亚及东亚的俄国委员会的简称，该体制机构拥有较为稳定的权威。

这些人有很多共同特点：一是都接受过系统的体制机构（学院）教育，有东方学、汉学/中国学的学术背景，并深受这种理论观念的影响。二是他们是考察团、探险队的主要成员，某些人有着特殊的身份地位。他们接受国家、协会、组织等应允、资助，被授权以获得旅行资格。三是掠夺的敦煌文物、遗书等资源分别流散到各国的博物馆或公私收藏家手中，这种分类方式是由西方的艺术体制和私人收藏家自身的审美品味决定的。四是因为这些被掠夺物，个人不仅获得了较多的艺术资本和话语权力，而且扩充了当地东方学、中国学研究体系，并为学科设立、教育培训、新的研究问题和方式的产生提供了更多的条件。这些考察家、探险家、学者等进行的活动，自觉或不自觉地成为殖民主义的先行者，并借此得到了经济利益，以及文化和艺术场域中的身份、荣誉、地位和权力。此时，地理意义上的敦煌成为围绕敦煌"特定的资本类型或资本组合而组织的结构化空间"[3]，是西方凭借其权力争夺文化资本的母体。

在西方视域中，敦煌文化艺术资本常常被归为东方学的体制范围。实际上，敦煌艺术不仅继承了我国古代的艺术传统，还借鉴、挪用了印度、希腊等艺术经验，是人类文化遗产的表征。若仅仅以东方学视角等量观之，将削弱其艺术价值。早在上古时代，敦煌就有人居住，从汉朝建郡、魏晋初兴一直到隋唐的繁荣，作为丝绸之路的咽喉、东西文明的交汇处，敦煌拥有过辉煌时期。敦煌之所以是"敦煌"，在与荣新江、马德、郝春文的对谈中，李伟国总结了六个要素，第一是富庶的绿洲；第二是重要的战略地位；第三是丝绸之路的要道和交汇点；第四是中原大乱时有多段偏安发展时期；第五是多民族争斗和融合的舞台；第六是受到宗教特别是佛教的巨大影响。这使敦煌成为东西方文化的交汇点和积淀处。[4]其要塞、咽喉之地的经济价值、地缘政治、宗教东传的枢纽位置使其成为争夺之地，但此时艺术场域还没有得到足够重视。

二、艺术场到艺术界：敦煌艺术体制的建设

为了避免敦煌文化资本向体制化资本的权力转化，即东方学视域中敦煌学知识的权力化、霸权化，应仔细考量艺术体制的具体含义及其在艺术场域中扮演的角色。艺术体制同文学体制一样，拥有作为体制的具体意义和作为惯例的抽象意义，前者常指代社会和文化艺术的规章、管理和组织机构，后者往往是一种传统、惯例、理论观念等。[5]敦煌艺术体制在这两个层面的积累和更迭，为识

1 姜伯勤:《沙皇俄国对敦煌及新疆文书的劫夺》,《中山大学学报》(社会科学版)1980年第3期。

2 姜伯勤:《沙皇俄国对敦煌及新疆文书的劫夺》,《中山大学学报》(社会科学版)1980年第3期。

3〔美〕戴维·斯沃茨:《文化与权力:布尔迪厄的社会学》,陶东风译,上海译文出版社,2006,第136页。

4 李伟国等:《敦煌话语》,上海科技教育出版社,2002,第34-36页。

5〔美〕杰弗里·J. 威廉斯:《文学制度》,李佳畅、穆雷译,南京大学出版社,2014,第2-3页。

别、区分、界定、批评以及再生产敦煌艺术品创造了条件。

在社会学领域，艺术体制“既指生产性和分配性的体制，也指流行于一个特定的时期、决定着作品接受的关于艺术的思想”[1]，敦煌艺术体制是诸多艺术理论和观念的集合体，有着相应的物质载体、媒介或代理。无论是作为一种观念还是作为一种学科、机构、艺术品等，敦煌艺术体制都在积极探索发展之道。敦煌艺术品在世界范围内的流散，形成了居于不同位置、不同机构、不同体制规约的艺术场域内的诸多节点，行动者在节点中的位置和拥有的资本量，以及选择和研究敦煌艺术品的方式都可能成为区隔的标志。因为物质和象征资本占比的不同，敦煌艺术的中心向西方偏转，敦煌地区反而处于边缘位置。一些行动者试图通过模仿进入中心，却忽略了中国传统的艺术惯例和体制背景；好在一些保持清醒的行动者注意到了因为区域、位置、资本占有等的不同导致的实践、程序、评价标准甚至惯例、文化认知的不同，试图通过“艺术界”的体制化介入敦煌艺术场域，消解西方艺术体制所谓的中心地位以及破除国际东方学建构起来的阐释氛围，解决敦煌与其知识话语之间的不对等问题。

作为关于艺术的思想范畴的体制，敦煌学是伴随藏经洞被发现并逐渐兴起的国际学术潮流，但由于缺乏敦煌学理论研究，国内外学者对敦煌学的概念、含义、研究对象等莫衷一是。目前，敦煌学已经成为一门拥有体系结构的综合性学科，必然涉及学科的程序化建设。这一方面引导、规范了敦煌艺术的分类、辨别及其研究，毕竟敦煌艺术学是从定义何为敦煌艺术开始的。另一方面也利于学术机构、学术团体等的建设以及科研项目申报、文化创意产品生产、音乐舞蹈编制等实践的展开，同时培养新生力量，明晰敦煌艺术学体系范畴。最重要的是培育敦煌自身的“学术资本”以反抗西方的“学术霸权”，毕竟“强大的敌人存在于学术范围之外，而不在学术范围之内”。[2]敦煌艺术的学科化建设，是其不断体制化并与其他艺术体制或学科进行交流的基础，在学术史的建构过程中，不仅保证了其学科内部诸多相关专业的稳定性，也赋予了其合法地位。

敦煌艺术较为深入和系统的研究是在1944年敦煌研究所成立以后[3]，直至1984年扩建为敦煌研究院，国内敦煌艺术界内的行动者们积极开展体制机构建设、学术期刊和研究专著出版发行、科研项目申报、维修保护石窟艺术等活动，以创造更多的体制环境为敦煌艺术提供更多的生存空间。敦煌艺术空间由西方权力争抢或掠夺资源的敦煌艺术场，逐渐变成了人们合作活动的关系网络——艺术界。此时，“艺术是集体行为的产物，是众多人在许多行动中协作的产物，离开了这一条件，独特的作品就无法实现其存在，或是无法持续地存在下去。人们依赖其共同分享着的协议——惯例——相互合作，这使他们得以轻松并有效地协调这些行为。当这样的协作反复地，甚至公式化地被同样的人，或是被那些相当近似、足以被视为是同样的人持续地进行时，我们则可以论及某艺术界了”。[4]敦煌艺术不仅仅是以物呈现出的艺术品，而且包括艺术品在历史演变中，在消费、流通过程中，被定义为艺术的标准、惯例以及在这些过程中涉及的行动者的行为实践。当艺术品及其惯例体制被定型或者说程式化后，艺术界就逐渐形成并具体化为组织机构、学术单位或委员会等。此时，权力意味被消解，艺术界内部及其与外部其他艺术界交流互动时，较为注重相互合作，实现共赢，尤其是面对具有人类共同文化遗址的艺术对象时。

除了敦煌研究院、兰州大学敦煌学研究所，还有吐鲁番学会、国家图书馆敦煌吐鲁番学资料研究中心、上海师范大学域外汉文古文献研究中心、台湾中央大学中文系敦煌研究室、新潟大学敦煌

1 〔德〕彼得·比格尔:《先锋派理论》,高建平译,商务印书馆,2002,第88页。

2 薛晓源、曹荣湘主编:《全球化与文化资本》,社会科学文献出版社,2015,第570页。

3 赵声良:《百年敦煌艺术研究的贡献和影响》,《中国社会科学》2021年第8期。

4 H.S.Becker, *Art World, in Encyclopedia of Aesthetics* (Oxford: Oxford University Press, 1998), p. 148.

研讨班、敦煌学国际联络委员会（ILCDS）、敦煌学研究会（日本京都）、法国国际亚洲研究会等，以及美国丝绸之路基金会创建的综合网站、英国大不列颠图书馆东方部主办的国际敦煌工程项目（IDP）等，随着数字化和网络化的发展，这些研究机构和中心独立或联合建立了网页、数据库，除少量资源需要会员机制，大多可免费获得。敦煌研究院与美国梅隆基金会合作的数字敦煌项目，现已具有了示范性指导价值。

由艺术场到艺术界的转变，还因为艺术场的属性之一是它的微弱的制度化[1]。一方面，在物质角度，艺术体制将这种微弱的制度实体化、具体化，同时完成了一种制度行为，正如布迪厄对丹托等人的批判一样，“也就是把艺术品的确认强加给所有（像访问博物馆的哲学家一样）按某种方式（通过应分析其社会条件和逻辑的社会化作用）构成的人（且仅仅是那些人），以至于这些人（就像他们进博物馆一样）先入为主地认定和把握在社会上被指定为艺术品的东西（尤其通过作品在博物馆的展览）”。[2]这种秩序为进入艺术场域中的人创造了一种体制语境。另一方面，在抽象维度，艺术体制保留了艺术场域微弱的制度化，其中的观念、惯例、法则等具有可变性，比如敦煌艺术品展现出的艺术风格的综合性和包容性，即是在吸收外来艺术风格的过程中对传统艺术惯例的修改，并由此产生了新的艺术惯例，形成某种辨别的标准。艺术体制随着体制背景的变化发生相应的改变，以适应艺术需求，延长自身的寿命。

敦煌艺术界逐渐体制化为一个既定的、规则支配的（rule-governed）实践，建立了一种行为方式，规定了事实（institutes facts），是一种文化机构（cultural institution）。敦煌艺术的体制化背景正是在国内外敦煌学理论体系和以敦煌研究院为中心的实体机构的建设、发展中逐渐完善的。但是，由此形成的惯例并不是一成不变的，“尽管惯例是标准化的，但它很少呆板僵化或是一成不变。它们并不是一套不可触犯的规则——在决定如何做事的问题时，每个人必须以之为参照。即便指示看上去非常具体，它们也留下了有待解决的很多事务，这些事务只有一方面通过参照惯常的解释模式，另一方面通过协商才能解决。表演活动的惯例经常被整理成书面的形式，以告诉表演者如何理解他们演出的乐谱或剧本”。[3]不断更新的艺术惯例起到了区分、约束的作用，而“有些惯例则被大多数人所熟知，因而这种艺术形式可以实现全球分配，或者，至少被很多人观看”。[4]所以，以艺术惯例协调艺术资源而不是以权力资本衡量艺术资源，将利于全球视域内敦煌艺术界的良性发展。

三、体制治理与审美文化认同

敦煌艺术与体制相关或者嵌入在一个体制背景中，体制授予艺术品资格并赋予艺术品一种特殊的、形而上的、观念上的美学特征。在敦煌艺术场向敦煌艺术界转变的过程中，艺术成为一种融入体制意图或社会体制的文化实体，也是一种由众多参与者合作实践组成的关系网络。在社会学而不是哲学的意义上，艺术会与文化认同产生联系。面对现实问题，体制治理也将发挥作用。

20世纪末至今，资本主义已经逐渐发展成审美品味的资本经济，审美品味在资本的运作下成为当代经济增长的动力，资本主义在审美动因的基础上展开。[5]相较而言，国内美学界，自20世纪80年代以来的美学热和文化热之后，出现了审美文化的热潮，生产出诸多关于中国美学史与“审美文化”的研究力作，在此基础上也表现出建构敦煌艺术美学的努力。[6]敦煌艺术体制面对中西不同的体

1〔法〕布尔迪厄：《艺术的法则：文学场的生成与结构》，刘晖译，中央编译出版社，2001，第327页。

2〔法〕布尔迪厄：《艺术的法则：文学场的生成与结构》，刘晖译，中央编译出版社，2001，第346页。

3〔美〕霍华德·S.贝克尔：《艺术界》，卢文超译，译林出版社，2014，第29页。

4〔英〕维多利亚·亚历山大：《艺术社会学》，章浩、沈杨译，江苏美术出版社，2013，第82页。

5〔法〕阿苏里：《审美资本主义：品味的工业化》，华东师范大学出版社，2013，第7-9页。

6 易存国：《敦煌艺术美学：以壁画艺术为中心》，上海人民出版社，2005，第8页。

制环境，生产或再生产出一种具有中西文化熔铸特征的艺术界，一方面遵守传统审美文化的艺术风格和惯例，另一方面积极创新，融入中西时代审美风格，既有传统文化基因也发展出了新的艺术观念和产品。这些融合中西、新旧交替的艺术体制拥有特定的结构，发挥了重要的治理功能。毕竟“整个艺术体制的特定结构造就了某种‘艺术’观念的形成，而对‘艺术’的共识则是一系列冲突和协调的最终产物”。[1]共识是在冲突或协调的机制中生成的，相较于个体行动者的努力，体制治理是一种解决冲突、建立认同的方式。

某种意义上，审美品味也是一种能力，起到了划分、界定、区隔等效用，在资本主义将审美品味工业化时，暗含了跨国资本审美同质化的趋势。敦煌艺术世界如果不想被这种潮流裹挟，需要发挥出自身的体制化力量，强化其治理能力。就国内敦煌艺术体制的建设来说，除了制度性、观念性的体制类型，还致力于物质实体单位组织、机构的努力。不过就两者自身的特点来说，“体制的管理比较松散。如果我们把作为制度的体制和作为物质性实体，拥有办公场所、经费预算、雇员和法律人格的组织加以区分的话，我们可以说用体制来治理是突出了‘没有政府的治理’理念，可以达到治理的目标而同时又能尽量减少新的官僚体制或管理部门的建立”。[2]在这个意义上，体制治理强调了体制的可操作性、流动性、生长性，弱化了体制的结构化权力分层。

体制治理不是权力统治、政治压迫，而是一种调试的新自由主义的治理[3]，是在文化艺术治理视域下的治理方式。一般而言，“治理的过程是一个组织或社会自我掌舵的过程”[4]。敦煌艺术体制治理同样拥有相对的自主性，并为自我发展掌舵。它预设了体制的自由前提，允许单一体制内部系统运行的合法性和被其他体制代替的可能性。重要的是也可以通过体制对行动者的具身程度，探讨它对经验、惯习/习性的影响。

敦煌艺术界的体制治理，是艺术体制理论从体制性批判到批判性体制的尝试，体现在诸多艺术单位、机构的建设，以及观念体系、规章制度等的建构过程中。所谓批判的体制指的是对体制进行批判的话语和方法，在批评家那里是指文本，在艺术家那里是指视觉语言。[5]只是在敦煌艺术体制目前的讨论中，批评家和艺术家可被同等看待，他们遵循的批判性体制并不是在体制内外严格区分中进行的，因为体制内外明确的边界常常因某些艺术事件或行为而变得模糊、多空和可跨越。而且批评性体制过程包含体制自我批判的体制化过程，也就是将对自我批评建构为某种体制的过程。

事实上，某一时期的石窟形制是由敦煌当时、当地的物象和审美风格决定的。洞窟艺术的敦煌式改造，是佛教文化与美学形态由原来的区隔，到边界意识的模糊、消解，最后逐渐式微、融合的过程，是西方模仿与表现的艺术形式到敦煌审美艺术形式的转换。而且，外传佛教艺术对中国艺术体制产生了重大影响，首先促进了中国传统绘画写实技法的发展；其次，是色彩的使用让中国艺术更加绚丽；再次，敦煌艺术提升了中国在亚洲艺术史以及国际学术史上的地位。另外，中国艺术传统对外来艺术形式的吸收、改造，凸显了中国传统文化艺术强大的吸收和消化能力，也说明中国传统的天人合一、和而不同、和实相生、气韵生动等文化艺术理念的强大生命力与真理性。[6]双向互动、回环往复的艺术交流形式，共同促进双方艺术共生互进。也正是如此，体制治理才显示出重要价值。

1 殷曼楟：《“艺术世界”理论建构及其现代意义》，社会科学文献出版社，2009，第174页。

2〔美〕扬(Young,O.R.)：《世界事务中的治理》，陈玉刚、薄燕译，上海人民出版社，2007，第6页。

3 翁士洪、顾丽梅：《治理理论：一种调适的新制度主义理论》，《南京社会科学》2013年第7期。

4 Steven A. Rosell et al, *Governing in an Information Society* (Montreal: Institution for Research on Public Poliey, 1992), p.21。

5 高名潞主编：《立场 模式 语境 当代艺术史书写》，中央编译出版社，2016，第185-193页。

6 曾繁仁：《敦煌艺术中“天”的形象到“天人”形象的历史嬗变》，《复旦学报》（社会科学版）2014年第4期。

体制治理的目的之一在于营造可共同感知且共同接受的艺术形式。壁画在石窟寺中的作用主要有两种,"一是用形象的图画向佛教徒宣传、阐述佛教义理。二是以强烈的装饰性效果来感染信徒。也就是从内容上和艺术形式上与洞窟、塑像紧密结合,构成一个相对完整、独立的宗教世界,使人们走进洞窟犹如走进佛国,'人佛交接,两得相见',在艺术美感的潜移默化中,'动人心志',诱导人们信奉宗教"。[1]虽然壁画表现的内容不尽相同,但是各朝代对壁画的绘制和艺术表达,都呈现出一个独特的佛国世界。就观者而言,未进入洞窟时,它是独立的宗教艺术王国;进入洞窟后,在系列的仪式或宗教程序的过程中,似乎已经融入壁画呈现的世界之中;走出洞窟后又有一种似与佛交的错觉。洞窟形制和壁画内容成为激发观者感知、塑造共同情感的方式。

敦煌艺术体制不仅表现为制度性体制和实体机构,而且是艺术品的客观化,更重要的是行动者的内在化或曰具身化(embodied)。作为敦煌艺术界内的成员,一直有某种使命体制的引导,这种使命体制具有一般意义上所谓使命感的特征,"有使命感,就是感觉被召唤从事某活动,并且从此不再为了计算利益得失或服从礼节或者义务而生存,而是为了发自内心的个人的强烈爱好去生存。就是全身心投入一种事业,感觉是上天注定的"。[2]在将毕生奉献给敦煌的行动者的生命历程中,敦煌艺术已经完全具身化了,不仅督促行动者们再生产敦煌艺术品,而且我心归处是敦煌。这些行动者的身份具有二重性,"既是由物质的、统计的、积极的现实组成的,也包含了代表性、精神性形象及激励实现一种理想的东西"。[3]他们积极地进行研究、创作,以文章、著述和艺术品以飨大众,同时以保护、传承敦煌艺术为使命、理想。

敦煌艺术经过体制治理,将过去的事件和对它们的回忆以一种方式保存并延续,在不断重现中获得了现代意义。艺术体制产生、维护了共同的行为规范和价值体系,在历史的演绎中,成为文化记忆[4]的一部分,凸显出艺术界网络中的凝聚性结构。这种"记忆是带有某种认同-索引(identity-index)的知识,它是关于自身的知识,也就是说,是关于一个人自身的知识,无论这个人是作为一位个体,或作为一个家庭、一代人、一个共同体、一个民族中的一员,还是作为一种文化传统和宗教传统"。[5]有关敦煌的文化记忆在艺术体制的筛选、整合中凝练为一种艺术传统或艺术惯例,与某物何以成为艺术品或审美对象相关,同样也以认同-索引的方式促使行动者建构起一种品位和时尚。

审美文化具有民族身份的历史建构、现实建构、想象建构的功能,本身构成了全体民族成员共同拥有的、具有强大感染力的历史记忆与精神财物。基于审美文化形成的认同,将进一步促进敦煌艺术体制的稳定性,为其发展、变革提供方向。另外,将丝绸之路艺术作为一个相互关联的整体进行系统理论探讨和作为艺术史研究起步不久。敦煌是丝绸之路艺术交汇点,敦煌艺术斑块是丝绸之路艺术斑块的一部分。[6]敦煌艺术研究已经深入人心,对其体制层面的研究以及体制治理能力的挖掘,将辅助丝绸之路艺术理论及其艺术史层面的体制化研究。

四、结语

作为文化地理现象的敦煌,同样是高密度的审美文化空间。敦煌艺术体制研究启发我们从关系系统看清敦煌艺术品与艺术体制、行动者与艺术体制以及体制间及其体制背景/语境的关系,试图破除艺术创造者和艺术品的神圣光环,强调艺术生产场域和社会场域情境,引导我们在文艺学、艺术

1 胡同庆、罗华庆:《解密敦煌》,敦煌文艺出版社,2018,第30页。

2〔法〕埃尼施:《作为艺术家》,吴启雯、李晓畅译,文化艺术出版社,2005,第64页。

3〔法〕埃尼施:《作为艺术家》,吴启雯、李晓畅译,文化艺术出版社,2005,第64-65页。

4〔德〕扬·阿斯曼:《什么是"文化记忆"?》,陈国战译,《国外理论动态》2016年第6期。

5〔德〕扬·阿斯曼:《交往记忆与文化记忆》,管小其译,《学术交流》2017年第1期。

6 程金城:《丝绸之路艺术论纲——基本问题与研究范式》,《中国科学报》2019年8月第3版。

学、社会学等跨学科张力中思考体制治理的重要价值；另外，艺术作为体制的历史性意味着艺术体制有着当下性和各自历史形态的复数概念，“艺术体制的概念必须放在它的历史性中加以理解”。[1]我们应该在多元文化生态语境下，保持清醒。

参考文献

[1] 奥斯汀·哈灵顿.艺术与社会理论:美学中的社会学论争[M].南京:南京大学出版社，2010.

[2] 阿列西·艾尔雅维奇,审美革命与20世纪先锋运动[M].胡漫,译.上海:东方出版中心,2021.

[3] 诺埃尔·卡罗尔.超越美学:哲学论文集[M].李媛媛,译.北京:商务印书馆，2006.

[4] 戴维·斯沃茨,文化与权力:布尔迪厄的社会学[M].陶东风,译.上海:上海译文出版社，2006.

[5] 布尔迪厄,艺术的法则:文学场的生成与结构[M].刘晖,译.北京:中央编译出版社,2001.

[6] GRAVES D. The institutional theory of art: A survey [J]. Philosophia, 1997,25(1-4).

[7] 霍华德·S.贝克尔.艺术界[M].卢文超,译.南京:译林出版社，2014.

[8] 阿苏里.审美资本主义:品味的工业化[M].黄琰,译.上海:华东师范大学出版社，2013.

[9] 易存国.敦煌艺术美学:以壁画艺术为中心[M].上海:上海人民出版社，2005.

[10] 扬(YOUNG, O. R.).世界事务中的治理[M].陈玉刚,薄燕,译.上海:上海人民出版社，2007.

[11] 埃尼施.作为艺术家[M].吴启雯,李晓畅,译.北京:文化艺术出版社,2005.

【作者简介】

王红丽，兰州大学文学院博士，研究方向为文艺理论与批评，在《新华文摘》《福建师范大学学报（哲学社会科学版）》《人文学研究》《西部文艺研究》等发表论文若干篇，出版译著《物质阐释学：反转语言转向》。

1 Debeljak, *Reluctant Modernity: The Institution of Art and Its Historical Forms* (Lanham: Rowman & Littlefield Publishers, INC.,1998), p. 18.

跨文化分析：丝绸之路上玻璃器的审美维度

王晓奕

【摘　要】本文以丝绸之路东西两端玻璃发展史为背景，从器物文化审美维度视角，对法门寺地宫出土玻璃器进行了综合分析。探讨了材料、制作、工艺、功能、文化意义、稀缺经济、多重文化意涵、跨文化传播激发本土生产带来的创新等多个维度。研究发现，玻璃器在古今丝绸之路上的流转，呈现出不同文化审美意义的丰富多样性。

【关键词】玻璃器；丝绸之路；审美维度；文化审美意义

一、议题回顾——三重指涉中的丝路审美研究与叙事

一般而言，丝路审美这一议题是基于古丝绸之路这一历史文化现象而衍生出的种种相关文化研究，如古丝绸之路上的历史、器物、宗教、商贸等，这是基于古丝绸之路叙事框架展开的，它并非一种学科性的研究议题，而是研究范围的时空界限。但是，对丝绸之路的历史叙事这一前提性框架亦在当今学术界发生了变化。丝绸之路是一个过去的历史现象，也是一个延续至今的当代现象，从建立之初，丝绸之路始终就是“地球运转的轴心”：最早的城市和帝国都在丝绸之路涌现，世界主要宗教都通过丝绸之路传播发展，丝绸之路上的贸易让全球化早在两千多年前就已经形成，古代学者们聚集在丝绸之路上创造并交流着智慧和艺术。甚至到了今天，丝绸之路上所出现的难民议题和恐怖主义的威胁，依旧是全球关注的焦点[1]。

（一）作为研究语境的丝路文化审美研究

此类研究是一种非常传统的文化史研究，在古丝绸之路语境下展开，对某一丝绸之路的流通物进行文化史分析，如植物[2]、丝绸、商品、舞蹈艺术[3]等。此类研究是标准的文化史审美研究，优缺点是同一的，仅仅就具体对象进行分析。

1〔英〕彼得·弗兰科潘:《丝绸之路:一部全新的世界史》,陆大鹏译,浙江大学出版社,2017,第2–3页。

2 郭茂全:《丝路文化交流中植物的话语镜像、艺术表征与审美融通——从“撒马尔罕的金桃”谈起》,《西北民族大学学报》2020年第6期。

3 宋阳:《丝绸之路乐舞文化美学研究》,《人物画报》2020年第6期。

（二）作为现代丝路文化审美再创造的诠释研究

如果将丝绸之路视为到现代依旧具有话语意义的现代现象的话，那么丝绸之路的当下叙事及文化审美影响依旧是在持续再生产的一个动态之存在，所以就有了现代丝路文化审美再创造的诠释研究，如面向海外的丝绸之路当代艺术展[1]；此外，该类研究还有现代化建设与发展的取向，不是仅仅为了解释而解释，还是希望利用丝路审美资源进行现代性发展，特别是旅游建设[2]。此类研究意识到了丝绸之路审美文化史一个现代性在进行的实践。

（三）作为文化审美理论展现材料的丝路文化研究

丝路文化也可以被放在不同的审美理论下进行重新理解和诠释，在这个语境下丝路文化仅仅是基于理论重新展现的材料，如事件诠释学[3]、文化间性[4]等。此类研究的优点是尝试用新的视角去理解丝路文化，但缺少对挪移而来的理论本身的反思和对话推进。

（四）本文研究思路——物质产品的文化审美维度分析框架的建构与分析实践

综上所述，本文旨在基于东西丝绸之路上玻璃器的发展历史，探索其文化传播与审美演变。与简单介绍传播或纯美学研究不同，本文首先介绍了玻璃器的材料与工艺特点，然后结合商贸传播和跨文化交流，探讨了玻璃器所获得的新文化意义与审美维度。最终，通过这一综合分析，建立了一个多维度的物质艺术品审美框架，旨在深入理解丝绸之路上玻璃器的历史与文化意义。

二、背景：古代丝路东西两端的玻璃发展史简介

（一）古丝绸之路西方的玻璃发展史

位于地中海沿岸的古埃及，是古丝绸之路西端的重要节点，古埃及王朝时期的玻璃制作水平在古代世界属于领先水平。古埃及是彩色玻璃技术发展的一个重要地区，玻璃工匠通过添加不同的金属氧化物来控制玻璃的颜色。当时的玻璃大多是深蓝色或蓝绿色。古埃及的文献则将青金石称为“真正的青金石”，而将深蓝色的玻璃称作“青金石”；同样的，绿松石被称为“真正的绿松石”，蓝绿色的玻璃被称为“绿松石”。据此可以推测，这些玻璃的颜色是模仿宝石的颜色。青金石和绿松石并非埃及原产，大多从阿富汗一带经由伊朗输入，这些宝石在古埃及被视为贵重物品。宝石的深蓝色被视为象征着天空和河流的颜色，具有神圣的意义；绿色被视为象征着生命和重生的颜色，代表着自然的力量。在古埃及，蓝绿色的玻璃器，被广泛用于制作象征权力和神圣的物品，绿色玻璃器常被用于装饰宗教场所、宗教仪式的器皿以及用于埋葬时的陪葬品，代表着对死者的祝福和重生的希望。古埃及生产了大量精美的彩色玻璃，并在制作的玻璃上雕刻条纹装饰，发明了镀金和玻璃铸模技术，极大地丰富了玻璃的形状和颜色。

玻璃吹制技术的发明是玻璃制造技术历史上的重要里程碑之一，极大地改变了玻璃制造的方式和效率，使玻璃器进入日常生活。公元1世纪，古罗马成为玻璃制造业的中心，并将玻璃吹制技术发展到更高的水平。这一时期，玻璃工匠们开始使用长而细的金属管（吹管）来吹制玻璃，通过控制吹气的力度和方向，可以塑造出各种形状和大小的玻璃制品。古罗马时期的玻璃制品以其精美的工艺和多样化的形态而闻名，包括各种容器、饰品等。5世纪以后，古罗马的玻璃工艺逐渐衰落。到公元8世纪，除了教堂里的彩色玻璃镶嵌外，欧洲的玻璃工艺几乎绝迹[5]。在这一时期，中东的玻璃

1 王大桥、刘晨：《中国女性与丝路审美现代性》，《武汉科技大学学报》2021年第3期。

2 彭邦本：《资源与前景：关于南丝路文化旅游线的思考》，《中华文化论坛》2008年第2期。

3 张进、蒲睿：《论丝路审美文化的事件阐释学维度》，《西北民族大学学报》2022年第4期。

4 柴冬冬：《文化间性：“丝绸之路”文化阐释的逻辑起点》，《内蒙古社会科学》2021年第3期。

5 张玉花、王树良：《外国工艺美术史》，重庆大学出版社，2019，第6–7页。

工业继续发展着。

公元12世纪，随着商贸的发展，威尼斯成为世界玻璃制造的中心，在公元15至16世纪达到巅峰。为了垄断玻璃制造技术，政府将玻璃工匠集中在与威尼斯相邻的穆拉诺岛上，每一个穆拉诺公民，一旦成为玻璃技师，就可以取得爵位，但受政府管制，不可以离开这座岛屿到其他国家。穆拉诺岛的玻璃工匠们在玻璃制作技术上进行了不断的创新和改进，15世纪，制作出了极其清亮的无色水晶玻璃，被称为"穆拉诺水晶玻璃"；到了16世纪，他们又改良配方制造出了绚烂夺目的彩色玻璃，其中最著名的是"千花"，这是一种将彩色玻璃棒切割成小片，然后组合成花朵、星星等图案的技术，是威尼斯玻璃制作的标志之一和经典工艺。当时，威尼斯产品几乎垄断了整个欧洲市场。16世纪后，玻璃工匠开始离开穆拉诺岛，分散到了欧洲各地，玻璃制造技术也就在欧洲逐渐普及开来。

总的来说，在古代，作为丝绸之路的西端，地中海和黑海地区以其玻璃工艺而闻名。它们生产了无数精美的玻璃制品，并被视为玻璃制造技术的发源地，其中包括沙芯法和吹制法等。这些玻璃制品主要用作高级工艺品和日用品，在当时的文化生活中扮演着重要角色。少量玻璃制品通过古丝绸之路传播到了东方地区，这引发了一个值得探究的问题：东方地区对这些外来品的看法如何？经过跨区域流动，玻璃在丝绸之路东端究竟具有何种审美价值和文化价值？要解答这个问题，首先需要考察古丝路东端的玻璃工艺发展情况。

（二）古丝绸之路东方的玻璃发展史

1.中国本土玻璃原料与工艺

东方与西方玻璃在化学原料上有区别，前者为铅钡玻璃，是中国古代的玻璃特有的原料，后者为钠钙玻璃。铅钡玻璃与钠钙玻璃为两个不同的玻璃系统，这也就决定了东西玻璃制成品在艺术和审美上的差异。中国玻璃模仿玉石，采用不透明铅钡玻璃；而西方玻璃模仿青金石或绿松石，采用透明度较高的钙钠玻璃。

铅钡玻璃烧成温度较低，适用于制作装饰品、礼品和随葬品等，但在耐用性、耐温性和透明度方面存在限制。相比陶瓷、青铜和玉石器等材料，其应用范围较窄，发展不充分。而钠钙玻璃成本低廉，外观通常透明或半透明，带有浅绿色，具有优异的物理、化学和光学性质，因此在多个领域得到广泛应用。

在本文中，为了统一和明确起见，我们没有采用古汉语中常见的对玻璃的称谓——"琉璃"。在古汉语中，"琉璃"有两个义涵：第一是用铅和钠的硅酸化合物烧制成的釉料，即前文所提到的铅钡玻璃；第二是指涂釉的瓦。由于后者的涵义可能会引起误解，因此为了明确讨论对象，除了特指已约定俗成的文物名称外，我们仅使用"玻璃"一词，即"琉璃"的第一种涵义。

古代中国较早的玻璃制品是春秋末战国初的蜻蜓眼，例如曾侯乙墓出土的蜻蜓眼琉璃珠串，特征与约公元前7世纪的腓尼基琉璃珠完全一致，为钠钙玻璃体系，从化学成分和工艺特征推测，来自古埃及或者西亚地区。中国古人对其进行了大胆的工艺改良，将外来技术与纹饰加以创新，制造出含铅钡成分的蜻蜓眼玻璃珠。同时期，在中国的南方和西南地区的100多座墓葬中出土了具有中国特征的玻璃璧、珠、印、剑管等200多件，它们均为铅钡硅酸盐玻璃制品。战国时不仅将蜻蜓眼玻璃珠作为装饰品而大量生产，而且以玻璃制成仿玉品也成为玻璃的另一项主要用途，1975年湖南省长沙市杨家山出土的一件战国玻璃璧即为此时仿玉品的代表。

中国古代铅钡硅酸盐玻璃主要采用模压成型的工艺，这一工艺源自中国在当时比较成熟的青铜器制造工艺。古代中国玻璃的起源实际上是古代青铜冶炼、炼丹术的副产品，这一时期也出现了原始瓷器。原始瓷器在烧制过程中的高温，使得透明釉滴流淌下来，这些釉滴已经是玻璃态化了。因为它们在当时非常罕见和珍贵，所以被用作珠宝或贵族剑饰的镶嵌物。到了汉代，大尺寸的平板玻璃已经可以制造出来了[1]。

从汉代至元明时期，中国依旧有本土制成品，以含氧化钡和氧化铅为这些玻璃的主要成分特征，即铅钡玻璃。宋代，所制得的玻璃不通透，被称为“药玉”“假玉”。苏轼有诗《独酌试药玉滑盏，有怀诸君子。明日望夜，月庭佳景不可失，作诗招之》：“熔铅煮白石，作玉真自欺。琢削为酒杯，规摹定州瓷。”由此可见，当时玻璃器的器形受定州瓷器的影响，而诗人则认为将铅和白石做成玉的代用品是自欺欺人的做法，心理上不认同[2]。

2.西方玻璃工艺的引入与再造

直到清朝，中国才彻底引入了西方玻璃制造技术。公元17世纪，清政府康熙皇帝命令建造玻璃厂。它是在日耳曼传教士纪里安指导下进行的，于康熙三十五年（1696年）开始筹建，至康熙三十九年（1700年）建成，设清宫内务府造办处的玻璃厂，在康、雍、乾三代皇帝的提倡和扶持下得到了巨大的发展。嘉庆之后仍然持续生产，几乎每年都为皇家烧造大量的年节进贡的玻璃器，直至宣统三年（1911年）方告结束。在这二百多年中，集中了一批全国最优秀的玻璃工匠在养心殿造办处服役。一批掌握烧造玻璃技术的西方传教士也远渡重洋，经广东海关、督抚的推荐，获皇帝恩准后进入养心殿造办处玻璃厂行走，这就给玻璃厂的规模、设备、配方，以及工艺带来了直接或间接的影响。例如，在《清内务府养心殿造办处各作承做活计清档》中记载，康熙年间玻璃厂工匠程向贵烧造的雨过天晴刻花套杯，其装饰手法为受西方金刚钻刻花玻璃影响的印刻花纹。

清宫玻璃厂引进西方玻璃技术后，可生产单色玻璃、珐琅彩玻璃、镶套玻璃、描金玻璃。这些玻璃器皿主要包括五类：日常用品、家具、文具、宗教用品和礼品。雍正时期的玻璃器风格完全本土化，与康熙时期或多或少受到西方传教士影响的玻璃风格完全不同，无论是在造型还是装饰上，基本上难以看出外来文化的影响[3]。

乾隆帝曾有一件显微镜，他在镜外盒上题写了这样几句：玻璃制为镜，视远已堪奇。何来叆叇器，其名曰显微。能照小为大，物莫遁毫厘。远已莫可隐，细又鲜或遗。我思水清喻，置而弗用之。又有“几暇怡情”“得佳趣”两方印文。从题字中可以看出，在中国文化中庸思想的影响下，乾隆皇帝虽然将显微镜作为休闲的把玩之物，但并不欣赏西方玻璃器透明度高的特点。乾隆皇帝曾写过800多首题玉诗，表明他对玉的偏好。当玻璃器进入中国的审美语境时，其高透亮性并未得到赞赏。乾隆时期，虽然中国掌握了制作高透明度玻璃器的技术，但其生产和艺术风格与之前的清透风格大不相同。中国的玻璃器趋向于半透明或不透明，技艺逐渐从吹制向雕刻演变，更加强调仿玉的特征。

（三）小结：材料与审美

就古丝绸之路东西两端的玻璃器发展而言，简言之，虽然在东西均出现了独立的玻璃制品，但后来的发展却呈现出明显的差异。西方地区的玻璃制品更为发达，更具艺术亮点，而东方地区的发展相对不起眼，这主要是由于材料限制所造成的吗？

每种独特的材料都会影响制成品的不同审美价值。钠钙玻璃的通透性和易加工性使其在复杂玻璃工艺中具有优势。然而，如果将这些制品置于不同文化物质圈中审视，则会发现，在中国古代，自制玻璃可以说是青铜和陶瓷制造的附带产品，并没有形成独立的专业玻璃工艺体系。这也许不仅是由于材料所限，更可能是由于古代中国陶瓷和玉文化制品非常发达，本土玻璃制品在日常使用和奢侈品方面已经失去了实用和艺术价值的地位。

此外，从近代科学的起源来看，钠钙玻璃在望远镜、显微镜等工具的制造中起着重要作用。因

1 干福熹、承焕生、李青会：《中国古代玻璃的起源——中国最早的古代玻璃研究》，《中国科学》2007年第3期。

2 安家瑶：《玻璃器史话》，社会科学文献出版社，2011，第142-143页。

3 张荣：《清雍正朝的官造玻璃器》，《故宫博物院院刊》2003年第1期。

此，在丝绸之路的西方地区，玻璃器并不会沿着丝路从东向西传播；而从东向西传播的瓷器，在西方则是奢侈品。

在西方，玻璃制作工艺成熟，产量大，价格相对较低，因此更加普及。此外，一些高质量、精美的玻璃制品作为奢侈品，在日常生活中具有装饰和象征社会地位的功能。相反，在中古时期的中国，外来玻璃器被视为非常珍贵的物品，由于其稀有性和与本土器物截然不同的审美特征，成为仅限皇室贵族或宗教仪式中出现的宝物。因此，玻璃器的功能转变为仪式性，成为社会地位的象征。

在跨文化传播流动中，玻璃所蕴含的文化符号内涵也发生了转变，例如，法门寺地宫出土的伊斯兰和罗马玻璃器在当地承载了不同的文化功能。

三、法门寺地宫出土的玻璃器物质审美价值流变

法门寺地宫出土了20件玻璃器，是世界伊斯兰玻璃考古的重大发现。它们是外域的贡品或贸易品，是我国唐代中外经济、贸易、文化交流的见证。习近平总书记2014年在巴黎联合国教科文组织总部发表重要演讲时提到："在中国陕西的法门寺，地宫中出土了20件美轮美奂的琉璃器，这是唐代传入中国的东罗马和伊斯兰的琉璃器。我在欣赏这些域外文物时，一直在思考一个问题，就是对待不同文明，不能只满足于欣赏它们产生的精美物件，更应该去领略其中包含的人文精神；不能只满足于领略它们对以往人们生活的艺术表现，更应该让其中蕴藏的精神鲜活起来。"除特指的文物名称外，法门寺地宫玻璃器定名均用了"琉璃"。

法门寺在唐代为皇家寺院，位于唐代长安以西的扶风郡，其作为皇家寺院的重要因素是该寺所藏释迦牟尼指骨真身舍利。在唐代有30年一开，将舍利迎入皇宫进行供养的传统，且具有很强的唐代佛教密宗色彩。正是由于真身舍利的存在，唐皇室会将大量皇家珍宝连同舍利返送法门寺地宫，等待着下次30年后的皇家舍利迎奉活动。在中国考古史上，法门寺地宫中的珍宝是仅次于故宫的皇室珍宝，主要有金银器、秘色瓷、丝绸、玻璃器等。以上便是法门寺的文化背景。

经中外专家用现代化光谱鉴定，法门寺地宫出土的部分玻璃器成分为钠钙玻璃，钾与镁的含量比较高，属草木灰类型的玻璃器。也就是说，从材料可以看出，它们都是舶来品。唐代丝绸之路除了起源于汉代的陆上丝绸之路以外，还有依托于波斯商人开辟的海上丝绸之路，法门寺地宫出土的玻璃器很大可能是来自海上丝绸之路。

(一) 法门寺地宫出土的伊斯兰玻璃器工艺

法门寺出土的伊斯兰琉璃器，大部分应原产于古伊朗内沙布尔等地区，为阿拉伯帝国强盛时期阿拔斯王朝的产品。它吸收了古罗马和波斯帝国等琉璃生产的工艺和文化，又将早期的伊斯兰文化及风格融入，形成了具有自己民族特点和宗教文化的琉璃器制品[1]。

1.时代最早的盘口细颈贴塑淡黄琉璃瓶

此瓶为这批琉璃器中时代最早、最为珍贵的一件。腹部贴有四排装饰，第一排为八个深蓝色同心圆，第二排为六个不规则五角星，第三排为六个莲芯样圆形饰，靠近底部的第四排为六个深蓝色水滴形装饰，腹贴四重花纹。它与现藏德国柏林伊斯兰艺术博物馆的盘口贴塑梨形玻璃瓶极为相似，可能为6—7世纪伊斯兰早期或拜占庭晚期地中海东岸所生产，距今约有1400年以上的历史。

贴丝和贴花都属于热加工装饰工艺，将多层相同或不同颜色的玻璃丝包裹在非常薄的器皿上作为装饰。早在罗马帝国时期，地中海东海岸的玻璃匠就已经掌握了这种工艺，公元7世纪，伊斯兰阿拉伯占领地中海东海岸后，伊斯兰玻璃匠首先继承并发展了这种装饰技术。除了生产难以与罗马玻璃区分的贴丝和贴花外，他们还生产罗马玻璃中不常见的贴丝和贴花，圆形装饰是伊斯兰玻璃中

1 张高举:《法门寺地宫出土琉璃器鉴赏》,《宝鸡文理学院学报》2018年第1期。

最常见的贴花，六边形、五边形或三角形等也是流行的贴花。

根据史书记载，唐朝人曾在法门寺内安置佛骨。在瓶子内部发现了一张带有两行墨书的纸签，目前仍然可以辨认出上面写着“莲”和“真”两个字。然而，根据法门寺地宫实际舍利安置的容器来看，采用了舍利宝函和舍利棺的组合包装形式，而在瓶子出土时并没有发现其中放置舍利的记录。

佛教的传入也是通过丝绸之路进入中国的，尤其是在佛教盛行的唐代，自然也有源自印度的风俗，即用玻璃瓶盛放或公开展示舍利。在佛教中，琉璃是七宝之一，因此如果可以使用外来的玻璃器来安置舍利，那将是非常庄严的方式。如果没有外来玻璃器，也会使用中国产的铅钡玻璃器来替代。

2.世界上最早的彩釉琉璃——罂粟纹黄彩釉琉璃盘

釉料彩绘是琉璃装饰工艺的一种，它与瓷器的彩绘工艺接近。伊斯兰釉彩琉璃久誉世界。德国柏林国家博物馆伊斯兰部收藏的内沙布尔发掘品中有一件釉彩琉璃与此盘相似。英国伦敦维多利亚博物馆收藏的9世纪拉斯特彩花草几何纹陶盘，其釉彩工艺也与此相同。所以法门寺的罂粟纹黄彩釉琉璃盘原产地可能为伊朗内沙布尔或两河流域。一般认为伊斯兰釉彩琉璃的使用年代是12—15世纪。法门寺地宫的这一发现，把世界盛产彩釉琉璃的时间至少提前了三个世纪，它是迄今发现最早的釉彩琉璃。

3.“米哈拉布”神龛——四瓣花纹蓝琉璃盘

通体蓝色，光洁透明，盘心刻正方形，内以斜平行线相交成菱形格，并刻细线小格，再以正方形每边为底边，刻四尖瓣，形成十字形四瓣团花，每尖瓣内刻一枫叶，组成神圣的“米哈拉布”神龛。属阿拉伯波斯萨珊王朝风格的早期产品。

同样的刻纹蓝玻璃盘共有六件，盘的内底刻有不同的纹饰，我们称这种玻璃装饰为刻纹玻璃。刻纹属于冷加工装饰工艺，六件玻璃盘都是以植物的枝、叶、花为主题的刻纹，但每件盘子的图案各异。艺术家熟练地运用了葡萄叶纹、葵花纹、枝条纹、绳索纹和一些几何图案，如菱形纹、十字纹、三角纹、正弦纹等，再加上密集的平行细斜线纹划出地纹，组成繁丽的图案。六件刻纹蓝玻璃盘中有三件在刻纹的基础上，一些主要线条用金粉描绘，使得已经很华丽的盘子更加光彩夺目，如丹芭纹蓝琉璃盘、枫叶纹描金蓝琉璃盘、八瓣花蓝色琉璃盘等。刻纹玻璃工艺也是伊斯兰玻璃匠从罗马帝国继承下来的工艺之一，在伊斯兰早期流行一时，但保存下来的完整无损的刻纹玻璃器皿非常罕见。这批刻花玻璃盘，应是典型的伊斯兰早期器物，三件描金刻花玻璃盘，更是伊斯兰玻璃器中不可多见的精品。

4.菱形双环纹直筒琉璃杯

桶形杯是伊斯兰玻璃的常见器型，美国纽约大都会博物馆在伊朗内沙布尔发掘时，曾发现多件8—9世纪的桶形杯，但都是素面。这件琉璃杯从纹饰看，是经过模制印花而成的。

5.本土造型、异域工艺的玻璃茶盏茶托

因9世纪饮茶的习惯还没有西传，故推测这件是当时中国生产的玻璃，也是目前出土的最早的玻璃茶具。经化学分析，其原料与其他进口玻璃器一致，为钠钙玻璃，所以很可能是皇室通过阿拉伯工匠订制的具有中国本土特色的玻璃制品。

（二）伊斯兰玻璃器为何会出现在佛教地宫之中

过去的许多研究将法门寺地宫出土的皇室珍宝视为皇室对佛教的崇拜和供养的表现，但这与《监送真身使随真身供养道具及金银宝器衣物帐》所记载的内容不符。该碑记录了唐朝在874年最后一次将舍利送回地宫时所送回的物品清单，开头使用了“恩赐到物”这样的词汇。这表明唐皇将真身舍利视为释迦牟尼本人的化身，并且将佛祖视为贵宾而非崇拜的对象。这些玻璃器的来源应该是伊斯兰商人或外交团体送给皇室的礼品[1]。因此，唐皇应该了解这些玻璃器所蕴含的伊斯兰教文化内涵。

(三)小结：物质审美价值在丝绸之路上传播的流变

基于上述对法门寺玻璃器的介绍，从玻璃器经丝绸之路带来的文化意义与审美流变进行总结：

表1　法门寺地宫玻璃器的流转过程带来不同审美维度与审美意义

法门寺地宫玻璃器的流转	审美维度	具体文化审美意义
原产地	伊斯兰玻璃本身的材料工艺特点	高级工艺品
经丝绸之路	稀缺而带来的异域美	罕见的稀缺品
唐皇室	特定阶层享用的美物	外来贵重珍宝、朝贡品
宫廷迎奉舍利	交换带来的价值提升	恩赐给佛祖的礼品
由印度传至中国的佛教	其他文化赋予器物新的文化内涵	作为佛教七宝的琉璃;舍利容器
法门寺博物馆展陈	现代博物馆展陈叙事下的美学观看体验	伊斯兰玻璃器作为丝路上中西交流的见证

四、结论与讨论——物质产品审美维度的分析框架

本文首先基于丝绸之路上的玻璃制品在东西方不同的发展和传播进行了简要的介绍，其审美维度和本文涉及案例总结归纳如下：

表2　物质产品审美维度总结表（以玻璃为例）

审美维度	本文案例
材料维度	钠钙玻璃与铅钡玻璃系统
制成品维度	埃及、中东、威尼斯玻璃制品
工艺维度	西方吹制法;东方压模法
在本文化圈物质材料关系网中的功能维度	古代中国作为玉替代品的玻璃饰物
由跨文化传播带来的稀缺经济维度	唐代舶来品的异域玻璃器
由跨文化传播带来的多重文化意涵维度	佛教中的琉璃;法门寺发现的伊斯兰玻璃器
由跨文化传播激发本土生产带来的创新维度	清代皇家玻璃工坊

综上所述，本文对玻璃器在丝路上文化审美的回顾不仅仅是历史审美的赏析，更是玻璃器材料与东西两端传播互鉴的缩影。在法门寺博物馆的新展陈中，玻璃、丝绸和秘色瓷这三类具有丝路传播的物质文明被放置在中心展厅，展现了它们在丝路文化中的重要地位。

精美器物在丝路上流通，玻璃从西到东，瓷器从东到西，但二者的贸易并不对等。随着清代引入了西方先进的玻璃技术，中国开始生产具有本土审美的玻璃器皿作为皇家专用，而西方的玻璃则早已运用于现代科学领域。今天，日本生产的世界上最精密的玻璃产品销往全球，用于科技领域。传统玻璃的手工工艺也成为人们的DIY兴趣活动，使更多的人能够通过亲手制作玻璃器皿来体验玻璃这一材料带来的审美体验。当前，烧玻璃工艺已经从为了制成品为目标的玻璃工坊作业转向了体

1　陈锦航:《唐朝政教关系在〈衣物账〉中的反映——对法门寺地宫出土的茶器具分类的反思》,《农业考古》2019年第2期。

验制作流程和自己创作的DIY艺术创作性质，这也是今天新丝绸之路所传播的。

因此，就玻璃器而言，从基于自身器物和材料带来的审美观感，到基于舶来商贸的稀缺而带来的价值，再经由丝路传播激发的本土制造中的二次审美创作，讲述着丝绸之路文化审美故事，丰富了人们对丝路文化的理解和认知。

参考文献

[1] 葛嶷，齐东方．异宝西来：考古发现的丝绸之路舶来品研究［M］．上海：上海古籍出版社，2017.

[2] 韩经太．中国审美文化焦点问题研究［M］．北京：人民文学出版社，2015.

[3] 孙机．中国古代物质文化［M］．北京：中华书局，2014.

[4] 张进．文学理论通论［M］．北京：人民大学出版社，2014.

[5] 张进，等．融通中外的丝路审美文化［M］．北京：知识产权出版社，2019.

[6] 张光直．中国青铜时代［M］．北京：生活·读书·新知三联书店，1983.

[7] 叶舒宪．温润如玉：中国美学原点与“润”的观念起源［J］．南京大学学报，2023（4）：58-65.

【作者简介】

王晓奕，兰州大学文学院博士生，研究方向为影视与新媒体文学，在《现代传播》等发表论文若干篇。

物的社会结构与符号意义生成

王 垚

【摘 要】物质文化研究的一条主要路径是重思人与物的关系，探讨物的文化意义和功能。结构社会学强调研究的客观性，主张将社会事实视为客观事物。莫斯的礼物研究渗透的“物观念”深刻影响了以商品与交换为主题的物质文化研究。当代物质文化理论试图超越“物是符号性的文化象征体系”的认识，主张追踪物的轨迹即追踪意义的生成过程。

【关键词】物质文化；图腾；礼物；符号；思想史

文化人类学和物质文化研究认为社会文化中的物是人类创造与劳动的结果，考察物是为了探究某一特定时期、特定区域、特定族群的社会文化发展的程度和状况。以涂尔干（Emile Durkheim）、马塞尔·莫斯（Marcel Mauss）为代表的理论家把视角聚焦于原始社会中大量的社会遗迹和风俗习惯（如圣物、图腾、礼物、仪式、圣典等），主张物表征了特定的社会文化结构，其研究目的就是揭示特定结构。虽然物质文化研究倡导的“物的转向”某种程度上是以“文本主义”危机为契机，但不可否认的是，把物质文化视为符号（或文本）是物质文化研究最经典的研究路径。本文试以思想史演进为考察视角，并在厘清脉络的基础上呈现当代物质文化理论的新面貌。

一、图腾与“社会事实”

对于鼎盛时期的结构主义来说，索绪尔（Ferdinand de Saussure）在20世纪初的语言学理论是其最重要的理论起源。随着索绪尔一支的结构主义语言学逐渐受到批判，结构主义的另一派先驱，被归为社会学、人类学领域的涂尔干、马塞尔·莫斯重回我们的视野。从涂尔干到莫斯再到列维-斯特劳斯，是一条清晰的师承脉络，也是一个从“结构的”到“结构主义的”人类学的演变过程。涂尔干对图腾制度的考察提供了“物质文化”研究的范例，并提出了“把社会事实当作客观事物”的口号。因此，我们有必要从涂尔干的“事物”概念入手。

任何事物都必须在一定的社会环境中考察。这在当代社会学看来的“常识”，在社会学起步时期则是颇具建设性的观点。涂尔干要做的是将社会学彻底地从哲学中脱离出来，主张“研究事物，必须以事物为主，而不能以一般性原理为主”。[1]在他看来，哲学那种对一般原理的归纳、演绎法在社会学这里行不通。涂尔干所说的“以事物为主”明确了将社会学的方向从研究事物的效用，转向研究事物的存在。涂尔干认为早前大多数社会学研究者对社会现象的考察和解释基于发现其对社会的作用或者在社会中扮演着怎样的角色，然而这样的研究方法并不能认识真实的事物。“各种社会现象都有它固有的性质和固有的力量，这种力量不是由人们自身的力量决定的，因此事物的真实现象不是人们的意愿所能想象出来的。”[2]对涂尔干来说，研究社会事物要采取不偏不倚的态度和方法，去除主观的、经验的、倾向性的基于人的意志的立场，在他看来“倾向”本身就是事物，应该用事物去解释。

涂尔干试图论证社会是一个有机整体，但这里的互相联系的有机整体并不包含和事物对立的个体精神。涂尔干一再澄清“物”是与观念对立的，智力不能自然理解的一切认识对象，是摆脱了精神分析法，通过科学的观察和实验所能理解的不易被感知的最深层的东西，并非一般意义上的实体之物。也就是说涂尔干并不认为社会事实是可归为某一类实体的“物质”，相反，社会事实最深层的东西是“集体意识”。正如涂尔干所说：“集体生活并非产生于个人生活，相反，个人生活是从集体生活里产生出来的。”[3]在不同的社会环境和群体生活中存在超越地方性差异的联系和共性，这些联系和共性在普遍化的过程中抽象化，形成集体意识。早在《社会分工论》中，涂尔干就指出宗教（神的观念）是集体意识最重要的组成因素。宗教起初并不存在神，而只存在圣物，即某种普通的事物成为某群体崇拜的对象。在社会不断演变的过程中，宗教的力量逐渐抽象化为神的概念，与最初的那个圣物本身分离，成为社会生活空间中永恒的存在。无论是宗教的圣物还是其他生活事物的认识、分类，都是集体意识的表征。

在早期思想中，涂尔干确立社会学的主要关注对象是社会秩序及秩序产生的原因和效能，而物质文化作为社会事实的功能就是使社会秩序的强制力得以持续。“原则上说，没有什么东西因为它的本性就一定会高高在上，成为圣物，但同样也没有什么东西就必然不能成为圣物。”[4]因而事物的神圣性是附加的，取决于集体意识的投射。换句话说，集体的意识通过赋予事物神圣性而表征出来。所谓“圣物”并非仅仅是一个固定的、整体的实体物，因为涂尔干在不同氏族的不同神话和仪式中发现一个重要原则，即圣物的每一部分等同于圣物本身。

“社会生活在其所有方面，在其历史的各个时期，都只有借助庞大的符号体系才会成为可能。”[5]图腾这种物质标记和形象表征就是符号体系的一种形式。涂尔干认为虽然社会情感是集体性的，但并不稳固，社会群体有可能分散、消失而无法聚集、行动。如果集体情感与某种持久的物相联系，就会稳定而持续，而图腾就是这种持久的物。图腾是集体意识的物质性表征，维持和强化了集体意识，形成“宗教力”，激发和规范人的行为，于是在《宗教生活的基本形式》的后半部分，涂尔干考察的重心从图腾转向仪式。涂尔干对原始宗教的考察实质上是探究社会的起源和建构。

总结涂尔干的“结构的”社会学，主要有两个方面。其一是宗教的社会性。宗教的结构事实上等同于社会的结构。其二，社会意识/社会事实、集体/个体、集体意识/集体表征、圣物/凡俗等二元对立系统是社会的基本结构，社会因素的相互关联和作用形成社会的强制力和规范使社会结构得以稳固与持续。

---

1 〔法〕埃米尔·迪尔凯姆：《社会学方法的规则》，胡伟译，华夏出版社，1999，第2页。

2 〔法〕埃米尔·迪尔凯姆：《社会学方法的规则》，胡伟译，华夏出版社，1999，第73页。

3 〔法〕埃米尔·涂尔干：《社会分工论》，渠东译，生活·读书·新知三联书店，2000，第236页。

4 〔法〕爱弥尔·涂尔干：《宗教生活的基本形式》，渠东、汲喆译，商务印书馆，2011，第312页。

5 〔法〕爱弥尔·涂尔干：《宗教生活的基本形式》，渠东、汲喆译，商务印书馆，2011，第315页。

涂尔干范式在文化研究领域颇具生命力，尤其后期对宗教的研究为后来的文化研究者“提供了将文化与社会结构联系起来的重要资源”[1]，也开启了“物—符号”的物质文化研究的路径。涂尔干对图腾制度的研究为我们呈现了人与物的亲缘性联系。“人们把他们氏族中的事物视为亲戚或同伴，称它们为朋友。人和事物联盟形成一个牢固的体系，赋予它生命和统一性的唯一本原就是图腾。”[2]需要强调的是，在涂尔干这里，图腾是社会事物，但不止于实体物。也就是说，图腾来源于某种实存的事物，但在图腾信仰中发挥作用的是某种实存事物的形象表现、标记符号。总的来说，涂尔干的逻辑是社会秩序通过符号化的物质事物——集体表征——确立下来，并形成强制力，维持着社会事实的持续构成。值得注意的是，集体表征并非精神性的，而是社会事实。这就是涂尔干所谓的用社会事实解释社会事实。

二、礼物与“物之灵”

虽然莫斯是涂尔干学术思想的继承人，长期受到涂尔干的指导和影响，但不可否认在物质文化研究领域，莫斯的影响力超越了涂尔干，因为他开辟了物质文化研究领域最重要的课题之一——礼物研究。莫斯在大量民族志方面的事实资料的支持下，从安达曼群岛、美拉尼西亚、波利尼西亚、西北美洲的印第安社会，甚至古代中国的不同部落、民族、群体的交换习俗中探究共性结构：赠礼与回礼。

与涂尔干后期对宗教的社会性分析一样，莫斯的礼物分析建立在“总体性”的构想上，也就是他试图说明一个事实：交换是社会性的，且可以解释社会生活的全部。除此之外，莫斯的“总体性”恰恰体现了一种文化理论的维度。莫斯这样总结道：“我们所研究的全部事实，都是总体的（total）社会事实。”[3]怎么理解这个“总体”呢？莫斯这样解释：社会现象“既是法律的、经济的、宗教的，同时也是美学的、形态学的，等等”[4]。因此，在莫斯看来，考察礼物交换现象并不只是社会学内部一个议题，也不是要从中划分出经济、法律、宗教、道德等层面的制度，而是这些现象就是社会的“总体”。

从目的和结论看，“结构的莫斯”从礼物交换这一总体性的社会现象考察社会的结构。在这个过程中，礼物研究渗透的“物观念”随之显现出来，这种人与物混融的观念极大地影响了后来的物质文化研究。莫斯不断地讲述他从古老资料中发现的令人振奋的有关“物之灵”“物之力”的重要记述。例如在毛利人那里，正是事物中的灵力（hau）促使物馈赠、接受、回报的交换体制的建立。在这种对于物的观念体系中，物被视为具有灵魂的联结物，因而在馈赠关系中物的灵力使物具有个体性和动态性。所谓个体性，涉及的是“物之灵”，物和其所用者具有共同的个性，所以说接受者在接受物的同时也接受了赠予者的部分个性和灵魂。所谓动态性，涉及的是“物之力”，在赠予与回礼关系中物是运动的，一旦物进入交换关系，不言自明的义务就被建立起来，受赠者必须予以回赠，人与人、人与物的关系网不断交织。

大量的民族志显示，许多氏族或者部落都对事物进行了分类，一类是日常消费或分配的物品，一类是有特殊意义和效用的宝物。宝物是具有灵力的物、人格化的物，代代相传，成为永恒的记号。于是，人与物便混合起来，物成为人的一部分，参与并组织了馈赠关系，也构成了社会关系。“在给予别人礼物的同时，也就是把自己给了别人；之所以把自己也给出去，是因为所欠于别人的正是他

1〔英〕菲利普·史密斯:《文化理论:导论》,张鲲译,商务印书馆,2008,第23页。

2〔法〕爱弥尔·涂尔干:《宗教生活的基本形式》,渠东、汲喆译,商务印书馆,2011,第203页。

3〔法〕马塞尔·莫斯:《礼物:古式社会中交换的形式与理由》,汲喆译,上海人民出版社,2002,第204页。

4〔法〕马塞尔·莫斯:《礼物:古式社会中交换的形式与理由》,汲喆译,上海人民出版社,2002,第204页。

自己——他本身与他的财物。”[1]因此，社会生活中，物的这种普通消费品和珍贵宝物的二分结构是解释社会结构的社会事实，莫斯延续了涂尔干用社会事实解释社会事实的社会学方法。在莫斯看来，有别于在现代社会经济体系、法律体系中的“客体”，在交换体系中，物超越了人/客体的界限，呈现出人与物的“混融”。他这样总结：“人们将灵魂融于事物，亦将事物融于灵魂。人们的生活彼此相融，在此期间本来已经被混同的人和物又走出各自的圈子再相互混融：这就是契约与交换。”[2]

《礼物》中对夸富宴（potlatch）的多方考察是“物之力”的持续深化，也是真正意义上的“结构的莫斯”的全面呈现。夸富宴是氏族、家族集体性的聚会宴庆，具有给予、散财之义，但不能简单理解为经济行为。莫斯认为，如果将视野停留在夸富宴财富分配的特性上就无法对其进行总体性把握，因此，他将夸富宴重新命名为“竞技式的总体呈献”。在世界范围内，不同地域的部落、氏族、家族都有着相似的仪式制度，即在出生贺礼、婚礼、成人礼、葬礼以及祈祷、建造、节日庆典等场合都会举行宴会。宴会的举行往往伴随着主办者将财物赠送和消耗，以此树立权威、彰显地位。因此部落、氏族、家族的头领之间会在夸富宴上争相竞争，以确保自身地位。

“所有的夸富宴都必须按照礼仪和行为的准则严格进行。”[3]人类学领域对夸富宴的研究和解释主要有三个趋向，其一是露丝·本尼迪克特（Ruth Benedict）的文化模式视角下的分析。文化模式理论强调从族群的集体心理、动机、目的层面研究该族群的独特的文化表现形式。在她看来，美洲西部海岸各部落、氏族的夸富宴显示出现代社会无法认同的集体性的“妄自尊大的偏执狂倾向”[4]。然而持文化唯物主义立场的马文·哈里斯（Marvin Harris）指出“夸口特尔人的夸富宴不是狂妄之念的结果，而是一定的经济与生态环境的产物”。[5]一旦这种社会条件有所改变，夸富宴的制度也将不复存在。作为美国马克思主义人类学的代表人物，哈里斯从社会经济的角度认为夸富宴本质上是社会财富的重新分配体制，“尽管夸富宴是一种公开的竞争，它的实际作用却是把食物及其他物品从生产水平高的中心村落向欠发达的村落转移的一种方式”。[6]在生产力不发达的原始部落，夸富宴调节了物质资料的差异，对维持社会稳定有重要作用。这是夸富宴的第二种阐释趋向。相比以上两种观点，莫斯的研究最早，影响也更深远。莫斯将夸富宴阐释为社会的“总体的”结构。他从夸富宴这一“总体的”制度中辨析出固定的结构模式：给予—接受—回报，这也是礼物交换中不变的三个主题。莫斯将夸富宴的深层结构定位为礼物交换制度，并进一步分析被交换的物具有某种“力”，能使礼物在给予—接受—回报的循环中不断流动。

在不同形式的礼物交换中，“事物是人的延伸，而人也由他们所拥有和交换的事物而区分”。[7]这就是在物质文化研究者看来《礼物》中最具魅力的人与物的“混融”。莫斯和其他现代的人类学家一样，对原始的社会和“他者的”族群充满兴趣和热情。聚焦原始社会和“他者”族群，意味着与现代西方社会形成了时空的对比。原始社会中“物之灵”“物之力”是一种宗教式的物之附魅。不论是把人当作物，还是把物当作人的延伸，都将人与物共同放置在神圣性的笼罩中，从中建立起原始的社会关系。而现代社会体制机制的祛魅消解了这种神性，人与物区分对立起来，而那种人与物难以割舍的状况也被体制化为物权、财产权等，物的神性也被拜物教取代，表现为人与物等级制的支配

1 〔法〕马塞尔·莫斯：《礼物：古式社会中交换的形式与理由》，汲喆译，上海人民出版社，2002，第79页。

2 〔法〕马塞尔·莫斯：《礼物：古式社会中交换的形式与理由》，汲喆译，上海人民出版社，2002，第45页。

3 〔美〕哈维兰：《夸富宴》，秦学圣译，《东南文化》1986年第1期。

4 〔美〕露丝·本尼迪克特：《文化模式》，王炜等译，生活·读书·新知三联书店，1988，第205页。

5 〔美〕M. 哈里斯：《夸富宴——原始部落的一种生活方式》，李侠祯译，《民族译丛》1986年第6期。

6 〔美〕M. 哈里斯：《夸富宴——原始部落的一种生活方式》，李侠祯译，《民族译丛》1986年第6期。

7 〔法〕莫里斯·古德利尔：《礼物之谜》，王毅译，上海人民出版社，2007，第3页。

关系。通过这种对比，莫斯改良西方社会制度，完善西方观念体系的意图展现了出来。

三、符号—物与文化意义

列维-斯特劳斯（Claude Levi-Strauss）一方面继承了莫斯社会人类学思想，另一方面运用索绪尔的语言学理论，创立了结构主义人类学。事实上在此之前，涂尔干和莫斯已经开始了从原始文化活动中发现系统、体制、结构的工作。

莫斯对礼物的考察旨在解决一个谜题：什么决定了赠予者要赠出礼物，而接受者必须回赠。莫斯试图证明，在原始氏族、部落中，交换制度的建立有赖于“物之灵力”。而在列维-斯特劳斯这里，迫使礼物不断赠予与回赠、循环流通的那种特性的客观性受到质疑：“涉及这些问题的物品不仅是物质实体，也是尊严、责任、特权。所以必须引入主观的角度。然而紧接着我们发现自己面对选择：要么这个特性在绕圈子的固有思维中被看作交换行为本身，要么这个特性是一种超乎自然的力量，如此的话，与这种力量相关联的交换行为则成为次生现象。”[1]列维-斯特劳斯尖锐地指出，莫斯犯了大多数民族志研究者常犯的错误：信服自己本应客观分析的对象。换言之，虽然莫斯在《礼物》中自始至终都在寻求超越部分的整体，试图将礼物交换制度视为社会总体，却将交换制度的建立归因于“灵力”，而“灵力”只不过是某个社会的一种意识形式。因此，在列维-斯特劳斯看来，莫斯试图洞察社会生活的普遍结构，却又不断地落入经验主义的泥沼。

列维-斯特劳斯引入索绪尔语言学的方法，在百科全书式的世界范围内的民族志资料中发现亲属关系的基础是交换系统。列维-斯特劳斯的方法可归纳为一点：将索绪尔的结构语言学理论应用到语言学之外的领域，用文化的视野将人类学的纷繁研究对象纳入严密的结构中，这些对象在列维-斯特劳斯这里都是语言符号系统。列维-斯特劳斯这样说：“在某种层次上的某种事物之间，存在着某种关联，而我们主要的任务即是要确定这些事物的层次是什么，这只有通过语言学家和人类学家的通力合作来完成。”[2]这种工作实质上是一种简化法，即从看似纷繁复杂的现象中找出其中的组成要素，鉴别它们的相互关系，从而确认符号系统的结构和意义。

在索绪尔的启发下，列维-斯特劳斯拒绝历时性的科学史观。他在《野性的思维》中精彩分析了原始人与现代人的“科学”的区别，并强调并不能简单地从历时性的角度判定原始到现代是从低到高的过程——原始人对事物的认识是未开化的、前科学的，现代人对事物的认识才是理性的、科学的。“如果人种学家基于偏见，认为‘原始人’简单和粗陋，这样就会在很多情况下，使人种学研究忽略复杂而首尾连贯的、有意识的社会系统。”[3]不论是亲属制度，还是神话叙事，再到图腾分类，都体现出原始思维的秩序化特征，而现代科学活动的实质也是探究事物秩序。因而列维-斯特劳斯一再强调神话思维与现代科学思维并无等级之分。他说：“科学与巫术需要同一种智力操作，与其说二者在性质上不同，不如说它们只是适用于不同种类的现象。”[4]对比二者的区别，列维-斯特劳斯认为，现代科学思维是从规律结构中产生事件，神话思维是把事件分解或重新组合以产生结构。

列维-斯特劳斯用“修补术”（bricolage）来解释神话思想。“神话思想的特征是，它借助一套参差不齐的元素表列来表达自己，这套元素表列则既是包罗广泛也是有限的；然而不管面对着什么任务，它都必须使用这套元素（或成分），因为它没有任何其他可供支配的东西。所以我们可以说，神

---

1 Claude Levi-Strauss, *Introduction to the work of Marcel Mauss*(London: Routledge & Kegan Paul, 1987), pp.46-47.

2〔法〕列维-斯特劳斯:《语言学与人类学》,载叶舒宪编选《结构主义神话学》,陕西师范大学出版社,1988,第125页。

3〔法〕列维-斯特劳斯:《野性的思维》,李幼蒸译,商务印书馆,1997,第49页。

4〔法〕列维-斯特劳斯:《野性的思维》,李幼蒸译,商务印书馆,1997,第18-19页。

话思想就是一种理智的‘修补术’。”[1]现代科学思维活动和原始思维活动的区别在于“工程师向世界发问，而‘修补匠’则与人类活动的一批存余物打交道，这些存余物只是文化的一个组成部分”。[2]“修补匠”使用多样化的创造性的工具与策略解决事物的问题，或者创造新的结构。尽管“修补术”这个术语主要被用来阐述原始的思维策略，但它也可以被应用于研究人与物的交互方式。通过物的中介，信息被编码和重组。记号作为形象是具体的物，但它又具有指示意义的功能。记号是结构中的零件，有多种可能性，可以在不同的组合结构中有不同的意指。但这种可能性有限，因为它们来源于语言。记号已经具有一种意义，组合和转换都在已存在的语言结构中进行。

无论神话还是图腾，在列维-斯特劳斯这里，都不再具有宗教的神秘感和生存的功利性，而是人的一种智力思维的表现形态。“实际上，图腾崇拜更像一种编码，它的角色不在于仅仅表达某种类型的事实，而在于以一种概念工具的方式来保障把任何现象用另外一种现象的语言翻译出来。”[3]也就是说，图腾制度是人试图理解自然世界的一种文化的尝试，自然事物被分类且被赋予某种文化位置。

综上，对物质文化研究来说，列维-斯特劳斯有关神话思维的研究最具启发性的结论是：物并不仅（在自然层面）满足人的实用需要，更重要的是，物作为指涉意义的符号，是人构建文化系统的要素。结构主义研究方法的宗旨是“探求不变的事物，或者说是从表面上歧异分疏的众多事物当中，追索出其不变的成分”。[4]

四、结语：物质文化理论在当代

在前文中，可看到在涂尔干、莫斯一脉的人类学这里，物作为象征性的符号重要的是其生成的意义。人们通过对人和事物进行分类，形成较为稳固的社会结构和持续的文化生活。人在对不同事物的分类中划定群体、阶层的区分和界线，价值、信仰、趣味、习俗随之生成。不论是涂尔干分析图腾、圣物还是莫斯考察礼物，都是一种“以小见大”式的人类学方法，即特定的事物表现了一定的社会结构，例如圣物与宗教、礼物与交换。这种结构性的意义存在于对事物的定义和分类中（圣物与一般物、礼物与一般物）。涂尔干、莫斯对“物—符号”的考察试图说明物作为符号和社会事实的相互解释关系，即以社会事实解释社会事实。简言之，物作为符号表征社会事实，建立文化秩序，并推动和维持符号的意义生成。

跟随文化人类学的视野，可以看到涂尔干、莫斯、列维-斯特劳斯的研究揭示了符号物的意义生成过程与人的文化实践之间的动态关系。也正因如此，伊恩·伍德沃德（Ian Woodward）将涂尔干、莫斯引领的方法称为“文化路径”[5]。沿着这一路径，玛丽·道格拉斯（Mary Douglas）认为物的洁净和肮脏的分类是社会结构和文化秩序建构的结果。她说：“没有哪套特定的分类象征可被孤立地理解，但我们仍然有希望，即在所研究的文化中通过其与总体分类结构的关联来找出这些分类象征的含义。”[6]符合秩序的物被赋予了洁净的（有序的）意义，在秩序之外，或对秩序有威胁和破坏性的物被视为危险的不洁（无序）之物。

转向商品消费研究之后，道格拉斯和贝伦·伊舍伍德（Baron Isherwood）宣称通向一种消费人类

1 〔法〕列维-斯特劳斯：《野性的思维》，李幼蒸译，商务印书馆，1997，第22页。

2 〔法〕列维-斯特劳斯：《野性的思维》，李幼蒸译，商务印书馆，1997，第25页。

3 〔法〕克洛德·列维-斯特劳斯：《人类学演讲集》，张毅声等译，中国人民大学出版社，2007，第30页。

4 〔法〕克洛德·列维-施特劳斯：《神话与意义》，杨德睿译，河南大学出版社，2016，第18页。

5 Ian Woodward, *Understanding Material Culture* (Los Angeles & London & New Delhi & Singapore: SAGE Publications, 2007), p.84.

6 〔英〕玛丽·道格拉斯：《洁净与危险》，黄剑波、卢忱、柳博赟译，民族出版社，2008，第1页。

学，主张“社会生活就是阵营问题，支持或者反对，物品就像阵营里标记信息的旗帜。我们应该探寻作为信号而非行动者的物品如何被使用”。[1]道格拉斯延续莫斯式的“物品作为符号是信息传播媒介”的观念，意在通过追寻物品意义来阐释社会结构和文化秩序。物品作为象征性系统“使文化分类可见化和稳定化”[2]，是使特定的社会结构和文化秩序显现出来的符号媒介。

当代物质文化理论试图超越“物是符号性的文化象征体系”的认识，在跨学科研究的趋势中强调物的能动性，物与人的亲密性，以及物如何参与建构文化体系、塑造文化身份。总体而言，“文化路径”的基本立场是：物质文化帮助人们了解特定的文化体系。在此基础上，物质文化研究者逐渐将重心从“社会人类学式”的“以小见大”推进到“文化人类学式”的“体物入微”，考察物、个体、群体在文化中的互动关系和意义生成过程，即从“物生成了什么样的意义”转向“物的这种意义如何生成”。

参考文献

[1] 埃米尔·迪尔凯姆．社会学方法的规则［M］．胡伟，译．北京：华夏出版社，1999.

[2] 埃米尔·涂尔干．社会分工论［M］．渠东，译．北京：生活·读书·新知三联书店，2000.

[3] 爱弥尔·涂尔干．宗教生活的基本形式［M］．渠东，汲喆，译．北京：商务印书馆，2011.

[4] 菲利普·史密斯．文化理论·导论［M］．张鲲，译．商务印书馆，2008.

[5] 马塞尔·莫斯．礼物：古式社会中交换的形式与理由［M］．汲喆，译．上海：上海人民出版社，2002.

[6] 露丝·本尼迪克特．文化模式［M］．王炜，等译．北京：生活·读书·新知三联书店，1988.

[7] 莫里斯·古德利尔．礼物之谜［M］．王毅，译．上海：上海人民出版社，2007.

[8] 列维-斯特劳斯．野性的思维［M］．李幼蒸，译．北京：商务印书馆，1997.

[9] 克洛德·列维-斯特劳斯．人类学演讲集［M］．张毅声，等译．北京：中国人民大学出版社，2007.

[10] 克洛德·列维-施特劳斯．神话与意义［M］．杨德睿，译．郑州：河南大学出版社，2016.

[11] 玛丽·道格拉斯．洁净与危险［M］．黄剑波，卢忱，柳博赟，译．北京：民族出版社，2008.

[12] 列维-斯特劳斯．语言学与人类学［C］//叶舒宪，编选．结构主义神话学．西安：陕西师范大学出版社，1988.

[13] 哈维兰．夸富宴［J］．秦学圣，译．东南文化，1986(1)：84-86.

[14] M. 哈里斯．夸富宴——原始部落的一种生活方式［J］．李侠祯，译．民族译丛，1986(6)：39-45.

[15] CLAUDE LEVI-STRAUSS. Introduction to the work of Marcel Mauss [M]. London: Routledge & Kegan Paul, 1987.

[16] IANWOODWARD. Understanding Material Culture [M]. Los Angeles & London & New Delhi & Singapore: SAGE Publications, 2007.

[17] MARY DOUGLAS, BARON ISHERWOOD. The World of Goods: Towards an anthropology of consumption [M]. London & New York: Routledge, 1996.

1 Mary Douglas, Baron Isherwood, *The World of Goods: Towards an anthropology of consumption* (London & New York: Routledge, 1996), p.24.

2 Mary Douglas, Baron Isherwood, *The World of Goods: Towards an anthropology of consumption* (London & New York: Routledge, 1996), p.38.

【作者简介】

王垚，兰州大学文学院讲师，博士，从事文艺学研究与教学，近年主要研究方向为物质文化理论研究。

【基金项目】

国家社会科学基金青年项目“当代西方文论的‘物质文化转向’研究”（22CZW005）。

文本的旅行：论什克洛夫斯基的《马可·波罗》

魏先华

【摘　要】《马可·波罗行纪》问世后从西欧逐渐扩展至世界各地，不同国家和话语背景里的作者不断重新讲述、阐释马可·波罗。什克洛夫斯基创作的历史传记小说《马可·波罗》就是对这一故事的重写和再表述，他融合俄罗斯话语，通过陌生化和互文性的叙事策略建构了一种全新的丝路旅行叙事，施行了文学、历史与政治纠葛的话语实践。

【关键词】什克洛夫斯基；《马可·波罗》；丝绸之路；中国形象

威尼斯商人马可·波罗是第一个同时完成陆上和海上丝绸之路旅行，到达东方，并且留下文字记录的西方人。1298年，由马可·波罗口述、狱友鲁斯蒂切洛整理完成旅行文本《马可·波罗行纪》（下文简称《行纪》）。自《行纪》初稿出现以后，这一文本在世界各地不断旅行，出现了大量的跨时空、跨国界、跨文化的文本阐释和文本生产活动，成为一种具有生成性的“事件”。赛义德（Said）指出，“观念和理论从一种文化向另一种文化移动的情形是很有趣的，所谓东方的超验观念在十九世纪初期输入欧洲或十九世纪晚期欧洲的某些社会思想译入传统的东方社会，就是这样的个案。进入新环境的路绝非畅通无阻，而是必然会牵涉到与始发点情况不同的再现和制度化的过程”。[1]本文的目的就是要沿着“文本的旅行”踪迹考察“马可·波罗文本事件”在不同时间—空间内的流动、变异、联通和生成情况，剖析俄罗斯在马可·波罗和丝绸之路问题上的回应。

早在1902年俄国出现俄文译本的《行纪》，后来什克洛夫斯基（1893—1984）于1936—1957年间创作了历史传记小说《马可·波罗》，2016年杨玉波副教授将之翻译成中文。什克洛夫斯基不仅是创作了一本传记小说，而且是对马可·波罗旅行事件的再次阐释，是以纪实与虚构、语言描述与文学想象共同完成“马可·波罗文本事件”的再生产。沃尔夫冈·伊瑟尔（Wolfgang Iser）认为，“读者在建立过去、现在和未来之间的相互关系时，实际上会使文本揭示其潜在的多重联系”。[2]什氏以

1 〔美〕爱德华·W.赛义德：《赛义德自选集》，谢少波、韩刚译，中国社会科学出版社，1999，第138页。

2 Wolfgang Iser, *The Implied Reader: Patterns of Communication in Prose Fiction from Bunyan to Beckett*(Baltimore and London: The Johns Hopkins University Press, 1974), p.278.

马可·波罗为原型，接合多元文本创作了一种全新的、融合多重话语实践的历史传记小说，不仅是一次“行动”，而且是一个“事件”。阿·伊维奇在《儿童文学》中指出，“什氏并不是像其他评论家那样为了挑出地理错误和做注解而阅读马可·波罗的札记，而是在关于波罗的书中找到了波罗自己，马可·波罗是一个时代的领路人”。[1]在海德格尔（Martin Heidegger）看来，任何理解和解释都依赖于理解者和解释者的前理解，什氏的创造性阐释既包含原文本马可·波罗的视界，又不可避免地带有自己的视界，这就是加达默尔（Hans-Georg Gadamer）所谓的“视域融合”。

什氏重述了马可·波罗的东方旅行，在叙事艺术、话语向度等方面呈现出重要的不同。他以陌生化和互文性的艺术手法建构了一种全新的马可·波罗文本：该文本从俄罗斯视域出发建构了丝绸之路，特别是草原丝绸之路；重点展示了丝路的信息传播向度；想象了遥远的中国并对世界文化生成与发展等一系列重大问题给予回应。

一、陌生化

什氏认为，事物被感受若干次之后就开始通过认知被感受，我们在认知上看得见事物，但却无法感受事物。为了重新激活人们关于马可·波罗、丝绸之路和中国的感受，什氏采用陌生化的叙事策略复活人们对习以为常的词语的感受力和敏感度。他在《散文理论》中指出：“正是为了恢复对生活的体验，感觉到事物的存在，为了使石头成为石头，才存在所谓的艺术。艺术的目的是把事物提供为一种可观可见之物，而不是可认可知之物。”[2]他采用延缓、波折、重复等手法增加审美主体感受审美对象的难度，延长感受审美对象的时间，通过规避审美主体的感觉麻痹来恢复对事物的准确感受与观察。

什氏善于制造迂回的、发散的、漫不经心的延缓叙事。“情节波折的基本规律——是阻缓——阻滞的规律。本来应该立刻真相大白和观众已经了若指掌的事，要慢慢地展现给书中的人物。”[3]小说开端并没有直接安排马可·波罗出场，而是从威尼斯古老的历史、从陆地伸向海洋的特殊地理构造、从鞑靼人不断西进的历史进程里慢慢延展开来，逐步呈现马可·波罗文化事件涌现的深层且广阔的地理文化背景，可以说这既是小说世界的开启，却不是开始，是小说主要人物形象登上叙事前台之前的周旋、吊胃口，是延缓、拖延、铺垫或者暗示，是对意大利显要地理位置以及马可·波罗时代特殊性的书写，是对马可·波罗事件之所以能发生并流传的一种文本解释，也是对马可·波罗事件独特性的深度阐释。美国的叙事学家杰拉德·普林斯认为，“叙述展开的速度，对于我们处理和评价那一被叙以及我们对作为整体的叙事之反应，显然有着暗示意义。因此，一个事件的叙述看上去越详细，这一事件就越突出，其重要性就越高。同样，一个事件被叙述得越频繁，它就越可能有重要意义。这使得我们将注意力集中于某些事件上而不是其他一些上”。[4]迂回的进入包含了“遮蔽”与“去蔽”的辩证法，引领我们重新注意马可·波罗事件发生的场域。小说通过延宕叙事延缓马可·波罗的出场速度，铺垫马可·波罗旅行故事的发生以及展开的历史地理背景，旨在强化马可·波罗的重要性，培养读者的期待视野。

什氏认为，长篇小说中的停滞修辞手段使人们能够反复多次从不同角度来观察事物，他巧妙地制造波折情节，设置两条叙事线索，分别是鞑靼人的行军过程与波罗一家的两次东方旅行行程。来自东方的恐惧弥漫在西方上空，威尼斯人派出商人、使者前往东方，波罗兄弟开启了第一次东方之

1 焦洋:《什克洛夫斯基的传记作品研究》,哈尔滨师范大学,2015,第4页。

2〔苏〕维·什克洛夫斯基:《散文理论》,刘宗次译,百花洲文艺出版社,1997,第10页。

3〔苏〕维·什克洛夫斯基:《散文理论》,刘宗次译,百花洲文艺出版社,1997,第55页。

4〔美〕杰拉德·普林斯:《叙事学:叙事的形式与功能》,徐强译,中国人民大学出版社,2013,第60页。

旅，旅程因为种种原因不断突转，情节跌宕，构成陌生化的叙事效果。有关波罗兄弟的旅程，他们家在威尼斯（经商）——在里亚托岛（因为前往东方做生意离开）——在君士坦丁堡（因为不太平再次乔迁）——到达索尔达亚（因为威尼斯人过得不好前往东方）——在克里米亚半岛（因为不太平继续前往东方）——前往顿河（暂时不去中国，朝伏尔加河走去，别儿哥汗热情接待，因为战争离开）——在布哈拉（因为二手货物价格高离开）——到达中国（留在忽必烈的宫廷，经商，作为大汗的使节离开）。从中可以发现，波罗兄弟向东方旅行经商经常因为某些往往是重复的原因被迫离开，情节跌宕起伏。丝绸之路的散漫与艰难、马可·波罗旅行的漫长与危险，与小说的迂回叙事相互映衬，共同辅翼于马可·波罗叙事。

什克洛夫斯基在小说中使用重复、同义反复的叙事手法强化叙事效果。什氏认为，词的命运存活于句子之中，词的生命有赖于种种重复。在小说中，多种意象反复出现：鞑靼人在行进，北极星指引方向，查士丁尼大帝雕像长期以来一直指向东方。例如，什氏在小说中三次使用查士丁尼大帝的形象来暗示威尼斯人的东方旅程深受前者召唤，因而威尼斯士兵和商人都向东出发。同一意象的重复叙事，同中有异，遥相呼应，强化了君士坦丁堡、查士丁尼大帝以及向东的战争与商贸旅程，为古代丝路旅行文学与历史书写增加了审美向度。

二、互文性

什克洛夫斯基通过挪用马可·波罗的故事建构了一个新旧文本相互勾连的叙事迷宫，“互文性”成为阅读与阐释《马可·波罗》的切入点。互文性作为一个文学批评话语概念，广义上指一个文本中出现的多种话语，狭义上则指朱丽娅·克里斯蒂娃所定义的概念，一个文本交叉出现其他文本的表述。巴赫金认为，任何一篇文本的生成过程都吸收和转换了其他文本。热奈特把文本与其他文本的明显或潜在的关系称为“跨文本性”，包括严格意义上的“文本间性”，是“一文本在另一文本中的忠实（不同程度的忠实、全部或部分忠实）存在：引语是这类功能的最明显的例证，引语以引号的形式公然引用另一文本，既表示另一文本的存在，又保持了一定的距离；这类功能当然还有其他许多形式”。[1]以上批评理论为我们把握和审视互文性提供了重要参考。

什氏直接引用或参考传教士若望·柏朗嘉宾的《蒙古史》、西班牙旅行家克拉维约的《克拉维约东使记》等人的记述，同时查阅相关文献资料，譬如古希腊历史地理学家的研究资料、历史学家斯特拉波关于威尼提人的研究，尤其是俄罗斯东方学家и.п.米纳耶夫（1840—1890）1902年翻译出版的俄文译本《马可·波罗行纪》，力图形成叙事的三种功能：一方面确证马可·波罗的讲述真实可信，另一方面补充了马可·波罗原文本中没有的讲述，同时完成文本批评和建构的使命，这使得本书成为一本兼具对话性与反思性的文本。该文本的互文性体现在三个不同层面。

首先，其他文本在这一文本中忠实（不同程度的忠实、全部或部分忠实）存在。热奈特把引语看作这类文本的典型。什氏通过援引其他文本的语句、典故补充故事细节，强化叙述者马可·波罗讲述的可靠性与可信度，这也是历史传记的必备要素之一。马可·波罗旅行遇见了西方人从未见过的中国，富丽堂皇与物质繁华对西方影响深，比如大汗的皇宫、杭州城，什氏几乎全部引用马可·波罗的讲述，因为没有任何人比马可·波罗的讲述更为生动和真实。

其次，作者始终以“元”叙事视角保持对“马可·波罗的叙事”的审视和反思，体现了一种叙事自我批评意识或自涉。什氏通过简单巧妙的历史材料选取，将自己的思考植入文本叙事中，他在小说中对马可·波罗的很多讲述予以积极肯定。什氏评价马可·波罗在原文本中转述极地现象被后来征服堪察加半岛的俄国探险家证实；直接引用克拉维约关于皇帝的使者们的旅行确信马可·波罗

1〔法〕热拉尔·热奈特：《热奈特论文集》，史忠义译，百花文艺出版社，2001，第64页。

讲述的中国驿站系统真实可靠。除了正面肯定马可·波罗的讲述之外，什氏还对马可·波罗的书写提出否定性批评。马可·波罗把有关哈萨克、西伯利亚和中亚的信息混杂在一起。马可·波罗关于哈萨克草原的讲述是对的，但并非如波罗所言什么谷物都没有，而是已经有了谷物和黍子。这些都是对马可·波罗原文本叙事的反思性批评。

再次，相关文本在小说叙事过程中形成“对话性”存在。巴赫金认为一切话语都具有对话的倾向，即使有些作品看上去出自技艺之神密涅瓦之手，它也并非完全是作者个人头脑的独立创作，它总是对其他作品或传统的回应、反驳或者对话，是“早已在继续的一种对话中的一个声音”。什氏的马可·波罗是对已有的“马可·波罗文本”的一种回应，是对现实的介入，他关注中国问题以及东西方的商业交流与文化交往，重提马可·波罗来华，把相关问题纳入叙事结构安排。他开启一个新的文本叙事场域，在这里他对既有的历史研究、《马可·波罗行纪》以及其他游记作品等文本进行阐释、评判和挪用来表达或加强《马可·波罗》的叙事意义，所有文本在此叙事场域相互依存、互为对话。

菲力普·索莱尔斯指出，“每一篇文本都联系着若干篇文本，并且对这些文本起着复读、强调、浓缩、转移和深化的作用”[1]。什氏并非单纯地挪用或引用其他文本片段组装一个马可·波罗，而是通过直接引用、参考、评价叙事等方式创造性使用已有叙事元素和形象，制造了一个具有历史性、反思性、对话性的全新文本。《马可·波罗》是一个指涉多元文本的互文叙事，通过对历史流传的文学文本的跨文化改写，马可·波罗文化事件不断被重新表述、再表述，经典人物形象不断被重塑、被复活、被解释，从而进入当下的文化生产语境。正是在这个戏仿和拼贴的过程中，民族文化与世界文学实现有机融合，一种全新的马可·波罗叙事得到创造性展现。

三、文本述行与话语政治

文本在生产制作的过程中，不仅重构着过去的历史，而且重新组织着当下的经验和未来的生活。马可·波罗行纪的世界更为广阔，包括从地中海岸至元代中国上都的途经之地，从上都至缅国、日本、越南、东印度、南印度、印度洋沿岸及诸岛屿，非洲以及亚洲北部地区。例如冯承钧译本全书共4卷229章，整个第2卷82章全部讲述中国。马可·波罗的主要贡献在于用文本记述了一个“东方世界”，从威尼斯到中国之间的广阔区域，他以叙述性和描述性的语言逐一表述，并没有哪个国家得到自始至终的关注。《马可·波罗行纪》有众多手抄本，在拉姆学抄本科姆诺夫（Komroff）英译本的基础上，梁生智的中文译本《马可·波罗游记》仅在第四卷《鞑靼诸王之间的战争和北方各国的概况》中有一个小章节提及俄罗斯的物产、气候、宗教和种族特征，叙事简略而概括。然而什克洛夫斯基始终聚焦俄罗斯视域，小说开头、结尾、中间部分都有俄罗斯的元素。全书共210页，其中38页有俄罗斯元素，甚至在小说的一些细节叙事里，什氏也安排俄罗斯文化出场。而且什氏还专列一章（全文共39章）讲述俄罗斯历史上杰尔宾特古城的战争。在什克洛夫斯基这里，《马可·波罗》全文深深关切了俄罗斯话语实践。周宪教授在《关于跨文化研究中的理解与解释》一文中提出，“对他者文化文本的理解和解释又总是受到本土文化传统和当下现实的影响”。[2]异域的、外来的文化在本土的理解和接受是全球地方化（Glocalization）的产物。什氏的历史传记小说《马可·波罗》是在原生文本《马可·波罗行纪》基础上延展出来的次生文本，是对马可·波罗的一种理解和解释。经由历时层面比较原生文本与次生文本，什氏《马可·波罗》的地方性话语凸显出来。

什克洛夫斯基在理论与实践的交接处重新建构马可·波罗文本，具有“述行性”的力量，文本

1 〔法〕蒂费纳·萨莫瓦约:《互文性研究》,邵炜译,天津人民出版社,2003,第5页。

2 周宪:《关于跨文化研究中的理解与解释》,《外国文学研究》2014年第5期。

的意义生产与主体的身份建构就好像是一枚硬币的两面。什氏在丝绸之路视域下，借用历史文化资源“马可·波罗文本”对俄罗斯的主体性和身份进行了界定和认同。（需要特别注意的是，什克洛夫斯基创作这篇小说的时期是20世纪上半叶，基于当时的政治情况他把特别广阔的地理知识和历史文化都置于本国话语建构中。笔者考察这一问题主要呈现今日俄罗斯的话语表述。）马可·波罗在其旅行记述中极其简略地表述俄罗斯，什氏通过对既有故事进行演绎和扩展，创造了俄罗斯视域下的“马可·波罗文本”。保罗·利科在《意识形态与乌托邦：社会想象物的两种表述》一文中指出，“通过这种存在方式我们处于历史中，并且把我们面向未来的期望、我们从过去继承的传统以及我们在当下采取的主动性连结在一起”。[1]在关于马可·波罗文化事件的文本表述中，什克洛夫斯基通过勾连俄罗斯古代历史、地理、文化、物产、古城等方式，在新文本中嵌入大量的本土元素，将俄罗斯话语完美地融入丝绸之路书写和“马可·波罗文本”讲述，主动建构俄罗斯的身份话语和主体性。俄罗斯话语不仅出现在小说的开端和结尾，而且弥漫在小说的主体部分，全文近五分之一的页面里俄罗斯元素俯拾即是，特别呈现丝绸之路北线及草原丝绸之路、皮草之路等丝路文化向度，建构了一个高度参与丝绸之路历史与当下的、由俄罗斯话语支配的“马可·波罗文本”。

四、丝绸之路的信息传播向度

原文本《马可·波罗行纪》展现的是丰富多元的丝绸之路，经由什克洛夫斯基的重新阐释，马可·波罗的丝路具有了一种明显的倾向性，突出信息传播向度。《马可·波罗》文本所塑造的丝绸之路是商品贸易之路，也是北方草原之路，更是一条信息之路。接受美学的代表人物姚斯指出，“一部文学作品的历史生命如果没有接受者的积极参与是不可思议的”。[2]正是通过读者的再次传递，新的文本意义得以生产，马可·波罗进入一种连续变化的审美视域。彼得·弗兰科潘在其论著《丝绸之路：一部全新的世界史》中分析了多元化的丝绸之路并总结了其24个维度，包括信仰之路、基督之路、变革之路、和睦之路、皮毛之路、奴隶之路、天堂之路、地狱之路、死亡之路、黄金之路、白银之路、西欧之路、帝国之路、危机之路、战争之路、黑金之路、妥协之路、小麦之路、屠杀之路、冷战之路、美国之路、霸权之路、灾难之路、悲剧之路。虽然没有明确提出信息之路的概念，但是他在中文版序言里说，“全球化并不是什么新鲜事物。早在20多个世纪之前，我们的祖先就曾尽力收集各国的信息，并派遣出各种特使和代表，探索哪里是世界上最佳的市场，探索如何抵达沙漠、山脉另一端的国度和城镇。无论探索后写就的报告成书于哪个年代，它们都是试图给罗马和巴格达、洛阳和北京、吉特拉和高知、福斯塔特和非斯、基辅和莫斯科、伦敦和塞维尔的统治者们提供信息和智慧，都带回了其他民族生活和劳作的相关景象，汇报了贸易交流的情况，告知人们可能遇到的风险和可能收获的利益”。[3]这一概述性总结，也正是历史传记小说《马可·波罗》隐藏的叙事线索，丝绸之路是一条充满了多重维度意义的人类交往的道路，伴随着物质、人员的流动而来的是一条信息丝绸之路。

新历史主义宣称，“正是我们如何被表述的这种事情，形成了我们的社会、政治和文化处境”。[4]什氏表述和建构了一条信息丝绸之路，诸多词语建构这一叙事：秘密的、神秘的、遮蔽的、未知的远方，去侦察道路、获取远方的消息等成为反复出现的话语。信息与财富联袂而行，道路就是秘密，商路能够将各个国家联系起来，但是大篷车和灰尘遮住了关于远方的一切。道路通往欧洲完全不了

1〔法〕保罗·利科：《从文本到行动》，夏小燕译，华东师范大学出版社，2015，第419页。

2〔德〕姚斯、霍拉勃：《接受美学与接受理论》，周宁、金元浦译，辽宁人民出版社，1987，第24页。

3〔英〕彼得·弗兰科潘：《丝绸之路：一部全新的世界史》，邵旭东、孙芳译，徐文堪审校，浙江大学出版社，2016，第XI页。

4 张进：《历史诗学通论》，暨南大学出版社，2013，第71页。

解的国度，传回欧洲的名字已经失真。因为财富的诱惑与战争的需要，传教士、商人纷纷前往东方，在此背景下，威尼斯商人波罗兄弟出发了，传教士若望·柏朗嘉宾也已经准备好了。什氏在文中用了大量的例子来阐释道路与远方的秘密相关联。在草原丝路上，皮草交易将信息带回伏尔加河畔；在海上丝路上，水手带回远方的信息；在商品市场上，人们的交易捂着手帕，威尼斯人去过远方却很少谈论所见所闻，避免把重要的秘密透露给外国人。什克洛夫斯基还详细描述了大不里士交易珍珠的情景，两位商人对面而坐，手被遮住，手指则在讨价还价。这样协商物品价格的习惯做法在丝路沿线的农贸市场依然存在。什氏明确指出，波罗一家踏上东方之旅，需要的最重要的东西仍然是信息，而非教皇的祝福。而且什氏也揭示了为何无法精确绘制出马可·波罗一家人的路线，因为道路就是秘密，它可以通向财富。基于同样的缘由，正是因为分享旅行途中获取的信息，马可·波罗在中国得到大汗的赏识和重用，他们向大汗报告他们走的路线、见闻、城市和沿途的贸易情况。

五、中国形象与人类文化展望

马可·波罗最重要的成就是他用文本记述了一个“东方世界”，引发了无数人对中国的想象和向往。赫德逊在《欧洲与中国》中指出，元代时期最大的意义是到中国的旅行[1]，马可·波罗把最高级的描述留给中国，使用大量的夸张词汇，将“数不清的”“数以万计的”等修饰词汇用于有关中国的表述。什氏仍然把中国作为马可·波罗旅行书写的重点，依旧沿用最高级修辞语书写方式描写富丽堂皇的宫殿，采用了一种赞美的、欣赏的姿态，不过他的书写已经转为平静，冷静地叙述大汗国度的物质财富，包含了20世纪以来的知识更新，还有俄罗斯语境。

哈比布提出，“我们需要知道写作一个文本的原因，知道文本的写作对象，是哪些宗教的、道德的或政治的目的促成了写作，以及写作的历史与文化环境”。[2]在20世纪地缘政治影响下，什克洛夫斯基非常关切苏联在世界中的位置，尤其是以何种思想姿态回应中国与世界文化发展的问题。他就中国文化以及人类文化的生成与发展，旗帜鲜明地表达自己的观点，“人有赖于呼吸不同文化的声音更迭的空气而生存。中国第一个呼吸了——更正确地说，重又呼吸了远古的空气，那时人们乘着轻便的帆船航行，受到滚滚波涛的威胁”。[3]因此，什氏并非单纯地将中国作为异国情趣的书写对象，正如他所说的，“对中国小说的研究不单纯是一个年迈的作者对异国情趣材料的雅兴。这是把对不同民族、不同文化展示的分析融合起来的尝试”。[4]什氏在《马可·波罗》里关注中国问题，其实更重要的是强调中国与世界的互通，并在此基础上阐释人类文化生长的可能性。

什氏表述了一个包揽世界万物、聚集各地人才的“大汗的国度”。他笔下的马可·波罗非常详尽地记录所见所闻，忽必烈通过丝绸之路汇集全世界物产，聚集各地能工巧匠。他的宫殿金碧辉煌，挂满了金银饰品，他可以品尝到世界各地的葡萄酒、马奶酒、黄酒、蜂蜜酒、大麦酒、棕榈酒，皇宫后院的小山种满了来自世界各地的树木，他自在地躺在花园里休息，这里有世界各地的猎鹰，冰海的大雕、吉兰海的金雕、印度的小鸟，湖里有各种各样的鱼。忽必烈任用来自世界各地的人，其中就有马可·波罗。什氏引用马可·波罗的话高度赞扬忽必烈，是万王之王，体态匀称，面色像玫瑰一样红润。

什氏认为只有像马可·波罗那样的人才能够发现中国，特别是那个丰富而完整的中国，现代性事物如飞机、轮船、汽车，并不能够帮助人类走出局限的地域。事实上，人类必须依赖于众多不同

1〔英〕G.F.赫德逊：《欧洲与中国》，王遵仲、李申、张毅译，何兆武校，中华书局，1995，第135页。
2〔美〕M.A.R.哈比布：《文学批评史：从柏拉图到现在》，阎嘉译，南京大学出版社，2017，第1页。
3〔苏〕维·什克洛夫斯基：《散文理论》，刘宗次译，百花洲文艺出版社，1997，第187页。
4〔苏〕维·什克洛夫斯基：《散文理论》，刘宗次译，百花洲文艺出版社，1997，第118页。

的文化而生存，中国文化承认世界文明多样性与多元文化。什氏在书中刻画了个性鲜明的马可·波罗形象，他出身于威尼斯的贵族，头脑睿智、无所畏惧，深受大汗喜爱，他是踏上东方旅程沟通中国与欧洲的伟大人物。什氏不但在书中借大汗之言评价马可·波罗为智者，而且也通过事件来证明他的睿智。马可·波罗能够把旅程中的所有细节讲给大汗听，深得大汗的赏识，被派往不同的国家，到中国各地游历，赐予他谋士称号。尽管阴谋笼罩着忽必烈的宫廷，但是马可·波罗非常有智慧，总是能够赶在战争之前离开。马可·波罗沿着漫长的道路穿过整个世界，到达中国，并将有关中国的信息带回西方世界，更新了西方有关远方的信息，并促使西方的地理知识的更新，成为大航海时代的探险指南。他使得西方不再把中国作为一个虚幻的存在，而是当作事实存在，并成为西方乌托邦想象的来源。

作为中介走廊联通世界的丝绸之路具有生成和生产功能。什克洛夫斯基认为，中国曾经被古老的城墙、宽阔的河流和世界其他地区隔开，原本各自独立发展的欧洲国家和中国，“过了一段时间之后，一点一滴地，它们各自发出自己的声音，而在它们之间产生了中亚的种种方法和技能。这似乎是两种文化之间的走廊，它并没有标志。它逐渐独立。不同文化的人们相互结识，似乎是来自不同的星球，他们通过独立的，或逐渐独立的走廊相结识”。[1]什氏在小说结尾展望人类文化的未来时强调，“人类的文化不是在欧洲，不是在地中海创造的，不是意大利人，不是斯泰基人，不是德国人，不是阿拉伯人，不是中亚居民，不是俄罗斯人，不是中国人创造的——它是由整个人类和全世界的共同努力创造出来的”。[2]无论是马可·波罗原文本，还是什氏的改编创作的小说，中国都是一个被浓墨重彩书写的对象，占全书比重最大。什克洛夫斯基既肯定了不同地区在人类文化中的贡献，更呼吁一种全世界共同创造的文化，中国文化能够承认千差万别，而世界正是一个千差万别的构成。人类文化的发展并非起源于局部地区再扩展至全球，而是不同群体间的交互生成和文化间性存在，“世界现代文明形成于跨文化或文明之际的‘公共领域’或‘公共空间’中，现代化历史或全球化的历史，是一个多元文明相互促进、共同发展的系统进程”。[3]差异与冲突、界限与独立并非世界联系的主要方式，世界各民族的文化相互传播、互动互惠、彼此融汇、互相关联，构成了人类活动发展的主旋律。

六、结语

丝路上的“马可·波罗文本”是独特的，它借由文本的旅行实现延展、再造和增值，它“通过对任何可能的新语境的开放而保持不变”[4]，它从词语的物质形态解放出来成为一种当代存在，“更是事件意义上的动态生成过程”。[5]什克洛夫斯基的《马可·波罗》是对历史流传文本《马可·波罗行纪》的创造性重构，是在新的语境下重新接合马可·波罗，是对马可·波罗的重新出发和叩问，更是对人类交往与文化互通等一系列重大问题的回应。

1〔苏〕维·什克洛夫斯基:《散文理论》,刘宗次译,百花洲文艺出版社,1997,第194页。

2〔俄〕什克洛夫斯基:《马可·波罗》,杨玉波译,四川人民出版社,2016,第210页。

3〔美〕唐纳德·F.拉赫:《欧洲形成中的亚洲(第1卷) 发现的世纪第1册(上)》,周云龙译,人民出版社,2013,总译序第3页。

4 阿特里奇:《文学的独特性》,张进、董国俊、张丹旸译,知识产权出版社,2019,序第7页。

5 张进:《论丝路审美文化的属性特征及其范式论意义》,《思想战线》2019年第4期。

参考文献

[1] 爱德华·W. 赛义德. 赛义德自选集 [M]. 谢少波,韩刚,译. 北京:中国社会科学出版社,1999.

[2] 周宪. 关于跨文化研究中的理解与解释 [J]. 外国文学研究,2014(5):64-72.

[3] 姚斯,霍拉勃. 接受美学与接受理论 [M]. 周宁,金元浦,译. 沈阳:辽宁人民出版社,1987.

[4] 什克洛夫斯基. 马可·波罗 [M]. 杨玉波,译. 成都:四川人民出版社,2016.

[5] 蒂费纳·萨莫瓦约. 互文性研究 [M]. 邵炜,译. 天津:天津人民出版社,2003.

[6] 热拉尔·热奈特. 热奈特论文集 [M]. 史忠义,译. 天津:百花文艺出版社,2001.

[7] M. A. R. 哈比布. 文学批评史:从柏拉图到现在 [M]. 阎嘉,译. 南京:南京大学出版社,2017.

[8] 杰拉德·普林斯. 叙事学:叙事的形式与功能 [M]. 徐强,译. 北京:中国人民大学出版社,2013.

[9] 唐纳德·F. 拉赫. 欧洲形成中的亚洲(第1卷)发现的世纪第1册(上) [M]. 周云龙,译. 北京:人民出版社,2013.

[10] 马可·波罗. 马可·波罗游记 [M]. 梁生智,译. 北京:中国文史出版社,1998.

[11] G. F. 赫德逊. 欧洲与中国 [M]. 王遵仲,李申,张毅,译,何兆武,校. 北京:中华书局,1995.

[12] 彼得·弗兰科潘. 丝绸之路:一部全新的世界史 [M]. 邵旭东,孙芳,译. 徐文堪,审校. 杭州:浙江大学出版社,2016.

[13] WOLFGANG ISER. The Implied Reader: Patterns of Communication in Prose Fiction from Bunyan to Beckett [M]. Baltimore and London: The Johns Hopkins University Press, 1974.

[14] 阿特里奇. 文学的独特性 [M]. 张进,董国俊,张丹旸,译. 北京:知识产权出版社,2019.

[15] 张进. 历史诗学通论 [M]. 广州:暨南大学出版社,2013.

[16] 什克洛夫斯基. 马可·波罗 [M]. 杨玉波,译. 成都:四川人民出版社,2016.

[17] 保罗·利科. 从文本到行动 [M]. 夏小燕,译. 上海:华东师范大学出版社,2015.

[18] 张进. 论丝路审美文化的属性特征及其范式论意义 [J]. 思想战线,2019(4):140-147.

【作者简介】

魏先华,兰州大学文学院博士生,研究方向为文艺理论与批评、丝路审美文化,已发表论文《论"马可·波罗文本"对中国经验的艺术表征和审美拨用》等。

丝路粟特纪录影像的历史诗学研究

杨　鹏

【摘　要】丝路粟特纪录影像围绕粟特民族的商业性、历史身份的神秘性以及族裔散居的流动性而彰显出历史影像的诗性与政治性之间的合谋。以历史诗学与比较研究的方法介入粟特影像文本，能够看到在书写历史向历史影像转换的过程中，粟特历史的诗性与政治性不断扩大影响力，得以触碰历史性，并在不同意识形态的影响下基本结构为民族志纪录片与文献纪录片两种粟特历史影像的文本类型。经由对不同类型粟特影像历史的考察，粟特影像呈现出历史性与诗性、政治性的协商与互动，这可为影像历史诗学的研究提供一定的参照价值。

【关键词】粟特影像；诗性；政治性；生成；影像历史诗学

商业性、神秘性、流动性是粟特民族的历史形象在当代文本历史与影像历史中显现的主要特征。粟特影像围绕粟特民族经商的行为，因历史断裂性的书写特征所显现身份的神秘性以及因经商而于丝绸之路上奔波的流动性结构粟特历史，并从中生成影像历史的诗性与政治性。在当代粟特文本历史向粟特历史影像转换的历时性维度与不同意识形态结构粟特历史的共时性维度中，影像的诗性、政治性与历史性之间的关系问题得以被推出。基于此，本文以历史诗学与比较研究的思辨方式，结合粟特文本历史与影像历史的比较分析，发现影像诗性与政治性结构历史的能力得以提升；同时，在不同意识形态结构的民族志纪录片与文献纪录片两种基本类型的比较中，看到诗性与政治性具备触碰甚至僭越历史性的可能。有鉴于此，民族志纪录片与文献纪录影像可作为影像历史诗学研究范围的参照，从而回应影像能否呈现历史的基本问题。

一、粟特民族特征结构的不同历史文本叙事

丝路粟特影像主要是指镶嵌于丝绸之路历史系列中以单集、事件片段等播放形式而展现粟特民族历史的纪录影像。该类型影像主要围绕粟特民族的经商行为来解构/建构其历史形象。粟特人的称谓“Sogdian”，原为“索格底亚纳”，粟特人属于印欧人种，其语言文字性质为从印度到欧罗巴的所谓印度—欧罗巴语系，是印欧语系的东支。他们是东汉至唐代活跃于丝绸之路上的商业民族，擅长各种形式的贸易，尤其擅长丝绸的买卖，并被视为是连接城镇、绿洲和不同区域的黏合剂[1]。早在4

世纪初，粟特人在中原活动的范围便已十分宽广，他们“不仅面向京洛，而且把触角伸向整个华北。随时派遣人员，传递消息”[2]。当代粟特文本历史研究表明，粟特民族的经商行为促成其定居行为，并在古代（主要指隋末）产生了政治性的影响[3]。由此可见，粟特民族的商业行为基本被标识为他们立足丝绸之路的根本方式。

关于研究粟特民族的历史文本并不局限于商业性特征，其商业性极少出现于其中。当代入华粟特的书写历史文本注重从汉语语言、实物考古与西域文献展开历史学研究。其中，既有对其民族分布与审美文化的融通方面进行壁画、服饰造型、陶像、雕塑、石樽、钱币、信札等历史物质的考古实证性研究，又有针对其语言文化、墓葬习俗、口头文学以及乐舞艺术等非物质活态文化而书写的粟特民族的编年史、叙事史以及事件史等不同历史叙事类型。这些粟特书写历史的研究结合计量表格数据考证，注重对历史经验材料的挖掘与思考，且旨在廓清粟特历史形象及其所处的时代环境、风俗信仰以及生活习惯方面的历史内容，以此来消解粟特历史形象的神秘性，进而切近完整的丝绸之路粟特历史。

与书写历史文本相比较，粟特影像历史是建立在粟特民族的商业性基础上，并以历史物质与非物质再现历史事件的方式来形塑粟特民族形象。如英国纪录片《丝绸之路》(2016) 注重从敦煌风燧处发掘的粟特古信札来探讨粟特形象；日本纪录片《遗失的长安：重拾古都记忆》(2017) 注重对敦煌壁画的实证考察来推断粟特民族形象；中国纪录片《萧关内外》(2019) 从古钱币来介入粟特历史形象的考究。这些影像以历史事件的方式串联起了粟特民族的商业性特征，但却以开放式结局的方式来追溯历史。这种开放式结局基本围绕着一个问题预设，即“粟特民族现在究竟去了哪里”，而此问题则是基于粟特民族的悖论性探讨——粟特民族既是丝绸之路中商业性、流动性的表征，能够反映丝绸之路上商业繁荣的历史，但同时他们又是被政治环境与其他游牧民族欺压而走向衰落的散居族裔[4]，他们的历史是断裂的、非连续性的神秘历史。因而，经由相关书写历史文本的说明，粟特民族的历史显现出一定的神秘性。也可以这样理解，粟特影像历史凸显了其历史形象的神秘性，并偏重以历史事件的断裂性来设置历史的疑问，从而建构民族形象的神秘性。因此，影像呈现的历史最终的特征为非连续性，以至于众多影像基本以暗色调、影视剧片段、角色扮演等方式呈现出一个模糊的粟特历史民族形象轮廓：在黄昏日落时分，成群结队的商旅牵着骆驼穿越沙漠，而商旅的样貌却并不清晰。与之相反的是，文本历史侧重于展现的是连续性的粟特历史。两者关于粟特形象叙事话语的表达存在明显的区别。

在文化研究范式中，意义的生成是诗性的，但是选择意义生成的方式却是具备权力的烙印[5]。此外，还有学者依据诗性对诗学的理解前提侧重于将文本作品视为艺术，并在此基础上考察历史文本作品的创造性能力与形式结构能力[6]。因此，粟特影像中的历史诗学便可被视为是结构影像文本的能力、方式以及效果。

粟特影像历史的最终指向是一个神秘的散居族裔，其神秘性的建构模糊并改写了粟特历史的形象与当下聚居分布，而且其影像文本的镶嵌性与关于历史事件的断裂性都试图意指丝绸之路审美文化话语权的争夺症候。这就意味着结构粟特历史影像文本中的诗性与历史性之间并未形成共谋关系，甚至相反，诗性为政治性的介入提供契机，两者一道参与、模糊、僭越，甚至支配了历史性。由此，影像历史形成了权力介入的可视性空间。与之相反，粟特书写历史文本寻求的是以大量的实证考古证据、历史物质信息的数据来推断出在丝绸之路上的粟特民族的历史连续性。这种方式符合历史线性时间脉络的展开方式，以至于我们在书写文本历史中经常看到的是由研究者经由考古实证的方式对历史物质材料进行经验研究，如有著作对入华粟特人墓葬的布局结构、习俗观念等展开相关经验材料的论证，从而剖析墓葬主人所处时代中入华粟特人的审美心理[7]。从这层意义上来讲，粟特书写文本历史追求的是诗性与历史性的和解与共谋，试图以诗性的方法来抵达历史性；而粟特影像文本历史追求的是一种权力政治性的话语建构，且以此来言说自身在丝绸之路上拥有的阐释历史的社会性能量。

从粟特民族的书写历史到影像历史的历时性维度中，诗性结构历史的能力逐渐被放大，甚至具有了服从或僭越历史性的意识，从而能够将粟特民族的历史文本建构为一个权力可视的影像空间。在不同意识形态的影像空间所表述的粟特历史中，影像承载的历史诗性围绕粟特民族的商业性、神秘性以及流动性特征形成粟特历史的切面，从而支配并操演历史性。粟特影像自身的播放形式与对历史事件展现的非连续性表现出了粟特民族自身的悖论性特征，后者既能够展现出自身的移民特征与商业习性，又能够表征自身历史形象的神秘性。正因如此，在横向性维度中，中国与他者的粟特历史影像建构出审美话语资源争夺的权力场域，从而在其间互相竞争、彼此龃龉。

二、不同意识形态结构的粟特历史影像叙事类型

经由对纪录影像材料的梳理可见，粟特影像历史因政治权力介入的程度导致其叙事历史的方式存在明显的差异。无论是中国还是他者粟特影像，书写历史与影像历史始终将粟特民族摆置于流动状态之中，并使得影像镜头语言、粟特历史文化以及相关历史文化三者不断互动协商，从而形成粟特影像的"文化诗学"[8]。

中国位于丝绸之路之上，拥有丝路审美文化阐释的话语权，这就意味着其呈现粟特历史的方式重在寻求历史性对诗性的支配，即历史的客观性生成，试图见证粟特民族有关的历史事实，因而其最终选择以历史文献纪录片为主的影像类型；而接受自由主义、资本主义思想洗礼的国家（如英国、日本等）因其地理位置的外在性，其影像的创作方式致力于寻求一种旅行观察式的亲历体验书写，从而以影像民族志的方式呈现粟特民族的历史形象、价值观念以及审美文化。基本而言，这些影像所表征的粟特民族形象立足于商业性，并实践着对粟特文化身份的神秘性结构。在此过程中，历史的诗性与政治性介入粟特民族的经商行为（商业性）、文化身份（神秘性）以及活动范围（流动性），进而在粟特影像的历史切面中实践着审美话语权的争夺。

中国粟特影像对粟特民族历史的展示注重以书写文本历史的计量数据而做出构思，如2008年中英联合拍摄的纪录片《美丽中国》（第四集《风雪塞外》）、2009年周亚平导演的纪录片《望长安》（第二集《盛世之光》）、2010年周兵指导拍摄的《敦煌》（第八集《舞梦敦煌》）、2013年中央电视台CCTV出品的纪录片《敦煌伎乐天》（第三集《胡风唐韵》）、2015年推出的纪录片《河西走廊》（第六集《丝路》）、2016年发行的《融通之路》（第三集《遥远的粟特人》）以及2019年拍摄的《萧关内外》（第三集《绸之路沿线上活跃的商人——粟特人》）等。历史文献纪录片"寄希望于现场记录者的完整摹写能力，以及事件之后的个人记忆可以完整地保存现场感受并予以口头表述，才可能实现文献证据最接近历史真实的理想状态"[9]。这些粟特历史文献纪录片借助大量的历史文物、壁画图像来言说历史，进而建构粟特历史形象。其场面调度注重以见证历史、评说历史以及反思历史的方式来实践。于是，影像中经常会出现诸多专家采访、数字历史图像以及角色扮演历史人物等方式来还原当时的历史场景。如在纪录片《敦煌》中，采取以演员装扮张掖官员裴矩，试图来重返粟特人在甘肃与西域之间进行贸易活动的历史场景，借此追溯历史政治的原因。这种方式展现的场面调度是以凸显政治因素来展现的粟特民族在当时朝代的社会身份地位以及其对西域地区经济影响，这与当代书写历史的资料的叙述基本一致[10]。因此，该类型纪录片旨在强调影像呈现的历史性问题，但诗性结构影像历史性的方式却在大量镜头结构叙事的"三一律"（所有行动发生在一个时间、一个地点，把不同的场景、人物以及对话融合在一起）过程中得以凸显，致使其镜头拼贴剪辑的效

果具有浓缩历史信息的意味。

以纪录片《敦煌》（第七集《天涯商旅》）为案例，影像借助扮演历史人物斯坦因的方式来复原粟特古信札的历史，并以旧时照片（斯坦因当时拍摄）呈现的方式展出。影像侧重于展现当下对粟特历史所持有的态度与思考，其具体叙事方式为：角色扮演拍摄+旧时照片（斯坦因、发现粟特信札时的烽燧位置）+现存样貌照片+在夕阳情景中商旅行走+贯穿整段情节的幽深异域的音乐与深沉严肃的画外音。

在此过程中，画外音贯穿了整部影像并作为镜头场面调度的基点，这样一来，影像连接的不同场景、不同媒介（斯坦因照片、信札数字影像以及历史表演）、不同历史物质（旧照片、服装、信札）的时空范围得以拉长，从而形成长时段历史的解释效果。于是，粟特信封被挖掘的历史价值得以凸显。在此过程中，场面调度的效果使得影像镜头与内容之间的协调形成了一种历史感的突兀，即影像以众多历史证据来叙述历史，以此标明历史的严肃性，并以当下的视角重返历史。但这种突兀只是表象，其所蕴含的历史、社会以及政治意义才是赋予场面调度以说服力的重要因素[11]。也即是说，这种客观性历史的展演使得历史性成为结构影像呈现历史诗性的重要力量。

其他国家影像所建构的粟特历史形象注重的场面调度却与中国影像相反，其侧重于从观察体验的视角展示历史经验，以此将影像叙事的可视范围操控在镜头拍摄视角的正面轴线之内。如日本NHK放送协会推出的纪录片《丝绸之路》（1980年与1983年）系列、《文明之路》（2003年）、《敦煌莫高窟——美的全貌：大唐帝国光彩重生》（2008年）、《遗失的长安　重拾孤独记忆》（2017年拍摄）、《中国王朝女性传说　恶女的真相　杨贵妃》（2017年）以及英国BBC广播电视台推出的纪录片《丝绸之路》（2016年）、英国纪录片《三色艺术史》（2012年）等。这些影像建构历史的方式是遵循影像民族志的书写来介入粟特历史活动的区域，例如英国纪录片《丝绸之路》中主持人来到敦煌考察历史上由考古学者斯坦因挖掘的粟特古信札，其后便前往吉尔吉斯斯坦的偏僻峡谷寻找粟特后裔；日本NHK放送协会在所有关于粟特纪录片中基本以亲历体验的观察方式进入博物馆或相关地区采集信息。这些旅行观察式的影像书写充满了政治性建构色彩。旅行是一种处于流动状态中的跨文化的凝视（gaze）实践。它并不是一种观看的状态，而是一种“论述性决定”（discursive determinations），并受到社会建构的影响而形成观看及审视方式[12]。在福柯那里，凝视已经成为一种知识领域，并在语言与视觉上不断被建构。以英国纪录片《丝绸之路》为案例，整部纪录片关于粟特历史的展示需要结合影像伊始所建构的审美情境做出判断。影片首先以“大全景+全景/全景移动+人物近景”的表现性蒙太奇剪辑方式，即是以全景凸显近景人物叙事重要性的方式，追溯了丝路历史情景与当下城市经济繁荣之间的联系，并结合古典异域浪漫情调的吉他音乐，用以雕塑装饰的形式间接展现粟特人物形象。这种旅行视角不仅展现了建构追溯与寻找粟特历史的审美情境，而且也在抒情罗曼司的氛围中表现出自身与他者文化的差异。之后，影像展现的场面调度是以主持人为中心来建构环境与粟特民族之间的连续性。然而，这种场面调度的方式却使在吉尔吉斯斯坦峡谷中粟特民族后裔的生活方式趋于“原始”。

在主持人（其身份是一名历史学者）叙述粟特历史以及追溯粟特后裔的过程中，影像呈现历史内容的方式与主持人搜集信息的方式被区分。在与粟特人之间的对话中，后者并未说出很多，但主持人却不断解释有关历史文化的意义。当然，他注意到了与后者对话可能产生的“不平等”，即担心粟特人说出的只是影像需要的内容。但影像随即以偷拍的方式予以“否认”。这种方式建构出了一种影像民族志的复调权威[13]，致使影像建构的粟特民族形象是与之前的审美情境进行对比，以历史作为审美资本主义的方式[14]叙述粟特民族的缺失（男子外出打工，只有妇女、老人与小孩留守河谷），而不是其真实的生活状态。显然，这是一种区隔性的历史叙事。这种方式是影像用来解决差异的手段，因为它减少了族群变化与发展的可能性，从而使得我们的价值观念与影像呈现的观念化为了同一，让粟特后裔处于被凝视的状态。

在此过程中，英国纪录影像将粟特人塑造为“原始的民族”，并以罗曼司历史叙事的方式创造出主持人进行田野调查的形象，后者善于倾听、想象以及观察。镜头因偷拍而展示出粟特后裔牧牛、种植、骑马以及周围的居住环境，其间，影像借助经典电影的“三镜头法”，即双方镜头—正拍—反拍的方式进行拍摄与剪辑，强调出主持人与粟特后裔之间的叙述与被叙述关系。此时，主持人居于福柯意义上的边沁监狱的观察点，即视野正向范围的180°之内，由此影像将其建构为一个超脱的上帝观察者形象。这使粟特人活动的区域经由原本的敞开变为封闭。于是，他们便被描绘成为原始的、落后的文化表征。对立由此得以被建构，粟特民族的散居状态也得以被凸显。这种方式使得影像结构的诗性、政治性得以僭越历史性。

无论是中国影像还是“他者”影像，粟特纪录影像成为双方言说历史的话语方式，其实质类似于一种历史的“知觉后勤”[15]。西方他者影像建构的粟特历史情境让观众的视角跟随主持人不断深入河谷腹地而逐渐体验到粟特民族的神秘性与原始性。在从中国转向吉尔吉斯斯坦的过程中，西方影像有意弱化中国于丝绸之路上的影响力。吉尔吉斯斯坦在丝绸之路上最凸显地理文化特色的是城市沿着丝绸之路而建立，而建立城市的人群绝大多数则是粟特人[16]。影像以民族志的方式记述了粟特人与塔吉克斯坦之间关系的历史亲缘性，也即是说，中国作为西方的他者被建构了一颗丝路审美文化历史上的行星，其目的旨在“熟悉正在被探索、入侵、投资、殖民的遥远世界……他们创造一种好奇、兴奋感、历险感，甚至引起对欧洲扩张主义的道德热情”[17]。这种行星意识的建构旨在争夺一种审美世界主义的“叙事权利”[18]。而中国影像与之相反，其侧重于以历史物质而注重历史的见证效果，这意味着相关镜头偏向突出历史感。其中，中国影像并未过度阐释与评价粟特历史的负面信息，而是将历史物质作为一种见证的方式，得以标识中原地区与粟特民族之间的语言文化、历史、审美之间的互相熔铸，进而强调自身的丝路话语权。

整体来看，中国与他者丝路粟特影像显现出一种影像历史的政治诗学方式。在将粟特历史以分集、历史片段镶嵌于丝绸之路系列纪录片的基础上，中国影像以追求客观历史为主，侧重于以历史性影响诗性，从而选取历史文献类型的纪录片追溯历史；他者影像对粟特历史的叙事旨在以观察、体验的姿态介入丝路文化场域，并选取民族志影像而生成审美世界主义的历史叙事范式，致使历史的诗性、政治性僭越了历史性，从而实践着影像政治。正因如此，在面对同一事物的过程中，两种叙事范式形成了不同的表征方式，也实践着不同的话语权力。

三、粟特古信札在断裂性粟特历史影像中的展演

粟特影像的内容与镜头叙事都展演了诗性、政治性与历史性之间的协商，而这种协商的方式可具体表现为面对同一事物的表征差异。粟特信札是1907年英国著名考古学家马尔克·奥莱尔·斯坦因（Marc Aurel Stein）在中国敦煌以西的长城烽燧遗址中发现的幸存最早的粟特历史文书。它反映了也展现了粟特民族的商业性、神秘性以及流动性等特征[19]，同时这也是最早的介入粟特历史的物质性文本之一，具有代表性[1]，但却在不同国家的粟特纪录影像中显现出不同的物质表征形态。

敦煌烽燧发掘的粟特古信札由8封书信构成，分别讲述了家庭矛盾、物品交换、商品价格等内容，因其粟特文字的书写方式与内容而受到了历史学家的关注。而在影像历史方面，中国与他者影像分别选取了不同的方式进行叙事，并借助历史物质信札呈现出了断裂的/连续的与被视性的粟特民

1 学术界专门对此进行了更为细致的研究。如英国伦敦大学的尼古拉斯·辛姆斯–威廉姆斯（Nicholas Sims-Williams）发表的粟特信札系列论文，并且他在2004年于中国北京作了报告《论粟特文古信札的再刊》。

族历史。

英国纪录片《丝绸之路》立足粟特夫妻米娜与娜娜戴德之间的情感纠葛，并将其建构为抒情罗曼司式的悲剧。在信中，女子控诉了男子对其情感的冷漠。影像围绕这一主要内容将其建构为抒情罗曼司。其间，影像以主持人的观察视角体验敦煌，注重主持人与当下敦煌周边环境之间的关系，并采用了大量的正反拍（三镜头）镜头，借此展现历史故事的情境氛围，增强叙事力度。其间，影像将叙事历史的内容与体验历史的方式进行了模糊，致使主持人讲述的历史“作为”真实的历史。这是一种典型的民族志修辞方式[20]。也正是因为这种方式，信札作为一种媒介建构了历史与主持人解释行为之间的连续性。

在叙述信札内容之前，主持人对史学家斯坦因的性格特征做了说明，以此植入“前人之见”，即他们对历史的态度是客观的。再加上信札内容的呈现方式是以主持人的笔记本为媒介，实现了影像之中的媒介互文。这些方式利于主持人评说与反思历史。由此，粟特民族历史被建构为了一个断裂性的历史。即便经由当下的视角进入历史情境，但这种方式却将粟特民族“保持”在被观察的视角（镜头并未跳轴）。这样一来，被观察的粟特民族就形成了一个权力的可视点，类似于福柯边沁监狱中的观察点，致使其原始性（与城市生活脱轨）得以被结构，信札也由此表征粟特民族的神秘性。

通过历史物质粟特古信札的表征，粟特民族被影像诗化与政治化。于是，“笔记本”式的信札与原始信札之间的对比意味就凸显了出来。有研究者指出，“物具有代人行事的能力，也可以说是建构社会意义的能力，即物可以执行‘社会事务’，不过这种文化上的交际能力并不是自发产生的……物……有助于人们对自我施加影响……有助于整合、区分不同的社会群体、社会阶层或群落”[21]。通过信札与粟特民族、主持人之间建立的联系，断裂性与被视性成为影像展现的粟特民族历史的症候。朗西埃在思考历史影像的过程中认为，断裂性成为当下建构历史的构成性元素[22]，并保持着专有名词（在权力作用下）与事物之间的对应关系[23]。也就是说，这种诗性、政治性的历史在影像展演伊始就已存在。这显现出历史的吊诡，即粟特民族的历史在影像民族志的展演中早已具有权力的烙印，并展现出诗性、政治性僭越历史性的效果。

与“他者式”的粟特影像相比，中国纪录片（如纪录片《敦煌》）的信札则不仅建立人与物之间的关系，而且还将其视为历史的证据，并以信札阐释粟特历史与中原历史的文化融通。其间，影像以大量的静态数字模拟镜头来延宕阐释的时间，从而增强影像叙事历史的力度。正因如此，信札成为建构连续性历史的物质。虽然粟特古信札在中国影像中也使得粟特民族被视为一个“被视”的存在，但是这种方式却接续了中国传统历史书写中在文史互通层面的“史蕴诗心与诗具史笔之间的互动与制衡”[24]的关系特征，从而凸显出宏伟史诗叙事的特征。其间，影像的场面调度旨在凸显物与物、物与历史之间的互动关系。

在此过程中，中国粟特影像多以数字化模拟镜头、媒介之间的互文（如影视剧与纪录片本身）来强调阐释的力度，从而生成历史性对诗性的影响。但是这并不意味着历史性决定了诗性，相反，影像诗性仍旧处于一种主动性的状态，如纪录片《敦煌》在以历史严肃性叙述粟特历史时，影像仍以浪漫抒情的基调讲述粟特文明对丝绸之路历史的影响价值。

可以发现，在不同意识形态影像展现粟特古信札的过程中，诗性与历史性之间的关系生成了不同影像历史的切面。他者影像以民族志建构了粟特民族历史的断裂性与被视性，形成断裂的连续性历史；中国影像以文献纪录片结构了粟特历史的连续性，从而形成了连续的断裂性历史。其间，影像编纂历史的诗性与历史性的关系可被视为一种影像历史诗学的研究范畴，以此启示影像能否呈现历史的问题思考。

四、结语

丝路粟特影像接续文本书写历史的传统，放大了诗性对历史性的影响，使得粟特影像历史的文本被建构为了一个权力的可视性空间切面，并在地理共时性维度中反映出不同意识形态对丝路审美话语权的争夺。粟特影像围绕粟特民族身份的商业性、神秘性以及流动性等特征书写诗性与政治性的历史，进而基本结构为民族志纪录片与文献纪录片两种纪录影像类型。这两种类型遵循着诗性与政治性彼此影响的关系，实践着影像的诗性与历史性话语。在面对同一物质元素粟特古信札时，物（信札）建构了社会关系网格并参与了两种影像结构类型中的诗性与政治性活动，使得影像中的诗性、政治性与历史性之间的关系问题被推出。而在如何协商两者关系的问题过程中，影像历史诗学或可作为一种协调两者关系的思辨方式，并将民族志纪录片与文献纪录片视为两种研究的范围参照，以此推动相关问题的思辨。

参考文献

[1] 彼得·弗兰科潘. 丝绸之路：一部全新的世界史［M］. 邵旭东，孙芳，译. 杭州：浙江大学出版社，2016.

[2] 敦煌文物研究所. 1983年全国敦煌学术讨论会集（文史·遗书上册）［C］. 兰州：甘肃人民出版社，1987：92-93.

[3] 马尔夏克. 突厥人、粟特人与娜娜女神［M］. 毛铭，译，广西：漓江出版社，2016.

[4] 荣新江. 中古中国与粟特文名［M］. 北京：生活·读书·新知三联书店，2014.

[5] STUART HALL. Representation: Cultural Representations and Signifying Practices［M］. London: Sage, 1997.

[6] SOFIE KLUGE. Literature and Historiography in the Spanish Golden Age: The Poetics of History［M］. London and New York: Routledge, 2022.

[7] 孙武军. 入华粟特人墓葬图像的丧葬与宗教［M］. 北京：中国社会科学出版社，2014.

[8] HAROLD VEESER. The New Historicism［C］. London and New York: Routledge, 1989.

[9] 陶涛. 影像书写历史：纪录片参与的历史写作［M］. 北京：中国电影出版社，2015.

[10] 魏义天. 粟特商人史［M］. 王睿，译. 桂林：广西师范大学出版社，2012.

[11] 安德烈·塔可夫斯基. 雕刻时光［M］. 陈丽贵，李泳权，译. 北京：人民文学出版社，2003.

[12] JOHN URRY, JONAS LARSEN. The Toursit Gaze［M］. Third edition. London: SAGE Publications, 2011.

[13] 詹姆斯·克利福德，乔治·E. 马库斯. 写文化：民族志的诗学与政治学［M］. 高丙中，吴晓黎，李霞，译. 北京：商务印书馆，2006.

[14] 奥利维耶·阿苏利. 审美资本主义［M］. 黄琰，译. 上海：华东师范大学出版社，2013.

[15] 保罗·维利里奥. 战争与电影：知觉的后勤学［M］. 孟晖，译. 南京：南京大学出版社，2011.

[16] JOHANNES RECKEL, MERLE SCHATZ. Ancient Texts and languages of Ethnic Groups along the Silk Road［C］. Göttingen: Universitätsverlag Göttingen, 2021.

[17] MARY LOUISE PRATT. Imperial eyes: travel writing and transculturation［M］. London and New York: Routledge, 2008.

[18] HOMIK BHABHA. The location of culture［M］. London and New York: Routledge, 1994.

[19] 安妮特·L. 朱丽安娜，朱迪斯·A. 莱莉，苏银梅. 古粟特文信札（II号）［J］. 考古与文物，2003

(5):76-78.

[20] 詹姆斯·克利福德,乔治·E. 马库斯. 写文化:民族志的诗学与政治学[M]. 高丙中,吴晓黎,李霞,译. 北京:商务印书馆,2006.

[21] 伊恩·伍德沃德. 理解物质文化[M]. 张进,张同德,译. 兰州:甘肃教育出版社,2018.

[22] 雅克·朗西埃. 历史的形象[M]. 蓝江,译. 上海:华东师范大学出版社,2018.

[23] 雅克·朗西埃. 历史之名:论知识的诗学[M]. 魏德骥,杨淳娴,译. 上海:华东师范大学出版社,2017.

[24] 张进. 历史诗学通论[M]. 广州:暨南大学出版社,2013.

【作者简介】

杨鹏,兰州大学文学院博士生,研究方向为文艺理论与批评,在《电影艺术》《北京电影学院学报》等期刊发表论文若干篇。

共同体视域下"我和我的"电影的域化和超越

杨文军

【摘 要】"我和我的"系列电影在"家国人"的维度组成了一部宏大的情感共同体，形成了独特的审美景观。通过"我"连接我们与祖国的情感，在个体与历史的叙事中实现对自我、家乡、父辈情感的超越，上升到黑格尔所说的"伦理共同体"。从"乡土中国"到"未来中国"的民族国家想象中，将"爱国主义"以及中华民族共同体意识凝聚成我们精神血液中的集体无意识。

【关键词】"域化"；共同体；叙事超越；民族国家想象；集体无意识

新主旋律相对传统主旋律而言，突破了宏大历史叙事与单个故事的呈现模式，与网络新文化形态以及当下的热点时事相结合，用跨年度的形式组成更具规模、更具意识形态和价值引导的壮观景象。《我和我的祖国》《我和我的家乡》《我和我的父辈》组成的"我和我的"系列电影，打破了主旋律电影或国庆献礼片"又专又红"的传统模式，融合了短视频时代"微文化"特性，以全新的结构作为电影呈现的方式，形成了"祖国—家乡—父辈"，即从宏观到微观、从宏大形象到个体表达、从国家到个人、从抽象（模糊）到具象（清晰）的文化景观。"我"和"我的"是一种在场和加入，也是一种"共时"和"归属"，"我"参与的叙事也不再是单纯的个人记忆，"我"经历的历史事件已然不再是个人经历（身体经历）的单一叙事，具有集体性、历史性和普遍性的深层心理映像以及集体无意识特性。

"我和我的"整体中，祖国、家乡、父辈为什么称为"我的"以及"我的"蕴含的参与感和归属感在无意识中传输着一种什么样的认同，又是如何消除"个体怕被群体排斥的焦虑"[1]的？作品的整体架构中，明显地将个体与历史、个体与国家以及个体与祖国情感构成了一种有效的"域化"[2]，那么这种"域化"是如何通过"我"将我们普罗大众的情感跟国家情感连接在一起及其形成过程是什么？个体形象作为历史形象出场，又是如何超越个体的？这种"祖国—家乡—父辈—我"的时空叙

1 梁沛妤：《意识谱与当今文学的创作审美》，《文艺评论》2010年第4期。

2 "域化"是德勒兹和瓜塔利用来说明一切存在物的生存和演化过程的特定概念，出自 Gilles Deleuze, Felix Guattar, *Anti-oedipus, Capitalism and Schizophrenia Continuum*, 1984, p.242。

事中，个体叙事和历史叙事如何连接并形成共同体叙事的？作品试图建立“家国人”生命共同体形象，那么这种建立传播和体现了什么样的民族国家想象，又如何在民众的精神血液中形成一种代代相传的集体无意识？这些问题以及阐释都以什么样的影像形式交织在“我和我的”系列电影中呢？这一全新结构组成的作品整体引发的种种思考，使得我们必须回到作品本身去解剖和审思。

一、“域化”：建构个体与祖国的情感共同体

“域化”（territorialization）是法国著名哲学家德勒兹和瓜塔利提出的研究一切存在物生存演化过程的概念。在他们看来，一切存在物都有某种内在的力量，这种内在的力量能够产生并扩展连接（connection），通过这种连接而形成的具有显著特征的总体就是域化。域化以及解域化的理论范式被大量应用在文学理论中，张进在其《文学理论通论》中列举了吃饭和吃奶的例子，对“域化”的概念做了详细阐释[1]。电影与文学对情感和世界的表征存在形式媒介的差异，但具有文艺作品内在美学特性的共通性，“域化”理论同样可以作为电影研究的参照。

探究域化的问题，实质是要讨论作为艺术作品的电影是如何在内在逻辑中将“我”个体情感和对祖国的情感连接在一起并形成精神力量的。《我和我的祖国》《我和我的家乡》《我和我的父辈》构成的这一整体中，“我”和“我”经历的历史事件具有一定的“连接”属性，即媒介属性。通过“我”和事件将我们与祖国（集体）连接在一起，建立起了“我们和祖国”的一种情感域化，构成了爱国主义的基底。“我”的集体性和普遍性将所有的“我”连接在一起，形成了“祖国人民”这一统一体。作品表达的祖国情感这一精神能量，形成的精神意义远大于作品的形式意义。

《我和我的祖国》用了七个故事来建构起了整部影片的情感机体，七个故事以及其中的个体，在新中国发展道路上，具有强大的历史印记、公众记忆和身份覆盖的特性。《前夜》中为了保证中华人民共和国第一面五星红旗顺利升空并能平稳停在旗杆顶端的工程师林治远，是为了开国大典成功举办的无数个无私奉献者群体形象的代表。老百姓用无私捐献稀有金属的形式，将“我们”的祖国情感推向了高潮——我们（普通人）对开国大典如此开天辟地的人类盛事是有用的，是有参与的，是在场的。个体之间相爱的普通情感在《相遇》中成为“相遇”，高远为了象征着话语权和生存权的原子弹研制工作，牺牲了与方敏的爱情。通过高远和方敏作为普通个体以及他们之间的普通爱情，建立了“我们”与祖国力量的情感连接。如果说《前夜》和《相遇》是通过直接参与历史重大节点中的个体来建立我们和祖国情感的联系、来完成对国家情感的抒发的话，那么《夺冠》《回归》《北京你好》《白昼流星》则是通过平凡的老百姓形象的个体符号来参与叙事的。《夺冠》中上海弄堂里的老人和小孩、《北京你好》中的出租车司机、《回归》中的修表匠人、《白昼流星》中的流浪兄弟，都是以“他者”，甚至以“隐者”（《北京你好》中来自汶川的小男孩的父亲）的形象来见证祖国的重大事件，从而实现情感飞跃的。

用同样的分析视角来看《我和我的家乡》和《我和我的父辈》，都具有相同的单元功能和叙事框架。罗兰·巴特在其《叙事作品结构分析导论》中谈叙事的三个层面时指出，一种功能只有当他在一个行动元的全部行为中占有地位时才具有意义，而这一行为本身又因为交给一个自身具有代码话语，得到叙述才获得真正意义。[2] 在“我和我的”系列中，每一个故事片段作为构成整体框架的单元，具有单元故事本身的话语意义和历史意义，也在时间维度上构成了整部作品的完整意义，而三部作品又互为行动元，构筑了更加宏大、更高层次的“全部行为”。每一个单元故事通过具有代表性的个体形象，将“我们”和祖国情感建立连接。《我和我的家乡》从整体上而言更具有宣传性和碎片

1 张进：《文学理论通论》，人民出版社，2014，第29页。

2〔法〕罗兰·巴特：《叙事作品结构分析导论》，转引自张进《文学理论通论》，人民出版社，2014，第110页。

性，更多地受到当今短视频文化的影响或纯粹运用了短视频美学的创作理念。《我和我的家乡》中用外甥的医保卡看病的外卖员表舅、寻找UFO的团队、潜意识中要回乡上最后一课的范老师、回乡参加母校纪念大会的乔树林、为了去乡村扶贫哄骗妻子的马亮都是一个个具有明显符号色彩的个体形象，通过这些身体符号来承载家乡变化。农民医保、农村教育、农村经济、农村生态、农村文化都在新时代发展过程中取得了伟大的进步，我们和家乡的情感（乡愁）是通过一个个不同的"我"建立连接的，甚至引发家乡在哪里、家乡是什么的深度思考。《我和我的父辈》不仅仅是关于儿子与父亲的叙事，《乘风》中为了拯救百姓将儿子暴露给敌人的父亲，《诗》中为了摸清火箭的故障问题而放下妻儿献出生命的父亲，《鸭先知》中勇敢迈出第一步进行广告创作的父亲，《少年行》中穿越而来的机器人父亲，通过"父亲"这一象征着力量、奉献、博爱的形象，将历史建设中的每一次前进都和"父辈"这一崇高的群体连接在一起，形成了祖国的强大是有"我"的"父亲"参与的，从而也是有"我"的贡献的这一天然情感，将"父亲"与祖国用血缘属性建立了连接，形成强大的情感构架。

抒情是一种情感的宣泄，更是一种情感的建构。"国家经常用公民的爱国主义情操，建构民族、国家认同，建构民族本质上就是在用各种手段塑造一种情感"，[1] 情感建构和"民族""民族主义"以及"国家情感"有深度逻辑关系。"我和我的"系列电影作品中参与历史叙事的个体及其情感有清晰的抒发对象：从国旗控停装置金属球到少年深度热爱的机器人。正是这种情感抒发的同时，极其自然地完成了我们对"家国"情感的建构和认同，即通过"我"将我们和家国连接并建立了具有完整框架的"爱国主义"这一"情感共同体"。

二、叙事：历史的个体和个体的历史

爱国主义的情感共同体往往要通过宏大的历史叙事（"人民伦理的大叙事"）来作以表征和对象化，宏大的历史叙事通过具有一定温度和个性的个体叙事（"自由伦理的个体叙事"）的承载，才能将历史事实通过一定的途径和媒介做一再现。在这个再现的过程中，历史叙事和个体叙事互相交融，有机统一，个体的历史性和历史的个体性都在历史事实框架内有序运行。"'事实'是就确切性、可靠性而言的，反映的是认识把握的对象具有不虚幻、可证实、不可怀疑等性质"，[2] 具有可靠性和可证实性的历史事实，赋予个体叙事的历史合法性。个体叙事作为历史叙事的一个单元和视角，自然具有历史叙事的方法论意义，在实践层面则是将"事实"发展中的一些"隐者"形象或"失声"形象纳入叙事范畴，作为历史叙事的支撑和血肉使得历史叙事更具有情感温度。吴秀明认为长篇历史小说可以分为"历史的人"和"人的历史"两类，并指出现实主义历史小说注重于历史的人，浪漫主义历史小说则注重人的历史[3]，二者关系可概括为"历史叙述的人文回归"和"今人情感的历史投射"[4]。借鉴文学叙事的理论观念来分析"我和我的"系列电影中，个体叙事与历史叙事在电影作品中是以何种内在逻辑进行连接并产生意义的。

在"我和我的"系列电影中，贯穿其中的每一个单元故事都具有历史事实的可靠性和可证实性，这些不可怀疑性的历史事实赋予了林治远维修旗杆控停金属球、"白昼流星"、潜意识中要回乡上最后一课的范老师、为了拯救百姓将儿子暴露给敌人的父亲以及穿越而来的机器人父亲等个体叙事的历史合法性。个体叙事作为书写历史的一种笔法，因其具有历史合法性而使得二者在一定程度上显

1 丁洪梅、陈绚：《情感共同体之想象：中国留学生报道中情感建构与民族认同研究》，《国际新闻界》2021年第7期。

2 刘森林：《理解历史唯物主义"现实"观念的三个向度》，《哲学研究》2021年第1期。

3 吴秀明：《中国当代长篇历史小说的文化阐释》，文化艺术出版社，2007，第30页。

4 陶冶：《历史题材电视剧与国家形象建构研究》，中国社会科学出版社，2014，第34-37页。

得界限模糊甚至不可分清。一方面是因为个体是历史事件的参与者也是事件本身的完成者；另一方面是历史叙事需要个体叙事这一"事件媒介"来承载，个体在历史叙事中具有了一定的主体性。宣传性为主的《我和我的家乡》中，用了扫描和广告式的展现方式，将农村的巨变做了展示，这种巨变来自新时代发展战略的贯彻实施，而在本质上则是"人民日益增长的美好生活需要和不平衡不充分的发展之间的矛盾"这一当下中国社会的矛盾主题得到了有效解决。在这个意义上，历史的个体和个体的历史具有统一性。个体叙事通过个体情感来实现对集体情感的连接，建立了我们和祖国一体的精神意识。

我们通过具体的作品细节来进一步论述个体叙事与历史叙事的统一性问题。在《我和我的父辈》第一个单元讲述我党骑兵团故事的《乘风》中，"我"（乘风）的父辈既是一名骑兵团战士，又是一个父亲，父亲与战士这两个二元矛盾的命题在时代使命中具有不可调和性，个体的痛感与革命的胜利感互为对象也融为一体，并具有一定的因果逻辑关系。正如为了摸清火箭故障问题献出生命的"父亲"和回乡上完最后一课的"父亲"一样，历史的演进与个体的付出不可分割，个体的触觉与历史的演进具有合一性。

"我和我的"系列中的个体叙事和历史叙事共同建构了我们意识形态的共同体。20世纪以来对中国现代化的理解和走向经历了种种论争。现代性带给国人更多反思、反叛、解构等思想观念，个体性极大地得到释放，甚至在后现代观念的影响下出现了对中国传统文化和英雄人物进行消解的现象。有学者提出，个体与共同体关系的重建作为一项具有现实紧迫感的时代课题，不仅由于其在人类认识世界和改造世界过程中处于前提性和基础性地位，更是由于这一关系在现代性境遇下变得日趋紧张、矛盾重重[1]，社会的个体化转向使共同体内部矛盾增多，个体与共同体的关系日趋紧张[2]。这种论述，正是看到了在自由主义主导以及现代性影响下的当今文化中过分注重个体表达的时代症候。

卢梭和黑格尔最早提出了"共同体"观念并进行了系统的论述，马克思、怀特海进一步阐述了个体与自然和社会组成的"有机体"以及理想社会（共产主义）的共同体属性。卢梭在其《社会契约论》中提出了"契约共同体"的"公意"性，共同体就以这同一个行为获得了它的统一性、它的公共的大我、它的生命和它的意志[3]。卢梭提出的"公意"就是一种"契约"，在契约本身具有的规则性框架内，过度的自由主义是行不通的。黑格尔在卢梭"契约共同体"的基础上提出了"伦理共同体"，"主观的善和客观的、自在自为地存在的善的统一就是伦理"，个人主义只有融入伦理共同体才会得到真正的自由。所以在黑格尔看来，国家才是最高的伦理共同体，"国家的力量在于它的普遍的最终目的和个人的特殊利益的统一"，"成为国家成员是单个人的最高义务"。[4] "我和我的"系列中所指涉的"我"和"祖国"、"家乡"及"父辈"是个体和共同体的代言和表征。在三部作品共十六个故事中，每一个承载了叙事功能的个体，都完全统一地将自身融入黑格尔所说的最高"伦理共同体"——国家——这一"公意"所认同的共同体中。林治远和开国大典、队长和天安门阅兵、范老师和他的村学、乔树林和他的母校、乘风和骑兵团、儿子和他的机器人父亲等每一个单元故事都是将个体融入祖国这一最高共同体中的具体呈现。

在三部作品中，历史叙事和个体叙事呈现出马克思所提出的一种"对象性存在物"的关系，正如"太阳是植物的对象，是植物所不可缺少的、确证它的生命的对象，正像植物是太阳的对象，是

1 赵坤:《现代个体与共同体关系重建的前提及其中国智慧》,《四川大学学报》2020年第5期。

2 赵坤:《现代个体与共同体关系重建的前提及其中国智慧》,《四川大学学报》2020年第5期。

3〔法〕卢梭:《社会契约论》,何兆武译,商务印书馆,1963,第21页。

4〔德〕黑格尔:《法哲学原理》,范扬、张企泰译,商务印书馆,1961,第185-186、297、289页。

太阳的唤醒生命的力量的表现，是太阳的对象性的本质力量的表现一样”，[1] 历史叙事通过个体叙事增加人性的温度和情感的力量，个体叙事通过历史叙事来体现个体生命价值的升华和超越。

三、超越：从个体到超越个体

“超越”或“超越性”是一个较大的哲学问题，存在于西方的宗教哲学中。中西方哲学中对“超越”的研究有不同的阐释，“‘超越’的本义指向‘外在性（externality）’和‘神圣性（sacredness）’”。[2] 牟宗三在其《中国哲学的特质》中提出了中国哲学的“内在超越性”，蒙培元在其《心灵超越与境界》中指出西方哲学更多的是讲认识的超越，中国哲学更多的是讲情感的超越[3]。在马克思关于“人”的论述中将人称之为社会关系的总和，强调“类”的特性。在传统哲学研究中“小我”与“大我”、个体与集体、个人主义与集体主义是相互对立的范畴。个体融入共同体是个体与集体的和解，是“小我”向“大我”的超越，是个体向共同体的超越，也只有将个体融入共同体中，个体才会获得生命永恒的自由和价值，也就是真正成为社会关系总和中的一员。“追求永恒和自由是人的生命之本真，不可以狭隘的个体形态、‘个人主义’为满足。要不断超越自我，寻找无限的存在形态，必须从封闭的孤立的自我牢笼中冲出来，使‘小我’融合于‘大我’之中。”[4] 这种个体本身的超越，在“我和我的”系列作品中是贯穿始终的。三部作品共十六个单元故事中的个体形象，已超越了其本人自身的个体性，具有“类”（群体性）的属性和符号功能。《我和我的祖国》里《前夜》中林治远、《相遇》中高远、《夺冠》中弄堂里的街坊邻居、《回归》里的港警和修表匠华哥、《北京你好》中出租车司机以及前来看奥运开幕式的汶川男孩、《白昼流星》中的退休扶贫干部和流浪兄弟、《护航中》的飞行员吕潇然，《我和我的家乡》中张北京及其表舅、自造UFO的黄大宝、上最后一课的老范、返乡的乔树林、美术扶贫的马亮，《我和我的父辈》中骑兵团中的“父亲”、为火箭事业献出生命的“父亲”、第一位广告人“父亲”、人工智能机器人“父亲”，这些个体形象的“我”在宏大的国家叙事中已然超越了单一的“我”的个体性，自我完全献身于大我，“我”作为一种符号的存在，是一种群像和“类”，这个总体的群像和“类”特性可概括为：为了新中国建设而做出伟大贡献的劳动者。

第二个超越则体现为情感的超越。以“相聚”为现实目的的爱情，却在《相遇》中高远和方敏之间以“相遇”的形式出现，这种情感的牺牲是以祖国利益为前提的，在祖国情感和个人情感之间，个人情感选择了退场；离异的出租车司机，将唯一的奥运门票赠给了来自汶川的男孩而不是送给自己的儿子，得知男孩的父亲是建造鸟巢的工人时，对儿子的歉疚得到了释然，而这种释然同样在《北京好人》中又一次出现，释然即超越；选择拯救百姓还是自己的儿子，这种千古难题似乎在作为共产党员的骑兵团父亲那里没有矛盾，毅然地把对儿子的爱升华到对人民的爱这一至高层次上；同样伟大的情感在《诗》中再一次地把对妻儿的爱献给了国家的火箭事业。个体情感在三部作品中呈现出了伟大的超越性，融入了祖国情感这一“至高情感共同体”中。

如果说上述的情感超越体现了个体之间情感的超越，那情感超越的另一个维度是对“家”或“家乡”情感的超越。“家”在中国人的文化基因里占有绝对崇高的地位，是一种“原型”意义上的存在，中国哲学对于“家”“国”意义的阐释以及对家国情感具有独特的历史深度。被称为开辟中国

1《马克思恩格斯文集：第1卷》，人民出版社，2009，第210页。

2 黄玉顺：《“情感超越”对“内在超越”的超越——论情感儒学的超越观念》，《哲学动态》2020年第10期。

3 蒙培元：《心灵超越与境界》，人民出版社，1998，第81页。

4 刘保民：《从“个人主义者”到“整体主义者”——浅论社会个体的自我超越问题》，《武汉大学学报》（社科版）2004年第4期。

科幻电影元年作品的《流浪地球》，中国人带着地球一起逃离灾难的故事就充分直观地展示了中国人对于“家”的深沉情感和中国文化中的“家园”基因。“家，历来是一个文化承载的民族意象，也是原始情感最早期的依托。对‘家’的意象的建构和解读，是解读作者风格的一种利刃。小家为‘家’，大家为‘国’。家是国的元素，国是家的根基。‘家’承载童年，庇护心灵，栖息爱情。”[1] 中国文化和哲学思潮中具有家国情怀、兼济天下的观念传统，“家国”合一性也是中国文化意识形态中独具特色的具有历史大局甚至天地视野的美学品质，这种“家国”合一的美学品质为众多作品中呈现出的情感超越提供了文化基因层面的逻辑支撑。

首先是《我和我的家乡》中贯穿全片的“家乡”以及对家乡情感在各种层面上的抒发和超越。《北京好人》中的农民工表舅回乡后发现自己也能用医保看病了；《天上掉下个UFO》中的农民工黄大宝一心想用自造的UFO来打破贵州山区环境优美与物流不畅的矛盾局面；《最后一课》借用范老师回乡的事件媒介来全方位地展示了乡村生态经济的发展；《回家的路》通过乔树林和大师姐的回乡见证了西北家园的生态巨变；《神笔马亮》则呈现出乡村文化扶贫的盛大景观。这一系列对于家乡的表达，不再是以村庄为构成单位的物理性概念，实质上早已超越了“家乡”本身，上升到“国”的至高情感，分别对应着解决农村医保、短视频与科技助力乡村物流、农村教育与生态经济、西北生态治理、文化扶贫等新时代伟大祖国的发展红利以及新时代中国可持续发展战略和人民至上的国家理念的传递。其次是《我和我的祖国》与《我和我的父辈》中“家”以淡化和“背景”的形式出现，衬托了超越“家”本身的情感，更突出了“家国一体”性。《回归》《夺冠》《白昼流星》《乘风》《诗》等单元故事中，家作为宏大叙事的必要条件，以其对象化隐形的形式呈现，以隐形的力量来反衬对家园情感的超越。

从个体情感、家乡情感的超越进而上升到更高层次的另一种超越——审美超越，这是探讨三部作品超越性的第三个维度，是三部作品内部个体生命和外部受众接受的精神高度。“审美超越的独特性质在于，通过感性形式和情感中介追求内心（心灵世界）的无限自由性。内心的无限自由，使人的审美超越成为远高于科学超越、哲学超越乃至宗教超越的一种超越形式”[2]，在这个意义上，作品内部的个体为了追求生命的终极意义以及心灵世界的真正自由，将个体生命融入“大我”的民族国家层面的壮举具有清晰的审美超越性。相对西方美学中关于超越“理念”“实践”进而达到审美超越的论述，中国传统哲学更注重“人生境界”的超然。王阳明“境界论”，王国维“境界说”，宗白华对艺术境界的界说，以及中国传统儒释道关于“仁心”“神明心”“本心”对心灵境界的阐述，体现着中国美学独有的深刻智慧和鲜明的中国文化特色。王阳明人生境界论的“诚境”“仁境”“乐境”[3]，宗白华指出艺术的境界不外乎写实、传神、造境，即从自然的抚摸，生命的传达，到意境的创造[4]。从“诚境”到“乐境”，从自然的抚摸到意境的创造，是生命境界和艺术境界从现实到“出现实”的超越，正是王国维论述诗人与现实关系时指出的“出”，“入乎其内，故能写之；出乎其外，故能观之。入乎其内，故有生气；出乎其外，故有高致”。[5] 只有超出现实本身，方可获得“高致”的精神境界。“我和我的”系列作品构成的统一整体中，细致考察作品内在的人物形象，从农民工表舅到乘风的父亲，都将自身个体生命投入或献身到了伟大的祖国事业和对他人的博爱中，出乎现实

1 林莺：《张爱玲小说“家”意象及心理机制解读》，《浙江社会科学》2010年第2期。

2 朱立元、刘阳：《论审美超越》，《文艺研究》2007年第4期。

3 潘立勇：《“自得”与人生境界的审美超越——王阳明的人生境界论》，《文史哲》2005年第1期。

4 宗白华：《中国艺术的写实精神——为第三次全国美展写》，载林同华主编《宗白华全集：第二卷》，安徽教育出版社，2008，第323页。

5 周锡山编校：《王国维文学美学论著集》，北岳文艺出版社，1987，第367页。

琐事之局限和个体“小我”之局限，从而获得了精神内在的高度“自由”。这是将个体和“有限”投入到了集体与“无限”之中，追求民族家国利益的一种价值“永恒”。

外部受众的审美超越，则是要从单纯的作品观赏消费行为向理性反思，以及对祖国历史、革命先辈、国家建设、国家道路、国家文化的高度热爱和认同的价值理念上转移，从而实现自我个体从文艺消费到民族家国共同体的认同和坚守的审美超越。作品内在的艺术境界和价值追求必然影响到作为外部接受的消费受众，外部受众的审美体验来自作品内在的意境力量，也就是“造化与心愿合一，客观的自然景象和主观的生命情调的交融渗化”。[1] 这种作品内在散发的境界力量则要借助艺术想象力来作用于外部受众，在审美想象的作用下，“个体生命能够挣脱自然和社会的双重束缚而自由地飞升，从而使主体达到一种神思飞扬，全身心扩张，心灵得到解脱的自由状态”。[2] 这种心灵得到的解脱舒展，正是作品内部那些将个体生命献身于民族事业、追求家国利益永恒价值的银幕形象所带来的审美愉悦，也正是在这种忘我的审美愉悦中，外部受众将自身对银幕形象的情感“移情”于现实自我，引发现实自我对民族家国和集体他人的博爱与同情。在“我和我的”系列作品共十六个单元故事所呈现的有限时间内，这种审美愉悦使人们经历了一场精神洗礼和价值重塑，即作为精神商品的电影不同于实体商品的消费，其传递的内在力量和导向性是超越个体经验而注重家国情怀的。

新兴主旋律电影是对传统主旋律电影在国家形象传播、意识价值引领、祖国情感建构、中华民族共同体的精神认同等方面的再一次拓展。“我和我的”系列用影像拼图的形式构筑了一部完整统一的表达新中国发展成就以及憧憬祖国未来的历史有机体。这一有机整体表现出来的运行经验，为以后的新主旋律电影在叙事结构、抒情方式以及意识形态传播等方面提供了新的方法论意义。这一症候解读力图把电影现象和形式的分析上升到电影评论的理论层次，在一定的理论基础上来阐释电影表象背后的深层含义。从情感的连接到情感和个体的超越，从民族家国想象的传播到形成我们精神共同体、文化共同体、命运共同体的中华民族共同体的集体无意识，在这一过程中，也引发了需要进一步去探讨的新问题，如表现重大历史革命题材和新时代中国社会重大发展成果的同时是如何进行“红色抒情”的，又提供了另一种分析问题和文本解读的思路与途径。

参考文献

[1] 张进. 文学理论通论 [M]. 北京：人民出版社. 2014.

[2] 刘森林. 理解历史唯物主义“现实”观念的三个向度 [J]. 哲学研究，2021(1)：18.

[3] 吴秀明. 中国当代长篇历史小说的文化阐释 [M]. 北京：文化艺术出版社，2007.

[4] 陶冶. 历史题材电视剧与国家形象建构研究 [M]. 北京：中国社会科学出版社，2014.

[5] 赵坤. 现代个体与共同体关系重建的前提及其中国智慧 [J]. 四川大学学报，2020(5)：21.

[6] 卢梭. 社会契约论 [M]. 何兆武，译. 北京：商务印书馆，1963.

[7] 黑格尔. 法哲学原理 [M]. 范扬，张企泰，译. 北京：商务印书馆，1961.

[8] 马克思恩格斯文集：第1卷 [M]. 北京：人民出版社，2009.

[9] 蒙培元. 心灵超越与境界 [M]. 北京：人民出版社，1998.

[10] 刘保民. 从“个人主义者”到“整体主义者”——浅论社会个体的自我超越问题 [J]. 武汉大学学报(社科版)，2004，4(57)：395-399.

[11] 朱立元，刘阳. 论审美超越 [J]. 文艺研究，2007(4)：7.

1 宗白华：《中国艺术意境之诞生》，载林同华主编《宗白华全集》第二卷，安徽教育出版社，2008，第326页。

2 朱首献：《艺术想象与审美超越》，《河南师范大学学报》1998年第5期。

[12] 潘立勇.“自得”与人生境界的审美超越——王阳明的人生境界论[J].文史哲,2005(1):79.

[13] 宗白华.中国艺术的写实精神——为第三次全国美展写[J]//林同华主编.宗白华全集:第二卷.合肥:安徽教育出版社,2008.

[14] 周锡山.王国维文学美学论著集[M].太原:北岳文艺出版社,1987.

[15] 本尼迪克特·安德森.想象的共同体:民族主义的起源与散布[M].吴叡人,译.上海:上海人民出版社,2016.

[16] 墨菲,柯瓦奇.近代心理学历史导引[J]//赵士林.精神分析美学的魅力——容格美学掠影.哲学研究,2005(7):75.

[17] 荣格.容格著作集:第15卷[J]//赵士林.精神分析美学的魅力——容格美学掠影.哲学研究,2005(7):78.

[18] 周宪.艺术心理学当代的课题及其发展[J].文艺研究,1987(5):23.

【作者简介】

杨文军,兰州大学文学院博士生,讲师,研究方向为中国现代文学及影视理论,在《宁夏社会科学》、《内蒙古社会科学》、光明网等发表论文若干篇。

【项目基金】

天水师范学院高级别项目“新时代中国影视文化发展生态研究”(编号:GJB2021-17)。

技术调解与后疫情时代的审美共同体

姚富瑞

【摘　要】在后疫情时代，云上音乐会作为数字化的沟通方式，正在生成一种审美交流的新方式。面对全球化与逆全球化进程的矛盾张力，技术作为构成性调解，经由对以情感认同为基础的审美共同体的重新配置，影响着世界各地与不同代际人们的生活和生存方式，并在他们的感觉系统、审美经验和感性生活建构中发挥着巨大的凝聚力量。

【关键词】后疫情时代；审美共同体；技术调解；云上音乐会；审美交流

2019年底开始发生的COVID-19疫情造成了逆全球化或反全球化的严重危机，文化开始呈现为孤岛式的存在，不同文化之间的冲突日益加剧。在后疫情时代，如何重获文化之间的信任面临着巨大的挑战。其中，重建审美共同体在文化共同体乃至人类命运共同体的建构中日渐发挥着重要作用，情感具有基础性与始源性的特性，美学、审美共同体正是以情感为基础的，如果差异、鸿沟、裂隙在后疫情时代不断被放大与强调，而以共通感为基础的情感共识和认同不被突出，并且仅仅是依靠全球化时代经济、实体的共同体是不够牢靠的。此时，在新冠疫情引发的逆全球化语境中，面临文化之间的差异不断被放大以及文化之间的冲突日益加剧的状况，技术充当着文化和解的重要角色，其对情感结构和感性经验的形塑，使得技术调解开始成为后疫情时代人们交往、交流和互动的新方式。云上音乐会作为由技术所构成的艺术形式与数字化的沟通方式，不断改写和塑造着世界各地与不同代际人们的经验内容与经验方式。

一、云上音乐会作为逆全球化时代审美交流的新方式

新冠疫情期间，著名作曲家、指挥家谭盾联合中国、美国、俄罗斯、德国、法国、日本、韩国、保加利亚、以色列、挪威等15国艺术家云聚上海、纽约、武汉在线直播《武汉十二锣》，此次云直播采用3D5G技术突破了现实剧场的限制，全球约7000万人通过网络同步收看了这场震撼人心的音乐会，使得整个世界都同时成了舞台，古代与现代、东方与西方在这场云端演出中融合在了一起。本次音乐会演出的主现场设在上海，设有6面锣，其他6面在纽约，指挥在中国，女高音在韩国……演出开始谭盾手机连线湖北编钟博物馆5G同步，用高科技的音乐手段向全人类表达了来自音乐的祈

祷、温暖、爱、希望与人文思考。

新冠疫情期间与疫情之后，这类“云端”交流的方式正在全面介入人与人之间面对面的交流，以及在正常的人际关系中必不可少的“真实”经验。实际上，早在2008年，谭盾就曾创作过世界上第一部网络交响曲《英雄》。但当时处于3G时代，网速还无法提供强有力的支撑，只能是低清地上传、收集、编辑、再播放，而当下的网络科技已完全不同，5G时代完全可以实现高清同步，可以说，科技的发展让这次音乐会得以高质量的完成。在“第二轴心时代”和“融媒体时代”，随着数字通讯技术的高速发展和全球化与反全球化进程的矛盾张力深入展开，世界各国互联互通的形式、途径和场合都发生了巨大变化。技术在建构人们的感觉系统、审美经验和感性生活方面具备重要的能动性和“生产性”，其所建构的“感觉共同体”在“命运共同体”建构过程中越来越发挥着基础并重要的作用。

技术中介、构成和调解着我们的感官系统。媒介技术的物性形式对人的感知方式以及各种社会关系和社会感知能力进行重构。在麦克卢汉那里，其认为电子媒介消弭了时空距离，地球缩小为弹丸之地，成为地球村。媒介成为人的中枢神经系统也即感觉系统的延伸，他认为这种延伸是内涵物或者物——象的延伸。“内涵物不仅仅是精神实体，其还是整个的人体感觉系统，是多模态意义上的感觉”，[1]也即是说麦克卢汉关于媒介的理论所关涉的是被物质化的思维物，也即内涵物。他关于媒介即讯息的论断，所彰显出来的是，主体所面对的并不是能指结构亦不是所指的物质，而是被物化了的所指或感觉本身，这就是媒介，就是传播或信息。根据他的媒介即讯息的观点，“比方说，关注今日报纸里一篇文章的意识形态构建抑或符号建构，是不得要领”。[2]他所强调的是探究技术媒介影响人类感知的方式，“人的感觉——一切媒介均是其延伸——同样是我们身体能量上‘固持的电荷’，人的感觉也形成了每个人的直觉和经验”。[3]

就电光源这个例子，麦克卢汉认为“电光是单纯的信息，它是一种不带讯息的媒介，这导致了人们对它的忽视，因为它没有内容，除非它是用作它用。但是它却影响了人们构建自己公众生活和私人生活的方式，当然还包括其在各种场所中的应用，打破了时间的限制，使得白天与夜晚没有任何区别。媒介塑造和控制着人的组合和行动的尺度与形态，这正说明了媒介即讯息”[3] 34-35，重要的不是媒介的内容或用途而是其对各种社会关系和社会感知能力的重构。麦克卢汉在他的系列著作中着重探讨了媒介环境下人的感知系统问题，并认为整个的人体感觉系统是思维物物质化而形成的内涵物。

技术所构成的“艺术总是在改变我们的接受官能和接受形式”，[4]在技术的调解下，云上音乐会将生成后疫情时代审美交流的新方式，在新的全球化秩序中重构新的互动模式。新冠疫情期间，除了《武汉十二锣》线上与线下相结合的云端音乐会这种审美交流形式外，各种各样的由技术构成的艺术形式也层出不穷。其中，“同一个世界：四海聚一家/团结在家/一齐在家（One World：Together At Home）”线上慈善演唱会同样创造了一场具有历史意义的线上演出，其在开始两小时正式特别演出之前，在线播放了长达六小时的预演，同时在美国精选的有线电视网络、流媒体平台和国际广播网络上演出，在英国由英国广播公司（BBC）播出，特别节目在CBS、ABC、NBC和其他全球网络和平台上播出。该次云上音乐会大部分采用线上提前录制的方式，少了现场音乐的临场感，但是互联网技术让它以一种新的方式诞生，使得其成为演唱会在互联网时代的新产物，并且在全球化普遍衰

1 斯科特·拉什、西莉亚·卢瑞：《全球文化工业：物的媒介化》，要新乐译，社会科学文献出版社，2010，第19页。

2 尼克·史蒂文森：《认识媒介文化——社会理论与大众传播》，王文斌译，商务印书馆，2013，第185页。

3 马歇尔·麦克卢汉：《理解媒介——论人的延伸》，何道宽译，商务印书馆，2000，第50页。

4 沃尔夫冈·韦尔施：《重构美学》，陆杨、张岩冰译，上海译文出版社，2002，第228页。

退，以及各地民粹主义有所抬头的情形下，音乐家与观众们一道顽强捍卫了全球人类作为共同体的光辉。

二、数字化技术对情感认同的重新配置

互联网对日常经验的形塑具有革命性的影响。当下，我们正生活在一个由各种电子通信技术主导的全球化世界：移动技术、各种信息和通信技术（ICT）、卫星频道、即时全球电信、博客、社交网站、推特、即时接入互联网的平板电脑和音乐播放器等。技术创新与人类感官和经验的转变紧密交叉，并且有愈演愈烈之势。后疫情时代，像智能手机、电脑、iPad等各种形式的私人化技术平台与电视广播这样的公共技术平台相结合，一方面有助于将全球各地的人们即时联系在一起，带来了集体社会主体，创造了新的技术共同体；另一方面，也导致个体主体沉浸在私人空间中，孤立于真正的公共空间，并从共同体中分离出来。与此同时，技术作为一种实体化的智能，使得我们对于这个世界的感知逐渐从经历或者经验转到了终端的感知方式，终端感知切断了主体对可感对象的直接经验，架空和抽离了人们的具身经验，人成为被去情境化、结构化、符码化、数字化和数据化的存在，情感生成的基础被抽离、改写、撕裂甚至压平，审美经验趋向同质化，自然人意义上的个体情感差异不断被遮蔽。

以马克思主义理论启发下的法兰克福学派霍克海默、阿多诺以及受其影响的凯尔纳等人为代表而形成的理论学派，即“批判理论”学派曾集中地批判反思无所不在的文化工业体系对文化产品“内容”的“过滤”“麻痹”“殖民化”和“标准化”，看到技术支撑下的媒介文化作为调解文化元过程的“文化工业体系”是一个“过滤器”，是一个“无所不在的体系”，从而将当时的媒介文化归结为“大众文化”或“批量文化”，进而认为“大众媒介构成一个强大的、从少数人向多数人传播的单向道体系”。[1]阿多诺对文化工业借助各种实用技术手段进行复制和批量生产，以震惊效果来娱人耳目，并造成大众鉴赏力的退化，审美活动的庸俗化，主体反思与批判意识的匮乏，以及享乐主义盛行等负面效应进行了集中批判，文化工业的意识形态本身对大众进行着操纵，使得主体为同一性所奴役，情感与精神受到双重的压抑。霍克海默与阿多诺处理文化工业的方法论建基于将媒介放置在与主体对立相视的物的平台上，进而一步步地将物要素化、原子化为技术和工具，技术对人的压制、压迫、奴役，所造成的人的异化、物化构成了他们意识形态批判的基础。被他们称为文化工业的大众文化在资本主义系统中对人进行操纵和控制，借助于大众媒介与商品文化，它们实现着引诱人们服从统治性的社会关系，这种深深植根于启蒙规划自身逻辑之中的工具理性使得人们无法交流本真的经验，大众娱乐产业与政治极权主义宰制结合在一起为统治阶级所利用并不断被强化。在这一资本主义文化的运行中，大众不过是缺乏判断与反思能力的主体、消极的受众。他们更多的是关注媒介技术内容，抨击文化工业的“物性”内容对人的感性系统的麻痹。然而，霍克海默与阿多诺对文化工业的分析虽然激进，并且为媒介的社会理论提供了一个有价值的出发点，但不足以构成一个检视媒介技术与现代社会之复杂维度的基础。他们的“文化工业理论过于抽象，无法应用到媒介文化的具体分析中”[2]。也正是他们将媒介技术视为一种统治的工具和手段，并以此作为方法论基础去处理文化工业，有着过度简化之嫌，“让他们排斥流行文化在具体政治语境中的任何反叛向度（比如爵士乐、摇滚与电影），因此他们无力理解现代社会复杂的物质层面，而现代社会正是由多种传播技术的模式共同编织而成的”[6] 212。

各种形式的数字技术正在以多种方式改写和重塑人们的感知。就“同一个世界”线上慈善演唱

1 HEPP A, *Culture of Mediatization*(UK: Polity Press, 2013), pp. 5-47.

2 康在镐:《本雅明论媒介》,孙一洲译,中国传媒大学出版社,2019,第212页。

会这类技术实践而言，通过私人化和屏幕化的数字技术，重新分配时空感知，将形而上学的时空框架重新建构为网络社会的“微时间”（light-time）和“微空间”（light-space），信息的发出与到达同步进行，倾覆了线性时间，并将自然空间的现存外延内爆为一种虚拟绘制，引起了视觉、听觉、触觉等多感官的参与和沟通，产生一种身体集体的联觉，改变了日常生活中的直接经验。明星们在家中进行表演，与过去现场的仪式化舞台表演经验完全不同。有些表演者有偶像包袱，盛装表演；有些就像刚刚起床，还会不时地与家中的其他家庭成员、宠物进行互动，没有整理的凌乱的床也显示着日常生活的普遍状况；明星家庭空间中的装饰、艺术品、家居与建筑设计也成为社交网络空间中热议的对象。全球的观众通过这种线上演唱会的技术中介、调解，能够接触到不同地区、不同民族、非乐坛主流的边缘音乐，在欣赏的过程中生成了全新的感性经验，这种虚拟与现实相结合的审美经验，改写和重塑了他们的感觉系统与情感结构。

虚拟的现实化与现实的虚拟化对人们的情感认同进行着重新配置，并以相互塑造的方式持续不断地产生着新的现实感。在演唱会的暖场演出时，中间穿插的视频大多是由网络上已有的日常生活画面剪辑而成的，其中有阳台上的音乐会、大合唱，小区里的健身运动，富有喜剧感的居家表演；送饭的小狗和救援犬，躺在睡着的医护人员身边的狗狗，水族馆里悠闲散步的企鹅，正在用毛刷清洗着自己的爪子的猩猩，它们的生活也被这场灾难改变着；武汉人在家中高喊“加油”；洛杉矶发放的食物里，有安迪·沃霍尔画上的罐头；疫情防控期间的美国情侣们用各种方式向他们的另一半求爱；封城下的咖啡馆，只为医护人员免费开放；受到重创的餐厅，贴出“等我回来”的字句等等。世界各地的人们，穿着睡衣，手持手机或抱着电脑，在日常空间中，与众多音乐人一起完成了这场音乐会，也实现了他们在疫情防控期间感性生活状况的表达。

尽管，线上音乐会这种形式会导致主体对可感对象的直接经验被终端感知所切断，但是，本雅明也曾提醒我们应该看到客体与主体之间的沟通回应方式发生了变化，相应地自然与感知之间的沟通回应也有所改变，这是“一种涉及与感知和认知有关的感官、身体和触觉形式的接触世界的模式”[1]。大众可以为了自己的目标去运用信息技术，接入网络的电子屏幕成为他们在疫情防控期间经历世界的主要窗口，一方面，会对孤立空间的幻象和社会脱节的个体进行再现；另一方面，也会带来社交网络媒体新空间，在其中大量信息开始融入人们的日常经验，自然与感性身体之间通过技术调解亦发生相互对应。互联网时代的媒介化经验释放着技术的解放潜力，使得大众不仅仅是自上而下的被动的信息消费者，被娱乐业所操纵的观众，更为重要的是，他们也可以成为自下而上的信息的积极创造者，从而成为新媒介艺术的审美创造者，在新技术语境中既是生活的作者又是消费者，这一切可以通过像博客圈和社交媒体等各种形式的互联网传播技术来实现。

数字化时代的媒介化经验亦不再局限于视觉或光学感知，而是涉及整个感官知觉，通过对听觉和触觉的重视和提升，以及多重感官交流和参与的实现，在人类感知的共时变化中，消解了感官知觉整体的疏离，重新唤醒和寻回被疏远和分散的感官，从而重新组织了新的主体。像云上音乐会这样的技术实践以前所未有的规模对人类感官、认知能力和审美实践方面进行重新分配，使得新的审美经验开始延伸到整个社会范围。接入云上音乐会的各类屏幕化技术使得人类行为技术化，并在整个社会范围内通过分心的触觉维度塑造着解放行为，这种体验正在成为当代观众的主导模式。计算机、手机、iPad等各类视觉技术会抹杀主体伦理重新聚焦的所有努力，破坏我们与人类建构性时间和空间的关系，还会使得社会政治控制论通过它们进行逐渐扩散。与此同时，视觉感知中注意力集

1 HANSEN BRATU M, *Cinema and Experience: Siegfried Kracauer, Walter Benjamin and Theodor W. Adorno* (Berkeley, CA: University of California Press, 2012), p. 147.

中也可以被捕捉，换言之，注意力集中和分心不断交换且并非完全不相容。在全球消费文化时代，景观作为感性图像给观众带来震撼体验，能够捕捉大众的注意力，特别是在媒介实践中“触觉和其他感官不仅是身体的能力，而且是我们的情感以及思想和价值观得以表现和展示的交流和表达方式”[1]，多感官以新的、前所未有的方式进行集体神经支配的努力，替代了视觉中心体验，对主体的时空感知进行重新分配，感官政治亦“通过触觉袭击新领域”来“打造人类的感官并赋予这些感官能力”[2]而呈现出来。

新的信息平台对人的感官进行着改写，由视觉中心的霸权开始涉及集体经验的听觉、触觉维度，并最终走向感官的平等。我们开始重审各种感觉的位置，平等地对待每种感觉，打破高级感官与低级感官的等级区分，在审美经验中对除视觉这一备受推崇的、柏拉图传统中能够导致道德完善的感官以外的其他感官感觉予以突出、重视和提升，追求感觉平等，打破被视觉所主导的文化，全面释放其他感官感觉的潜能，它们理当得到解放。像《武汉十二锣》与“同一个世界”这样的云上音乐会作为疫情时期审美交流的新方式，在后疫情时代也意味着一个听觉时代将要到来。以此为基础的听觉文化“充满理解、含蓄、共生、接纳、开放、宽容——以及贝伦特所能推出的其他一切好听的属性”[4] 210。约阿希姆-恩斯特·贝伦特曾断定“听觉有机体”的新形式将取代“视觉秩序”的旧有组织形式。与“视觉将事物保持在一定距离之外，让它们各就其位”不同，“听觉没有将世界化解为距离，相反是接纳它”[4] 222，视觉自始至终是客观化的感觉，在其中世界凝结成了对象，它是距离的感官，而听觉则是结盟的感官。视觉更多地与个体相联，听觉则更多地联系着民众和我们的社会存在，“视觉是个性的感官，听觉是社会的感官”[4] 223。“因为在技术化的现代社会中，视觉的一统天下正将我们无从逃避地赶向灾难，对此，唯有听觉与世界那种接受的、交流的，以及符号的关系，才能扶持我们。”[4] 209以互联网为基础形成的赛博空间成为集体经验的社会场所和大众生存语境，在其中，新感知模式、感性体系和感知范例，以及新集体社会主体和政治主体不断地被重新形塑。

三、情感共同体的技术构成性

“同一个世界”这类线上音乐会通过听觉文化资源之间的交流互动，以“其入也深，化人也速”的特征建构了一种听觉共同体。因为抗争新冠疫情，包括郎朗、张学友、陈奕迅三位中国艺人在内，不同肤色、不同种族、不同地域、不同领域的一百多位全球顶级艺人与观众再次在线上聚集在一起，使得一个新的集体主体可能在拟像范围内被重塑。借助于各种屏幕化技术，此次“同一个世界”线上音乐会塑造着人们的感觉系统，并支撑着具身经验的新形式，产生了新的知觉可能性、新的身体与新的主体性。它与1985年轰动世界的一场名为“拯救生命（Live Aid）”的慈善义演密切相关。这场现场演唱会是由英国歌手鲍勃·盖尔多夫和米奇·乌尔发起的，为发生在埃塞俄比亚的饥荒筹集资金。本次演唱会先在伦敦温布利体育场开幕，迎来了7万人到场，随后费城的肯尼迪体育场也延续了这场演出。电影《波希米亚狂想曲》片尾部分对当年皇后乐队的现场表演也进行了重现。这次现场演唱会作为近代人类历史上第一次的大规模义演，持续16个小时，在140多个国家播出，吸引了近15亿观众，最后募集到8000万美元捐款，全部用来帮助饥荒中面临生命威胁的非洲难民。

Live Aid取得成功之后，其影响力遍及世界，塑造了人们的情感认同。迈克尔·杰克逊和莱昂内尔·里奇合写了一首歌曲，并邀请了45位歌手一起来到位于洛杉矶的A&M录音室，演唱了脍炙人口的*We Are the World*；台湾歌手罗大佑不久之后也组织港台歌手一起演唱了《明天会更好》；1986

1 ANNE C F, *Technology and Touch: The Biopolitics of Emerging Technologies* (London: Palgrave Macmillan, 2013), p. 2.

2 TOBIAS W, *Tacti(ca)lity Reclaimed: Benjamin's Medium, the Avant-Grade, and the Politics of Senses* (Grey Room: Spring, 2010).

年，郭峰与陈哲等音乐人集结了10多位流行歌手共同制作了一张献给国际和平年的专辑《让世界充满爱》。更为重要的是，本次线上演唱会的发起和组织者Lady Gaga正是出生于Live Aid现场演唱会之后的一年，她最喜欢的歌曲是皇后乐队在此次大型摇滚演唱会中所演唱的*Radio Gaga*，她的“Gaga”艺名正是来源于此。人类共同体在遭遇灾难时相互救助、理解、信任的精神体验深深地嵌入到全世界人民的情感结构中，不仅体现在“黄金八十年代”中，也为当下情感共同体的建构提供了重要力量。

“同一个世界”作为当代Stream版本的Live Aid，是互联网技术的产物，其与现场演唱会通过卫星向全球直播，以电影、电视等机械复制技术呈现的艺术形式不同，不同技术方式对应着不同的感知模式。维利里奥在《消失的美学》中对关于古代、现代和后现代人类文化在面对感知上的稳定和断裂、摄影、技术、意识和时间等问题时的行为表现曾进行过集中探究。19世纪以来，随着电影与摄影的发展，“身体与摄影机的结合已经改变了我们获得、分类、存储和使用视觉的方式”[1]。人眼的功能越来越多地由电影技术所代行，尤其是摄影机有着独特的力量，其打破了各个拍照瞬间的有条不紊的序列，重新粘连排序，由此便消除了时间延续中的所有间断，并导致大众化同步失效和大众失神症的灾难，也即使得可见之物变得不可见，直接的视觉经验已经被间接或电影化视觉模式所取代。“通过各种技术假体投射的光形成的失神症成为产生后现代艺术感知或美学表征的关键。”[10] 27三种结构性不同的技术超越分别构成了古代文化、前现代性和现代性的基础，在维利里奥看来，绘画、雕刻和建筑的时代对应着图像的形式逻辑，摄影、照片、电影也即机械复制的时代对应着辩证逻辑，随着视频通信、全息摄影和计算机制图的发明而开启的时代则对应着图像的反常逻辑，并标志着公共逻辑的终结，实时与虚拟空间的矛盾逻辑开始凌驾于人类时间和空间之上。视觉机器打乱了我们与人类心理建构性时间和空间的关系问题。在这一发展演进过程中，视觉在知觉活动中越来越自动化，“计算机制图软件制作的图像之后，计算机辅助设计的数字图像处理之后，接着到来的是合成视觉的时代，是知觉自动化的时代”。[2]公共空间向公共图像让步，私人空间将继续失去其相对独立性，监控与窥视越来越被加强，视觉机器也即感知器作为代替我们去观看和发现的重要保障被强化。

斯蒂格勒则在早期关于数码摄影认识论的文章《离散的图像》（*The Discrete Image*）中，强调我们必须区分三种类型的可再现性：先是手写后又印刷的书信的可再现性、本雅明广泛研究的模拟即摄影和电影的再现性、数字再现性。他认为这三大类型的可再现性，在西方已经构成和决定了多元记忆的伟大时代，从而创造了一个时代，在这个时代中，主体以不同的时间意识形式被创造出来[3]。在其中，人与技术总是协同进化的，人类的进化就是“技术生成”（technogenesis），这“总是具体地表达人类感官和知觉比率与技术过程的结合，这些技术过程为人类体验空间和时间提供了中介或调解”，与此同时，“在进化的任何时刻技术都是人类生命的普遍条件”。[12] 59

实际上，技术生产和复制拥有改变认知和感知的巨大技术潜力。随着机械复制技术的发展，艺术的复制开始“意味着更少的多元化，或‘仅仅是个体事件的集合’，而更多地意味着‘大众’”[6] 111。“在电影体验中，本雅明找到了新的社会体验模式的条件，以及这些新技术体验所阐述的新社会主体之出现。电影引发的接收过程构成了一个新社会主体的激进基础。”[6] 125“与绘画的感知形成鲜明对比的是，影像体验的典型特征在于其‘同时和集体’的维度。”[6] 125-126影像在我们的视觉中仿佛产生了真实的近似物，拥有着吸引所有人的力量，可以使人产生强烈的认同感。绘画与电影之间的对立

1 约翰·阿米蒂奇：《维利里奥论媒介》，刘子旭译，中国传媒大学出版社，2019，第27页。

2 保罗·维利里奥：《视觉机器》，张新木、魏舒译，南京大学出版社，2014，第122页。

3 HALL G, *Pirate Philosophy for a Digital Posthumanities* (Cambridge, MA: The MIT Press, 2016), p. 59.

意义在于它们所制造的阶级区隔，摄影和电影等机械复制艺术对现实的诚实反映更多地可以真正满足工人阶级的审美期望，而绘画则是统治阶级权威和权力的象征。新的影像技术拥有将艺术从旧的审美形式中解放出来的潜能，对拜物教式的和根本上反技术的艺术概念进行反驳。而且，影像技术通过慢动作和放大揭示了现实的隐藏维度，其对时间进行重新配置，将过去、现在和将来传统的行动时态配置为维利里奥意义上的“实时”和“延时”，并与传统图像进行区分，对绘画、雕刻和印刻所产生的神秘化的图像屏幕进行祛魅，通过捕捉现实的新感知方式打破了围绕在图像周围的神奇和神秘价值，展现出技术复制的革命性潜能。1985年的Live Aid现场演唱会通过卫星向全球直播，并以电影这种机械复制技术来实现场景重现，通过一种新的集体审美和政治实践形式构建起一种新形式的大众，将团结和共同体的新原则融入了新公共空间中，并深深嵌入到世界各地与不同代际人们的情感结构中，在以实体和经济形式为主的全球化时代较为有力地形塑了人们的情感认同，并且持续不断地在当下的逆全球化语境中释放着其重建情感共同体的潜能。

而“同一个世界”线上音乐会则在规模和范围上为人类感知带来了前所未有的全新前景。计算机、手机、iPad等各种形式的屏幕化技术作为接入线上艺术的重要方式，正在帮助我们发掘新的感觉器官，我们“学会用上腹部看东西，用肘部去听，这是艺术作品的使命之一：通过皮肤去阅读并且所有的这些都是掩盖在皮肤之下”。[1]点击电脑鼠标、键盘、手机屏幕以及各种智能技术平台的屏幕成为日常生活的一部分，我们与这些技术进行日常接触，并越来越多地让身体成为媒介技术的延伸。我们与艺术进行有温度的交互摩擦（interactive friction），在这种摩擦互动的过程中艺术的经验性发生了改变，也许这种感觉是艺术作品必须变得忙起来（be busied）的根源。面对像《武汉十二锣》与“同一个世界”这类线上音乐会，触觉参与不断地被凸显。技术的触觉特征以及对统觉的重组实现着革命政治目标，拯救了视觉中心体验中被疏远的人类感官，扭转着模仿能力的衰落，重建已经碎片化的身体，正是媒介技术的模仿可能性对于新的媒介景观中新公众的形成具有核心的实践意义，无论这种新公众指向的是公众还是人群。尤其是“同一个世界”这类线上音乐会，扰乱了现实与虚拟之间的界限，真实时间在虚拟空间中被模拟和呈现，通过技术的意识延伸，“虚拟经验同样伸向味觉、嗅觉、触觉领域”[4] 235，日常生活感知的协调在技术影响下不断发生变化。以视觉霸权为中心的个体主体性开始转变为以多感官重新分配为基础的集体主体性新模式，这标志着从对建立在视觉优位性和合法性基础上的个体经验的重视，走向对建基于感官平等上的集体经验的追寻，凸显集体经验的触觉维度。技术对新集体社会和政治主体的形成发挥着重要作用，在机械复制时代，呈现为现代主义新公众的产生，新的媒介公共空间中一种注重实体形态的新的大众公共性的崛起；数字化时代，则集中表现为具有现代性意味、代表着后现代主义文化以及当下以数字化为特征的各类技术连同它们的社会嵌入和相关实践一起内化并叠合在了当代语境中，经验和感知的旧形式并非完全消失，而是在变更它的意义，在数字化技术所重构的公共空间中，也即信息网络空间中，技术现实与日常现实相互渗透，虚拟经验与自然经验交互融合，使得人们重返社群和民主，重建团结、自由感和社会共通感。

四、结语

后疫情时代，数字化技术中介、构成和调解着我们的感知方式，正如《武汉十二锣》、“同一个世界”这类新兴技术构成下的艺术形式正在生成审美交流互动的新方式。我们不应再将技术简单地视为实现某种观念的工具和手段，而应该将其视为观念的制定、投射、转化和再生产的源泉。其在文化不断冲突的逆全球化时代发挥着重要的调解作用，开启了情感体验、认知、交流和共享以及审

1 ALBRIGH D, *Panaesthetics: On the Unity and Diversity of the Arts* (New Haven, CT: Yale University Press, 2014), p. 286.

美共同体建构的新的可能性。在从"感觉共同体"即"审美共同体"最深层、最牢固的层面，"情感共同体"即审美认同，发展到"文化共同体"，乃至"人类命运共同体"即政治层面上的共同体的过程中，使得我们"重返"感觉和感性的物质领域，走向对感觉共同体的现实建构而不是对"先天共通感"的理论演绎、推演与思辨，并启发着我们在全球化与逆全球化进程的矛盾张力中如何面对真实经验与虚拟经验的交互影响，如何协调日常生活感知，不断地探索怎样处理甚至想象差异和共识问题。

参考文献

[1] 斯科特·拉什，西莉亚·卢瑞. 全球文化工业：物的媒介化［M］. 要新乐，译. 北京：社会科学文献出版社，2010.

[2] 尼克·史蒂文森. 认识媒介文化——社会理论与大众传播［M］. 王文斌，译. 北京：商务印书馆，2013.

[3] 马歇尔·麦克卢汉. 理解媒介——论人的延伸［M］. 何道宽，译. 北京：商务印书馆，2000.

[4] 沃尔夫冈·韦尔施. 重构美学［M］. 陆杨，张岩冰，译. 上海：上海译文出版社，2002.

[5] HEPP A. Culture of Mediatization［M］. UK: Polity Press, 2013.

[6] 康在镐. 本雅明论媒介［M］. 孙一洲，译. 北京：中国传媒大学出版社，2019.

[7] HANSEN BRATU M. Cinema and Experience: Siegfried Kracauer, Walter Benjamin and Theodor W. Adorno［M］. Berkeley, CA: University of California Press, 2012.

[8] ANNE C F. Technology and Touch: the Biopolitics of Emerging Technologies［M］. London: Palgrave Macmillan, 2013.

[9] TOBIAS W. Tacti (ca) lity Reclaimed: Benjamin' s Medium, the Avant-Grade, and the Politics of Senses［J］. Grey Room, 2010(39): 50.

[10] 约翰·阿米蒂奇. 维利里奥论媒介［M］. 刘子旭，译. 北京：中国传媒大学出版社，2019.

[11] 保罗·维利里奥. 视觉机器［M］. 张新木，魏舒，译. 南京：南京大学出版社，2014.

[12] HALL G. Pirate Philosophy for a Digital Posthumanities［M］. Cambridge, MA: The MIT Press, 2016.

[13] ALBRIGH D. Panaesthetics: On the Unity and Diversity of the Arts［M］. New Haven, CT: Yale University Press, 2014.

【作者简介】

姚富瑞，兰州大学文学院讲师，硕士生导师，博士，从事文艺理论与美学、丝路审美文化研究，已发表论文《马克思主义视域中的物质媒介研究》《物的伦理性：后人类语境中文艺美学研究的新动向》《感性生成与后人类理论进路中的美学问题》等，参编著作3部。主持国家社科基金青年项目1项，甘肃省教育厅青年博士基金项目1项。

【项目基金】

本文系国家社科基金青年项目"丝路视觉艺术会通与审美共同体研究"(22CZW009)，甘肃省教育厅青年博士基金项目"兰州城市文化与审美认同问题研究"(2022QB-009)和兰州市哲学社会科学规划项目"美学视域中兰州黄河文化与城市人文精神研究"(22-A30)的阶段性成果。

丝绸之路上的中国风
——以洛可可风格为中心的考察

于　荔

【摘　要】丝绸之路不仅是中国与亚、欧、非各国之间的商贸通道，更是互通东西方文明的桥梁。中国瓷器和丝绸等通过海路行销全世界成为世界性的商品，在近千年丝绸之路的流动中，各门类艺术在丝路沿线国家和地区交流共享，相互碰撞与融合，衍生出多样化的艺术风格。正因这两条纽带相互融通，使欧洲大陆吹起一阵中国风，喜爱东方文物逐渐成为审美风尚，甚至影响了洛可可艺术风格。洛可可风格并不是独立产生的，是巴洛克风格的延续与发展，是与中国文化相互交融的产物。在中国风这个更为广阔的历史语境中，洛可可式中国风最早的作品似乎出自法国画家安东尼·华托，他的画为法国乃至整个欧洲的洛可可风格奠定了基调和模式。追求中国风成为流行风尚，带有东方趣味的艺术品成为法国贵族推崇的对象并影响着日常生活与审美走向。风尚审美文化的流通构建丝路历史地理空间的"多元系统"，熔铸丝路审美共同体话语的融通性与流通性。

【关键词】丝绸之路；中国风；洛可可风格

17—18世纪，由于丝绸之路的贸易往来，欧洲贵族将目光转向东方，热衷于来自中国的瓷器和丝绸等舶来品。这些满载中国风的艺术品，恰好符合洛可可时期的艺术风格，使东西方文化得以相遇，因交流而多彩，因互鉴而丰富，相互熔铸互渗，成为不可取代的洛可可风格。中国文明在其诞生之始就不是一个封闭体系，而是在当时条件的许可下参与各种文明的交换与交流[1]。互鉴是人类进步的动力，在"传入"和"传出"的过程中不断得到丝路沿线人民的改写、再造和重塑，在往复熔铸的复杂过程中凝结着文明互鉴的成果[2]。"洛可可"（Rococo）一词源于法文"Rocaille"，意思是卵石或者贝壳，它摒弃巴洛克的奢华浓重从而转向繁缛柔和，自路易十五统治时期洛可可风格就风靡法国乃至整个欧洲的上层阶级。伴随文艺复兴、启蒙运动、宗教改革以及18世纪60年代的工业革命和大航海时代的蓬勃发展，使得世界文化交流愈加频繁，由分散逐渐转向融合。加之世界各地传教

1 仲高:《丝绸之路艺术研究》,新疆人民出版社,2010,第7页。

2 张进等:《融通中外的丝路审美文化》,知识产权出版社,2019,第4页。

士对中国文化的传播和译介，中国的瓷器、丝绸、茶叶、漆器等工艺品大量涌入欧洲。人们今日所熟知的“丝绸之路”贸易网络早在2000多年就已经存在，它将中国太平洋沿岸和非洲的大西洋海岸联系在一起，使波斯湾印度洋之间的货物流通成为可能，同样还有穿越亚洲之脊连接城镇和绿洲的陆上通道[1]。正因丝绸之路的互通互联作用使得当时欧洲大陆吹起一阵强劲的中国风，丝绸之路不仅仅是国际商贸大通道，更是一条东西方文化交流之路[2]。

一、丝绸之路上的中国风

马可·波罗（Marco Polo）在元大都得到元世祖忽必烈接见这一事件可以作为中国风兴起的一个标志[3]。1604年，荷兰舰队将葡萄牙商船“圣亚戈”号劫持到阿姆斯特丹，船上装载了约1200包中国丝绸和10万件瓷器，这就是著名的“克拉克瓷”事件。这些货物在阿姆斯特丹市场被来自各国的商人和贵族竞相争购并带往世界各地，“中国风”迅速吹向四面八方[4]。随着丝路贸易的发展，中国丝绸、瓷器等物品大量涌入欧洲市场，中国丝绸迅速成为英国东印度公司采购的主要商品。住在凡尔赛宫的路易十四与住在枫丹白露宫的王储，都拥有数量众多的东方艺术品，凡尔赛宫1667—1669年的收藏品清单提到一套12幅从中国运来的屏风，泥金底上画有山水和花鸟[5]。中国风在法国异常受宠，自17世纪中叶以来，越来越多带有中国和波斯图案的丝织品传入，中国刺绣热潮就在各个社会阶层兴起，例如皇室宫廷中的窗帘甚至是家具都配以丝绸刺绣为装饰，贵妇的鞋面采用中国风的丝绸织锦等做点缀。中国风在17世纪后期兴起，在18世纪中期达到顶峰[6]。

法国自18世纪开始大量从中国进口陶瓷、丝织品等，最著名的里昂丝织业在丝绸上创造出中国风格的仙山亭台和龙凤花鸟等图案，巴黎兴起摆设“蓝色房间”成为审美风尚，以中国青花瓷作为室内装饰的器物，对于流行中国趣味的丝绸和在室内摆放陶瓷等物品的最佳推动者莫过于蓬巴杜夫人（Madame de Pompadour）。英国著名家具设计师托马斯·奇本德尔（Thomas Chippendale）在他设计的墙纸上通常绘有花鸟纹样，家具设计中绘制金色中国风的图案，映射出东西方文化的交融。1754年，奇本德尔出版了《绅士与木艺指南》，这本书提供了大量的哥特式、中国风现代家具设计，其中包含160种椅子、桌子等设计方案。1772年威廉·钱伯斯（William Chambers）的名著《东方造园论》问世，他将中国的庭院介绍到英国，提议在风景式造园中吸收中国庭院的风格[7]，并于1757年出版《中国的建筑、家具、服装、机械、器具的意匠》一书。在欧洲，被称作“中国货”的贸易在17世纪和18世纪繁荣发展，有钱人纷纷以中国风背景为装饰[8]。

二、洛可可风格与17—18世纪的欧洲

17世纪欧洲强权扩张掠夺海外殖民地以积累物质财富，因此对美术、建筑、音乐也要求豪华奢侈赋予热情。巴洛克艺术于16世纪后半叶在意大利兴起，17世纪进入全盛时期，18世纪逐渐衰落，对18世纪的洛可可艺术与19世纪的浪漫主义都有积极的影响。巴洛克艺术得到教会的支持，主要流行于意大利、佛兰德斯、西班牙等天主教盛行的国家。意大利艺术大师贝尼尼（Bernini）和佛兰德

1 〔英〕彼得·弗兰科潘：《丝绸之路：一部全新的世界史》，邵旭东、孙芳译，浙江大学出版社，2016，中文版“序言”第XI页。

2 仲高：《丝绸之路艺术研究》，新疆人民出版社，2010，第1页。

3 John Man, *Sulla Via Della Seta MARCO POLO E L'incontro Tra Due Mondi* (Milano-Italia: Giunti Editore, 2020), p. 199.

4 〔英〕苏立文：《东西方美术的交流》，陈瑞林译，江苏美术出版社，1998，第93页。

5 〔英〕苏立文：《东西方美术的交流》，陈瑞林译，江苏美术出版社，1998，第103页。

6 〔英〕安德鲁·博尔顿：《镜花水月：西方时尚里的中国风》，胡杨译，湖南美术出版社，2017，第17页。

7 〔日〕针之谷钟吉：《西方造园变迁史：从伊甸园到天然公园》，邹洪灿译，中国建筑工业出版社，2018，第306页。

8 〔法〕艾田蒲：《中国之欧洲：西方对中国的仰慕到排斥》，许钧、钱林森译，广西师范大学出版社，2008，第44页。

斯画家彼得·保罗·鲁本斯（Peter Paul Rubens）的作品都反映了17世纪巴洛克艺术最辉煌的成就。在法国，艺术完全成为专制制度的宣传和体现，绘画变成王权的点缀和装饰。17世纪下半叶喜爱东方文物的风尚在欧洲贵族中流行开来，毫不夸张地说，要是哪一个王宫或者大公府邸没有一个陈列着闪闪发光的青花盘子、瓶和壶的柜子的话，那它绝不会被认为是完美无缺的[1]。

路易十五登基标志着18世纪的法国艺术进入洛可可时代，它最初是为反对宫廷的奢华浓重艺术而兴起的。洛可可风格的特征为华丽、精致、繁缛、纤弱、柔和，追求轻盈纤细、精致典雅，在构图上有意强调不对称，其工艺、结构和线条具有婉转柔和等特点。其装饰题材具有自然主义的倾向，以回旋曲折的贝壳形曲线和精细纤巧的雕刻为重点，造型的基调是凸曲线和采用S形弯角形式。洛可可式的色彩十分娇艳明快，如嫩绿、粉红、猩红等，线脚多用金色[2]。洛可可风格的绘画以上流社会男女的享乐生活为对象，再配以秀美的自然景色或精致的人文景观。建筑风格以贝壳和巴洛克风格结合为主轴，室内应用明快的色彩和纤巧的细节做装饰，但不似巴洛克那样用色对比强烈，夸张浓艳。

17世纪末18世纪初不断有西方的传教士来华的消息，中西方相互交流，使用中国的瓷器和华丽的丝绸成为西方贵族的象征。中国正值康熙、雍正、乾隆时期，政治稳定，商贸发达，物质文化丰富，精神文明充足，此时的统治阶级审美意趣为中国文化艺术在欧洲的传播提供了极为有利的社会环境。这一时期为代表的清朝宫廷艺术整体呈现华美精巧、细致优雅而又繁缛的特点，成为18世纪中国艺术显著集中表现清朝统治者整体审美意趣的特征。在清朝匠人精雕细琢下，清朝宫廷艺术发挥到极致，更是引起法国贵族阶级对清朝文化的争相推崇，使得中国文化在海外贸易、传教士等推动下迅速传入法国贵族阶级，为洛可可艺术的形成与发展提供了必要条件[3]。

洛可可的前身是巴洛克风格，起源于意大利正处于文艺复兴开始衰落、宗教改革兴起的时代，巴洛克摒弃传统的古典和庄重，取而代之的是浮夸艳丽的色彩和奔放的线条。洛可可和巴洛克不是统一体，也不是单一的表征，而是一个时代多形性的、同时共存的现象[4]。路易十四的绝对君主制也直接影响法国的艺术走向与审美趋势，崇尚严谨肃穆的巴洛克风格在法国成为主流。17—18世纪的君主制是独断的、高压的，也是效率低下、危机四伏的[5]。路易十五继位后，影响法国久远的巴洛克也逐渐衰落，在启蒙运动的影响下，长期处于专制统治的法国人民打开思想禁锢，不再专注于庄重肃穆的教堂浓厚的巴洛克风格，反而倾向更加精致优美富有人性化色彩的艺术品。路易十五把政务交给他的情妇蓬巴杜夫人来管理，蓬巴杜夫人凭借自己的才华与爱好直接影响路易十五的统治与艺术走向。她沉迷于东方精致的装饰品与工艺，甚至雇佣经销商把中国式的艺术品变成法国式，成为"法国—中国式"的主导有力推动者。蓬巴杜夫人对中国文化在法国的传播有深远的影响，为洛可可风格的最终形成起到强有力的推动作用。

18世纪的法国受启蒙运动的影响，反封建、反专制、反宗教、弘扬人文主义的思想遍布法国，从而审美风尚转向精巧华美的洛可可艺术风格。随着社会的发展，人们生活得到改善，加上统治者的支持，法国人民尤其是法国贵族开始追求享乐之风，而此时中国精美华丽的艺术正好适用于法国的审美，新的艺术风格因此慢慢产生[6]。总的来说，洛可可风格并不是独立产生的，它是巴洛克风格

1 〔英〕休·昂纳:《中国风:遗失在西方800年的中国元素》,刘爱英、秦红译,北京大学出版社,2017,第61页。

2 Victoria Charles, Klaus H. Carl, *Rococo* (New York: Parkstone Press International, 2016).

3 邓惠伯:《中国绘画横向关系史:丝绸之路与东方绘画》,商务印书馆,2018,第241页。

4 〔美〕温尼·海德·米奈:《巴洛克与洛可可艺术与文化》,孙小金译,广西师范大学出版社,2004,第3页。

5 〔美〕温尼·海德·米奈:《巴洛克与洛可可艺术与文化》,孙小金译,广西师范大学出版社,2004,第47页。

6 杨超:《巴洛克与罗可可的浮华时代:17—18世纪的欧洲艺术》,陕西人民美术出版社,2011,第156页。

的延续与发展，是与中国文化相互交融的产物，构建着丝路审美共同体的融通性与流通性，重塑文明互鉴的痕迹。

三、中国风在洛可可绘画艺术中的体现

华托（Watteau）、布歇（Boucher）、皮耶芒（Pillement）等法国画家在洛可可中国风绘画史上声名显赫，为更多的艺术从业者和工匠提供相应的模式[1]。洛可可绘画艺术的形成与发展受到中国文化的影响，主要画家华托、布歇、皮耶芒等都接触过中国文化，并通过阅读中国书籍、画册以及研究中国瓷器绘画、丝绸纹饰等熟悉中国文化的内涵，使得洛可可绘画艺术从风格到题材、从色彩到笔法的表达上都蕴含大量的中国元素，影响着洛可可绘画艺术的审美走向和审美趋势。启蒙时代的欧洲人钟爱各类图像，从展览作品到装饰画，从学院画派到商业画，洛可可式中国风绘画引领着当时法国艺术的时尚潮流，艺术史家确凿记录下中国山水园林画对18世纪欧洲的影响[2]。为迎合法国贵族阶级的审美，华托创作大量蕴含中国元素的绘画作品，中国的服饰、发型，以及中国的田园场景最先出现在华托的绘画当中。布歇将更多的中国元素加入洛可可绘画艺术当中，例如中国丝绸纹饰、漆器、屏风、瓷器、家具等都出现在布歇的画面中。与华托相比，布歇画面中的中国元素更加广泛，中国的人物形象、中国传统色彩的组合也出现在布歇的画面中，绘画的笔法也更加飘逸多变，整个画面背景朦胧含蓄，暗含中国山水画的意蕴。皮耶芒使洛可可绘画基本中国化，画面呈现中国明清绘画所运用的散点式构图法。所以中国文化的西传，不仅影响法国人民的生活审美等，同时也影响洛可可绘画艺术的题材选择、色彩表达、绘画技法等，使洛可可绘画艺术极具中国古典绘画灵活纤巧、不拒绝繁缛的特点。中国美术的热潮不是从罗马而是从荷兰和法国兴起，一直扩展到整个欧洲[3]。

洛可可式中国风最早的作品似乎出自安东尼·华托，华托作为洛可可绘画艺术的杰出代表，是最早将中国元素引入绘画的领军人物，可以毫不夸张地说，他的画为法国乃至整个欧洲的洛可可中式装饰奠定基调和模式[4]。利奇温（Reichwein）说过，华托作为洛可可绘画艺术的代表，开创洛可可绘画艺术的新气象，他通过从中国远渡到法国的字画书籍中认真研究学习过中国绘画，并从中领悟学习中国绘画的意蕴[5]。他充分吸收中国绘画艺术中线条与色彩的应用，把大量中国题材带入其绘画作品中，打破欧洲传统绘画的风格，绘画手法生动而又自然。华托以中国方式绘制扇面和屏风，就是在那时，折扇在洛可可艺术中得到人们格外的宠爱[6]。华托形成个人鲜明的风格特征，是18世纪法国绘画艺术中最富有创新与开拓精神的画家，开创洛可可绘画艺术的先河。其富有中国趣味的作品《发舟西苔岛》，画面描绘三姐妹和她们的恋人准备乘船出发去西苔岛游玩的情景，西苔岛是传说中爱神维纳斯诞生的地方，象征着美好的爱情。画面通过对轻松愉快的生活场景的描写，反映洛可可时期人们悠闲享乐的生活氛围与向往并追求自由欢乐生活的心态，画面中的女子身穿丝绸神态轻松自然，男士们举止谦和文雅，小爱神们为他们指引着通往爱情岛的路。其画风是否真的如人们所说的之于中国？利奇温认为一个欧洲人绝不可能发明那幅画上表现群山的虚幻形式。同样，在华托的画中许多背景也得之于中国的单一色调[7]。

1〔英〕休·昂纳:《中国风:遗失在西方800年的中国元素》,刘爱英、秦红译,北京大学出版社,2017,第124页。
2〔美〕J. J. 克拉克:《东方启蒙:东西方思想的遭遇》,于闽梅、曾祥波译,上海人民出版社,2011,第25页。
3〔英〕苏立文:《东西方美术的交流》,陈瑞林译,江苏美术出版社,1998,第102页。
4〔英〕休·昂纳:《中国风:遗失在西方800年的中国元素》,刘爱英、秦红译,北京大学出版社,2017,第113-115页。
5〔德〕利奇温:《十八世纪中国与欧洲文化的接触》,朱杰勤译,商务印书馆,1962,第42页。
6〔法〕艾田蒲:《中国之欧洲:西方对中国的仰慕到排斥》,许钧、钱林森译,广西师范大学出版社,2008,第48页。
7〔法〕艾田蒲:《中国之欧洲:西方对中国的仰慕到排斥》,许钧、钱林森译,广西师范大学出版社,2008,第48页。

整个画面梦幻而又充满诗情山水的中国趣味，尤其是远处的云和山相互交融，朦朦胧胧，犹如一幅中国水墨画，而远处山峰色彩的运用也极具东方虚实婉约的空间之美。"虚"和"实"的辩证统一，才能完成艺术的表现，形成艺术的美[1]。华托喜欢用单色的山水，这正是中国山水画最显著的特点之一。华托这种带有感情地处理山水风景，已经指向布歇的田园诗歌和他那一时代的自然崇拜[2]。画面中间湖水的颜色清澈淡雅如丝绸的质感，更如瓷器的光泽。画面近处的树木和草用大量的金色渲染，金色为中国宫廷艺术常用的颜色，在洛可可时期也常被用来装饰宫殿等，华托用大量的金色渲染树木和山坡草地，集中体现洛可可艺术的奢侈享受而又浪漫的精神。整个画面呈S形，配以灵活飘逸的笔法，缥缈的山峰、自然的风光与中国山水画虚实变幻的意境更是一般无二。如清代吴历的《湖天春色图》，画面的景象闪耀着无穷的生命力，意境闲散柔和，远处山峰的设色与朦胧的画法与华托的《发舟西苔岛》非常相似，在不可名状的氛围中成为他自己知觉的投射[3]。世界、生命、艺术的境界是无穷尽的。"适我无非新"是艺术家对世界的感受。评论家雷文曾指出：华托的油画作品《发舟西苔岛》中风格与画法与中国山水画极其相似，它那流畅薄而透明的用色，不禁会让人联想到中国瓷器所特有的晶莹剔透[4]。也正如利奇温所说，华托的确对中国文化有过深刻的研究，并在一定程度上领悟了中国绘画的意蕴。东方对西方人有着特别的诱惑力，就像萨义德所说，在欧洲人眼里，东方"自古以来就代表着罗曼司、异国情调、美丽的风景、难忘的回忆、非凡的经历"，神秘的东方"被作为一个充满丰富可能性的博大空间而加以美学的和想象的利用"，成为西方人投射自我的想象之地，东方主题总能激起公众的狂热追捧[5]。艺术境界主于美，化实景为虚境，创形象为象征，使人类最高的心灵具体化、肉身化，这就是"艺术境界"。瑞士思想家阿米尔（Amiel）说：一片自然风景是一个心灵的境界；中国画家石涛也说：山川使予代山川而言也……山川与予神遇而迹化也。艺术家以心灵映射万象，主观情调和客观景象交融互渗，成就艺术的"意境"[6]。

在华托的作品中，曾有几幅华托自己认为、公众也承认的中国式绘画，最有名的是《中国和蒙古人物画》系列。其中一幅描绘的是一位年轻女子、一位老人和一个小孩在田园中休憩玩耍的情景，画中的人物依然是穿着中国服饰的高鼻深眸西方人。华托的《中国和蒙古人物画》系列与他的其他几幅作品不同的是，这一系列作品用到"中国文字，例如画中会用中文标明所画的主要人物和内容，如描绘老人的画便写上"老人"、描绘青年人的画便写上"少年"、描绘一个女奴便写上"丫头"，华托一定见过带有题记的中国插图本书籍或画册[7]。也许那些绘画作品正是1679年白晋从中国返回法国时带回的、作为礼物呈献给路易十四的四十九卷图画[8]。从侧面更反映出华托对有关中国元素文化的表达并不是凭空想象，而是做过一番认真细致的研究，其作品为法国的艺术家们提供了取之不竭的中国风灵感。

在华托中国题材的绘画作品中，另一幅极具代表性的作品是《女神齐茂缫》，其画面中心的女神身着的服饰是中国明代服饰的衍生。明朝四大才子之一唐寅《班姬团扇图》中的女子手拈纨扇伫立在棕榈树下，衣装的领口、袖口与裙摆的风尚被《女神齐茂缫》所挪用。与此相对应的是，两幅画

1 宗白华:《美学散步》,上海人民出版社,2017,第100页。

2〔德〕利奇温:《十八世纪中国与欧洲文化的接触》,朱杰勤译,商务印书馆,1962,第42页。

3〔英〕苏立文:《山川悠远:中国山水画艺术》,洪再新译,上海书画出版社,2015,第145页。

4 桂小虎:《东方的启迪:中国传统艺术对世界绘画的影响》,光明日报,2018年03月21日。

5〔美〕爱德华·W.萨义德:《东方学》,王宇根译,生活·读书·新知三联书店,1999,第1页。

6 宗白华:《美学散步》,上海人民出版社,2017,第76-77页。

7〔英〕苏立文:《东西方艺术的交会》,赵潇译,上海人民出版社,2014,第112页。

8〔意〕佛朗切斯科·莫瑞纳:《中国风:13世纪—19世纪中国对欧洲艺术的影响》,龚之允、钱丹译,上海书画出版社,2022,第72页。

中的女子都挽着高高的发髻，表征着婉约清丽的东方美。女神右手手擎中国油纸伞，跪拜于女神身旁的仆从也身着中国风的服饰，而画面右侧戴着类似中国蓑笠的仆从本身就是中国人，整个画面包含着典型的中国元素。女神端坐于其上的奇石与中国明清山水画中常见的太湖石有异曲同工之妙。对于石头的美感，包含着极其丰富微妙的中国文化意蕴，在米芾这样的中国古代艺术家看来，太湖石（如冠云峰）是有生命力的，是与自己的心灵相通的，是自己的朋友，所以它是美的[1]。蓝瑛《奇石图》中的奇石与《女神齐茂缫》中女神端坐之石造型类似。由此可见，华托的画作引用了诸多中国题材，具有浓厚的东方审美风尚，意在追求一种富有中国特征的景象[2]。

在洛可可艺术家中，布歇是最成功的一个，布歇巩固了华托中国风的理念。与华托不同的是，布歇把对中国题材的利用发挥到极致，绘画中开始出现东方面孔以及真实的东方社会生活的各种场景。除对中国题材的运用之外，对中国传统色彩以及曲线线条的运用也发挥到一定水平。布歇为法国贵族阶级服务，尤其是为“洛可可之母”之称的蓬巴杜夫人绘制多幅肖像画，几乎在每幅蓬巴杜夫人的肖像画中都可以发现大量的中国元素。

作为洛可可艺术的开创领军型人物，蓬巴杜夫人影响着法国路易十五的统治及法国洛可可风格审美走向。《蓬巴杜夫人》是布歇代表性的系列肖像画作品。蓬巴杜夫人酷爱蔷薇的颜色甚至自己亲自设计服饰，画面描绘出蓬巴杜夫人珠光宝气、高贵典雅的形象。蓬巴杜夫人神情高贵，右手拿着书本，身穿蓝绿色绸裙，绸裙上花团锦簇高贵至极，画面右下角是典型的洛可可艺术风格漆器家具S曲线形的桌腿，以及花纹装饰全都呈现出中国韵味。画面整体呈现蓝绿色调，并施以大量的金色描绘绸质窗帘，从侧面反映出法国贵族对高贵奢侈生活的享受与热爱。整幅画面不仅反映出蓬巴杜夫人对中国文化的追求，更反映出布歇本人对中国文化的充分的研究与喜爱。布歇另一幅肖像画《蓬巴杜夫人》同样充分展现蓬巴杜夫人的高贵与奢侈。画面中的摆件同样是洛可可艺术的典型，不同的是整幅画面色调更加沉稳，并没有跳脱的颜色，其核心精神更加贴合洛可可式淡色、精巧别致的审美。蓬巴杜夫人同样穿着花团锦簇，彰显出蓬巴杜夫人高雅的审美，以及对中国丝绸、工艺品的情有独钟。

中国的艺术对法国洛可可艺术有着直接的影响，1742年画家布歇曾仿照中国的青花瓷器，用蓝色在白画布上描绘一副想象中的风情画：一位中国男子正在向一位身穿东方服饰的欧洲贵妇行礼[3]。布歇作为法国贵族宫廷画师，不但为贵族阶级服务，也致力于描绘东方人物场景，是洛可可艺术时期第一位画面中大量出现东方人物面孔的画家。如他的作品《中国捕鱼风光》描绘中国人海上捕鱼的场景，中国人物、凉亭、蓑笠、油纸伞、竹筐等纷纷出现在画面之中，画家犹如身临其境般将中国渔民日常工作生活场景跃然于画布上，画面背景是花草树木和中国草亭，充满中国式情调。画面中的老翁有着典型的中国渔民形象，神情自若，皮肤略黑，身穿中式长袍、布鞋，手持鱼竿。老翁的右侧则依偎着一位妙龄女子，身着明清传统服饰，盘发，是典型的中国古代女子形象。老翁右边的孩童留着中国小孩典型的小尾巴辫子，为正在垂钓的老翁撑着中式油纸伞。整幅画面呈现出中国渔民悠闲田园式生活场景。这些都映射出布歇对中国文化的深入研究及热情，使中国风成为洛可可风格的主导因素[4]。

布歇的《中国系列》画面中运用大量的中国元素以及中国绘画技法，虽是描绘中国场景，但依然显示出浓浓的西洋画风。与中国绘画艺术相比，布歇的绘画透露出更加理性的特点，画面立体，

1 叶朗：《美学原理》，北京大学出版社，2016，第195-196页。

2 〔德〕赫尔穆德·伯尔施-祖潘：《华托》，吴晶莹译，北京美术摄影出版社，2015，第33页。

3 甄巍：《西洋油画与中国水墨》，学林出版社，2009，第282页。

4 Alastair Laing, *Francois Boucher 1703-1770* (New York: The Metropolitan Museum of Art, 1986), p. 202.

人物风景也更偏向写实，绘画颜料也是以油性颜料为主。反之，中国绘画则更以感性为主，强调画面的意境寄情于画。在黑格尔（Hegel）看来，艺术的使命在于用感性的艺术形式去显现真实，"美的理念的感性显现"。艺术的内容在某种意义上是从感性事物和自然中得来的[1]，趋于视觉的感性美恰恰是洛可可所孜孜追求的[2]。在作品《中国皇帝君临》中出现大量的陶瓷、丝绸、工艺品，甚至出现中国皇帝专用的帏帐，布歇并没有以中国宫廷为背景，而是以他自己独特的理解以洛可可艺术推崇的自然风光为背景，可以反映出布歇对中国文化的钻研。作品《中国舞蹈》生动刻画了中国人聚会舞蹈的场景，整体画面氛围轻松明快、悠闲自得。画面中出现中国南方的热带植物，画面的背景用色依然朦胧淡雅，与中国水墨画极为相似。布歇的中国风设计充满田园诗意，而在画面的具体处理上也结合欧洲的特色[3]。作品《中国花园》描绘了中国显贵花园闲聊的田园场景，画面中心的女子衣着高贵，高簪云鬓，气质温婉内敛。身旁侍奉的仆人各司其职，瓷器、团扇等工艺品也尽出现在画面当中。值得关注的是画面的背景依然透露出的中国水墨画的意蕴，是人化了自然超越物象表面，寄情山水写意空间，使画境生命化、精神化，是18世纪中叶欧洲人眼中理想化的中国。作品《中国皇帝宴请》与其他三幅相同，都是以中国风题材为背景的人物画。从布歇《中国系列》作品中可以发现，他并没有真正来过中国，其作品的呈现大都源自自己的想象，以及东西方交流所带去的中国工艺品、画册史论等。布歇创作这些画是出自对东方文明的向往，他是洛可可艺术顶峰时期的画家，这些画代表着路易十五和蓬巴杜夫人的爱好，也代表着他自己的喜好[4]。事实上，在洛可可风格的形成中，中国清朝工艺美术扮演着重要的影响性角色，尤其是在庭院布置、室内装潢、丝织品、瓷器与漆器方面更为明显[5]。由此可见，中国艺术对洛可可绘画的影响在18世纪十分显著。

皮耶芒的灵感同样来自华托，并使洛可可风格更加轻灵华美。皮耶芒的画在伦敦和巴黎出版并影响整个欧洲的中国风设计[6]。从皮耶芒《幻象中的远东港口集市》中可以发现他擅长中国风的场景装饰画，研究中国各式各样的生活状态，如画中人物的乐舞造型与所持器物形似中国民乐打击乐器镲。树木花卉、房屋不仅彰显出强烈的中国传统绘画的灵气，画面构图还表现出中国独有的散点透视，其表达手法也类似中国水墨画。分析这三位画家的作品可以发现，中国的服装、丝绸、陶瓷、发饰文化以及中国传统工艺色彩最先出现在洛可可绘画当中，同时中国水墨画、山水画的特征也出现在洛可可的绘画创作中，与之相互渗透融合。到洛可可艺术的鼎盛时期，布歇的绘画更是加入大量的中国题材，无论是丝绸、陶瓷、家具还是漆器等工艺品，都不断出现在绘画作品中。除中国的工艺品外，中国的人物也成为洛可可绘画艺术家争相刻画的主题，如老人、年轻人、孩童等均出现在其绘画作品中。人物服饰和场景也使用了大量的中国元素，如老人带的斗笠和女人拿的扇子、瓷器、木雕等。如利奇温所说，中国文化能够影响洛可可艺术的形成与发展，并与洛可可艺术相结合的主要原因在于细微的情调。他吸收东西方交流过程中所带来的中国文化，创造出洛可可绘画艺术中的东方情调[7]。

1〔德〕黑格尔：《美学：对广大美的领域的尖端论述》，寇鹏程译，重庆出版社，2016，第63页。

2 丁宁：《西方美术史》，北京大学出版社，2015，第299页。

3〔意〕佛朗切斯科·莫瑞纳：《中国风：13世纪—19世纪中国对欧洲艺术的影响》，龚之允、钱丹译，上海书画出版社，2022，第77页。

4〔德〕利奇温：《十八世纪中国与欧洲文化的接触》，朱杰勤译，商务印书馆，1962，第56页。

5 何政广：《洛可可绘画大师布歇》，河北教育出版社，2000，第96页。

6〔英〕休·昂纳：《中国风：遗失在西方800年的中国元素》，刘爱英、秦红译，北京大学出版社，2017，第122页。

7〔德〕利奇温：《十八世纪中国与欧洲文化的接触》，朱杰勤译，商务印书馆，1962，第65页。

四、结语

中国风是西方特有的文化现象，1839年，“中国风”这一术语出现在法国，源于法语中的形容词“Chinois”，意为“与中国有关的”，直到1883年，“Chinoiserie”一词被收录到《牛津英语词典》中[1]。欧洲大陆掀起的中国热潮，丝绸、瓷器、漆器等被大量进口到法国，洛可可风格正是回应西方对中国文化的憧憬与想象。丝绸之路是一座连接东西方文化的桥梁，彼此之间货物、思想、信息自由流通，冲破文化藩篱，为描摹丝路审美文化中外互通提供场域，而中国风影响了西方时尚史上的洛可可风格。无论从知名度还是先锋性以及被谈及的次数和对后世的影响，没有人能与华托和布歇相比，他们的绘画对欧洲中国风的兴起和开展产生了深远的影响。18世纪英国画家威廉·霍加斯（Willam Hogarth）认为，最美的线形是蜿蜒的曲线，同时代的英国经验派美学家埃德蒙·伯克（Edmund Burke）在《论崇高与美两种观念的根源》的论美部分指出，从形式上着眼美的主要特征在于细小和柔弱[2]，都观照了18世纪洛可可风格的特点。欧洲对中国艺术文化的关注和征用是在催发艺术的变革，呼唤新艺术样式的出现，兴起中国风的目的是在告诫主体要从当时知识桎梏中解放出来，用艺术的手段呼唤一种转向感性的艺术方式以及探索不同文化之间交流、碰撞和融合的规律。审美文化在丝绸之路的流通中是一个“活”的过程，文明互鉴的视野下，洛可可风格在丝路沿线中外文化的交流往来中完成丝路旅行，书写丝路审美文化现象和构建中外互通的多元系统。

参考文献

[1] 仲高.丝绸之路艺术研究[M].乌鲁木齐:新疆人民出版社,2010.

[2] 张进,等.融通中外的丝路审美文化[M].北京:知识产权出版社,2019.

[3] 彼得·弗兰科潘.丝绸之路:一部全新的世界史[M].邵旭东,孙芳,译.杭州:浙江大学出版社,2016.

[4] JOHN MAN. Sulla Via Della Seta MARCO POLO E L'incontro Tra Due Mondi [M]. Milano-Italia: Giunti Editore, 2020.

[5] 苏立文.东西方美术的交流[M].陈瑞林,译.南京:江苏美术出版社,1998.

[6] 安德鲁·博尔顿.镜花水月:西方时尚里的中国风[M].胡杨,译.长沙:湖南美术出版社,2017.

[7] 针之谷钟吉.西方造园变迁史:从伊甸园到天然公园[M].邹洪灿,译.北京:中国建筑工业出版社,2018.

[8] 艾田蒲.中国之欧洲:西方对中国的仰慕到排斥[M].许钧,钱林森,译.桂林:广西师范大学出版社,2008.

[9] 休·昂纳.中国风:遗失在西方800年的中国元素[M].刘爱英,秦红,译.北京:北京大学出版社,2017.

[10] VICTORIA CHARLES, KLAUS H. CARL. Rococo [M]. New York: Parkstone Press International, 2010.

[11] 邓惠伯.中国绘画横向关系史:丝绸之路与东方绘画[M].北京:商务印书馆,2018.

[12] 温尼·海德·米奈.巴洛克与洛可可艺术与文化[M].孙小金,译.桂林:广西师范大学出版社,2004.

1 〔意〕佛朗切斯科·莫瑞纳:《中国风:13世纪—19世纪中国对欧洲艺术的影响》,龚之允、钱丹译,上海书画出版社,2022,第1页。

2 朱光潜:《西方美学史:下册》,江苏人民出版社,2018,第585页。

[13] 杨超.巴洛克与罗可可的浮华时代:17—18世纪的欧洲艺术[M].西安:陕西人民美术出版社,2011.

[14] J. J. 克拉克.东方启蒙:东西方思想的遭遇[M].于闽梅,曾祥波,译.上海:上海人民出版社,2011.

[15] 利奇温.十八世纪中国与欧洲文化的接触[M].朱杰勤,译.北京:商务印书馆,1962.

[16] 宗白华.美学散步[M].上海:上海人民出版社,2017.

[17] 苏立文.山川悠远:中国山水画艺术[M].洪再新,译.上海:上海书画出版社,2015.

[18] 桂小虎.东方的启迪:中国传统艺术对世界绘画的影响[N].光明日报,2018-03-21.

[19] 爱德华·W.萨义德.东方学[M].王宇根,译.北京:生活·读书·新知三联书店,1999.

[20] 苏立文.东西方艺术的交会[M].赵潇,译.上海:上海人民出版社,2014.

[21] 佛朗切斯科·莫瑞纳.中国风:13世纪—19世纪中国对欧洲艺术的影响[M].龚之允,钱丹,译.上海:上海书画出版社,2022.

[22] 叶朗.美学原理[M].北京:北京大学出版社,2016.

[23] 赫尔穆德·伯尔施-祖潘.华托[M].吴晶莹,译.北京:北京美术摄影出版社,2015.

[24] 甄巍.西洋油画与中国水墨[M].上海:学林出版社,2009.

[25] ALASTAIR LAING. Francois Boucher 1703-1770 [M]. New York: The Metropolitan Museum of Art, 1986.

[26] 黑格尔.美学:对广大美的领域的尖端论述[M].寇鹏程,译.重庆:重庆出版社,2016.

[27] 丁宁.西方美术史[M].北京:北京大学出版社,2015.

[28] 何政广.洛可可绘画大师布歇[M].石家庄:河北教育出版社,2000.

[29] 朱光潜.西方美学史[M].下册.南京:江苏人民出版社,2018.

【作者简介】

于荔,兰州大学文学院与佛罗伦萨大学联合培养博士生,研究方向为文艺理论与批评,在《通向丝路审美共同体》《Toward an Aesthetic Community of Silk Roads》发表论文。

歧感共同体视域下敦煌曲子词的审美经验研究

张金童

【摘　要】 朗西埃“歧感共同体”思想在敦煌曲子词中得到了良好的体现。这一文学形式展现了来自不同国家与阶层的人民，使他们分享了平等的艺术生活。敦煌曲子词这一案例还丰富了朗西埃的艺术理想，展示了在“歧感共同体”中以主体的多元性丰富艺术审美经验的可能：丰富了艺术的审美经验、上演形式，并促成词作为文体的最终形成。

【关键词】 歧感共同体；朗西埃；曲子词；审美经验

对于曲子词促成了多元文化主体彼此融合的历史事实，法国理论家朗西埃（Jacques Rancière）的“歧感共同体”理论或许能提供一个全新的认识思路。在这一理论里，共同体的形成强调与原有感知秩序的断裂，使原先不被感知的边缘主体进入感知域内。而在敦煌曲子词这一特殊案例中，曲子词不但将不同主体纳入了艺术生活的内部，还进一步增长了自身的审美价值。总之，在歧感共同体的理论视域下展开对曲子词的研究，既可以提供对这一传统文化的全新理解维度，也将提供对朗西埃美学理论进行扩展的可能。

一、作为“歧感共同体”文学的曲子词

“歧义（即歧感）不但是对不平等的异议，而且是对不可感知性的异议。”[1]

以一种简明扼要的方式，朗西埃论证了其关于“歧感共同体”的构想。以“不被感知者”的权利为关注核心，这一共同体将这些主体不断裹入可感知域的内部，使他们获得被共同体接纳的可能。在敦煌曲子词包含了的人物形象中，我们可以找寻到以上原则的不同体现。在这一“边客游子之呻吟，忠臣义士之壮语，隐君子之怡情悦志；少年学子之热望与失望，以及佛子之赞颂，医生之歌诀，莫不入调”[2]的艺术形式里，许多本应隐没在主流文坛话语中的主体展露了自己鲜活的身姿。或以“所以将身岩薮下，不朝天（《浣溪沙·卷却诗书上钓船》）”之语，直抒一位底层书生“不朝觐天

1〔法〕德兰蒂：《朗西埃：关键概念》，李三达译，重庆大学出版社，2018，第120页。

2 王重民：《敦煌曲子词》，商务印书馆，1950，第4页。

子，不做臣民"[1]的叛逆情绪；或以"醉胡子楼头宴饮，醉思乡千里熏熏（《失调名·醉胡子楼头宴饮》）"[2]一类的笔墨，直接描绘外族来客悠然自得的生活状态。如此等等，不一而足。

在朗西埃的进一步构想下，"歧感共同体"不仅要完成对不可见者的展示，还要使一种"不间断地计算"贯穿共同体的始终，以时刻保证"在场化'民意'（opinion publique）之整体而等同于人民之身体（corps du peuple）"[3]。而敦煌曲子词也同样不断更新着对敦煌人民的差异化表达。以敦煌曲子词对征夫思妇的形象表现为例，《洞仙歌·悲雁随阳》[4]描写的是一位在月下辛勤捣衣、渴望丈夫建功立业，而建立"四塞来朝明帝"之战功的女子。而反观《阿曹婆·当本只言三载归》[5]一词，则并未表达出类似的情意，反以"留心会合待明时""朝暮啼多淹损眼"等句表达了主人公苦闷的情绪；词中的思妇不再与对建功立业的乐观期许相关联，生活中只剩下了"妾在空闺恒独寝"的寂寞无聊，以及"留心会合待明时"的忧虑。主体之群类大致相同，但生活状态与情绪完全相异，借由这一分辨，曲子词内部的主体组成也随之获得了进一步的丰富。

朗西埃曾对稳固共同体内部结构的"意见反应机制"提出过如此的设想："（这一机制）把持任何人及每一个人的平等，且在一个等同于循环的系列当中，建立最极端的遗忘此平等的形式"[6]——而这一对多元主体的不断反应，也正是敦煌曲子词在千百年前所力图达成的。在这一不断"将自己显示于感知经验"[7]的过程中，来自不同文化背景、不同阶层与职业的多元主体展示着自己鲜活的存在，不断更新着他们属于一个"杂乱的集市"[8]的历史证明。通过对"不可见"之主体的不断纳入，也借由在共同体内部的人民中不断发现新生的主体，敦煌曲子词获取了极其丰富的主体多元性。这既实现了"歧感共同体"的一个重要理想，也使曲子词可能赢得来自不同民族、不同阶层的广阔接受者。在二者的共同作用之下，敦煌曲子词内部审美经验的丰富与融通才具有了可能。我将会在下文中论证这一点。

二、"歧感共同体"与曲子词中的跨地域审美经验会通

简单地赋予艺术以"反映人民之身体"的使命还不是朗西埃的全部艺术理想。在与艺术作品的交互中，人民不应当是被动的"被反应者""被包举者"，而应有自己的思想，发出自己的声音。相比之下，单向度地为艺术所记载、反映，显然"并不是一种平等的关系"[9]。

一般而言，朗西埃把人民在艺术作品前的权利交付给他们在观看作品后的表达和思考。而敦煌曲子词则在更广阔的意义上展示了群众对艺术可能产生的作用：不仅是发出作为"接受体验"的声音，而是直接进入艺术品内部，丰富曲子词的审美意蕴，并在此基础上，促进审美经验与效果的融通。

实际上，朗西埃也许早已意识到了这种可能性的存在：在他看来，任何被纳入可感知域的主体都已不再是只有姓名的空白存在，抑或是只会对自身之不被感知传达焦虑与不满情绪的抱怨者，而

1 郑宝生:《敦煌曲子词选读》,敦煌文艺出版社,2017,第71页。

2 任半塘:《敦煌歌辞总编》(卷二),上海古籍出版社,2006,第171页。

3〔法〕朗西埃:《歧义:政治与哲学》,刘纪蕙、林淑芬、陈克伦、薛熙平译,西北大学出版社,2015,第134页。

4 郑宝生:《敦煌曲子词选读》,敦煌文艺出版社,2017,第15页。

5 郑宝生:《敦煌曲子词选读》,敦煌文艺出版社,2017,第164页。

6〔法〕朗西埃:《歧义:政治与哲学》,刘纪蕙、林淑芬、陈克伦、薛熙平译,西北大学出版社,2015,第137页。

7 Jacques Rancière, *The distribution of the Sensible: Politics and Aesthetics,* translated by Gabriel Rockhill (New York: Continuum, 2004), p. 13.

8〔法〕朗西埃:《政治的边缘》,姜宇辉译,上海译文出版社,2007,第35页。

9〔法〕朗西埃:《政治的边缘》,姜宇辉译,上海译文出版社,2007,第81页。

是"具有理性和话语的存在"[1]。当他们被文学作品裹挟，进而进入新的世界时，也必然会发出属于自己的声音，动摇这个世界内部的意义结构。

（一）可见主体与曲子词中的跨地域审美经验会通

被曲子词引入的域外主体的每次涌现，都为曲子提供了独特的思想话语与审美意趣。以《献忠心·臣远涉山水》二首[2]为例：

臣远涉山水。来慕当今。到丹阙。向龙楼。弃毡帐与弓剑。不归边土。学唐化。礼仪同。沐恩深。

见中华好。与舜日同钦。垂衣理。教化隆。臣遐方无珍宝。愿公千秋住。感皇泽。垂珠泪。献忠心。（其一）

蓦却多少云水。直至如今。陟历山阻，意难任。早晚得到唐国里，朝圣明主，望丹阙，步步泪，满衣襟。

生死大唐好，喜难任。齐拍手，奏乡音。各将向本国里，呈歌舞，愿皇寿，千万岁，献忠心。（其二）

显然，借由一位少数民族首领的现身与叙事，这一文本首先产生了一种能够作为审美对象的对话场景。在这一场景中，我们得以看到的是少数民族首领对大唐王朝充满向往、情愿归顺的意愿和行动。细细考究，我们仍能从其中解读出一些可以使曲子词之审美体验更为丰富的元素。

首先，此作从侧面强有力地反映出了唐王朝强盛时期万国来朝、高度发达的社会图景。再者，这些来自少数民族的高级统治者并非带着单纯的、个人享乐的目的而来，更带着一种真切的文化心理，"一种对文明、经济高度发达的社会的追求和向往"[3]。这种来自域外的他者心声丰富了曲子词中的思想感情色彩，也丰富了与他文化来客进行对话的模式。不仅如此，伴随着大量少数民族主体在曲子词中的存在，曲子词还被间或地带入了不少域外生活的风情。在《献忠心》二首中，第一首作品便引入了大量来自域外的意象，展示了各少数民族在原生状态下的生活风貌；而在第二首作品中，"各将向本国里，呈歌舞"的表述也勾勒出了各少数民族之日常文化生活中的场景——"（呈歌舞的行为）也是对敦煌民间庆祝舞蹈风俗的一种反映"。[4]《赞普子》[5]一词则不失为一个更典型的例子：

本是蕃家将，年年在草头。夏日披毡帐，冬天挂皮裘。

语即令人难会，朝朝牧马在荒丘。若不为抛沙塞，无因拜玉楼。

这一作品中"年年在草头""夏日披毡帐，冬天挂皮裘""语即令人难会，朝朝牧马在荒丘"等描绘，均极为生动具体地展示了彼时的少数民族人民的生存风貌，别有一番异域风情，在相当程度上丰富了曲子词内部的审美意象群，也丰富了为读者带来的审美体验。此外，出于地缘上的接近，以及对中原地区之传统华夷观的相对疏远，敦煌曲子词的汉民族作者也对域外来客进行了不少生动的描绘。或是在草原上的一次偶遇所留下的"胡言汉语真难会，听取胡歌甚可怜"[6]的惊鸿一瞥，或

1 〔法〕朗西埃：《政治的边缘》，姜宇辉译，上海译文出版社，2007，第41页。

2 郑宝生：《敦煌曲子词选读》，敦煌文艺出版社，2017，第76-77页。

3 高国藩：《敦煌曲子词欣赏》，南京大学出版社，2001，第241页。

4 高国藩：《敦煌民俗学》，上海文艺出版社，1989，第527页。

5 郑宝生：《敦煌曲子词选读》，敦煌文艺出版社，2017，第136页。

6 郑宝生：《敦煌曲子词选读》，敦煌文艺出版社，2017，第167页。

是在闹市上"醉胡子楼头宴饮，醉思乡千里熏熏"[1]的所闻所见。作为一种回馈，他们的身影也促成了曲子词在艺术丰富性上的不断出新。

（二）隐性主体与曲子词中的跨地域审美经验会通

在朗西埃看来，"歧感共同体"对多元主体的反映并不是绝对孤立的事件。"人民等同于其组成分子的加总，他们的意见的总和等同于构成人民之组成分子的加总。此计算总是成对整算而不留余数……这般绝对等于其自身的人民也总能在其真实当中成为可解析的部分。"[2]美学的反映机制呈现的也许只是社会中的个体，但其所代表的却是更广泛人群的生存意志；而据高国藩对留存写本的考证，曲子词的流传也"是与敦煌民间变文在民间广泛流传分不开的"。这些作品的说唱者，实际上"也就是说唱敦煌曲子词的民间艺人"[3]。换言之，在曲子词中不断涌现更新的主体及域外文化风情，实际上多少是为了迎合在当地生活的民众的口味。

这一现实也可以从曲子词的表演场景中略见端倪。敦煌最重要的节日是寒食节，这一节日正是"……源于波斯的'泼寒胡戏'，因在东传焉耆、高昌的过程中与二月八日佛诞日相结合，而逐渐与中国的寒食、春秋二社及冬至等节日完全合一"[4]。节日的融合与统一，不仅昭示了这一节日来自不同民族的参与者，也昭示着曲子词在实际的表演活动中往往经受着多元文化目光的注视。除了来自观众的目光，在配合曲子词的演出队伍中，也有大量外民族者的参与：在某次有所记录的表演行动中，参与演出的十九人中竟出现了"八人都是胡人，几乎占了一半"[5]的情况。多民族混居的地域特性，面向不同主体的表演形式，都使敦煌曲子词对域外文化的吸收成为必然的结果。这是对"隐性主体"不断概括、重现的表现，也是所谓"民意"的呈现。

事实上，曲子词中本应有相当一部分是从域外出发，经由中原一带的艺术改造，再传入敦煌的。但由于缺乏广泛的接受土壤，也由于"中国古代学者关于音乐的记述非常强调传统的雅乐……而对于燕乐或外来的胡乐则采取忽视与避忌的态度"[6]，在历史上并未留下足量的文字记录。两相对比之下，艺术传播中"隐性主体"的作用也就不容忽视了。可以想见的是，敦煌曲子词中每一个外域主体的涌现与绽放，其背后都象征着多民族共同体的一次深刻改变。总之，在敦煌曲子词中，审美经验的流变系于被作品固化了的每一个体，也系于其面向的隐性对象。正如钟振振在《词苑猎奇》一书中所指出的，既然曲子词最早现于隋唐交际之间的民族大融合时期，则"词之出现在此时，绝非偶然"；相反，其诞生及流变的整个过程乃是"'应运而生'，是南方和北方、汉民族和少数民族、中国和外国音乐文学的水乳交融"。[7]

三、"歧感共同体"与曲子词的在地审美经验会通

"在这个世界当中，社会等级之高低的隐喻消失不见……这是一个与飞机、与大厦同等的社会主义空间，也是时间不断向前推进的一个空间。"[8]

在《何谓当代艺术时间》之中，朗西埃具体地阐释了艺术作品中的时间性：这是包涵了"不断向前推进"之意义的时间。在对于社会内部的关照上，我们至少可以发现这一论述提出的两个愿景。

1 任半塘:《敦煌歌辞总编》(卷二),上海古籍出版社,2006,第171页。

2〔法〕朗西埃:《歧义:政治与哲学》,刘纪蕙、林淑芬、陈克伦、薛熙平译,西北大学出版社,2015,第137页。

3 高国藩:《谈敦煌曲子词》,《文学遗产》1984年第3期。

4 汤君:《敦煌曲子词地域文化研究》,四川大学,2003年博士论文,第90页。

5 汤君:《敦煌曲子词地域文化研究》,四川大学,2003年博士论文,第86页。

6 汤君:《敦煌曲子词地域文化研究》,四川大学,2003年博士论文,第74页。

7 钟振振:《词苑猎奇》,广西师范大学出版社,2007,第263页。

8〔法〕朗西埃:《何谓当代艺术的时间》,《文艺理论研究》2013年第4期。

一方面，这是一个“社会等级之高低的隐喻”消失不见的世界，任何生活于共同体内部的主体均能在其中获得被表现的权利。而更为重要的是，当代艺术时间之衍变还指向了另一个所在，一个早已存在于共同体内部的所在：“也就是说，要批判我们时代的‘寻常方式’。”[1]

在朗西埃眼中，艺术作品不仅要跨越空间的藩篱，将不断涌现的域外事物纳入可感知域内，还要在在地的事物中发现新生主体的声音，正如敦煌曲子词致力于为敦煌的每个本土居民发出声音，也致力于在他们中区分出更加多元、丰富的主体。这一尝试同样促成了曲子词审美经验的丰富。

（一）可见主体与曲子词的在地审美经验会通

与外民族者在曲子词中产生的审美经验类似，当生活在敦煌的汉民族居民被呈现于曲子词内部，其出现往往能带来新鲜的审美经验。

在曲子词中，敦煌本土的词家身影可谓层出不穷，他们为曲子词带来的审美经验或不如域外来客般新奇，但在多元性、丰富性上却是犹有过之的。就敦煌曲子词的全貌来说，正是他们使“这些歌辞所涉及的广阔的生活画面，所表达的真实坦率的思想感情，远远超过了同时代文人词“偏狭的主题范围”[2]。如直接展开医者在日常行医中的具体所见，描绘伤寒病症的《定风波》[3]词一首：

阴毒伤寒脉已微。四肢厥冷恹难医。更遇盲医与宣泄，休也，头面大汗永分离。

时当五六日，头如针刺汗微微。吐逆黏滑脉沉细，全冒愦。斯须儿女独孤栖。

医者形象出现于文学作品内，先例本就不多。而对其日常工作予以如此入微之描绘的，本词及同一组词中的另两首“是为仅见”[4]。如此具体地展开一位行医者的行医经历与感受，在审美经验上的新异感是显著的：其对病人具体病症的描绘直接进入了中国传统之“雅文学”所极力避免的病态意象内部，但在此同时，却又具有了几分医者职业所特有的、朴实而真挚的悲悯。这样奇特的审美体验，也只有在能以医生本人为叙述者的敦煌曲子词中才能找到了。

此外，曲子词对于在地居民的观察是细致入微的。在不同的历史时期、不同的生活状态之下，这一艺术形式往往能对相近的社会群体进行详尽的呈现与分析，从而进一步丰富曲子词内部主体的多样性，乃至生成不同的审美效果。试看以下两首作品之对比：

征服偻锣未是功。儒士偻㑩转更加。三策张良非恶弱，谋略，汉兴楚灭本由他。

项羽翘据无路，酒后难消一曲歌。霸王虞姬皆自刎，当本，便知儒士定风波。（《定风波·征服偻㑩未是功》[5]

自从宇宙充戈戟，狼烟处处熏天黑。早晚竖金鸡，休磨战马蹄。

淼淼三江水，半是儒生泪。老尚逐经才，问龙门何日开？（《菩萨蛮·自从宇宙充戈戟》[6]

两首作品可被视为近似人群的作品。从字里行间不难读出，前一首词中的儒生当“是下层社会的一位士子”[7]，后者中的主角也“是汉唐以来读书并不多、学问并不深的小知识分子的通称”[8]。

1 〔法〕朗西埃：《何谓当代艺术的时间》，《文艺理论研究》2013年第4期。
2 张剑：《敦煌曲子词百首译注》，敦煌文艺出版社，1991，第3页。
3 郑宝生：《敦煌曲子词选读》，敦煌文艺出版社，2017，第105页。
4 郑宝生：《敦煌曲子词选读》，敦煌文艺出版社，2017，第105页。
5 钟振振：《词苑猎奇》，广西师范大学出版社，2007，第1页。
6 高国藩：《敦煌曲子词欣赏》，南京大学出版社，2001，第37页。
7 钟振振：《词苑猎奇》，广西师范大学出版社，2007，第3页。
8 高国藩：《敦煌曲子词欣赏》，南京大学出版社，2001，第38页。

但由于时代的变化，此二者又有了显著的差别。从思想上看，第一首词代表的应是一类儒生的心声。这类儒生对开疆拓土的唐王朝充满了自豪感，也对建功立业、留名后世充满了向往。其心态自信积极，其创作的作品也给人以积极昂扬的审美体验，连略嫌白俗、口语化的语言表达，都带上了几分大气刚健的特质。第二首作品则显然与之不同。也许是出于战争形势的变化，又或许只是由于对战争的观点不同，从“自从宇宙充戈戟，狼烟处处熏天黑”看来，第二首词作中的儒生对唐王朝的对外战争显然充满了悲观、厌弃的情绪；加之因战乱局势而起的悲观心理，词作中的审美体验也完全不见了前一作品中的恢宏大气，而多了几分天荒地变的衰颓。

对于大多数唐代的城市而言，下层士子从来都不是稀缺的、需要从域外进行“发现”的人群。但在曲子词对这一群体生存状态的细微关照之下，我们依然看见了不同审美经验的生产。类似的例子也出现在前文所引的、描述思妇生活的二首作品之中。总之，每当敦煌曲子词对其发生地的在地主体进行一次直接的反映，都不能对其进行简单粗暴的形象归类，而应深入了解其生存及思想状态的差别。依托于相近的却不尽相同的主体形象，曲子词产生了更富层次感的艺术形象。正如对域外主体及其生命体验的引入一样，通过在曲子词中直接的表情达意，这些聚居于敦煌的各阶层、各行业人群也使自己摇身一变，脱胎为了具备言说能力的主体，令所有读者直接地面对了他们炽热而真挚、朴素而鲜活的感情。

（二）隐性主体与早期戏剧：审美会通的在地形式

与对域外审美经验的引入相类似，敦煌曲子词对在地性审美经验的更新也依赖着一批隐性的主体，即不直接出现于曲子词内部的、曲子词艺术的接受与传唱者。“不同性质的劳作也各有惯唱的曲调，并且随时创造着新的曲词，流播传唱。”[1]如朗西埃曾有所预感的，“媒体的科学并非平等之偶发性的来到”[2]。当不同的民意都得以在社会反映机制中完全呈现，人民的“接受”便会倒逼这一呈现的加速传递。具体到曲子词上，则体现为在敦煌曲子词表演中出现的戏剧化萌芽。

这一萌芽在曲子词之对唱形式的出现中体现得尤为明显。以前文所提及的《定风波·征服偻㑩未是功》为例，这一词作与另一词作、以武夫口吻进行叙述的《定风波·攻书学剑能几何》本为一体，应是两个人的对唱词。这一上演形式构成简单、方便快捷，却又能在短时间内满足大量民众的欣赏需要，更加响应了“民意”的快速传播。“当曲子词兴起并盛行于民间之时，原本有着多种多样的表演形式，可以朝着各自不同的方向发展；如若不是文人们使它基本定型为一种新的抒情独唱歌曲的话……满可以随着情节的进一步繁衍和角色的渐次增多，较快地过渡到以曲子词为音乐唱腔的戏剧。”[3]在几乎毫无门槛的曲子词表演的上演过程中，此种艺术场域对在地人民的团聚也就显得更为顺理成章了。

四、“歧感共同体”与早期词体的生成

聚居于敦煌一带的多元主体不仅促成了曲子词内部审美文化的丰富，还推动了早期词体的形成与传播。

在中国传统文学中，“‘体’兼有作品的具体形式与抽象本体之意；既有体裁或文体类别之义，又有体性、体貌之义”。[4]细究此两种范畴在敦煌曲子词内部逐渐形成的过程，敦煌本地的多民族共同体同样促成了词在文体方面的成熟。

1 高国藩：《敦煌曲子词欣赏》，南京大学出版社，2001，第1页。

2 〔法〕朗西埃：《歧义：政治与哲学》，刘纪蕙、林淑芬、陈克伦、薛熙平译，西北大学出版社，2015，第137页。

3 钟振振：《词苑猎奇》，广西师范大学出版社，2007，第7页。

4 吴承学：《中国古代文学文体学研究》，人民出版社，2011，绪论。

在建构其“歧感共同体”理论时，朗西埃借鉴了康德意义上的“审美共通感”[1]，但在“歧感共同体”中，这一通感只以“稳定了异质性和可感形式的宁静”[2]的形式存在。正如伽达默尔所指出的，在审美的进程中，“基于共相（普遍性）的推论和根据公理的证明都不能是充分的”[3]；具体到审美行为之中，则“表现出‘作者用一致之思，读者各以其情而自得’”[4]的特征。在曲子词的传播、形成中，正是这样的共通感促成了词文学格律化、音乐化的进程。

首先，相当一部分敦煌曲子词所配的曲目本就来自外域。《婆罗门》原是印度乐曲，《苏幕遮》源于西域，《酒泉子》《甘州子》源自河西，《破阵子》是西北传入的乐舞曲。乐曲的不同民族背景，恰恰说明了音乐文学跨民族的强大生命力，也说明了其所面向的、“歧感共同体”中的多元文化主体对艺术的需求——哪怕对曲子词的文字内容不甚理解，在丰富多彩的配乐表演之下，不同的主体也能产生趋同的审美“自得”之感。

其次，细考词在格律范式上形成的过程，也不难看出一种“歧感共同体”在其后推动的痕迹。自晚唐以上，“往上推移，一直到隋，将近三百年”[5]的漫长时间中，词之“倚声而作”的特点已经形成。在敦煌曲子词中，借助音乐这一中介，“歧感共同体”对理想文学的呼唤完全可能进一步促进词体的完善与形成。据学者考证，在敦煌曲子词中，“每调之各词在字数、句数、句式、分片、字声平仄、用韵等方面相同或大致相同，已形成格律”[6]。不难想象，当一位外族来客初入敦煌，于无意间听见了流传于街头巷尾之间的曲子词，他首先听见的不仅仅是无意义的他民族言语，而是一段具有审美意义的语音片段，进而被拉进审美之“自得”的共感。

最后，多民族、多阶层共同体的文化要求也促成了词文体具备了平易白俗的语言风格。沈义父曾指责此种用语风格“是词家病”[7]，而况周颐则对一些语言质朴、用意真切的词句做出了正面评价，称其为“质不涉俗”[8]的词之本色。但无论如何，敦煌曲子词在语言上的浅近特征为词史上绵延千年的“雅俗之辩”留下了伏笔，也多少为词体中近乎口语、亲切可爱的语言风格留下了一抹底色。

五、结论及当代启示

结合以上论述，不难得出如下结论：在曲子词中，审美体验、艺术形式，乃至审美体验的丰富与融通，实际上往往直接来源于这些主体的多元性。如果说朗西埃的艺术理想是令不同主体对艺术平等地表达观点，那么从敦煌曲子词中，我们则不难看见一种“更进一步”的可能：在主体不断表达自我的过程中，此种言说本身也能创造一种更为丰富，且更能团结起不同文化人群的艺术。而从本质上看，这一丰富依然建筑于人民在艺术世界中持续具有平等身份的理想。这正是“歧感共同体”理论关于艺术的最初理想。

---

1 Jacques Rancière, *The Distribution of the Sensible: Politics and Aesthetics*, translated by Gabriel Rockhill (New York: Continuum, 2004), p. 13.

2 〔法〕朗西埃:《美学中的不满》,蓝江、李三达译,南京大学出版社,2019,第26页。

3 〔德〕伽达默尔:《真理与方法》,洪汉鼎译,商务印书馆,2021,第42页。

4 张进:《论丝路审美文化的属性特征及其范式论意义》,《思想战线》2019年第4期。

5 施议对:《千年词学通论——中国倚声填词的前世今生》,《西北师范大学学报(社会科学版)》2020年第5期。

6 谢桃坊:《中国词学史》,巴蜀书社,2002,第10页。

7 沈义父:《乐府指迷》,载唐圭璋编《词话丛编》,中华书局,1986,第279页。

8 况周颐:《蕙风词话》,载唐圭璋编《词话丛编》,中华书局,1986,第4446页。

参考文献

[1] 德兰蒂.朗西埃:关键概念[M].李三达,译.重庆:重庆大学出版社,2018.

[2] 王重民.敦煌曲子词[M].北京:商务印书馆,1950.

[3] 郑宝生.敦煌曲子词选读[M].兰州:敦煌文艺出版社,2017.

[4] 任半塘.敦煌歌辞总编:卷二[M].上海:上海古籍出版社,2006.

[5] 朗西埃.歧义:政治与哲学[M].刘纪蕙,林淑芬,陈克伦,薛熙平,译.西安:西北大学出版社,2015.

[6] 朗西埃.政治的边缘[M].姜宇辉,译.上海:上海译文出版社,2007.

[7] 高国藩.敦煌曲子词欣赏[M].南京:南京大学出版社,2001.

[8] 高国藩.敦煌民俗学[M].上海:上海文艺出版社,1989.

[9] 高国藩.谈敦煌曲子词[J].文学遗产,1984(3):33.

[10] 汤君.敦煌曲子词地域文化研究[D].成都:四川大学,2003.

[11] 钟振振.词苑猎奇[M].桂林:广西师范大学出版社,2007.

[12] 朗西埃.何谓当代艺术的时间[J].文艺理论研究,2013(4):174-175.

[13] 张剑.敦煌曲子词百首译注[M].兰州:敦煌文艺出版社,1991.

[14] 吴承学.中国古代文学文体学研究[M].北京:人民出版社,2011.

[15] 朗西埃.美学中的不满[M].蓝江,李三达,译.南京:南京大学出版社,2019.

[16] 伽达默尔.真理与方法[M].洪汉鼎,译.北京:商务印书馆,2021.

[17] 张进.论丝路审美文化的属性特征及其范式论意义[J].思想战线,2019,45(04):142.

[18] 施议对.千年词学通论——中国倚声填词的前世今生[J].西北师大学报(社会科学版),2020(3):47-70.

[19] 谢桃坊.中国词学史[M].成都:巴蜀书社,2002.

[20] 沈义父.乐府指迷[M]//唐圭璋,词话丛编.北京:中华书局,1986.

[21] 况周颐.蕙风词话[M]//唐圭璋,词话丛编.北京:中华书局,1986.

[22] JACQUES RANCIÈRE. The Distribution of the Sensible: Politics and Aesthetics [M]. New York: Continuum, 2004.

【作者简介】

张金童，中山大学中文院博士生，研究方向为中国现当代文学。

贾平凹与《暂坐》中的“丝路网络”文化景观

张　倩

【摘　要】贾平凹以民族思维书写现代人。他在中西文化互通的大语境中，以“歧感共通性”的运作机制再现了秦陇大地的众生本相。《暂坐》让外国女子包蕴的异域文化与中国本土经验形成一种互现张力，见证了现代中国女性的成长与蜕变；更将她们的日常生活体验放置于“丝路网络”的历史文化景观中，动态反映了“活态”的丝路文化景观。

【关键词】贾平凹；文化互通；视角互现；丝路文化景观

如何以一种包容的格局建构起作为现代民族国家主体的精神形象，一直是学界孜孜以求的目标。学者葛兆光通过“一个身在‘中国’的学人，应当如何既恪守中国立场，又超越中国局限，在世界或亚洲的背景中重建有关‘中国’的历史论述”[1]，表达了他对“文化中国”历史现实叙事的关注。作家贾平凹以文学创作者的敏锐直觉在文学领域思考着同样的问题，做着同样的努力。他以本民族的思维方式、表现形式书写中国现代人和现代生活，在与世界文化互通的大视野中，用极具传统美感的原生态叙事，深入现代中国人的心灵世界，再现了“丝路网络”中秦陇大地芸芸众生的生存本相，建构起属于他的“一个时代一个社会的大背景下虚构起来的独立的世界”。[2]

一、文化互通的宏观视野

贾平凹漫长的文学创作忠实地记录了时代的跃迁。他始终秉持着与世界文化互通的大视野，促进“不同社会共同体的成员之间在文化上的相互交流和彼此沟通”[3]，将丝绸之路沿线秦陇地域尚武重农的厚重感与秦陇文学深厚的历史感注入作品，字里行间呈现出由秦陇地域文化长期浸润而成的韵味与光泽，以“越是民族的，越是世界的”整体风范敞开了与世界文学对话的胸怀。贾平凹曾经对自己的文学创作做过纲领性的概括：“以中国传统美的表现方法，真实地表达现代中国人的生活和情绪，这是我创作追求的东西。”[4] 成长于陕西商洛山地的贾平凹性格里有不少柔与秀的成分，所以明清至20世纪初文学语言的清新灵动、疏淡韵致自然与他内在个性的审美偏爱会产生共鸣。于是，他以质朴灵秀的文笔创作出极具浓郁地域文化底色的“商州系列”小说，受到一致的好评，并与之后的《鸡窝洼人家》《黑氏》《五魁》等一系列作品，共同充实了“寻根文化思潮”。在“商州系列”

中，贾平凹主要着眼于民族文化中令其自傲的方面，对商州文化做了一次虔诚的巡礼。他创作的独特“商州世界”更与沈从文的“湘西世界”、莫言的“高密东北乡”等共同建构起极富意味的中国乡土文化想象格局。同样，《废都》中明清小说独特笔法得心应手的运用也就不难理解了。《废都》成为贾平凹创作的转折点。他将20世纪80年代末至90年代初觉醒的城市商业化狂潮中，人们面对令人眩晕的时代迷茫、颓废与沉沦的精神生存本相忠实地记录了下来。贾平凹的创作焦点从对传统乡村的关注开始转向城市。之后的《秦腔》以及一系列作品的问世，他都始终关注着社会变革中的城市与乡村关系的变迁，真实表达着现代中国人的生活和情绪。这种关注使他的作品“较直接地揭示了我们时代的内在文化嬗变，他的艺术尝试也在一定程度上折射出传统文学和审美精神的现代生命力”。[5]

贾平凹在写作中对具有民族地域文化特色生活的关注，充分凸显了中华民族具有强大的文化积淀并形成了鲜明的民族性特点。但是对这种本土经验的文学表达并不能说明贾平凹是提倡重返传统的文化民粹主义者。正相反，他的文学观念超越了这一偏狭的看法。20世纪90年代，贾平凹曾在某文学创作会议上谈道：“我认为，中西文化在最高境界上是相通的，云层之上都是阳光。越有民族性地方性越有世界性，这话说对了一半。就看这个民族性是否有大的境界，否则难以走向世界。我近年写小说，主要想借鉴西方文学的境界。”[6] 对西方文学境界的借鉴，可以看作他尝试在一种中西文化互通的宏观视野中把握创作。贾平凹曾在哲学层面上对“文化中国”“民族传统”的内涵进行了深入的思考，认为应当通过儒、佛、道三方面的整体考察才能比较准确地把握中国传统文化的精髓，并进一步理解由此而形成的民族文化心理与民族性格；并且将由中国哲学文化系统孕育出的中国独特的艺术形式放在更加宏阔的世界视野中，才能凸显其意义和价值，中国文化的“民族性”才会有更大的境界。“如果能深入地、详细地把中国的五言、七言诗同外国的诗作一比较，把中国的画同外国的画作一比较，把中国的戏曲同外国的话剧作一比较，足可以看出中华民族的心理结构、风俗习尚、对于整个世界的把握方法和角度，了解到这个民族不同于别的民族之处。”[7] 贾平凹的这种观念与学者张进提出“丝路审美文化”着力建构的“歧感共通性”概念有异曲同工之妙。“歧感共通性”作为“丝路沿线人们‘审美共同体’建构的基本运作机制，是民心相通和人文化成的重要场合，也是人类命运共同体建构的基础和土壤”。[8] 因而拥有具体历史性和不同文化背景的个体，在面对相似的审美文化现象与产品时，通常处于分裂状态的“共同感”与“歧异感”便能够达到一种“动态制衡”的良性关系，并在中西文化互通的大语境中互鉴共享。

“没有民族特色的文学是站不起的文学，没有相通于世界的思想意识的文学同样是站不起的文学。”[9] 在这种观念的统摄之下，贾平凹努力打通自己的思维视界，眼光始终追随着世界文学史上极富声望的外国文学大师，将他们的创作精神与本民族文化相互观照，并逐渐认同他们真诚的民众立场与社会责任感。从歌德到陀思妥耶夫斯基，从马尔克斯到泰戈尔，从托尔斯泰到川端康成，他们的创作都给贾平凹的创作带来了丰富的养料。他自认为经过了《废都》终于明确意识到了自己的创作使命，其创作思想得以逐渐深化，之后的作品都带有了强烈的历史意识。“‘四人帮’才打倒的时候，我几乎没有写过使命性的作品，《废都》之后，无形中就产生了历史感。”[10] 通过对“一堆鸡零狗碎的泼烦日子”琐碎细致的观察实录，作家依然紧密关注城乡变迁中的农民身份，尤以《秦腔》中的引生和《高兴》中的刘高兴等为代表。他将这些老百姓看得见、感觉得到的身边人物故事融入自身对城市与乡村关系变迁的深入思考。就连《古炉》中充满革命风潮的“文革叙事”背后也自然流淌出日子的琐碎与泼烦[1]。进入新世纪的贾平凹创作依然忠实地记录着原乡生活。《带灯》通过日

1 泼烦，北方方言，意为“使……烦心”。

常叙事带着作者对生活的期待，反映了彼时中国乡村社会各种复杂的现实矛盾，从一个中国乡镇的角度，折射出发生在中国震撼人心的变化。《老生》则由《山海经》为引，请一位老阴歌艺人带领读者对一个陕南小村庄的百年历程做了朴素的巡礼。《山海经》见证了百年乡土中国的历史进程，形成了现代中国的成长缩影。2018年出版的《山本》则通过秦岭大山里一个叫涡镇的地方，在军阀混战的乱世顽强自保却最终毁灭的命运，写尽了人间的纠结和欲望，并将之放大为秦岭之志。贾平凹以饱满的气韵，细致勾画了秦岭的草木山水、村寨沟岔，清晰而生动地描写了当地的习俗风物、人情世故。他将20世纪初秦岭地区的社会生态放进更为广阔的历史视野，以独到的历史视角体察那里的人和事，淋漓尽致地表现了底层民众的生命律动，寄寓了作家真挚的悲悯情怀。“把一个特定的时代从连续统一的历史过程中爆破出来，把一个特定的人的生平事迹从一个时代中爆破出来。”[11] 这些被“爆破”出来的东西构成了贾平凹眼中的时代表征。通过一部部紧贴时代现实的小说，以他敏锐的观察和感受记录下了这个时代，就像他所仰慕的巴尔扎克“做19世纪法国社会的书记官”一样，以真实的创作态度批判丑恶、宣扬美善，做中国社会忠实的记录者。

贾平凹以开阔的胸襟与积极促进中外文化互通的态度尽情吸收世界范围内的文学营养，必然会造就具有世界大视野的优秀作品。“不站在中国文化立场上的倾诉，毕竟完成不了我们独立的体系的叙述，最后将丧失我们。现在，当我们要面对全人类，我们要有我们建立在中国文化立场上的独特的制造，这个制造不再只符合中国的需要，而要符合全人类的需要。”[12] 他的小说还被翻译成德语、法语、英语、俄语等多种语言传播于二十多个国家，并多次获得国际文学艺术奖项。俄罗斯圣彼得堡大学还创设了“中国当代著名作家贾平凹的创作与生平”的相关研究项目，足见贾平凹的创作对中外文化互通交流的影响。

二、异域视角与本土经验的张力

贾平凹致力于乡村题材的开拓与深耕，对陕西乡村生活的描写是理解当代秦陇大地甚至中国乡村的重要路径。在他的创作中，城市书写与乡村题材共同承担了理解当代生活、阐释现代性的努力。贾平凹2020年的新作《暂坐》是他自1993年创作《废都》之后的又一部城市题材长篇小说。在这部小说中，贾平凹引入了“异域”叙述视角，借助“异域”视角与本土经验的叙事张力打开了更为开阔的视野，通过对中西文化交流互通的表现，使作品的审美效果更加丰富多彩。《暂坐》采取了俄罗斯姑娘伊娃的异域视角，从她重返西京城去“暂坐”茶庄寻访故友写起，以她与那座城和人之间的水乳交融建构起整个小说。小说以跳跃式的时空和多样的女性形象将情节切割，借西京城内一家小小的茶庄透视了众多城市女性的生命体验，构建了一个充满活力的女性世界，塑造了一群独立自尊、光芒四射的现代城市女性，与作者和读者一起见证了这群西京城女子的市井传奇。

2021年12月兰州大学举办的“中欧丝路审美文化双边论坛”国际会议上，俄罗斯西伯利亚联邦大学阿列夫金娜教授的主题发言《中国人与俄罗斯人眼中的彼此》指出：根据每个民族对现实理解与感知的不同方式，不同民族对民族、团体和个人的理解与感受会形成固有的印象集合。所以俄罗斯人与中国人眼中的自己，与在对方眼中的自己都有很大的出入。因为在相互认知的过程中，都对对方带有固有的刻板印象。在最后她提问：在与人交流时，你是否能摆脱固有的刻板印象？人与人之间要摆脱固有的刻板印象，就需要沟通、交流与深入了解。《暂坐》中的俄罗斯姑娘伊娃被中华文化与中国女性的魅力深深吸引来到中国，她的到来架起了一座打破中国人与俄罗斯人相互之间固有刻板印象的桥梁。伊娃是一位极富人格魅力的美丽女子。俄罗斯地处东西方的地理交汇处，其独特的地缘环境与地理气候造就了那里的女性集热情奔放与优雅柔美于一身的气质。伊娃身上东西方文化精神的重叠共鸣让她对中国产生了无比的亲切感，而东西方文化的区别差异则更让她对神秘的东方大国充满了神往。她曾常年生活在西京城，能够自如地融入西京城最市井的生活，自信地闲庭信步在西京街头，以流利的西京方言与当地人自如地交流。人的语言习惯背后沉淀着思维深处的文化潜意识，说明伊娃真正从内心深处接纳了中国文化的精髓。

伊娃再次回到西京城之前的五年一直在俄罗斯圣彼得堡，这五年中母亲的离世与男朋友的分手都给她带来不小伤害。内心渴望精神慰藉的伊娃决定回到让她魂绕梦牵的第二故乡——西京城疗伤。因为热爱中国的文化，所以伊娃曾经能够克服初到西京面对陌生文化的不适而潜心融入；因为西京城的人们对异域文化的友好亲善，所以能够像对待邻家妹妹一样给这个金发碧眼的"异类"以家乡般的温暖。善良友好的房东大妈还记得伊娃曾经最爱吃的糊烂饼，在她再次回到西京城当天就买回了食材准备给她做饼。一位美好的异国女子与一群光彩夺目的中国女子在这个古老而现代的都市相识相知、亲似姐妹。重情重义的女主人公海若甚至五年来一直保留着伊娃曾经在中国留学时使用过的"北斗七星杯"，并且坚信这个来自异国的小妹妹总有一天会回到中国来。当伊娃真的回到中国，海若毫不犹豫地送给她象征"西京十玉"姐妹团体的价值数万元的纯白玉佩，以表达内心对伊娃的真正接纳。陆以可初见伊娃便对她产生莫名的亲切感，当她给伊娃讲述自己隐秘离奇的身世故事时，伊娃竟然跨越了中西文化之间的隔膜，与陆以可对亲人真挚的情感产生了共鸣与共情，瞬间使不同文化背景下成长起来的姐妹俩心靠得更近。中西方文化之间仍然有许多相通的东西存在，比如对真、善、美的肯定，比如对亲人朋友真挚的爱，比如对一切美好事物的追求等等。金发碧眼的俄罗斯姑娘与光彩夺目的"西京十玉"之间的真挚感情正是因为人类不同文化中这些相同、相通的因子才会发生。人生总会面临不同的困境，在面对困境时她们的人生体验也是相似的，这种超越国度、超越地域、超越文化本土性的体验更会让她们惺惺相惜。这也正是不同国度、不同地域人们之间"歧感共通性"的"动态制衡"表现。伊娃本来就是为了逃离在圣彼得堡灰暗生活的纠缠才来到西京城，然而来到西京以后发现了与她同样受生活纠缠的人群，所以伊娃与众姐妹对对方的经历和感受才会感同身受，才会相互爱护、抱团取暖。

在面对异性时她们会仰慕同一位优秀的男人，但也会与之有不同的相处方式。海若与羿光作为知己相交相知多年而未越雷池半步，美丽的俄罗斯女子伊娃重返西京认识羿光不足月便迸发出天崩地裂的激情。海若与伊娃分别表征了东方女性含蓄节制的伦理传统与西方女性勇敢洒脱的自由率性，这种面对个人自由伦理的不同选择来自东西方女子对自由的不同理解与不同的价值观。贾平凹用心良苦地将不同文化氛围中成长浸染的不同女性投射为作家羿光男性自信度的镜子，将两种不同的文化氛围表征于同一个男人身上，也对中西两种文化做了比照。羿光在"西京十玉"面前宛若精神导师一样的侃侃而谈的自信，与跟性感美艳的中国模特所燃烧的激情，在面对俄罗斯美女伊娃时却前所未有地失败了。当后来海若遇到巨大变故，最需要人帮助的时候，不知所终的"知己"羿光更让人难以理解。这是否可以投射为男性知识分子在面对真正的责任挑战时勇敢担当的缺乏？

在极度全球化的时代背景下，贾平凹以一位俄罗斯姑娘的视角结构整部小说，用她的双眼来观察历史悠久的西京城和城里的人，并让她自身携带的异域文化与本土经验胶漆相投。伊娃这个俄罗斯姑娘为中国文学谱系增添了一位鲜见的新型人物，她也在俄罗斯与中国文化的交汇碰撞中，试图寻找自身失去的精神家园，同时与作者一同见证了现代中国女性的成长蜕变。

三、丝路审美文化景观的"活态"演绎

不同于《废都》对男性知识分子人群生活与精神状态的呈现，《暂坐》以一群优游自信、独立坚强的女子为中心，讲述她们结庐安居于西京城内，围绕着"暂坐"茶庄，在各种社会关系的脉络里寻找自己身份和位置的故事，探索了城市中经济与精神独立女子的生存状态。从生活在西京古城墙

下的普通女性身上的世俗烟火气，折射出中国丝绸之路沿线城市女性最真实的生存景观。这些极具地方色彩的日常生活体验，正是一种“活态”的丝路审美文化表现。“丝路沿线活态审美文化源远流长，积淀深厚，彼此授受，流通共享，汇聚融合，在审美风尚、演艺形式、习俗节日、文化遗产、活态空间等人类生活与艺术的各个层面都凝聚、生产着文化交流和文明互鉴的宝贵经验与智慧。”[14]贾平凹以一种生动又质朴的方式探讨了这些女性如何以自身平凡的经历浮沉与喜怒哀乐，构建起一个丝绸之路网络中的感性共同体，并且将这个感性共同体放置于极具丝路文化特色的实体空间中，动态地反映了丝绸之路沿线城市与国家的风土人情。

作品以多样的女性形象和跳跃式的时空将情节切割，借西京城内一家小小的茶庄透视了众多城市女性的生命体验，构建了一个充满活力的女性世界，塑造了一群独立坚强、光芒四射的现代城市女性。她们并不像《废都》中带着知名作家庄之蝶妻子光环的“贤良淑德”的牛月清，也不像迷失在城市欲望中的具有诗人气质的唐宛儿，更不像功利至上的被异化了的精神空壳柳月，以及为爱偏执甚至不顾一切的“殉道者”阿灿。《废都》里的女性人物虽然生活在城市，但都紧紧依附男性而生存。换言之，她们生命存在的意义都由庄之蝶这个男人来赋予，随男人之所欲而被动地“塑造”自我，因而她们也随着庄之蝶的命运而浮沉，并没有真正独立的人格。而《暂坐》中的女性一方面极具女性化特质，另一方面自信果敢地在职场打拼并拥有自己的事业，可以不依附于男性而优游自在地生活在城市。弗吉尼亚·伍尔夫指出：“一个伟大的脑子是半雌半雄的，只有在这种融洽的时候，脑子才变得非常肥沃而能充分运用所有的官能。”[15]让女性摆脱后天建构的性别秩序，追求“双性同体”新女性形象的诉求在她们身上体现为感性柔情与理智果敢的统一，也是作者心目中理想现代女性的集中体现。贾平凹鼓励女性热情对待自己和生活并追求独立的人格，才是拥有了真正的女人味。

通过自我叩问打破传统观念，努力克服通往心灵自由道路上的困难，这些热情对待生活的女子通过自身的“建设”而获得成长。但在光鲜亮丽的背后，她们也有难以言说的迷惘与困惑。象征独立自由的“暂坐”茶庄生意红火依然需要权力的荫庇，这些带着成功光环的女性依然需要依附以男性为中心的社会政治力量。她们通过男性为媒介与权力形成了一种更为暧昧的协作关系，以一种心照不宣的方式共生。在日常生活中，权力与政治始终是人们无法逃遁的宿命与指向。正如詹姆逊所说：“一切事物都是社会的和历史的，事实上，一切事物‘说到底’都是政治的。”[16]众多事物因其社会性与历史性而被赋予了政治性，微观权力与宏观权力相结合，形成了一种更加复杂多样的规训力量，“生产”出她们的身体与灵魂。正是这种对权力的认同与顺势而为作为生存智慧协助她们走向成功，同时也注定她们不可能彻底独立的命运：这些女子并不像表面上的那样风光，或者说，虽然她们不同于《废都》中的女子那样紧密依附于男性，但在本质上依然无法摆脱以男性为主的权力的操纵。如女主人公海若独立自信、善良坚韧的女子依然无法摆脱权力政治无形的股掌，她曾经在权力政治织就的无形网络中自信博弈、顽强挣扎，但最终却败下阵来。表面洒脱与内在对权力政治无奈的依附，表明这群女子内心很难得到真正的自由。所以她们虔诚地想在精神乌托邦空间为信仰留下一片净土，但是执着等待的“活佛”直到整个故事凄然落幕依然不见踪影。作者也说：“《暂坐》中的女子就是不断地在寻找和寻找不到。”[17]海若和姐妹们对“活佛”的期盼犹如《等待戈多》中徘徊踟蹰在生存困境之中的戈戈、狄狄对戈多无止境的等待。她们不断询问“活佛”什么时候会来，却一次次被告知“活佛”的到来没有准确的日子。其实“活佛”是什么她们自己也很难说得清，对她们来说“活佛”更像一个让自己心灵平静的象征符号，为了等待本身而等待。当信仰变成了一种消费时尚，没有内核的“信仰”注定无法拯救漂泊的灵魂。

贾平凹以一种并不盲目乐观的态度，严肃而冷峻地注视着这群新时代的新女性，欣赏到她们夺目光彩的同时也察觉到她们无限风光背后的难言之痛。异域视角的引入，让《暂坐》对女性成长的思考上升到世界文化互通的层面，将人生必定会经历的爱与痛放置于中西方女子的共同成长经验中，虽然她们具有不同的文化背景，但是许多人类相通的情感让她们毫无芥蒂地惺惺相惜、拥抱取暖。《暂坐》将“真正活出女人味”的理想现代女性形象嵌入到作为十三朝古都的西京，充满活力的女性与古老肃穆的丝路沿线古城形成了醒目的对比张力。她们的夺目光彩与盛唐时代古长安自由自信的女性遥相呼应，勾连起一幅穿越时光的“活态”丝路审美文化景观。从唐伊始千年屹立于丝绸之路起点的长安城，因为这些美好的女子勾连起“胡风汉俗万象融”的盛唐与“一带一路丝绸魂”的新时代，古老的西京城也因此充溢着新的活力。

贾平凹在《暂坐》中还描摹了令其骄傲并迷恋的丝路沿线实体文化景观来衬托修饰这个充满活力的女人世界。比如用整个章节的篇幅邀请伊娃以她的异域视角，对这座屹立在丝绸之路起点的十三朝古都进行了“巡礼”，一幅幅西京古城特有的俗世景观映入眼帘：旧城墙头的古埙、西涝里的二胡、八角亭的秦腔、西京鼓乐、羊肉泡馍、葫芦头……这些地域文化色彩浓郁的历史“活态文化”孕育装点了这些美好而极具个性的女子，并让她们的魅力更加丰富立体，更富有文化层次感和感染力。“暂坐”茶馆二楼海若的私密房间四面墙画满了壁画，那是临摹了短暂而辉煌的西夏王朝白城子的地宫画。作家以大量的笔墨，不厌其烦地描摹了壁画的细节，四面墙上充满了力士、覆莲座、舍利塔、释迦牟尼、菩萨、飞天以及各种飞禽走兽的景观。用西夏王朝地宫的壁画装饰主人公的起居室是极其罕见的，这也充分表明房间主人的魄力以及独特的个性气质。敦煌壁画中的飞天形象是丝绸之路沿线文化代表敦煌艺术的标志，在精神内核上它体现的是中国文化的自由精神。作品中不断出现的飞天意象与另一位线索人物冯迎在意念层面的重叠，也寄寓了作者对幸福与自由的渴望。

作者运用诗性智慧观察了一群浸润生活在丝路沿线城市的女子，使她们在“丝路网络”这个巨型的“多感知博物馆”中，种种感官、思维、意识等等都为“丝路网络”所“形塑”。还将“西京特质”“西夏壁画”“敦煌飞天”等众多极富丝路文化特色的历史“活态文化”景观以共时呈现与纵向聚合的方式相匹配，将形而下与形而上相结合，以强大的吸附力量关联着小说人物的心理感受与社会万象，并以此为探索窗口把焦点聚集至丝绸之路的起点，丝路沿线的风物与人情百态得到淋漓尽致的呈现。丝绸之路是一条“活路”，丝路审美文化是“活文化”，它就是生活本身。

四、结语

历史正是由波谲云诡的政治风云与鸡毛蒜皮的家长里短平分秋色，对后者的忽视必定会造成历史的断裂，这些断裂之处正是作家得以表达个人生命体验的空间。贾平凹在与世界文化互通的大视野中，以本民族的思维方式、表现形式书写中国现代人和现代生活。他以文观世宇的气概，正面避开了宏大历史所青睐的政治性、革命性主题，将笔触伸向了三秦大地深处，深入现代中国人的心灵世界，再现了“丝路网络”中秦陇大地芸芸众生的生存本相，从而使人们达到一种“歧感共通性”状态，可以在中西文化互通的大语境中互鉴共享；《暂坐》在中外文化互通的大视野下，以一位俄罗斯女子的视角观察西京的城和人，让她自身携带的异域文化与中国本土经验胶漆相投并形成一种互现的张力，与作者一同见证了现代中国女性的挣扎、成长与蜕变；作者将一群女子极具地方色彩的日常生活体验放置于“丝路网络”的历史文化景观中，动态地反映了一种“活态”丝路审美文化体验。

走过了千年的丝绸之路，再次回到了伟大的起点。它以海纳百川的气度包容着来自世界各地的人们，静静地承载着人们的喜怒哀乐。贾平凹的创作诚如河流，趋世界文学而动，河床却是真正的中国味道。他的作品裹挟着这种地道的中国味道，成为丝绸之路沿线坐标上一颗璀璨的文化明珠。

参考文献

[1] 葛兆光. 宅兹中国:重建有关“中国”的历史论述[M]. 北京:中华书局,2011.

[2] 黄义灵,汪信砚. “一带一路”的文化互通与人类命运共同体建设[J]. 江汉论坛,2017(12):129-133.

[3] 贾平凹. “卧虎”说——文外谈文之二. 贾平凹文集(第12卷)[M]. 西安:陕西人民出版社,2004.

[4] 贺仲明. 犹豫而迷茫的乡土文化守望——论贾平凹1990年代以来的小说创作[J]. 南方文坛,2012(04):5-10.

[5] 孙见喜. 贾平凹前传:第三卷[M]. 广州:花城出版社,2001.

[6] 张进. 论丝路审美文化的属性特征及其范式论意义[J]. 思想战线,2019,45(04):140-147.

[7] 贾平凹. 读书杂记摘抄. 贾平凹文集:第12卷[M]. 西安:陕西人民出版社,2004.

[8] 孙见喜. 贾平凹前传:第三卷[M]. 广州:花城出版社,2001.

[9] 瓦尔特·本雅明. 本雅明文选[M]. 陈永国,马海良,编. 北京:中国社会科学出版社,1999.

[10] 弗雷德里克·詹姆森. 处于跨国资本主义时代中的第三世界文学. //张京媛. 新历史主义与文学批评[M]. 北京:北京大学出版社,1993.

[11] 张进. 论丝路审美文化的属性特征及其范式论意义[J]. 思想战线,2019,45(04):140-147.

[12] 弗雷德里克·詹姆逊. 政治无意识[M]. 王逢振,陈永国,译. 北京:中国社会科学出版社,1999.

[13] 王雪瑛. 与贾平凹关于长篇新作《暂坐》的对话[N]. 文汇报,2020-6-17(10).

【作者简介】

张倩，兰州大学文学院博士生，研究方向为中国现当代文学，已发表论文《裂变的乡土——马步升中短篇小说中的乡村世相》《在历史交汇空间中的对话与阐释——论现代历史小说家》《The “Wasteland” Narrative of New Realistic Novels》等。

流媒体视域下国产丝路纪录片制播研究

张　涛

【摘　要】丝路纪录片制播在流媒体平台成为人们日常观看视频选择的背景下，在内容形式、发行方式以及审美追求上都呈现出流媒体转向的新趋势。文章由此在考察国产丝路纪录片制播整体样态的基础上，探究流媒体视域下影视产业的新变，为当前丝路纪录片制播在流媒体视域下的发展寻求可能路径。

【关键词】流媒体；国产丝路纪录片；中国话语

丝路纪录片指以"一带一路"题材为内容的纪录片。现有的丝路纪录片从不同角度整体展现了丝路上的历史文化及地理风貌，其有效传播为加深人们对丝路的认知起到积极作用。近年来，随着移动互联网以及数字媒体技术的发展，人们越来越习惯于通过移动终端观看视频。可以说，影视的传播正在以电视、影院为中心的"大屏时代"向手机、iPad等多种媒介参与的"多屏时代"转向。由此，在流媒体转向的大背景下探究丝路纪录片制播的可能路径显得必要而迫切。文章主要通过考察国产丝路纪录片制播的整体特征，梳理流媒体视域下影视产业的新变化，进而探究流媒体转向对丝路纪录片制播的启示。

一、国产丝路纪录片制播的整体特征

国产丝路纪录片最早可以追溯到1980年由中央电视台与日本NHK电视联合拍摄的纪录片《丝绸之路》。丝路纪录片的产生与"丝绸之路研究"演进及时代背景变化密切相关。20世纪80年代以来，伴随改革开放的不断深化，大众传媒业的发展、丝绸之路旅游业的升温，刺激了影视、出版等行业对丝绸之路题材的青睐。由此，传统的丝绸之路研究在研究范畴及受众上得到空前拓展，正如研究者指出的，"大众传媒的介入缩短了学术界和公众的距离，现代化的手段大大提高了丝绸之路的价值尺度和知名度"。[1] 2013年，习近平总书记在访问哈萨克斯坦及印度尼西亚期间，提出"丝绸之路经济带""21世纪海上丝绸之路"即"一带一路"倡议。2017年，习近平总书记在"一带一路"国际合作高峰论坛上强调了"国之交在于民相亲，民相亲在于心相通"，确定了"民心相通"在"五通"中的核心地位。至此，丝绸之路相关研究及影响从纯学术的挖掘、地方上的经济建设上升为一条"经贸合作共赢之路、绿色环保健康之路"，以及"沿线国家和地区人民民心相融、东西文明互鉴之路”。[2]

国产丝路纪录片的拍摄也由此获得持续发展，代表的作品有1980年由中央电视台与日本NHK电视联合制作、发行的《丝绸之路》；1985年由中央电视台制作、发行的《敦煌变文》；1998年由北京电视台制作、发行的《寻找楼兰王国》；2005年由中央电视台、江苏电视台联合制作、发行的《1405：郑和下西洋》；2006年由中央电视台与日本NHK电视联合制作、发行的《新丝绸之路》；2008年由天津广播电视台制作、发行的《敦煌守望者：樊锦诗》；2010年由中视传媒股份有限公司、敦煌研究院联合制作，在央视网和爱奇艺网络平台发行的《敦煌》；2013年由中央电视台制作、发行的《丝路，重新开始的旅程》；2014年由陕西卫视制作、发行的《丝绸之路万里行》；2015年由五洲传播中心、国家地理频道、新加坡IFA制作公司制作，央视、优酷、土豆、爱奇艺联合发行的《对望——丝路新旅程》；2016年由江苏有线华博在线传媒公司、深圳祖师汇科技股份有限公司等联合制作，腾讯视频发行的《奇域·探秘新丝路》；2018年由芒果TV制作，湖南卫视、芒果TV发行的《我的青春在丝路》；2019年由五洲传播中心制作，人民视频、腾讯视频等线上平台发行的《丝路微纪录》；2020年由中国国际电视、社教节目中心与西安广播电视台、爱奇艺制作，央视、爱奇艺、意大利国家电视台网站、Youtube发行的《从长安到罗马》；2021年由中央新闻纪录电影制片厂（集团）制作，中央电视台发行的《远方未远：一带一路上的华侨华人》等作品。从既有的作品中可以看出，国产丝路纪录片作为展现“一带一路”“物质性”与“精神性”建设的重要形式，因时代背景、学科发展以及传媒技术等不同因素的影响，其制播整体上表现出以下特征：

一是制作主体从主流主导到多元参与。丝路纪录片从制作主体上来看，整体上以中央电视台、地方电视台等主流媒体为主导，逐渐呈现出多元参与的趋势。从1980年首部丝路纪录片《丝绸之路》发行以来，截至2021年的40部纪录片中，前20部中只有两部非主流媒体制作发行的作品，分别是：《丝绸之路上的美食》（2010），由青岛广电中视摄制；《敦煌》（2010），由中视传媒股份有限公司、敦煌研究院联合摄制。而后20部中非主流媒体作品数量达到7部。也就是说，主流媒体作品数量在前10部作品中占比100%、前20部中占比90%、后20部中占比65%。并且，“主流+民间”“中外合拍”等不同主体联合拍摄的模式逐渐增多，整体反映了国产丝路纪录片制作主体从主流主导到多元参与的趋势。

二是叙事内容上以文化挖掘为主线，多重话语交融共生。首先，国产丝路纪录片从初创起，便承担着展现国家形象、传承历史文脉、弘扬中华文化的功能任务。比如《丝绸之路》作为首部丝路纪录片，从拍摄主体来说，采取了中日联合制作的方式；从内容上看，囊括了国内丝绸之路所涉及的各个区域，并远赴美、英、法等国家拍摄了相关的文物，这不仅成为中国电视第一个对外开放协作的实践，而且象征着中国作为文化大国走向对外开放的主动姿态。其次，丝路纪录片随着丝路旅游业的发展，丝路人文风景得到全景式展现。比如《丝绸之路上的美食》介绍了丝路沿线的美食，另外敦煌、兰州等城市得到展现，玄奘、樊锦诗以及丝路沿线名人得到聚焦。另外，视觉审美与文化审美相结合。如航拍等摄影技术以及历史事件情景再现等表现手法的运用，将叙事与审美巧妙融合，“形成了文化事象与文化体系中的象征符号，在阐释中挖掘深层文化意义”，从而“使影片洋溢着强烈的‘诗性精神’，又能够归纳成哲思，实现跨时空意识下的诗与思的对话与交融”。[3]

三是发行方式从大屏展播转向多屏呈现。国产丝路纪录片伴随着制作主体的多元化，在互联网以及移动技术不断成熟的大环境下，其传播也由以主流电视台为主，转向视频网站、移动设备APP等多平台呈现的方式。中视传媒股份有限公司、敦煌研究院2010年联合拍摄的纪录片《敦煌》最早打破以电视频道为主要发行方式的传统模式，选择在央视网、爱奇艺等互联网平台发行。伴随着“一带一路”倡议的提出，国产丝路纪录片制作主体、内容形式等的多元化，也催生了其发行方式的多元化，比如五洲传播中心、国家地理频道、新加坡IFA制作公司联合制作的《对望——丝路新旅程》在央视、优酷、土豆、爱奇艺等平台首播。

值得注意的是，国产丝路纪录片制作主体、内容以及发行方式的多元化，有利于丝路文化的整体传播。但是，伴随着数字媒体特别是流媒体的发展，以历史文化为主要内容的国产丝路纪录片也面临着一定的挑战，即如何围绕内容的打造、观众趣味的挖掘，来保证在“多屏时代”的受众，从而完成自身的有效传播。因此，考察流媒体转向下影视产业的新变化，无疑对丝路纪录片应对“多屏时代”的挑战与机遇具有启示意义。

二、流媒体转向下影视产业的新变

流媒体（streaming media），指利用互联网、微型计算机及移动技术建立的服务平台，如国内的腾讯视频、爱奇艺、优酷等APP。流媒体平台的开发运用，不仅意味着播放功能的创新，更重要的是发行方式的变革，从而实现新制作的影视作品可以直接触达付费用户，打破观众固定观看时空，丰富了用户体验感，形成了以收取用户会员费以及单独商品购买费为收入的多元化“非线性”的新销售方式。当前，在数字影像制作、发行、传播中大量使用流媒体平台后，Netflix推出的《纸牌屋》《罗马》、国内爱奇艺推出的《灵魂摆渡》《隐秘的角落》、腾讯视频推出的《敦煌：生而传奇》等影视作品大获成功，标志着影视制作发行传播销售渠道向流媒体时代的转向。流媒体带给影视产业的新变化主要有：

（一）新盈利模式的形成

首先，流媒体的转向来自新近技术的革新。一方面，电视媒介地位面临衰退。随着“纯数字化产品”与流媒体载体（智能手机、iPad等）的普及，影视作品的发行一方面打破了传统的以电视、影院为主体的宣发模式，愈加依赖于流媒体等线上平台。另一方面，流媒体商的“僭越”。如2013年Netflix原创剧《纸牌屋》的推出，标志着自身从发行商升级为集制片商、发行商，同时又是技术提供商、广告运营商以及消费者共同参与的新电影产销体系。[4] 其次，流媒体的产生变革了影视产业传统的销售模式。以腾讯视频流媒体为例，消费者身份方面，消费者由传统的“观众”转变为平台“用户”，从被动接受的“观看者”转变为主动选择的“参与者”。消费方式上，消费者由对单个影视作品的“票付”转变为针对平台的“月付”与“点付”。消费者只要支付相应的会员费，就可以成为会员并点播平台上的大量资源。当新作品发行时，会员只需要额外支付低于影院票价的“点付”金额，直接在流媒体平台上自由观看。宣发层面，腾讯视频作为制片方一方面可以直接获取平台所反馈的用户数据，针对不同用户的兴趣，定制宣传片，通过“点对点”的传播方式进行精准推送，实现对用户注意力持续的、个性化的刺激与引导。另一方面，传统影院、电视等线下与流媒体平台线上联合发行的方式，实现了影视作品受众尽可能全地覆盖。销售方式上，制片方由原来单个影片的“独立”销售，转变为以平台资源为商品的“捆绑式”销售。

（二）新观看体验的营造

伴随着5G时代来临，流媒体技术的适用范围得以拓展，从图片、音频为主的传统模式，转变为视频为主，图片、音频共存的智能化模式。观影者也因观影“时空”的突破，生活的快节奏化、碎片化趋势，形成“快看”“看快”的心理需求。正如本雅明所言，呈现出区别于传统“韵味”审美体验的“震惊”效果，通过视觉的刺激形成一种短暂而强烈的观感体验，从而获得“更深层次的精神力量，使人与电影之间形成一种沟通交流机制”。[5] 这种“震惊”体验蕴涵着影视艺术在视觉文化转向背景下奇观趣味以及观影自由度的追求。以流媒体“迪士尼+”为例，其作为新兴媒介技术的产物，从技术层面填补了迪士尼影视传统运营模式与市场期待的间隙。一方面，“直抵用户”的便利，可以直接掌握用户的观看习惯、兴趣特点，为电影的制作、发行提供数据参考；“捆绑式”销售方式，弱化了传统电影时长，以及广告商、发行商等外在因素对编导的限制与干扰，有利于创作的自由度与故事的完整性，从而满足观众奇观趣味的追求。另一方面，“迪士尼+”突破了传统观看方式时空限制、进度约束与影院纪律要求，满足了人们选择观看环境、影片速率的自由度以及参与讨论的心理需求。用户可以选择特定的环境、速率以及观影同伴对特定电影进行观看并同时讨论交流，也可以决定一次性或分时段看完一部电影或相关系列影片。

（三）新影视作品角色的定位

随着流媒体时代的到来，影视作品IP的互文本性构建变得愈加重要。数据库、共享平台等的建立，独有IP互文本谱系的打造，保持平台资源及相关产品的对会员的持续吸引力，成为流媒体发展的重点。例如，迪士尼真人版《花木兰》翻拍依据并改写了其动画版《花木兰》，作为新的IP互文本谱系资源，正是把“花木兰”视为一个大IP，让内容翻新的真人版与之前推出的动画版形成互文，通过新片与旧片的联动，维持播放平台的热度。值得注意的是，借助流媒体IP运营，通过“互文性作为‘互文信号’延异、播撒的过程，在不断的互文过程中树立起某种‘话语霸权’，从而使‘互文信号’本身的关联性得到强化”，[6] 从而解构、弱化原作者的话语权。可以说，真人版《花木兰》作为迪士尼经典动画片《花木兰》的“副文本”，不仅以“新资源”扩充着迪士尼旗下流媒体平台数据库的内存量，同时通过历时、共时的互文效果，引起广大迪士尼迷及花木兰迷对动画版《花木兰》，甚至相关公主系列电影的记忆与重温，完成了“花木兰”这一公共流行文本作为迪士尼电影IP互文本谱系构建，以此吸纳更多的人成为线上平台会员，形成对该影片本身、动画版文本以及迪士尼相关产品的再消费，从而实现了迪士尼在流媒体时代继续保持市场控制力。

（四）新影视文化的构建

在流媒体与传统电视、院线共同作用下，将催生“社区化”这种复合化的电影文化形态。“社区化”主要指超越传统社区“地域性”[7] 限制，构成一种精神情感上认同与现实生活层面可参与的文化共同体，表现在影视产业上指“由单一的影院电影到多屏互动的影像样态”，并“溢出影院范畴，进入更具普泛意义的文化空间与日常生活”。[8] 由此，流媒体与传统媒介共同形成的“观感体验”（包括影视作品内容的优劣以及观众观看的满意度）将构成实现“精神情感认同”的关键因素，以及实现现实生活可参与的重要载体。“观感体验”的优劣，既指向对影视作品本身的价值判断，又直接关涉到由影视作品形成的游戏、书籍、服饰等衍生商品，以及实体或虚拟的主题公园。由此，影视产业原本以想象为主的视觉文化，转向一种“感觉共同体”的构建，即通过在观看与实际参与中，形成一种“具有社会性、共享性、结构性、跨族群性和物质相关性的‘感觉系统’”。[9] 在此意义上，影视作品作为一种视觉艺术，随着技术的不断发展、“社区化”的影视文化实践，将实现“虚拟世界”与“现实世界”的融通共建。由此，原本被动的观看也将走出于果·明斯特伯格传统银幕观看意义上的，观影想象与现实经验“两种幻觉”“双重现实性”的区隔与矛盾，[10] 从而实现观众在“不同时空”“人—频技术壁垒”甚至“主—客差异视域”的融合，从被动的“观看接受”走向主动“参与互构”的行动。

三、流媒体转向对丝路纪录片制播的启示

流媒体转向下影视产业的新变化对丝路纪录片的发展具有启示意义，主要表现在以下几个方面：

其一，加强流媒体平台的合作与开发，是业内趋势也是观众需求。从电视与流媒体作为丝路纪录片发行平台视角来看，两者的观众很大程度上是叠合的“双重消费者”，因此，加强对流媒体发展的支持，根本上不会损害电视受众的长期发展。事实上，流媒体作为新技术丰富了丝路纪录片制作

主体，拓展了其发行渠道，带来了纪录片宣发新模式。比如《奇域·探秘新丝路》（2016）、《印象·丝绸之路》（2017）、《从长安到罗马》（2020）等丝路纪录片分别在腾讯视频、爱奇艺、Youtube等线上平台首播，这不仅拓展了发行的平台，而且吸引了上海圣舍影视传媒有限公司等非主流制作团队的加入。可以说，流媒体发行方式的加入，打破了受众观看时的时空限制，拓展了纪录片作品的受众，从而有利于其有效的传播。当前，围绕“一带一路”倡议的视频网站都已建立，央视自身的流媒体平台也已成熟，丝路纪录片的资源也十分丰富，但实际上，丝路纪录片更多的是作为零散的“视频资源”充斥在各大流媒体平台，而围绕丝路纪录片等资源的“丝路文化”流媒体平台或专题却并未形成。这也就导致了丝路纪录片等丝路文化的研究、开发与发展，在市场主体活力方面的潜力有待进一步挖掘。流媒体作为一种直面用户、强调“内容为王”的媒介平台，相关的开发合作，必将有效促进国产丝路纪录片的制作及宣传。

其二，树立制播—衍生产品开发的产业链观念，推进围绕丝路纪录片构建文化产业新业态。流媒体转向表明，以数字化为支撑的流媒体时代，很难建立起制片商、发行商、流媒体平台、消费者等某一方的独霸地位，而是通过多元主体的“视域融合”，实现对最佳“观感体验”的打造，引导观众对影视作品衍生商品及所形成的主题园区的持续消费，形成一种“社区化”的影视文化。因此，需要投资方及制作主体一方面坚持系统观念，拓展制片、发行、放映以及观众参与渠道，推动以“观感体验”为核心的影视产业各环节协同发展，强化工业数字化建设，提升工业制作水平与市场数据分析能力。另一方面，加强影视产业链下游市场的开放建设，特别是加强自主IP谱系与产业链下游的互动共建。例如，开发热点作品相关元素的衍生产品，建设特色影视基地、主题乐园，为观众融入“影视世界”提供可能。如《丝绸之路万里行》《我的青春在丝路》等以丝绸之路为载体，以综艺、文化、时尚秀、自驾为形式，进行一系列大型文化体验、文化穿越活动，通过结合真人秀元素，融文化性与娱乐性于一体，实现了视觉与行动、历史与当下，以及历史文化与日常生活的融通，既增加了纪录片的趣味性，也为观众亲身体验提供可能，进而推动丝路旅游等相关产业的发展。由此，通过打造“自主IP”，加强与不同媒介的合作互动，提升公众对“丝路IP”多层面多渠道的精神情感认同与参与体验感，强化丝路品牌建设。

其三，缔造中国IP谱系，讲好中国故事，进而构建中国话语，是丝路纪录片发展的重要使命。党的十八大以来，习近平总书记在不同场合多次强调了“要讲好中国故事，传播好中国声音”，加强“国际传播能力”与“对外话语体系”建构的重要性。国产丝路纪录片作为展现国家形象、传承历史文脉、弘扬中华文化的重要形式，是推进社会主义文化强国建设、构建中国话语的重要载体。国产丝路纪录片是中国IP谱系的重要组成部分，需要我们一方面深挖丝路内部资源，通过加强对丝路历史文化、丝路精神以及丝路故事等资源的创造性转化与创造性发展，采用国际化表述方式，用好丝路题材，讲好中国故事；另一方面，注重挖掘“丝路”作为“事件”对其他文明的影响，推进“中国故事”与“世界故事”的融通，通过纪录片等影视作品联合制作的方式，加深不同文明的理解，增进不同文化的交流，整体实现丝路故事为载体的中国故事的“讲好”“传播”与“接受”的视域融合。

其四，加强国际发行网络的合作与建设。正如研究者指出的，作为丝路倡导、丝路建设和丝路文化的结晶，国产丝路纪录片通过影像纪实，讲述了丝路为纽带的与中国社会、经济、文化、民众发展有关的故事，在历时—共时等多元视野的文化价值中展现东西方文化交流的史实与更多可能。近年来，国产丝路纪录片通过外介与中外联合摄制发行的方式，在国际社会的发行渠道都得到了迅猛发展，部分甚至在国际形成一定的影响。但从整体来看，国内传统媒介、流媒体发行平台在国际上的覆盖率还比较滞后。这既需要国家层面的政策扶持，也需要影视企业主动自觉地加强国际发行网络的合作与建设。总体来说，流媒体时代机遇与挑战并存，我们只有紧跟全球化进程，推动中华文化基因的国际传播和当代转换，注重时代精神内涵的融入与表达形式的创新，不断推动国产丝路纪录片的发展与国际影响力，为构建中华民族共同体、人类命运共同体提供精神资源，彰显中国话语。

四、结语

通过研究发现，国产丝路纪录片成果丰硕，制播呈现出由“大屏时代”向“多屏时代”流媒体转向的内在趋势。流媒体技术的变革既有技术本身升级换代的自身进程，同时更深植于人们日常生活的变化。影视制播的流媒体转向带来的新营销模式，实质上是影视艺术拓展自身受众与影响力的技术手段，其最终的目的指向人的主体解放。具体来说，丝路纪录片电视发行与流媒体发行事实上是一个相互弥补并相互促进的共存关系。当前，一个强调多元参与、多主体平等交流的新世界正在随着技术的变革逐渐成为可能。国产丝路纪录片如何应对这机遇与挑战，讲好丝路故事，传播中国声音，构建中国话语，流媒体转向下影视产业的新变化无疑提供了较好的启示。我们期待丝路纪录片制播在流媒体转向的“多屏时代”，以更加多元的叙事技巧、精湛的制作工艺赋予丝路故事更丰富的呈现方式与时代内涵。

参考文献

[1] 李明伟. 丝绸之路研究百年历史回顾 [J]. 西北民族研究，2005(2)：102.

[2] 李荣. 讲好丝路故事　构筑“传媒新丝路” [J]. 当代电视，2017(9)：1.

[3] 李文英. “讲好中国故事”与“一带一路”题材纪录片叙事探析 [J]. 电视研究，2018(4)：91.

[4] 陈接峰，马骁. 流媒体视域下电影业余化生产的实践意义和共识体系 [J]. 电影艺术，2020(4)：71.

[5] 陶经，叶思成. 流媒体语境下电影创作观念嬗变与视听设计刍议 [J]. 当代电影，2019(12)：99.

[6] 范颖. 论互文解构与互文建构 [J]. 中国文学研究，2005(3)：26.

[7] 尹保华. 社会学概论 [M]. 北京：知识产权出版社，2018.

[8] 于众. 新时期电影艺术观念与数字化转型研究 [M]. 北京：北京工业大学出版社，2022.

[9] 张进，等. 融通中外的丝路审美文化 [M]. 北京：知识产权出版社，2019.

[10] 李恒基，杨远婴. 外国电影理论文选 [M]. 上海：上海文艺出版社，1995.

【作者简介】

张涛，兰州大学文学院博士生，研究方向为中国现当代文学及影视文化，已发表论文《中华民族共同体视域下少数民族文学批评的他者话语化用的反思与构建》《启蒙、救灾、救亡、新生的多重变奏——现代黄河诗歌的嬗变特征与文学文化价值研究》《寓言 or 生活本真地呈现？——论电影〈塔洛〉与〈比利·林恩的中场战事〉的殊途同归》等。

"天马"现代意义的创生机制
——以"马踏飞燕"玩偶为例

张　毅

【摘　要】"马踏飞燕"玩偶是中国古代"天马"物质文化资源现代转换的典型成果。该成果的创意生产机制由"陌生化""转译"和"增值"的创意设计机制与"感兴""修辞"和"格义"的创意审美机制组成。虽然二者分别在多模态设计和多感官审美等方面存在不足,但体现了丝路审美文化"熔铸生成"和"融通生产"的特点。

【关键词】创意生产机制;创意设计;创意审美;天马;"马踏飞燕"

在审美经济和创意经济快速发展的背景下,文化创意成为美学与经济学跨学科研究的生长点之一。当前学界的相关研究主要集中在文化情感、功能作用、研发设计和市场流通等领域。然而,"文律运周",创作是有规律可循的,并且运转不息。学界未能注意到文化创意的内部动力和运作机理对于产业发展的推进作用,其创造性价值也没有得到较好的阐发。近年来,博物馆成为文化创意产业发展的前沿阵地,其产品参与"改写"和"重构"传统文化,是传统文化创意阐释和"格义"的重要形式之一。例如,甘肃省博物馆"整活文创团队"通过对镇馆之宝铜奔马展开创意设计,出品了"马踏飞燕"玩偶(以下简称"玩偶"),并受到广大消费者的青睐和追捧。从中国马文化史上看,自汉武帝之后,"天马"成为诸多文人骚客笔下的意象。因此,无论是经济效益还是文化意义,玩偶都有其典型性和代表性。本文试图对玩偶设计生产和接受/消费过程中所蕴含的创造性予以归纳和总结,探析文化创意的运作机制。

一、"马踏飞燕"玩偶的创意设计机制:"陌生化""转译"和"增值"

在审美经济阶段,文创产品是文化、技术与经济的融合物[1],作为"新经济秩序的重要驱动力和组成部分"的设计需要综合考量各类要素,使生产出的产品有新意,以迎合人们对新功能和新意义的需求。以玩偶为代表的文创产品设计较好地体现了这一点。它的成功出圈源于设计者对复杂的、人所公认的"创作成规"或"设计成规"的把握。于是,我们有必要借此深入研究玩偶设计的创意机制和规律,了解文创产品是如何被创意设计出来的,创意设计规律与机理有着怎样的创造性,它们是如何生产创造性的。

1 林明华、杨永忠:《创意产品:文化、技术与经济的融合物》,《科学进步与对策》2013年第7期。

（一）物质形态上的“模仿”“戏仿”和“陌生化”

近些年来，人们越来越重视文创产品的“前景层”和视觉属性，设计美学也愈加关注物的外观形态[1]，视觉质量成为衡量文创产品价值的重要标准。从这类观点和现象来看，正是“陌生化”的物质形态才使得玩偶能够脱颖而出，成为当代文创产品设计的佼佼者。

如果我们将有汉一代出现的天马视为一种理式，那么文物铜奔马是对天马理式的模仿，而玩偶则是铜奔马的摹本。玩偶与铜奔马的共同点在于，从形式上看二者皆“贵形似”，都近似于有关天马相马法式的描述。比如，正面形象的歪头咧嘴，侧面姿势的马踏飞燕等。不同点在于，玩偶并未在铜奔马的基础上加以描画和修饰，而是直接对模仿对象进行戏仿，具体表现为对“物语”的“改编”“改写”和“变异”。

这种创意设计的理论依据是有关“气氛”“物语”和“物色”的概念阐释，形式依据是借助技术对铜奔马展开的物质阐释。理论依据方面，包括玩偶在内的文创产品将各自的印象等一些不可言说的东西散播到空间中去，波默（Gernot Böhme）认为，这些东西在通过主体感觉、知觉之后是可以用言语表述出来的[2]。这些“物品的形状、色彩、质地和形象所传达的信息”[3]就是物语，这与中国古典美学中的物色范畴相近。在此，设计者更像是讲故事的人，他们通过改编、改写和变异铜奔马的形式和功能等物质性语言来实现文创产品意义的“重译”。形式依据方面，仪器是“人与环境或世界互动的方式”[4]，相关仪表分别“非同构地（nonisomorphic）”显示了文物的内部结构和金属成分含量。基于这一物质阐释，我们了解到其之所以能够安稳站立，原因在于其内部设计别具匠心，采取了“ㄣ”形结构、榫卯结构和支柱结构，而构成材料运用上也用其所长，采用了铜、铁、锌和铅等高强度性质的金属元素，且每个部位的元素比例都恰到好处。[5]

为了“接地气、亲生活、重体验”，结合理论依据、形式依据以及年轻人的目标群体，设计团队采取了“绒化”“活力化”和“Q化”的戏仿策略。在质地材料方面，设计团队将原先的金属材料改编为起源自英国的聚酯纤维等毛绒材料，使玩偶显得蓬松饱满、精致细腻，消费者对铜奔马的硬实厚重感和距离感被重译为温软适意和亲密无间的感受。在色彩搭配方面，设计团队将腐蚀而成的铜绿色改写为清凉色号的翠绿色，并在马与飞燕的脸部等部位适当运用白色、橙色、黄橙色和黑色加以点缀，从而令年轻人感受到诸多颜色碰撞出的活力。在结构形象方面，站姿款“一马当先”玩偶在结构上发生了变异。原本“三足腾空，右后蹄踏一展翅飞燕”的姿态经过结构上的简化和拟人化变形为单脚支撑在“愤怒的小鸟”身上，另一只脚后撤，两手维持平衡的站姿。奔跑款“马到成功”与站姿款“一马当先”在形象上都发生了变异，具体表现为铜奔马的Q化。特别是从正面来看这款玩偶，体型上由健硕变异为微胖，面部上由嘶鸣表情变异为龇牙咧嘴，整体风格上由威武霸气变异为丑萌俏皮，Q版可爱。

由此来看，改编、改写和变异已经生产出了有别于文物铜奔马的物质性意义，而这实则为一种戏仿。设计团队选取一些亲切、活力、搞笑和Q版的设计语言来改造铜奔马，创意设计出玩偶。这从形式上消解了文物本身的部分传统价值，达到了调侃、玩味和致敬等后现代目的，呈现出一种世俗化、大众化和“去经典化”倾向。在一定程度上，这与当今年轻人思想的后现代倾向“同气相求”

1 Peter-Paul Verbeek, *What Things Do: Philosophical Reflections On Technology, Agency, And Design* (Philadelphia: The Pennsylvania State University Press, 2005), pp. 209–210.

2 〔德〕格诺特·波默：《气氛美学》，贾红雨译，中国社会科学出版社，2018，第4页。

3 〔英〕迪耶·萨迪奇：《设计的语言》，庄婧译，广西师范大学出版社，2015，第35页。

4 张进、王红丽：《论唐·伊德的物质阐释学及其诗学意义》，《福建师范大学学报》（哲学社会科学版）2023年第5期。

5 王琦：《甘肃武威出土铜奔马铸造工艺初探》，《文物保护与考古科学》2021年第3期。

"同类相应"，因而能够受到他们的关注、追捧和消费。

事实上，模仿和戏仿都意在实现陌生化或"间离化"的最终目的。人们之前熟悉的往往是铜奔马的中心和侧面形象，盲视了边缘的飞燕，并将其误认为铜奔马。对此，设计团队转而突出铜奔马的正面形象，加大马的头和嘴的倾斜度，而长久以来被忽视的处于边缘的马蹄下的飞燕在玩偶中也得到了凸显。这样，通过模仿和戏仿马和飞燕，并以诙谐幽默的形态表现出二者的正面形象，给人一种相似更相异的感觉，实现了玩偶形象的陌生化。除此之外，相较于常见的其他颜色的马形象，翠绿色的马形象是少见的和陌生的，这也可以给消费者以眼球冲击和视觉刺激，不仅延长了受众/消费者的驻足时间，而且激发了部分受众/消费者的购买欲望，推动了博物馆"眼球经济"和"注意力经济"的增长。当然，刚才提到的龇牙咧嘴式的面部设计并非无迹可寻。小黄人、海绵宝宝和功夫熊猫等动画形象都采用了相似的设计语言。然而，与它们相比，玩偶的设计有其物质文化来源，即以天马、神马为代表的马文化。而这也恰恰是该玩偶创意设计的文化基础。

（二）文化意义上的"挪用""误读"和"转译"

如果说物质形态层面的模仿、戏仿和陌生化是关于文创产品"前景层"的创新性设计，那么文化意义上的"挪用""误读"和"转译"则是有关文创产品"后景层"的创造性增值。

玩偶是对铜奔马背后的文化意义的创造性生产。首先，玩偶隶属于"神马来了"IP系列文创产品，携带着神马的文化意义。所谓神马，并非当代网络名词"什么"的谐音，而是铜奔马和玩偶的"理式"和原型。"张骞凿空"，到西域寻找天马，即是在寻找神马。《史记·大宛列传》载："初，天子发书《易》，曰'神马当从西北来'。"[1]这段话体现了统治者推重神马的意图，意在强调西域良马在汉代的物质文化生活中所扮演的重要角色。例如，在社会和交通层面上具有驭天马求仙、乘良马作战、骑快马驿传等多重实用价值，在生活和文艺层面具有予良马雕镂、驾良马逞炫、咏天马威武等多重审美属性。西域良马因而被汉人誉为具有符瑞意味的神马。至于铜奔马，其既是西域良马的相马法式之物质写实，又是丝路神马的文化范式之艺术呈现，具有至神至圣、战无不胜、无可匹敌、矫健灵活、健康强壮、坚韧不拔、优雅等象征意义。"物存在于关系的网络中，这些关系界定、调和并规制着物"[2]，玩偶将其模仿对象铜奔马在道德上的"经万里兮归有德"，速度上的"逯（逮）（乌）雅（鸦）"，形象上的"迴立阊阖生长风"等一些至神至圣、无可匹敌、疾速如飞的物质文化意义挪用到新冠疫情语境之中，并将其误读和转译为"绿码""码踏肺炎"等谐音化意义，以此来引起处于焦虑、忧惶又渴求健康码绿码的人们的注视。而这种挪用、误读和转译也正是对铜奔马文化意义的再生产和增值。

（三）设计团队的"商讨""嫁接"和"增值"

物质形态上的模仿、戏仿和陌生化，文化意义上的挪用、误读和转译，二者并非孑然独立，互不影响，直接锚定和赋予文创产品以各自的新意，而是在设计团队商讨的过程中将两种机制产生的效果进行嫁接，以实现玩偶多种价值的增值。

创意设计机制的最终目的是"创造出一种在有意义的、互利的交易中得到承认的通货"。据此，创作者需要在"创造"与"生产"之间振摆，并对二者展开会通融合，以生产"通货"，而商讨即是对天赋神授论之"创造"与客观决定论之"生产"的会通。[3]商讨要求创作者对物质生产材料、社会文化规制和受众审美趣味进行调和。"用什么材质呈现，是塑料、金属、树脂，还是毛绒？尺寸多

1〔汉〕司马迁：《史记》，中华书局，1959，第3170页。

2〔澳〕伊恩·伍德沃德：《理解物质文化》，张进等译，甘肃教育出版社，2018，第18页。

3 张进：《文学理论通论》，人民出版社，2014，第206-207页。

大，颜色如何搭配？"[1]，形象如何陌生化，文化意义如何转译、溢出，消费者能否知晓产品的寓意等一系列文创通货设计问题都需要设计团队与社会机制和实践、历史文化和受众/消费者展开商讨活动。

商讨显示了社会能量流通的复杂过程，如果说商讨侧重的是社会能量与创作者的调和融合，那么嫁接则侧重的是横向跨界融合。后者最初是"一种古老的无性繁殖树的技术"，意味着两个同类而不同品种/属性之物的接合/融合，而二者接合/融合产生的东西即可"分有"它们各自的特性。[2]这样一种"横向超越"的融通生产方式在近年来的创意审美文化中表现得尤为突出。[3]比如，物质形态与文化意义的嫁接有如珠联璧合，声应气求，使得玩偶不仅分有了二者的属性，更生发了"绿马保驾，健康出行"。"曾经'马踏飞燕'，如今'奔入我家'"等新的物质性意义和"审美的附加值"，实现了物质性、文化价值与经济价值等多种价值的增值，最终成为"有温度、有情感和美感的人性化商品"和通货。

二、"马踏飞燕"玩偶的创意审美机制："感兴""修辞"和"格义"

马克思主义指出，生产生产消费，物质关系生产精神交往，有设计生产就有接受/消费。无论是西方的接受美学、创意写作理论，还是中国的古典审美观念，都认为接受主体可以通过审美来创造新意义、"二度创意"和"适我无非新"。在面对世间万物之时，主体总能够以一种审美或观赏的态度来看待万物，从而发现其中的新意。这种有创意的审美或可称为"创意审美"。那么，受众/消费者的创意审美机制是什么？这个问题其实是在问，"言外之力"与"味外之旨"是如何生成的？受众/消费者对玩偶的"感兴""修辞"和"格义"或许可以回答这一问题。

（一）"感兴"："感物""神思"和"兴象"

感兴，意为感于物而兴，经历了"域化"和"再域化"的过程。从发生学来看，"感"为"感而后应"，而后才进入到文学创作领域，即"感物作焉"；"兴"是普通人的原初审美表达，其字源意义为"初民合群举物时所发出的声音，带着神采飞逸的气氛，共同举起一件物体而旋转"[4]。二者在当代，随着多元话语与异质标准成为后现代知识的模式和法则，感性学的回归，"日常生活审美化"，"审美日常生活化"以及"去经典化"等感官化、大众化和去中心化现象和学术讨论的兴起，包括感兴在内的精英化创作方式已经不再高高在上，其在社会能量流通的过程中与大众相遇。有学者认为，"兴"还与国外美学家提出的"气氛象征"密切关联[5]，是人们对气氛、物语和物色的审美反应。由此来说，在面对玩偶等文化产品之时，受众/消费者即会进入感兴的状态。这既是即兴创作的心理阶段，又是受众/消费者展开"二度创意"和再生产的阶段。

感兴以主体与玩偶的"触遇"为开端，经过玩偶的"物感"，主体会依次进入到"感物"阶段、"神思"阶段，最终生成"兴象"。在玩偶与受众/消费者触遇之时，物感也随即发生。它主要指的是玩偶对受众/消费者的精神感染。气"常渐人者，若水常渐鱼也"[6]，"气之动物，物之感人"[7]。气是人与物之间的媒介，人与物以气相感，玩偶正是通过这样一种隐蔽的运行机制来实现物感。在受

1 付文：《精美灵动的文创产品这样产生（解码·博物馆文创产品开发）》，《人民日报》2022年11月30日，第10版。

2 〔澳〕波伦：《植物的欲望：植物眼中的世界》，王毅译，上海人民出版社，2005，第25-26页。

3 张进：《丝路审美共同体的多模态多感官共轭》，载张进、徐滔、蒲睿等《通向丝路审美共同体》，知识产权出版社，2022，第16页。

4 陈世骧：《原兴：兼论中国诗的特质》，载陈世骧《陈世骧文存》，辽宁教育出版社，1998，第155-156页。

5 陶水平：《"物色"作为中华感兴美学精神之光的灿烂显现》，《广州大学学报》（社会科学版）2024年第1期。

6 〔清〕苏舆撰：《春秋繁露义证》，钟哲点校，中华书局，2019，第415页。

7 周振甫：《诗品译注》，中华书局，2017，第15页。

众/消费者进入到玩偶所处的空间之时，受众/消费者从玩偶的翠绿色、龇牙利嘴等形象语言中感受到了快乐、欢喜等气氛和物色。在物感之后，紧随而来的便是主体的感物。《文心雕龙·物色》曰："是以诗人感物，联类不穷。"受到玩偶物色、气氛的感召，主体从感官知觉表层深入到生命情感体验层，将玩偶的物色与主体的生命经验相"联类"。其中，与自身生命经验不相关的元素会被放逐，留下来的元素将进入神思阶段。

受众/消费者的神思是基于感物展开的构思和想象。关于神思的过程，陆机的《文赋》有较为明确的论述，"情曈昽而弥鲜，物昭晰而互进"。[1]接受美学也有类似的观点，"人们不能从黑夜一下子跨入阳光灿烂的中午。同样，人们也必须借助诗人们创造的令人眼花缭乱，但却是生动的各种意象，才能从无知识的黑暗转向明晰的思维"。[2]作为一种创意审美思维，神思经历了从朦胧、模糊到鲜明、明晰的过程。比如说，经过物感而成的翠绿色的马形象与主体的审美经验（想象与记忆中的各类马形象）交融在一起，形成一种多种元素复杂交织的"云状思维"。这样一个"神与物游"的阶段结束于语言逻辑思维的介入，各类形象被语言区别开来，变得可见可感，生成兴象。绿马即是这一过程的结果和兴象。需要指出的是，绿马之所以是一种兴象而非意象，原因在于，"创造性活动不仅追求最终目标的实现，而且关心边际条件、附带效果、巧合、意外"。[3]与需要艺术天赋和创作经验的意象相比，作为一种巧合、意外的兴象更符合受众/消费者的创意审美的成果。

（二）修辞：言语修辞表达、影像修辞表达与音频修辞表达

如果说主体感兴处于一种无声思维的阶段，那么修辞则是将感兴生产的无声的语言以艺术化的方式表达出来。自古以来，感兴与修辞就有着密不可分的联系。古有"感物而作""感而作焉""不平则鸣"等，这里的"作""鸣"就包含了诗性创作、修辞表达的含义。时至今日，已经有学者对中国古典感兴论与修辞论进行了现代性转换。[4]可以说，不仅感兴在回归到人们的审美反应之中，修辞也在解域、再域化，甚至是"化域"。"将一切符码化、话语化，实质上是将一切修辞化"[5]，人类的一切活动都在修辞化，泛修辞化已成为当前社会中的一种文化现象，人不可避免地是修辞动物。受众/消费者往往运用"语言文字的习惯及体裁形式的遗产"或"语言文字的一切可能性"[6]，使得表达出的言语成为一种"有意味的形式"。

"绿码踏肺炎"是部分网友对玩偶的修辞命名，蕴含着多种创意修辞表达。首先，这种修辞命名采用了谐音辞格。新冠疫情语境下，主体在对玩偶感兴的过程中发现绿马与绿码在颜色上几近相同，读音又完全相同，于是受众/消费者将"马"暗作"码"，赋予"绿马"以"绿码"的谐音梗和意义。而"飞燕"又与"肺炎"谐音，玩偶因而获得了"码踏肺炎"的谐音梗和意义。其次，受众/消费者凭借着自身的主观感受，将"绿码"与"码踏肺炎"嫁接起来，组成"绿码踏肺炎"。此即自由式趣释。再次，人们使用移情辞格将情感转移到玩偶身上。"生生之谓易"，国人一直都很讲求生命健康，特别是在新冠疫情背景下，"码踏肺炎"之"踏"尤其被受众/消费者赋予以强烈的感情色彩，用来表达人们对新冠病毒、病症和疫情的切齿之恨。又次，"绿码踏肺炎"的移时辞格体现了对以铜奔马为代表的传统物质文化的创造性运用。"中国人尤重马"[7]，即便是普通人对于马文化也略知一二，

1 张怀瑾:《文赋译注》,北京出版社,1984,第22页。

2〔美〕凯·埃·吉尔伯特、赫·库恩:《美学史(上卷)》,夏乾丰译,上海译文出版社,1989,第382页。

3〔德〕沃尔夫冈·韦尔施:《美学与对世界的当代思考》,熊腾等译,商务印书馆,2018,第97-98页。

4 王一川:《修辞论美学述略》,广东高等教育出版社,2021,第69-78页。

5 肖翠云:《文学批评的"修辞论转向"及学科背景》,《安徽师范大学学报》(人文社会科学版)2013年第4期。

6 陈望道:《修辞学发凡》,上海教育出版社,1997,第8页。

7 钱穆:《现代中国学术论衡》,三联书店,2001,第145页。

"行天莫如龙，行地莫如马"、天马行空、龙马精神、马到成功等一系列赞美马的语言文字使马被视为一种祥瑞或吉祥之物。而在现实中，人们对于病毒传播速度极快、传染方式诡异的情况无能为力。一时间，许多消费者选择购买具有吉祥寓意的玩偶，并将之视为平安符，通过获取马踏飞燕的传统马文化意象和"绿码踏肺炎"的文化意义，达到制服和打败新冠病毒的文化意象的精神效果。

与"绿码踏肺炎"相对应，"驴踩鸡"是玩偶在物质形象层面上的创意修辞表达。该命名源自一些网友对玩偶的断取。即是说，在感兴的过程中，主体断章取义，盲视玩偶的名字及其历史文化意蕴，而仅从玩偶形象上入手，得到一种新的洞见。例如，玩偶之马的形象与驴形似，飞燕与鸡形似，驴用一只脚踩在鸡的身上以支撑其身体，另一只脚后撤，两手维持平衡。拟人化的形象语言"述行"着部分受众/消费者将马踏飞燕这一动作生动而戏谑地形容为"驴踩鸡"。而从形似的角度赋予玩偶以新称谓"驴踩鸡"，这种赋义方式被称为"异称"。另外，仿照马踏飞燕词语，临时造出"驴踩鸡"新词语的修辞行为即为仿拟之仿语。

与传统的语言修辞表达侧重静态的二维印象不同，短视频中的修辞手法偏重动态的三维立体，具体表现为影像修辞表达和音频修辞表达。抖音App博主"樱桃爸爸是超人"创作的绿马飞燕短视频即体现了这一点。影像修辞表达方面，首先运用到的是摹状辞格。将其挪用到影像修辞中，意味着模拟再现事物的情状。创作者运用算法将绿马与飞燕动态化和特效化，形成可以活动的动漫卡通形象，实现受众/消费者脑海中动态兴象的再现。其次是对析字的修辞手法的创意运用。"利用文字的组成部件的特点，分离、组合、增损、寄意寓理"[1]，这种手法在影像修辞表达中体现为绿马与飞燕的分离与组合。在一些短视频中，绿马与飞燕分离，飞燕带飞绿马，为绿马们做核酸，一反肺炎的谐音语象，成为助力疫情防控象征。再次，马与飞燕的拟人化也是影像修辞表达的方式之一。这尤其表现于绿马与飞燕在短视频中扮演的多种角色。例如，将绿马拟作排队做核酸的兰州市民，将飞燕拟作采集核酸样本的医护人员和志愿者。此外，创作者还运用序换和析字的修辞手法，调换绿马与飞燕的主被动次序，飞燕脱离绿马，使修辞表达的内容不再是与马踏飞燕相关的意涵，而是飞燕护驾，保驾护航。"飞燕已翻身"成为正能量的行动者。

音频修辞表达是短视频的另外一个重要组成部分，表达者委婉地使用各种各样的声音来与影像内容相协作。在有关玩偶的短视频中，声音主要分为两种，一是背景音乐，一是配音。二者对于短视频的修辞方式主要以映衬为主。其中，背景音乐对于短视频的修辞以衬托为主。比如，"栓Q"的谐音原型为"Thank you"，后来与"我真的会谢（凋谢）"融合生成"我真的会栓Q"，衍生出无语、嘲讽等含义。而在动感活泼的乐律加持下，"栓Q"音乐与绿马、飞燕的动作相合拍。博主借此不仅想表达对于新冠病毒的无语，也在以这样一种快乐的节拍衬托绿马与飞燕的欢乐活动，表达出自身的乐观心态。除了添加背景音乐之外，博主还使用新典的修辞手法，为绿马配音，让绿马替自己说出带有兰州口音的心声。

（三）"格义"：对感兴与修辞的会通整合

"格义"指的是魏晋时期以道家哲学观念来比附并解释佛学观念的译介方法。近代以降，格义分化为两种译介方法：一是以严复为代表的"传统格义"或"顺向格义"，重在以中释西；一是胡适、安乐哲等中国现当代学者和西方汉学家所做的"反向格义"，重在以西释中。[2]可见，顺向格义和反向格义推动了西学东渐与东学西渐。然而，不论格义怎样分化，其始终有三点未变，即跨文化语境与跨语际交流、类比与对应、解释。因此，格义就是在跨文化语境、跨语际交流中对外来观念思想

1 谭永祥:《汉语修辞美学》,北京语言学院出版社,1992,第420页。

2 刘笑敢:《"反向格义"与中国哲学研究的困境——以老子之道的诠释为例》,《南京大学学报》(哲学·人文科学·社会科学版)2006年第2期。

展开类比与对应式的解释。可以说，格义推动了各类观念思想的联结。

“主体在文学接受/消费过程中进行着意义生产和自我生产”[1]，创意审美/消费的过程是受众/消费者创造和生产意义的过程，是主体感兴和修辞表达的过程，是格义或“阐连”行动的过程。格义可以用来会通整合感兴与修辞，解释审美表达的文化化与社会化过程。在跨文化语境、跨语际交流中，主体的类比与对应必然会与意象网络相联结，而解释则将类比与对应生成的意义、意象通过各种模态予以物质化呈现，从而参与到“文学、文化和社会能量的流动”之中。进一步说，跨文化与跨语际是创意审美机制的存在语境（比如受众/消费者所处的新冠疫情语境），类比与对应是创意审美机制的理解策略（具体体现为受众/消费者的感兴），解释是创意审美机制的表达方式和受众/消费者创意审美参与意义流通的方式（具体体现为受众/消费者的修辞表达）。要之，通过格义，文化创意将不断被再生产和再创造出来。

三、“马踏飞燕”玩偶设计与审美的缺憾

虽然对玩偶的创意设计和创意审美生发了多重审美价值和文化价值，但设计团队还是忽略了潜在的个别模态，受众/消费者仍忽视了在场的个别感官。换句话说，个别模态与感官的缺席是由于它们被外显的模态和敏锐的感官遮蔽了。

从“多模态协同”的角度来看，关于玩偶的创意设计遗漏了移动图像、气味和声音等模态。移动图像模态的缺失，使玩偶未能较好地实现活化效果；气味模态的缺失，使玩偶未能较为完善地表情达意；声音模态的缺失，使玩偶丧失了音乐审美属性。多模态诗学认为，创造性在于将各种模态“拼贴”（collage-like）在一起，相互激发出丰富的可能性意义。[2]倘若设计生产者为玩偶植入录音和播音装置，对玩偶的质料进行重新设计或为玩偶配以香囊、香料，把玩偶形象加入动漫影视作品的制作和播出当中，那么，玩偶已有模态与新增模态的拼贴和碰撞将会激发出更加丰富的可能性意义。另外，玩偶的附加值会随着这些可能性意义的不断生成而增值，从而为文创产品的定价、销量、利润和销售额提供合法性来源。

从多感官共轭的角度来看，对于玩偶的创意审美忽视了身体、鼻子等感官和触觉、嗅觉等感官知觉。身体和触觉的缺席，使得人们未能知觉到绒化的玩偶。鼻子和嗅觉缺席的原因部分来自气味模态的缺失。当然，这种缺席也在另外一个维度上表明了玩偶质料的相对安全和环保。“打开自己感知的各个器官，从不同的角度进入作品，也是创意阅读的重要途径”。[3]事实上，从多个感官介入玩偶就是在创意理解玩偶，而身体和鼻子的嵌入不仅会使受众/消费者获得新的感受，更会联合眼睛和耳朵的感官知觉达成一种有关玩偶的同构联觉，并进一步丰富受众/消费者的审美感受。

四、结语

尽管玩偶在多模态设计、多感官审美和附加值增值方面存在一些问题和不足，但其陌生化、转译和增值的创意设计机制，感兴、修辞和格义的创意审美机制足以表明文创产品的创意生产机制和文创产品的文化意义与经济效益的增值机制。“通变则久”，创意的生生之意是“生生之易”，文化创意正是由于这些创意生产机制的存在和运作，才不断创造生产出各种新形式和新意义，而受众/消费者的创意消费则在很大程度上拉动了设计、生产、营销等商品流通环节以及总体消费经济的发展。这才使得一些国家和地区将文化创意视为取之不竭、用之不尽的精神石油。

不过，无可否认的一点是，文化创意对于经济发展的驱动作用以及各类文创产品在全球的涌现

1 张进：《文学理论通论》，人民出版社，2014，第299页。

2 Richard Andrews, *Multimodality, Poetry and Poetics* (New York: Routledge, 2018), p. 96.

3 许道军、葛红兵：《创意写作：基础理论与训练》，广西师范大学出版社，2012，第199页。

固化了我们对文化创意及其产业的认识，以为这是近几十年来才兴起的现象，凝结为“黑箱状态”。这一观点首先发端于经济学领域，熊彼特（Joseph A. Schumpeter）、罗默（Paul M. Romer）等人纷纷强调创新对于经济增长的重要作用。后来，凯夫斯（Richard E. Caves）和霍金斯（John Howkins）等人又提出（文化）创意产业、创意经济等一系列新概念和新理论。至今，创意已经从经济学领域横向跨界至管理学、美学、文学和社会学等诸多学科专业，引发学界广泛关注和讨论。随着美学特别是中国古典美学的介入，文化创意及其产业研究不再局限于企业产业与社会经济发展，而是从文化创意这一行为或现象入手，厘清审美与创意、文化与创意、文化创意与经济贸易之间的内在逻辑及其历史渊源。例如，本文关于铜奔马和玩偶的研究表明，二者是基于马的中外物质文化交流而创作出来的文创产品。再比如，基于音乐舞蹈、造型艺术、材料颜料等丝路物质文化交流而打造的唐三彩骆驼载乐俑。可以说，有关三者的丝路创意审美文化研究不仅证明了文化创意早已存在于中国古代，破解了文化创意的黑箱状态，而且为中华优秀传统文化的创造性转化与创新性发展提供了方法论。

最后，无论是中国古代的铜奔马、唐三彩骆驼载乐俑，还是当代的马踏飞燕玩偶，都表明打造文创产品所需的创意思维是经过丝路“熔铸生成”和“融通生产”[1]而来的。这似乎映射着文化创意是“一项复杂浩大的社会文化工程”，而其将人文与经济、技术相结合的横向跨界思维方式或对跨越“狄尔泰鸿沟”具有一定的借鉴意义。

参考文献

[1] 林明华，杨永忠. 创意产品：文化、技术与经济的融合物 [J]. 科技进步与对策，2013，30(07)：1-5.

[2] PETER-PAUL VERBEEK.What Things Do: Philosophical Reflections On Technology, Agency, And Design [M]. Philadelphia: The Pennsylvania State University Press, 2005.

[3] 迪耶·萨迪奇. 设计的语言 [M]. 庄婧，译. 桂林：广西师范大学出版社，2015.

[4] 伊恩·伍德沃德. 理解物质文化 [M]. 张进，张同德，等译. 兰州：甘肃教育出版社，2018.

[5] RICHARD ANDREWS. Multimodality, Poetry and Poetics [M]. New York: Routledge, 2018.

[6] 张进. 论丝路审美文化的属性特征及其范式论意义 [J]. 思想战线，2019，45(04)：140-147.

【作者简介】

张毅，兰州大学文学院博士生，研究方向为文艺美学。

1 张进：《论丝路审美文化的属性特征及其范式论意义》，《思想战线》2019年第4期。

面对盖娅：气候电影通向一种新的共同世界观

张　雍

【摘　要】自20世纪90年代以来，全球变暖等气候危机引发了文学和艺术的密切关注，气候电影等新的艺术类型随之勃兴。本文运用莫顿"超客体"理论审视气候问题；进而通过梳理新世纪以来的气候电影发现其创作呈现出"现实主义"新方向；最后，面对盖娅，拉图尔提出重新规划人类与非人类之间的关系，通向一种新的"共同世界"观。

【关键词】气候电影；超客体；现实主义；拉图尔；共同世界观

极端气候等生态失衡现象日益频发，已经严重威胁地球生命共同体的生存境况。近年来，全国有301个国家气象站日最高气温达到极端事件标准，我国高温日数为1961年以来历史同期最多。世界气象组织于当地时间2023年7月4日发布报告确认，热带太平洋地区7年来首次出现厄尔尼诺现象，这一现象"使破纪录式高温情况更加普遍，世界多地和海洋将迎来更极端高温"。今后5年"我们可能经历有记录以来最热的年份"。[1]不少科学家都表示，尽管全球变暖和厄尔尼诺现象并不直接导致灾害性事件，但它们作为气候变化的结果被认为加剧了灾害性事件的严重程度，比如干旱、热浪、洪水、饥荒、瘟疫等。如今，气候危机已经成为全球共同面临的重大挑战，虽然世界各国、各级组织都在积极协作以更好的方法应对日益恶化的气候问题，但气候危机仍然给人们的现实生活蒙上了一层鬼魅的阴霾。

自20世纪90年代以来，全球变暖等气候危机引发了文学和艺术的密切关注，气候小说、气候电影等新的艺术类型随之勃兴。《后天》《2012》《阿凡达》《雪国列车》《流浪地球》等影片的上映更是在全球范围内引起了广泛的关注和热议。这种新兴的艺术类型深刻反映和反思了气候变化问题，并逐渐形成一种气候电影创作的热潮，至今方兴未艾。与此同时，这一新的电影创作热潮也给电影理论批评带来了挑战，即旧的电影理论无法进一步厘清、揭橥气候电影的特征。所以，我们亟须一些新的理论方法来对气候电影进行阐释。

1 梁凡:《全球平均气温连创新高,今后5年内高温纪录被打破概率高达98%——"我们可能经历有记录以来最热的年份"》,《工人日报》2023年07月14日08版。

关于气候电影这一概念的界定，可以追溯到20世纪30年代科幻文艺家赫伯特·W.弗兰克博士对科幻电影所下的定义："科幻电影所描写的是，发生在一个虚构的，但原则上是可能产生的模式世界中的戏剧性事件。"其中，灾难片作为科幻片的一种题材[1]在这一时期开始盛行，其特点是表现人处于极为异常状态下的恐慌心理，以及自然或人为所造成的灾难的凄惨景象，并通过特技摄影造成感官刺激和觳觫效果。[2]20世纪70年代，出现了许多以生态为主题的反乌托邦科幻小说。[3]因此，在关于气候变化的虚构电影研究中，该类型电影长期被一些电影专业人士称为灾难片或反乌托邦电影。[4]2008年美国作家丹·布鲁姆（Dan Bloom）在模仿"科幻小说"（science fiction novel, Sci-Fi）的构词时创造了"气候小说"（climate-fiction, Cli-Fi）这一概念，用来"描述一种聚焦气候变化的文学和电影类型，着重关注在一个被气候变暖蹂躏的世界里，我们可能会经历的情感状态、社会关系和政治结构等方面的转变。"[5]由于"Fi"还可以作为电影"film"的缩写，所以"Cli-Fi"也可以用来特指气候电影（climate-film, Cli-Fi）。至此，"气候电影"一词正式进入公众视野。气候电影作为最能直观反映气候变化的艺术类型，常常描述气候变化或全球变暖情况下"人类行为直接或间接地引发了未来潜在的生态灾难"[6]，因此也称为"全球变暖电影"[7]。虽然英国生态哲学家蒂莫西·莫顿（Timothy Morton）认为，"气候变化一词仅仅是对捏造的事实的重新命名。在媒体和社会政治领域，气候变化一词已经被证明是失败的，它是一种对全球变暖所造成的根本创伤的反应。但是从逻辑上讲气候变化是全球变暖的结果，气候变化是一个更详细的短语，一个转喻。"[8]为了方便叙述，本文将该类型电影统一概括为气候电影。

一、"超客体"：把握气候问题的新观念

气候电影从科幻电影到灾难片再到反乌托邦电影等概念中逐渐剥离、独立形成，其主要原因在于气候问题不是一个伪问题，它已经成为全球共同面临的重大挑战。过去，人们对于气候的讨论常常呈现于日常生活中见面时的寒暄或过渡话语，对于气候电影的认识也只是停留在将气候变化置于背景而聚焦于生态灾难下人类的行为活动。当下，我们耳闻目睹全球变暖导致的自然生态系统失衡，亲身经历着干旱、洪水、风暴等生态灾害，却始终无法掀开那层薄纱，去看清气候变化的真实面貌，更不用说能采取适当措施避免灾难。

2010年，生态哲学家莫顿将"相对于人类在时间和空间上大规模分布的事物定义为超客体（hyperobjects）"，[9]并指出"超客体可以是黑洞、生物圈或者太阳系；超客体可以是地球上所有核物质的总和。同样，全球变暖也是超客体"。[10]从词源学（etymology）的角度来看，超客体"hyperobjects"

---

1 克里斯蒂安·黑尔曼：《世界科幻电影史》，陈钰鹏译，中国电影出版社，1988，第2,4页。

2 许南明等：《电影艺术词典》(修订版)，中国电影出版社，2009，第72页。

3 Von Mossner, "Visceralizing Ecocide in Science Fiction Films: The Road and Hell", *Ecozona*, 2012, 3(02): 53.

4 Michael Svoboda, "Cli-Fi on the Screen(s): Patterns in the Representations of Climate Change in Fictional Films", *WIREs Climate Change*, 2016, V7(01): 43.

5 张进：《论"亚主体"及其生态诗学意义》，《甘肃社会科学》2023年第1期。

6 Von Mossner, "Visceralizing Ecocide in Science Fiction Films: The Road and Hell", *Ecozona*, 2012, 3(02): 53.

7 Reusswig F, Schwarzkopf J, Pohlenz P, "Double impact: The climate blockbuster The day after tomorrow and its impact on the German cinema public", *Pik Report*, 2004(92): 3-61.

8 Timothy Morton, *Hyperobjects: Philosophy and Ecology after the End of the World* (Minneapolis and London: University of Minnesota Press, 2013), p. 7, 8.

9 Timothy Morton, *The Ecological Thought* (Cambridge: Harvard University Press, 2010), pp. 130-135.

10 Timothy Morton, *Hyperobjects: Philosophy and Ecology after the End of the World* (Minneapolis and London: University of Minnesota Press, 2013), p. 1, 3.

中的客体"objects",可以指"物体、对象、目标"等。莫顿认为,"超客体不仅仅是其他客体的集合、系统或集聚。它们本身就是客体,是一种特殊意义上的客体"。[1]此时,莫顿沿用了哈曼在"客体导向本体论(object-oriented ontology)"中对"客体"的特殊定义,即:"一个客体是指任何不能完全简化为它的组成部分或它对其他事物的影响的东西。"[2]但是在哈曼看来,无论是以"向下还原(undermining)"的方式将客体还原为它的构成成分,还是用"向上还原(overmining)"的方式将客体置于所处的效果网络中,通过它对其他实体施加的影响来判定该事物的属性,抑或是同时使用上述两种还原模式,即"双重还原(duomining)",这三种理解方式都没有真正触及客体本身。哈曼进一步通过对海德格尔"破损锤子"两种不同形态("上手之物"和"在手之物")的分析,发现客体时时刻刻都处于"后撤(withdrawn)"的状态。而超客体作为一种特殊意义上的客体也总是处于"隐"与"现"的张力之间。[3]对于人类而言,全球变暖在时间和空间上都远远超出我们认知,它显现给我们的只是我们能看到的其中一小部分。但它又让我们身陷其中、无法自拔并时刻影响着我们的现实生活。气候电影愈来愈受到人们的热切关注,说明人们希望通过直观、具象的艺术类型来进一步了解全球变暖这一无法掌控、难以触及的"庞然大物"。因为我们既无法将其视作安静的"客体",也不能阻挡其未来吊诡的进程。在此情况下,本文运用莫顿"超客体"理论及其五项属性特征,即黏性(viscosity)、非局部性(nonlocality)、时间波动(temporal undulation)、相位性(phasing)和事物间性(interobjectivity),将气候电影中的气候变化作为"超客体",尝试用一种新的观念来审视气候问题。

"黏性"是超客体的首要属性特征,它以一种永恒的感觉萦绕在人们的心理和社会空间中。[4]萨特曾这样形容,"黏性是一只手伸入一大罐蜂蜜时的感觉,就像一只黄蜂陷入果酱并淹死在里面"。[5]气候电影中的气候变化就像是那大罐蜂蜜,它包裹着地球,影响着人类与万物的历史发展进程、生活环境,形塑着人类的行为、话语与心理。它彷佛一直黏着人们,你越想摆脱它们,就越意识到你摆脱不了它们。[6]无论是正在经历气候危机的人们如影片《后天》《雪国列车》中那些得以幸存的人类,还是几十年、几百年后如电影《流浪地球》中生活在地下城的普通百姓,以及工作在国际空间站的航天员等,他们的心理活动和所居住的社会空间持续受到气候变化的影响。

"非局部性"是莫顿从量子理论中借用的术语,它在量子研究领域指涉的是一种特殊的现象,即量子纠缠。从本体论维度看,非局部性暗示了超客体存在难以被直接访问的一面,也就是说超客体的任何局部显现都不是直接的超客体本身。[7]比如,当你感觉到雨滴的时候,从某种意义上说,你就是在感受气候,特别是你正在体验被称为全球变暖的气候变化。虽然全球变暖是真实存在的,但你

1 Timothy Morton, *Hyperobjects: Philosophy and Ecology after the End of the World* (Minneapolis and London: University of Minnesota Press, 2013), p. 2.

2 Graham Harman, *Object-Oriented Ontology: A New Theory of Everything* (UK: Penguin Random House, 2017), p. 43.

3 张进、徐滔:《论"超客体"及其生态美学意蕴》,《文艺争鸣》2022年第8期。

4 Timothy Morton, *Hyperobjects: Philosophy and Ecology after the End of the World* (Minneapolis and London: University of Minnesota Press, 2013), p. 29.

5 Timothy Morton, *Hyperobjects: Philosophy and Ecology after the End of the ubrld* (Minneapolis and London: University of Minnesota Press, 2013), p. 30.

6 Timothy Morton, *Hyperobjects: Philosophy and Ecology after the End of the World* (Minneapolis and London: University of Minnesota Press, 2013), p. 36.

7 张进、徐滔:《论"超客体"及其生态美学意蕴》,《文艺争鸣》2022年第8期。

不会直接捕捉到全球变暖本身。[1] 如电影《后天》中南极洲拉森冰川的突然断裂、印度新德里的持续下雪，以及日本东京千代田区夜晚突降的冰雹。这些自然灾害都是全球变暖于不同时间、发生在不同地点的表征。

"时间波动"指的是超客体所涉及的时间性与我们习惯的人类尺度的时间性大不相同。[2]长久以来，我们以人类中心主义为价值尺度去衡量散落在世间无数的物体，习惯性地将人类作为主体对事物变化的感受强加于事物客体本身，却忘记一岁一枯荣，万物都有其自己的时间生长规律。被称为中国首部应对气候变化的科幻电影《致命复活》讲述了位于外兴安林山区北回归线以北、亚洲大陆东部某国的贝列斯克镇正在经历的一场灾难。起初，正是得益于全球气候变暖，使得这里成为气候宜人、人们避暑的首选胜地。而生活在这座小镇的居民，也舒适地享受着全球变暖带来的经济效益。但随着时间推移，贝列斯克雪山千年雪顶彻底融化，一种远古细菌从中复苏并通过雪山融水使得附近居民都无一幸免地被感染。

《庄子·逍遥游》有云："朝菌不知晦朔，蟪蛄不知春秋。"因自身的局限性，我们对于超客体的认知与体验，在任何时候都只是它们在某些程度上有限的片段。这一属性即为超客体的"相位性"，也就是说因为超客体占据了更高维度的相位空间，所以我们只能对其进行"有限的访问"。电影《龙卷风》中已经成为气象专家的乔，为了更加全面了解、掌控龙卷风，与丈夫比尔一次次地追逐龙卷风、亲历龙卷风。但每一次历险只能有限地接触到龙卷风处于某一片段的属性，这让乔和丈夫比尔一次次受挫。

法国哲学家布鲁诺·拉图尔（Bruno Latour）认为，"事物间性"是对人类行动者和非人类行动者相互转译、调节、平等参与能力的强调。莫顿进一步指出，事物之间的接触只能发生在某些共享的感官空间中，[3]并将事物间性作为超客体的核心属性。如海德格尔所言，我们从来没有听到过风本身，只能听到门里的风声、树上的风声。气候电影常使用转译，将洪水海啸、海平面上升、超强飓风、火山爆发等灾害作为人们认识气候变化的中介实体，如《末日危途》《星际穿越》等为代表的气候电影都对这些中介实体进行了生动的影像化呈现。

气候变化在电影中从最初的若隐若现，以悄然无声的方式浸入人们的生活到后来以极端生态灾难的形象显现打乱我们的生产生活方式。于是，我们开始试图接近它，却发现气候变化总是以"后撤"的方式，让我们难以把握。也就是说，我们能够接触到的只是气候变化展示给我们的样子，或者说气候变化后撤留下的踪迹。这正是莫顿提出的幽暗生态学中令人感到神秘的"Dark"，即"幽暗"之所在。本文尝试用一种新的理论——"超客体"，来审视气候电影中的气候问题。

这对于我们进一步厘清气候变化的状貌，从更高维度观察气候变化、应对气候危机提供了一种新的认识方法。

二、"现实主义"：创作气候电影的新方向

20世纪以来，全球平均气温不断上升，人类逐渐认识到潜在的全球气候变化问题并于1988年成立政府间气候变化专门委员会（IPCC）。在文学和艺术领域，有关气候变化的创作随之涌现。《大气层消失》《未来水世界》《龙卷风》等影片的出现，让人们逐渐意识到气候变化可能会在未来带给人类毁灭性灾难。21世纪以来，全球多地出现极端天气。如南半球各地持续上演罕见高温、遭遇热浪

1 Timothy Morton, *Hyperobjects: Philosophy and Ecology after the End of the World* (Minneapolis and London: University of Minnesota Press, 2013), p. 48.

2 张进、徐滔：《论"超客体"及其生态美学意蕴》，《文艺争鸣》2022年第8期。

3 张进、徐滔：《论"超客体"及其生态美学意蕴》，《文艺争鸣》2022年第8期。

来袭，北半球各国则经历了暴雪、狂风、霜冻等严寒考验。此时，我们不再是这场“冰火两重天”精彩好戏的旁观者，而是作为其中的一分子沉浸式地体验到极端气候对我们现实生活产生的切实影响。所以《后天》《2012》《阿凡达》《雪国列车》等电影一经上映，便在全球范围内引起强烈反响。观影者不再将极端气候带来的灾难视为未来世界可能发生的事件，他们开始敏锐地感受到这些灾难正在向人类一步步走来。今天，当我们通过电视新闻、互联网等大众媒介亲眼所见2021年7月西欧遭遇千年一遇的洪灾、2022年9月登陆美国佛罗里达州的强烈飓风“伊恩”以及2023年加拿大接连发生的上千场火灾[1]等一系列极端气候灾难时，电影《流浪地球》开场白萦绕耳畔：“最初，没有人在意这场灾难，这不过是一场山火，一次旱灾，一个物种的灭绝，一座城市的消失。直到这场灾难和每个人息息相关。”我们认识到生态灾难不再只是电影画面中的奇特景观，而是真实的发生在我们周遭的事件。进而通过梳理21世纪以来的气候电影，我们发现这一时期的气候电影创作产生了新方向，即“现实主义（realism）”。在文学艺术领域，现实主义作为一种创作原则，其基本含义是要求文艺作品真实地反映客观生活。如果说以前对于气候电影所描绘的生态灾难场景正如其概念源科幻电影中“Fiction”一词的含义，认为它是虚构的，属于幻想，那么现在气候电影不再将时间设定为遥远的过去或未来，其所设置的场景也不再是完全虚构的，而是在我们当下或者说离我们越来越近、基于当前科学技术所预测的可能性存在。从这个角度来说，这就是一种现实主义的创作手法。

气候异常引发的生态灾难在人类历史的长河中一直存在，为什么气候问题愈演愈烈？为什么人类无法采取有效的措施及时遏制气候危机的发展趋势？上述部分从气候作为“超客体”这一新的理论方法就气候本身进行了相关解读。拉图尔在其著作《面对盖娅：新气候体制八讲》中对人类听到气候危机警报后做出的四种反应进行了批判，或许我们能从人类自身这一视角得到一些启示。具体来说，第一种人称为“气候怀疑派”或叫“气候否定派”，主要人群为一部分政府首脑、权威专家、新闻记者等公众人物，他们认为气候灾难是被某些暗黑力量在操纵，并将灾难程度蓄意夸大的阴谋，所以他们呼吁民众冷静理智地看待所谓“灾难论者”的意见。电影《后天》《海平面上升》等影片里，面对极端气候已经造成的巨大生态灾难，这些公众人物都在屏幕前呼吁人们保持理智，相信灾难终将过去。第二种人（数量较少）我们可以将其称为“狂热派”。当警报声拉响后，他们极度恐慌地投入另一种狂热中。他们认为，地球之所以发生错乱，全是因为它的桀骜不驯导致我们对它的掌控还不够彻底。所以，他们想掌控或者说想征服整个地球。比如《全球风暴》中企图开发气象卫星网络以控制灾害天气的科学家们。第三种人（为数更众）可以将之称为“忧郁派”。他们忧心忡忡地注意地球快速的转变，决定不能忽略这些变化。但他们同时却也认为无法用激烈的手段加以补救。对于这部分人来说，他们不会采取任何实际行动去回应现实境况，终日被一种抑郁且无望的情绪所围绕，直到他们明确知道人类即将毁灭时，反而能抚平他们不安的内心。第四种人最为疯狂，可称之为“躁郁派”。他们相信为时仍未晚，相信自己还能做些什么，认为集体行动的规则在这里仍然适用。但这些人很可能是躁郁症患者，躁期时精神抖擞，之后情绪又低沉。[2]这种一会儿惧怕气候灾害、一会儿又因为相信人类可以控制地球从而肆意破坏环境的行为在《2012》《流浪地球》等影片中反复出现。

基于上述四种大众的真实反应，气候电影过去常常将未来世界的场景构建为两类，即“敌托邦（dystopia）”和“乌托邦（utopia）”。“敌托邦”常常与宏大的生态灾难、即将来临的世界末日、无

1《加拿大今年已发生超5000起山火，累计过火面积远超往年》，《广州日报》2023年8月12日。

2〔法〕布鲁诺·拉图尔：《面对盖娅：新气候体制八讲》，陈荣泰、伍启鸿译，群学出版社，2019，第44-46页。

处可逃惊恐的人类等让人感到绝望的画面联系在一起。从1933年由美国导演费利克斯·E.费斯特拍摄的第一部气候电影《大洪水》到《末日危途》《雪国列车》等影片，这些电影用极其恶劣的生存环境以及此种境况下人类产生的极端心理、行为等表现，仿佛在告诉我们地球已经无可救药，人类必将走到毁灭的那一天。于是，他们更加肆意破坏地球，企图搭乘新的科学工具离开地球。与此相对，以《明日世界》为代表的影片，它构想出一个乌托邦世界，即“一个理想的地方或生活方式”[1]。这里是一个象征着和谐与进步的人类生存环境，这里的每个人都有权利追求那些特立独行、与众不同的梦想。同样，影片《阿凡达》也构想了一个叫作“潘多拉（Pandora）”的美丽星球。这里生活的纳美人是一种比人类更有灵气的物种，这里的植物、动物及其他物种都能和谐共处；作为奖励，只有善良、勇敢的人类才有资格留居于此。面对气候危机这一现实问题，这两种对于未来世界的场景构想都显得异常极端，无法建立在现实的基础上。由此，拉图尔提出建立一种新的气候体制，主张用切合实际的方法进行生态关怀。在拉图尔看来，充斥在主流话语中以进步为典型特征的历史观是一种错误的说法，现在与过去并不是断裂的，而是具有一定的延续性。电影《愚昧年代》讲述了2055年的人类历史档案员基于多年的气象历史资料并根据21世纪初六位人物的真实案例，试图窥见人类未来发展走向的故事。这种一反以往影片对未来世界不切实际、没有依据的故事设定，得到了观众的肯定。拉图尔主张打破西方传统自然观中潜藏的人与万物二元对立的思维模式，呼吁建构一个万物和谐共处的世界。电影《诺亚方舟：创世之旅》讲述了诺亚结识了许多其他动物并为它们打造生存空间，再到帮助它们躲过洪水的侵袭，最后协助它们在地球上建立新的生态系统的故事。令人惊喜的是，这一系统其实也是适合人类居住的理想家园。影片展现了人与万物和衷共济、共生共荣的美好愿景，而这正是基于现实情况，建立新气候体制的目标所在。

三、着陆地球：形成一种新的“共同世界”观

气候电影结尾所展示的场景常常分为两种，即继续留在地球上和（准备）离开地球。具体来讲，一是当生态环境面临毁灭，人类以其超强的智慧与行动力与之对抗，最终人类取得胜利，得以继续留在地球上繁衍发展，如《后天》《2012》等影片；二是影片直接设定地球已经不适宜人类居住，将空间场景置于未来几个世纪前/后人们所生活的另一个星球，如《沙丘》《阿凡达》系列；或正在地球上做好充足计划的人类准备移居至另外一颗星球（或者带着地球寻找新家园），如《星际穿越》《流浪地球》系列等影片。纵观气候电影，我们发现继续留在地球上生存依然是大多数影片坚定的构思理念。虽然在现实世界里，各国一直花费大笔预算用在所谓的“征服太空”上，如近年来各国不断向太空发射载人飞船、埃隆·马斯克的火星移民计划等。每当我们在电视上看到不同肤色的人类跨越不可思议的距离从生机盎然的星球移动到另一星球时，总是令人心生敬意。但“我讨厌太空！”这是电影《地心引力》里女博士莱恩·斯通在太空里历经数次生死考验后发出的真实心声。当她成功着陆地球后，她紧紧攥起河岸上的泥土放在怀里喜极而泣，这一举动更是说明了她对地球这片土地的依赖。还有电影《2012》西藏山地中等待末日来临的老喇嘛，他本来有路径逃离这个即将覆灭的世界，但当洪水来临时，这位老僧平静地敲响时代最后的钟声，随即消失在滔天洪水之中。他们身体力行地表达了哪怕毁灭也不愿离开地球的想法，这或许才是大多数普通民众的真实想法。因为从电影《2012》《后天》《流浪地球》等影片中，我们可以清晰地看到只有特权阶层才有机会优先离开地球，移居至另一新的星球生活。

无论是大多数普通民众想要继续留在地球上生活，还是特权阶层移居至另一星球，这都亟需我们重新思考人类在地球上既有的生产生活方式。拉图尔认为，我们应该形成一种新的“共同世界”

1 S.Blackurn, *The Oxford Dictionary of Philosophy* (Oxford: Oxford University Press, 2008), p. 377.

观，表面上看不只是人与其他非人的共同世界，更大的创意是我们只有寻求新的“共同世界”观，不管是否在地球上生活，我们才有可能创造与万物共存的新局面。1999年拉图尔在《自然的政治》一书中提出“共同世界（common world，美好的共同世界、宇宙、最佳世界）”这一美好图景，“该表达式指外部现实逐步统一的暂时结果（为此，我们保留了‘多元宇宙’的术语）；在单数形式中，世界确实不是给定的，而是必须通过正当程序获得”。[1]拉图尔认为，传统西方社会遵循旧宪政将自然与社会、科学与文化等对立起来的二分法，使得“共同世界”始终难以成型。在拉图尔看来，只有通过倡导各种方式集合人类和非人类的联系……等待着集体出面把它们统一起来，全体人民可能被号召共同生活在一个地球上。[2]在自然与社会的二分法中，预设了哑巴自然和说话人类。非人类因存在语言障碍（speech impedimenta）[3]，一直以沉默的客体居于其中。在火遍全球的《后天》《2012》《星际穿越》等影片中，我们看不到非人类作为主体的存在。当面对气候危机引发的生态灾难时，我们常常看到的是不同肤色、不同国别、不同领域的专业人士汇聚在一起共同磋商谈判；最后能进入“诺亚方舟”的也常常是人类自己。这是长期以来所秉持人类中心主义的现代人傲慢自大的表现，他们常以地球的主人自居，将非人类视为他者。也正是因为这种观念下的生产生活方式，导致地球面临多样性锐减、生态系统失衡的现实困境。拉图尔一直以来反对西方传统社会主客二分的方法，将“非人类”视作构建“共同世界”的重要因素，并把集体定义为能够说话的存在者的议会，这迫使我们去倾听其他非人类事物发出的声音。当“共同世界”的组成成员就绪，拉图尔认为重新构建一个具有正当程序、美好的共同世界需要将原有事实与价值的二分进一步转化成考量权（power to taking into account）、排序权（power to put in order）和跟进权（power to follow-up）三种权力的分工与合作。也就是说，拉图尔所提倡建立的新的三权分立可以被视为一种替代旧宪政的新宪政，而新宪政的确立为“共同世界”的建构奠定了政治保障。其中，考量权处理“我们有多少成员”的问题，确保候选者表达的声音没有被任意地缩减；排序权回答“我们能够共同生活吗”的问题，即必须为由一套新议题所构成的共同世界找到什么样的秩序。跟进权，则扮演类似审查机制的角色，维护分权，同时勘察各个程序的合法性。在拉图尔看来，集体的拓展使一种人类与非人类的表达式成为可能，而这完全不同于主体与客体之间所玩的“零和游戏（a zero-sum game）”。换句话说，主体与客体永远无法彼此关联；而人类与非人类却可以做到。因此，赋予非人类言说能力，与人类一样在集体中充当同等重要的行动者角色，是拉图尔关于构建“共同世界”的重要基础。

“共同世界”的同义词是“人类世”。虽然仍以“人类”命名，但“人类世”通过彻底重构人类与非人类之间的行动能力，终结了人类中心主义。在“人类世”下，人类对地质环境的塑造和地质环境对人类活动的反作用已经成为不争的事实。[4]其中以气候变化为显著特征的生态灾难，更是一次次地摧毁了人类和地球上所有其他生命一起产生的文明。所以，当谈论到我们如何与非人类相处时，拉图尔脑海中浮现的是“盖娅”形象。[5]在拉图尔看来，所谓“面对盖娅”，应该是指以一种截然不同的方式，根据生物与地球的关系来重新定义他们，而非乞灵于某个更高或预先决定的自然秩序。[6]

面对影片中所呈现出大多数民众不愿离开也无法离开地球的真实境况，拉图尔始终从广大人民群众的利益出发，积极探寻一条适合的路径。2017年6月1日美国宣布退出《巴黎协定》，这一事件

1〔法〕布鲁诺·拉图尔:《自然的政治:如何把科学带入民主》,麦永雄译,河南大学出版社,2016,第443-444页。

2〔法〕布鲁诺·拉图尔:《自然的政治:如何把科学带入民主》,麦永雄译,河南大学出版社,2016,第86,89页。

3〔法〕布鲁诺·拉图尔:《自然的政治:如何把科学带入民主》,麦永雄译,河南大学出版社,2016,第457页。

4〔法〕布鲁诺·拉图尔:《面对盖娅:新气候体制八讲》,陈荣泰、伍启鸿译,群学出版社,2019,第144页。

5 张进:《新神话主义视野下的拉图尔"共同世界"观》,《贵州社会科学》2022年第2期。

6〔法〕布鲁诺·拉图尔:《自然的政治:如何把科学带入民主》,麦永雄译,河南大学出版社,2016,第24页。

引发了拉图尔新作《着陆地球：新气候体制下的政治》的问世。在这本书中，拉图尔给我们指出一条必须“脚踏实地（down to earth）”，成为“陆地人（terrestrials）”的拯救之路。“陆地人”可以包括一切有机物，像动物、植物和人类等，也可以包括无机物和细菌。“陆地人”以“迴圈（boucle）”的形式活动，也就是说，行动者在发出动作的同时也是其他行动影响的接受者，每个行动者都与其他行动者处于关联状态，只有包裹在“迴圈”中，我们才能更恰当地认识自身的居所以及大气条件。[1]这也在进一步强调我们需要在人与物之间重新分配行动能力。在拉图尔看来，艺术通过对大量中介事物的关注，能够培养我们对事物的敏感性。[2]因为艺术带给我们的美学感知力，能够以极具侵略性的方式直接作用于大脑，超越科学、政治、宗教等形式的美育功能。气候电影作为最能直观反映气候变化的艺术，通过赋予其新的价值理念，可能会给正在经历极端气候危机的现代人提供一种新的思考路径。与此同时，本文希冀人类与非人类携手同行这种新的“共同世界”观将会对未来气候电影的创作发展提供一些参考。

四、结语

在气候变化时代，当人类面临物种灭绝、地球不再适应人类生存的前景时，我们需要新的理论和新的表达形式来重新审视气候问题。本文通过考察气候电影这样一种与气候危机紧密联系的新兴艺术类型，对电影艺术和气候批评进行了双重干预。首先，将气候电影中的气候变化作为“超客体”来把握，从时间、空间、相位、事物间性等方面更加深入认识气候问题。其次，以现实主义作为气候电影的创作手法，寻求建立一种切合当下实际需求的新气候体制。最后，面对盖娅，拉图尔呼吁我们应该重新规划人类与非人类之间的关系，通向一种新的“共同世界”。当然，这些新的理论方法也许并不能对每一部气候电影进行批判。但面对当下气候电影过分强调悲观主义、人定胜天等一些失之偏颇的观念，将幽暗生态学介入气候电影的讨论中，可能会使气候批评的范围得到扩展，从而擘画人与万物共存的新局面。

参考文献

[1] 克里斯蒂安·黑尔曼.世界科幻电影史[M].陈钰鹏,译.北京:中国电影出版社,1988.

[2] 许南明等.电影艺术词典[M].修订版.北京:中国电影出版社,2009.

[3] 张进.论“亚主体”及其生态诗学意义[J].甘肃社会科学,2023(01):63-70.

[4] MICHAEL SVOBODA. Cli-fi on the Screen(s): Patterns in the Representations of Climate Change in Fictional Films. WIREs Climate Change, 2016, V7(01): 43.

[5] 张进,徐滔.论“超客体”及其生态美学意蕴[J].文艺争鸣,2022(08):93-100.

[6] VON MOSSNER. Visceralizing Ecocide in Science Fiction Films: The Road and Hell [J]. Ecozona, 2012, 3(02): 53.

[6] REUSSWIG F, SCHWARZKOPF J, POHLENZ P. Double impact: The climate blockbuster “The day after tomorrow”and its impact on the German cinema public [J]. Pik Report. 2004(92): 3-61.

[7] TIMOTHY MORTON. Hyperobjects: Philosophy and Ecology after the End of the World [M]. Minneapolis and London: University of Minnesota Press, 2013.

[8] 布鲁诺·拉图尔.面对盖娅:新气候体制八讲[M].陈荣泰,伍启鸿,译.台北:群学出版社,2019.

1 〔法〕布鲁诺·拉图尔:《面对盖娅:新气候体制八讲》,陈荣泰、伍启鸿译,群学出版社,2019,第145页。

2 张进:《新神话主义视野下的拉图尔“共同世界”观》,《贵州社会科学》2022年第2期。

[9] 布鲁诺·拉图尔. 自然的政治:如何把科学带入民主[M]. 麦永雄,译. 郑州:河南大学出版社,2016.

[10] TIMOTHY MORTON. The Ecological Thought [M]. Cambridge: Harvard University Press, 2010.

[11] S. BLACKURN. The Oxford Dictionary of Philosophy [M]. Oxford: Oxford University Press, 2008.

[12] 张进. 新神话主义视野下的拉图尔“共同世界”观[J]. 贵州社会科学,2022(02):68-74.

【作者简介】

张雍，兰州大学文学院博士生，研究方向为文艺美学批评研究。

文化自信视角下“一带一路”与世界文明的对话

赵诗扬

【摘　要】“文化自信”是当代大趋势历史变革之下的需求。习近平文化思想也是新时代下传统文化转型的指导原则，更是看到传统文化自身生命力以及当代人民历史需求下的战略方针。某种程度，无论中国是否意识到自己的历史任务，世界对中国新的期许和需求已经改变，这也是不可否认的事实。中国已经成为世界历史局势变更后新的主体玩家，站在这个角度看习近平总书记提出的“文化自信”是真正抓住了时代需求的举措。而习近平总书记对一带一路倡议的提出和发展也是基于时代需求和时代大趋势召唤下的行动。

【关键词】传统文化；习近平；文化自信；一带一路

每个国家的根系和命脉都植根于自身的文化传承中，习近平总书记对“文化自信”的重视，也是符合时代大趋势历史变革之下的顺应之举。随着资本作为统治地位支配了全球化进程和西方文明的底层逻辑几个世纪以来，全世界的人类都进入了一个受资本底层逻辑摆布和操控的恶性境遇中。自近代社会以来，中国自身圆满的儒释道体系被瓦解和冲破且被迫进入到现代化的轨道中。如今随着世界局势大幅度发生变化，西方世界所主导的西方文化也在数次历史事件的检验下迅速暴露其匮乏和不足，而在这个过程中中国自身的生命体系也在不经意中展露出自己的文化自信力。中国“一带一路”倡议的立足点，是立足华夏文明传统文化内核，从而对世界局势展望的重要举措。美国康奈尔大学教授彼得·J. 卡赞斯坦提出“文明是多元的，即多种文明共存于现代文明这个宏大的文明体系之中。同时，文明又是多维的，即每种文明内部也存在多种文明形式，分别来自不同的传统，各存歧见、相互竞争。跨文明接触、文明间交往、文明的冲突，其实都是反映了多元多维的存在这一事实”。[1]

一、中国文化的生命力

习近平总书记曾说：“优秀传统文化是一个国家、一个民族传承和发展的根本，如果丢掉了，

1〔美〕彼得·J. 卡赞斯坦：《世界政治中的文明：多元多维的视角》，秦亚青、魏玲、刘华、王振玲译，人民出版社，2018，第1页。

就割断了精神命脉。”[1] 由此可见，真正的民族自信离不开对自身文化的自信，在这个基础上民族的根基才会有源源不断的生命创造力。中国文化不仅仅是民族的根系也是整个民族信仰精神的力量源泉。看世界的各种文化，核心的底层逻辑都逃不开爱与自由的精神，其中以中国的儒释道传统文化最为突出和强烈。中国文化包含了四项内容：天下一家、众生平等、万物一体、敬天爱人。这种文化的核心是让人更好地在社会里“生活”，同时也讲究借助大自然的力量来实现天地人一体之境。中国古代哲学最好的一点是它区别于西方哲学只研究人与客观世界的视角，所以更人性化，更灵活多变，讲究化解变通以求长生和灵活性。不论是道家提出的“万物一体”思想，还是儒家提出的“敬天爱人”思想，抑或是佛家提出的“慈悲”都以人类的博爱作为根基。中国的道是一种天人合一的存在，也就是说终极的实体与个人无关，人类具有自己的圆满性，通过修炼心性和内心的通达可以超越肉身的局限从而与天地共振，体悟宇宙之宽广无边与玄妙。而西方文明是以逻辑为底层的体系，从近代社会开始，“知识就是力量”标语的崛起和笛卡尔为首的理性权威的树立，人的注意力被确定性的东西吸引，而神性逐步消失。人的一切努力都是在追求一个恒定如常的“它物”或者目的，所以现象学家们以道学的精神切入古希腊的最初，去打破以亚里士多德为首的名实二元论的根基。尼采也曾说“上帝死了”，即从现实层面上的有限性来对人进行了把握，并且毫不留情地致力于消解终极实体，指出了理性至上的终极实体带给人的压抑感，认为这种终极的虚构实体是造成生命力衰败的象征和原因。由此可见，我国传统文化是更高纬度的文化精神。

中国传统文化蕴藏着中国人几千年的智慧结晶，也是在几千年中不断在实践中、升华进步中反复得到印证的体系。我们的天地宇宙观是一种更为先进的太极智慧，在《易经》中，早已经强调了形而下者谓之器，形而上者谓之道，已经详细地区分了什么是知识，什么是天道。形上见于形下，无形下之器，则形上之道不可见。而在后期的发展中，阴阳家们则取消了形而上与形而下的区分，用一种天地一体的宇宙观整合在了一起。西方物理学的最终发展是借鉴了我们中国的宇宙观的。虽然在西方科学家的逻辑范畴里，主客关系的分界线依然明晰，但是道的思维加入后，知识和具体事物也是宇宙规律运行的一部分载体，二者是相互依存共同作用的。人类也从原有的对宇宙的狂妄和蔑视到臣服且划定了人应该有的位置上来，非理性的信仰本身也开始从彼岸世界走向了此岸世界，从而人的灵性智慧与理性思辨交织共同作为拓展人类边界的两个有力的助手。孟子讲“万物皆备于我”[2]，施惠说“泛爱万物，天地一体”[3]，庄子论曰“天地与我并生，而万物与我为一”[4]，这便是全世界各种族人类的天人合一的共识。

当前世界处在一个价值观互相碰撞、文化思潮不断交互和交融的历史大变革时代。在这种形势下，只有依托自身的文化自信才能拥有坚定的信心与信念。国家能否长足发展抓住历史变革的机遇，不仅仅是硬实力也就是经济基础的较量，更重要的是文化软实力的竞争。故而中国传统文化中所蕴含的种种精华也要尽可能结合时代的实际状况和要求进行吸收借鉴。从时间的长河中可见，传统文化的儒家“仁义礼智信”的体系为民族价值观提供了源泉；道家的“天下大同”和“兼爱非攻”体系思想为民族外交提供了扎实的后盾。所以说民族的就是世界的，只有立足本民族的现状进行的发扬才是真正的民族自信。不论是中华民族共同体还是人类命运共同体，都是为满足人类归属感和群体特性而发展和构建的人类集合形式。共同体是人类的一种需求，这就使我们不仅要保护和维持原

1《习近平著作选读·第1卷》，人民出版社，2023，第281页。
2 孟子：《孟子选注》，漓江出版社，2014，第161页。
3 杨俊光：《惠施公孙龙评传》，南京大学出版社，1992，第61页。
4 南怀瑾：《易经传别讲》，复旦大学出版社，2016，第407页。

有共同体，而且还要建构新的共同体。[1]

从邓小平提出的“改革开放”四十多年以来，中国一直致力于走中国特色的社会主义道路。这条中国特色社会主义道路，经典地诠释了中国传统文化的内核精神。这条中国特色社会主义道路是以“中国文化”为体，以借鉴西方的经验为用。这条路也以中国每段时期不同的实际状况为核心，植根于中华文化的沃土发展到如今。这条路之所以是“中国特色”的路，是因为它就像我们的民族精神一样，并不是死板且一成不变的，而是始终处在一种尝试—否定—升华—再否定的螺旋式上升过程、否定之否定的前进道路中。自古以来，道家讲道，核心在行和动上，而主体始终是人，是合二为一的。道的提出，是起源于“天命靡常”的人生之悲，行是道的一个很重要的特征。中国的道家系统和佛家系统，并不缺乏对于深渊的关照与彻悟，而由此生出什么样的生存智慧才是根本。由此可见，东方文化的哲思里没有“绝对”这个概念，阴阳的概念表现在人、事、物身上可以变化无穷，它倾向于用一个整体的、统合的意象思维方式来描述规律现象。

2023年习近平总书记在文化传承论坛上对中华文明的底层核心做了如下的概述：“中华文明长期的大一统传统，形成了多元一体、团结集中的统一性。”[2] 这种提法是符合中国哲学的核心基础的。中国传统文化的整个脉络是以“道”“理”“心”三者构筑起来的，也就是“天道”“心性”和“实践”三者的合一。中国的“道”的实践观并不受制于某个它物的驱动，而是“独与天地精神往来”。我们国家历史悠久，文化源远流长，在治国方略的层面上也是将“儒道”精神进行了融合以及转化成具有实践意义的要义和政策。我国是历史悠久的文明，在这个程度上我们历史经历过的高潮和低谷以及各种极端复杂的情况是很多的，故而这些宝贵的经验对我们现在中国的指导和借鉴意义是非常重大的。

二、中国传统文化复兴的历史必然性

从世界历史的角度纵观全球的文化体系，不难发现整个世界史进入了重新整合和重构的时期。跨大西洋的欧美秩序和跨太平洋的亚美秩序正在进行不断的交锋和融合，相比较欧美体系的单一，以中国为首的亚美秩序面对的磨合和考验相比较更多。因为亚美秩序的底层逻辑是融扩的逻辑，在这个基础上它对价值观的容纳并不像欧美秩序那么整齐划一。习近平总书记“一带一路”倡议的提出，正是亚美秩序的很好诠释。1877年，德国地理学家李希霍芬在地图集中首次使用“丝绸之路”一词，在他的地图中丝绸之路被标识为一条自东向西的大道，“他的丝绸之路像是一条横贯欧亚的铁路线”。[3]中国“一带一路”倡议的立足点，不仅仅是尊重美国为首的欧美秩序存在，更重要的是通过这条路径使得中东、西亚和华夏古老文明得以相互串联和扩展，同时也使得俄罗斯文明和东亚文明紧紧绑定在了一起，从而形成了两个文明交融的整体性存在。习近平总书记提出的“一带一路”倡议，是立足于华夏文明一直以来传统文化的内核对世界局势的展望的重要举措。它是以中华文化“兼容并包”的核心理念，来将古老文明进行联合，从而是一个具有历史性远见的举措。世界局势正在以不可逆转的趋势向亚美秩序走进，这其中有几个核心要素：中国有着厚重的传统文化体系作支撑；随着几十年跟随西方发展，市场已经具备了成熟的亚洲经济模式；东亚文明古国的共识已经形成；“一带一路”倡议的实施落实了这种优势。

我国作为唯一现存且历经挫折和洗礼仍然徐徐发展的文明古国，能让中国人撑过至暗时刻的不

1 〔英〕保罗·霍普：《个人主义时代之共同体重建》，沈毅译，浙江大学出版社，2010，第139页。

2 《习近平在文化传承发展座谈会上强调担负起新的文化使命　努力建设中华民族现代文明》，《人民日报》2023年6月3日。

3 芮乐伟、韩森：《丝绸之路新史》，张湛译，北京联合出版公司，2015，第9页。

仅仅是中国人的本性，更重要的是背后的文化脉络和根基之庞大。一直以来，中华文化的底层逻辑是万事万物无时无刻不在创造、生发、演变、流通中不断进行生生不息的交互。这也决定了中国一直秉承的世界观：尊重世界本身是多元且多样的，同时也不试图凌驾于别的生命体之上做霸权主义。我们中国人的世界并不是静止和割裂的存在，故而天与地、人与道等不是对立存在的，而是互相转化且连续变动的整体。中华传统文化，其核心的生命力是让天下万事万物自己做自己的根基和发展动力，从而去创造属于自己的生命体系。

中华传统文化的内核一以贯之在中国几百年的历史长河中：不论是近代史开端以来遭受的民族危亡时刻，还是新中国成立初期面临的实际困境和国际局势的纷繁复杂，或者是改革开放初期立足的国内实际状况等，这些都足以说明中华文化中那些生生不息和奋发向上的力量，以及在内外交困的境遇下爆发出的自强不息的精神都在每个重大的节点上得以呈现，并且在每一个阶段都与当下的现实语境进行了融合。

故而只有大力深入挖掘传统文化的精华和体会传统文化的内核才能为未来做更充足的准备。这个理念是历届领导人的坚持，前有毛泽东指出："清理古代文化的发展过程，剔除其封建性的糟粕，吸收其民主性的精华，是发展民族新文化提高民族自信心的必要条件。"[1] 后来，习近平总书记继承和发展了这一宗旨，进一步在容纳时代要求的基础上提出："处理好继承和创造性发展的关系，重点是做好创造性转化和创新性发展。"[2] 故而在对待传统文化的态度上面任何极端的看法都是行不通的。一方面是对传统文化不经过反思和取用就全盘接收的行为，这种行为不仅是一种历史的倒退，同时也是放弃了思辨精神的不明智之举，故而忽略实际状况的"拿来主义"是无法扎实的生根发芽。另一方面则是将关注点只放在了传统文化中因为时代局限在实际层面实操中所造成的弊端上，故而对传统文化开始了全盘否定和排斥的视角。这两种对待传统文化的视角和立场都是对中华民族传统文化有害的存在，既不利于增强民族自信心又不利于从中华传统文化强大的底蕴中吸取精华。

中华文化的地缘性决定了其文化内涵的多元化和复杂性：从地理层面来说，中国是与不同国家接壤最多的且处理各种国与国之间纠纷最多的国家；从文化交融层面来说，不仅国内有着不同的地域民族文化，而且在与周边邻国的接壤中，也不断在吸收和融合不同地缘国家之间的文明。故而中华文明是具有多样性统一性特征的文明。我国的外交政策也实行了对别国文化和主权的尊重平等的原则。习近平总书记指出："中华民族历来爱好和平，'和'的民族基因从未变异，'和'的文化源远流长。早在2400多年前，中国古人就提出'礼之用，和为贵'。和平的愿望扎根于中国人心中，融化在中华民族的血液。"[3] 这也预示着，中华文化的理念是包含着整体观的，同时也是符合天道的存在。在全球化的今天，中国秉承着"和而不同"的外交策略，同时吸取自身近代史以来的教训，对内积极积蓄实力全面发展，对外从不争夺霸权更不搞强弱对立的外交政策。自二战以来，随着跨大西洋全球战略体系成立，过去以欧洲为中心的国际局势已经开始发生变化。在过去，欧洲是全球舞台上的聚焦中心，亚洲只能是陪衬和暗影里的观众。二战以来世界秩序虽然表面上看，一直掌控在美、苏、中、英四国之中，但中国的利益在当时是被忽视且不被满足的。美国在二战期间，用其固有的实用主义精神作支撑，在付出了巨大的成本后，从而支配了二战之后的整个格局且获取了巨大的经济利益。在美国占据主导的世界格局中，全球各国都走在了现代化的发展历程中。美国学者汉斯·摩根索曾说："文化帝国主义的东西，是最巧妙的，并且如果它能单独取得成功，也是最成功的

1 毛泽东:《毛泽东选集·第2卷》,人民出版社,1991,第707-708页。

2 习近平:《高举中国特色社会主义伟大旗帜 为全面建设社会主义现代化国家而团结奋斗——在中国共产党第二十次全国代表大会上的报告》,人民出版社,2022,第23页。

3 习近平:《从延续民族文化血脉中开拓前进　推进各种文明交流交融互学互鉴》,《人民日报》2014年9月25日。

帝国主义政策。它的目的不是征服国土，也不是控制经济生活，而是征服和控制人心，以此为手段而改变两国的强权关系。"[1]但随着全球局势和时代的要求，天下大同的趋势愈发明显，国与国的纷争从之前的科技和武力的较量变成了意识阵营之间的冲突。习近平总书记"一带一路"政策的提出和实施，是中国从集中于发展国内力量到主动向外融入国际的关键步骤，只有对外重视自己世界史的秩序和地位，中国自己的历史才能更好地书写。由此可见，中国文化复兴和提升本民族的"文化自信"是刻不容缓的现状。因为国家实力是国家硬实力和软实力的结合，如若忽视了国家在不同历史时期和转变节点上的需求，那么会一直局限在旧有的认知体系下从而裹足不前。随着信息全球化的加剧，各国之间的竞争也从之前硬实力的比拼逐步向软实力转化。在以硬实力为比拼核心的世界局势是相对紧张的，因为它建立的根基是力学法则之上的推演，[2]故而它的内核是冷酷且排它的。而随着世界局势开始逐步走向软实力的竞争时，就会发现以软实力为比拼核心的国际关系是相对宽容的，因为它建立的根基是每个国家自身的文化文明底色以及对人性的体察和探寻为尺度，在此基础上鼓励各个国家之间一起发挥各自优势，从而协同合作。中国传统文化的核心"儒释道"精神正是符合全球软实力比拼的内核，自然在对外政策和外交中以"和平外交"为指导。

由此可见，中华文化的复兴之路和增强本民族的"文化自信"不仅仅是国内发展自身的需求，同时也是大趋势下历史发展对中国的需求和期许。古代中国人讨论"道""天地""阴阳"这些可以视为终极本原的存在，其目的不在于强调其主宰的、支配的、类似神祇的地位，而是强调这些终极本原不仅可以使万物"生"，同时还可以使万物更好地"生"，可以使有限的"生"构成无限的"生"的连续。[3]民族的之所以是世界的，是因为社会主义核心价值观只有扎实地立足于本民族的土壤内生根，才能切实地符合本国民众的基本利益，故而才能让别国看到中华民族的独特魅力。传统文化中所蕴含的智慧使我国处在全球各国思潮碰撞中，不仅没有迷失在其中不知道出路，反而在传统文化理念的帮助下逐渐找到了自己的位置。对外"一带一路"倡议的提出，使中国成为亚欧版图上的软实力主导者；对内则坚定立足于"中国特色"的发展之路。中国改革开放以来走的路一直是从自身向外看世界的路，这条路遵从着既要开门看世界又要保护自己的实际根基，同时在外界进行变动的时候也要不断紧跟趋势来挑战自己的发展战略。这条路的优势在于：我国始终不论在任何外界的巨变下，都能很好地掌握国家的主体性从而很少面临全局性的坍塌局面。从世界局势看来，中国在前面几十年的历史中由于历史时机等问题，一直处在配合世界史且尽力发展自己的轨道上且不属于可以驾驭世界史的程度，虽然不可否认的是中国在世界史一直是不可忽视的力量，但也要承认在前面的历史中，我们是被迫的配合者。现在由于地缘性的变动，历史要求中国不断走到世界台前，不仅仅是参与者更是重塑者，这种内外双重需求也决定了我国必须坚定自己的"文化自信"，从而更好地担负自己在新的历史格局面前的新任务。

三、新时代下中华传统文化的书写

由于世界历史和国内新形势的需求，在新时代下更好地书写中国传统文化和建立真正的民族文化自信，是当前迫切的任务。文化自信是一个国家强盛的根本落脚地和出发点，这不仅仅是民族的精神命脉，同时也是一个民族精神独立的保障。

首先，新时代中华传统文化的书写离不开中国社会的现状。历来，中国传统文化就是从"体用一体"的视角去观照，不论是从晚清时期的师夷长技以制夷，还是新中国成立以来的走中国特色社

1〔美〕汉斯·摩根索:《国际纵横策论》,卢明华等译,上海译文出版社,1995,第90页。

2 陈春文:《地缘政治移动与中国的地缘政治视野》,《科学·经济·社会》2015年第3期。

3 曹峰:《他生与自生:中西生成论的重要差异》,《山东社会科学》2023年第8期。

会主义道路，还是现在强调的文化自信。某种程度都是中国领导人根据外部环境的变化，在不同世界局势下用体用论方针来积极调整自己的发展政策。随着时代的发展，国内对于文化本身的需求也在不断上升，故而只有真的立足于文化自信，才能切实满足人民对精神文化的真正需求。中国历史上一直坚持的治国方略便是以民为本的思想，儒释道文化都各自以不同的角度来凸显民生问题的重要性。儒家侧重于爱民和仁政的思想；法家侧重于如何制衡民众中出现的弊端；道家侧重于尊重人的自然主体性和低欲性。由此可见，虽然古今之间隔着历史的洪流，但从古至今的治国策略和方向都离不开当时的社会现状和以民生为根本的着眼点，可以说民众的诉求是国家发展的根本动力。

其次，新时代中国传统文化的书写要有坚持核心基础上进行符合时代创新的意识。传统文化的落地不能仅仅依赖于照搬和盲从古代文化传统的一切，那是另一种迷信和盲从。我们不能仅仅因为曾经经历过文化在巅峰的绚烂时刻便把它当作任何情况下的标杆。今日之中国，不论是从国际局势、政治关系、文化背景等都在不断地发生着巨变。比如以儒家精神为根基的社会传统也随着全球化的发展出现了不可弥合的矛盾性，儒学就本质而言是一种以"心性"作为根本的齐家治国平天下之学问，故而儒家影响下的私民社会在普世的尺度下着力点就变为人与人之间更加注重实际的利益，也会在进退得失之间进行徘徊和考量。佛道的文化在这种价值需求下逐渐演变成用以慰藉人心和用来求得庇护的迷信传统，而随着私民社会生存境遇的进一步狭窄化，这种对精神的需求就显得更加迫切。我们在构建"一带一路"话语体系时，可类比多边主义，强调"一带一路"是在尊重各国主权、制度、文明的基础上进行的合作，是合作各方共担责、共获益，是为沿线国家多边合作提供了平台和机遇。[1]它与"马歇尔计划"不同，它是开放合作的产物，不是地缘政治的工具，其手段也不是扶持、不是赞助，也不是像"马歇尔计划"一样最终获益的是美国，"一带一路"建设，获益的是所有沿线国家，真正做到"有福同享，有难同当"。[2]

这也是习近平总书记强调立足文化自信和注重文化创新和变革的现实原因之一，我们无法回避和西方文明系统的对冲和互融，但也不应该忽视中国文化体系中自带的美学韵律和色彩。汉语体系在和西方文明相遇的时刻，其根基也受到了不断冲击，故而纵观两百年的中国近代史的历程，就会发现中国文化体系一直被西方文明体系牵制。这种情况下，如果一味忽略现实状况而只沉迷中华文化曾经的辉煌，那么会使得人在现代化过程中的生存空间进一步受到挤压，从而加剧了中国在世界历史中的被动性。故而，只有立足于时代和实际的事实根本才能真正地发展"民族自信"和"文化自信"。道家讲"生而不有、为而不恃、长而不宰"，[3]如若要真切地去理解中国传统文化在全球化大环境下的位置，则需要我们自身站在一个更广袤的视角中去看当前的民族的需求。某种程度，中华传统文化的叙事习惯和语言体系并不是一种追求确定真理的思维模式，而是一种安住于天地之间顺应自然的生命体系。在这个体系中，优势是人可以安住于自然之中从而体会到圣人无为之境界，同时不会过多碾压人自身的生存空间。这种以生命为根本的文化传统，它不刻意地追求改造什么，也不刻意地追求创造什么，更遵从天道的指引和自然规律本身。方东美指出："中国先哲所谓宇宙，其实包含物质世界和精神世界两方面，并须使之浑然化为一体，不像西洋哲学往往把它们截作两个片段来看……中国人的宇宙观是精神物质浩然同流的境界，这浩然同流的原委都是生命。"[4]由此可见，"道"对于万物虽然具有生成、养护的恩德，却竭力不让万物感受到来自"道"的控制力、作用力。

1 曲慧敏:《中华文化走出去战略》,清华大学出版社,2017,第12页。

2 张维为:《中国震撼:一个"文明型国家"的崛起》,世纪出版集团,2011,第34页。

3 曹峰:《〈老子〉生成论的两条序列》,《文史哲》2017年第6期。

4 方东美:《中国人生哲学》,浙江人民出版社,2019,第30页。

换言之，“道”并不以主观的愿望生成万物，而是以柔弱的方式作用于万物。[1]但同样传统文化的缺陷之处也在于此，中国前期一直忽视了全球化影响下的西方体系对中国传统文化错位的描述。西方一直用对中国封建社会时期的想象和描述来试图歪曲中国的历史，而不是真正意义上阐释中国传统。由此，我们要客观地分析中国历史自身，用发展和辩证的眼光来看待传统文化的优势和弊端，从而建立文化自信来发扬本民族的自信力。

最后，新时代传统文化的书写要立足于广阔的视野。由于全球体系的建立，各个国家都镶嵌在了世界史的轨道上和空间里。全球化的展开核心标准一直是以西方的价值观为主导的，这也意味着西方的话语权在之前几十年的时间里都在不断渗透到每个国家的文化内核中。在这个大趋势下，无论我们如何珍重自己传统文化的影响力，都不能忽略西方文化价值观的冲击力。故而我们必须要彻底了解西方价值观的核心逻辑和全球融合下西方文化渗透的利弊，才能更好地将传统文化融入新时代的需求中而大放光彩。如若以自身的传统文化本身来看待中国社会本身，那么它是不存在任何的不足和欠缺的；如若放在世界史的序列中，中国社会本身反而是有其自身的局限性所在的，比如儒释道精神降维度到民间话语的时候会呈现出宗族系统过分庞大的弊端，个人生活领域被极大化地碾压和发挥功用价值，故而个体的精神希冀得不到抚慰和关注，也间接造成了信仰精神的缺失。所以我国要想发展文化自信，那么需要我们在借鉴和吸收传统文化的过程中要站到世界的全局中去洞察当前历史性的需求，在这个根基上大胆吸收和借鉴优秀的文明理论，从而促进传统文化的创新和传播。

由此可见，习近平总书记提出的“文化自信”战略，是将中华文明、全球化发展以及中国当前现代化的需求，三者结合在一起的前瞻性眼光。中国在这样的指导方略下，以“构建人类共同体”为核心而提出的“一带一路”政策，是文化自信在现实过程里的第一次彰显，更是符合中华文明发展的底层逻辑以及世界大趋势下的需求。“一带一路”通过海陆联动，在交流的广度和深度上已远远超出古丝绸之路的范围，而且在文化上“坚持和谐包容，倡导文明宽容……加强不同文明之间的对话，求同存异、兼容并蓄……”。[2]

参考文献

[1] 习近平著作选读：第1卷［M］. 北京：人民出版社，2023.

[2] 习近平在文化传承发展座谈会上强调担负起新的文化使命　努力建设中华民族现代文明［N］. 人民日报，2023-06-03(01).

[3] 毛泽东选集：第2卷［M］. 北京：人民出版社，1991.

[4] 习近平 . 高举中国特色社会主义伟大旗帜　为全面建设社会主义现代化国家而团结奋斗——在中国共产党第二十次全国代表大会上的报告［M］. 北京：人民出版社，2022.

[5] 习近平 . 从延续民族文化血脉中开拓前进　推进各种文明交流交融互学互鉴［N］. 人民日报，2014-09-25(01).

[6] 习近平 . 在纪念孔子诞辰2565周年国际学术研讨会暨国际儒学联合会第五届会员大会开幕会上的讲话［N］. 人民日报，2014-09-25(02).

[7] 林国标 . 习近平弘扬中华优秀传统文化的方法论［J］. 湖南社会科学，2020(04)：123.

1 曹峰：《他生与自生：中西生成论的重要差异》，《山东社会科学》2023年第8期。

2 国家发展改革委、外交部、商务部：《推动共建丝绸之路经济带和21世纪海上丝绸之路的愿景与行动》，《人民日报》2015年3月29日第4版。

[8] 李禹阶. 论商鞅、韩非的国家思想及“法”理念——兼论商、韩法家理论的结构性缺陷 [J]. 暨南学报(哲学社会科学版),2015(1):93.

[9] 习近平. 在文艺工作座谈会上的讲话 [M]. 人民出版社,2015.

[10] 曹峰. 他生与自生:中西生成论的重要差异 [J]. 山东社会科学,2023(8):15.

[11] 彼得·J. 卡赞斯坦. 世界政治中的文明:多元多维的视角 [M]. 秦亚青,译. 上海:上海人民出版社,2018.

[12] 保罗·霍普. 个人主义时代之共同体重建 [M]. 沈毅,译. 杭州:浙江大学出版社,2010.

[13] 方东美. 中国人生哲学 [M]. 浙江:浙江人民出版社,2019.

[14] 曹峰.《老子》生成论的两条序列 [J]. 文史哲,2017(6):105.

[15] 陈春文. 地缘政治移动与中国的地缘政治视野 [J]. 科学·经济·社会,2015(3):2.

[16] 曲慧敏. 中华文化走出去战略 [M]. 北京:清华大学出版社,2017.

[17] 张维为. 中国震撼:一个“文明型国家”的崛起 [M]. 上海:世纪出版集团,2011.

[18] 汉斯·摩根索. 国际纵横策论 [M]. 卢明华,等译. 上海:上海译文出版社,1995.

[19] 芮乐伟,韩森. 丝绸之路新史 [M]. 张湛,译. 北京:北京联合出版公司,2015.

[20] 国家发展改革委,外交部,商务部. 推动共建丝绸之路经济带和21世纪海上丝绸之路的愿景与行动 [N]. 人民日报,2015-3-29(04).

【作者简介】

赵诗扬，兰州大学文学院博士生，研究方向为现当代文学。